神と仏に祈る山

美作の古刹
木山寺社史料のひらく世界

中山一麿 編

法藏館

旧参詣道

木山寺

相互供養
相互礼拝

木山神社（里宮）

緒言

木山寺が創建されたのは、弘仁年中（八一〇〜八二四）のことと伝えられます（『作陽誌』）。同寺の縁起によれば、同六年（八一五）、高祖弘法大師が美作の地を訪れた際、木樵（きこり）姿の翁（薬師如来の化身）に導かれて、寺院を建立したとしています。一方、木山神社は、同七年（八一六）、京都祇園の八坂神社の御分霊を祭祀したとしています（延喜七年〔九〇七〕とも）。

平成二十七年十月上旬、木山寺・木山神社ではそれぞれ、開創一二〇〇年記念事業「木山寺本堂鎮守殿の秘仏ご開帳」・木山神社鎮座一二〇〇年「奥宮修繕事業竣工奉祝祭」が催されました。と同時に、これらの祝事に色を添えるべく、われわれ研究者有志は木山寺客殿にて「木山寺・木山神社の宝物とその歴史」展を開催し、寺・社の収蔵品を一挙に展示公開いたしました。また、「神と仏に祈る山―木山寺と木山神社―」と題した公開講座によって木山寺・木山神社の文化的意義を広く社会に発信いたしました。

木山寺本尊（秘仏・薬師瑠璃光如来像）

平成二十八年十一月上旬、木山寺においては、開創一二〇〇年記念法要が執り行われます。本書はそれに合わせて上梓するものであり、昨年の宝物展示・公開講座からさらに進展した最新の研究成果を盛り込んだものになっております。

本書編集にあたっては、以下のような方針で執筆陣にご寄稿いただきました。

① 木山寺・木山神社の研究の現在地をできるだけ網羅した、木山研究の基本書を作る。

② 在地信仰にとどまらず、より広い視点から山岳信仰・神仏信仰の共通性と木山での特殊性を明確にしたい。

③ 一般読者の読み物としても楽しめる内容を備え、木山信者にも親しみやすい書籍とする。

これは、ややもすると相反する命題ではありますが、本書の内容を見ていただければ明らかなように、あらゆる立場・分野の方々の要望と関心に応えつつ、客観的史料に基づいて学術面での妥協もしない一書となり得たと思っております。

木山神社参拝道

木山神社随神門

— 昭和初期の絵葉書 —

本書は、これまで全く指摘されてこなかった木山寺・木山神社のすがた、およびそれに関連した様々な新知見に充ち満ちています。以下、本書の見どころの一言紹介を記し、読者の一助にしたく思います。

地域史に密着した木山の通史では、木山が如何にこの地域の中心であったかが再認識させられます（森）。すでに知られている戦国期の古文書ですが、その背景に見るこの地域の争奪戦は戦国オタクにはたまらないものでしょう（苅米・吉永）。現代ではピンとこない神仏習合という信仰形態ですが、その歴史的変遷を解説するとともに、木山での興味深い一場面も紹介しています（伊藤・鈴木）。大量の文献類の調査からは、これまで全く知られていなかった安住院との関係（中山・向村）、高野山日光院・増長院との関係（柏原）、末寺を中心とした近隣寺院や地域との関係（向村・山崎）などが明らかになってきました。これらは人・モノの動きが連鎖した所謂寺院ネットワークを具現化するものと言えるでしょう。また、調査の中で見出された貴重書の中でも特に『呉子』は、日本の、とりわけ

末社 善覚稲荷神社

木山神社

— 昭和初期の絵葉書 —

戦国大名の兵法書享受や国語史史料として今後黙視できない一冊になったと言えるでしょう（落合）。木山の信仰の基底にある狐（と善覚）については、その類型や広がり、絵馬に見る残影など様々な話題を解りやすく紹介しています（山崎）。近年、木山神社奥宮から発見された神像群に関して、その詳細な報告と価値付けを行いました（和田）。

　これらの論が多くの方々の目に触れ様々な場面で活用していただける書とならんことを懇望しております。

　本書を成すにあたっては、木山寺住職高峰秀光師・木山神社宮司岡本淑子殿をはじめ、両寺社から調査への全面的なご理解とご協力を賜りましたことに改めて感謝申し上げます。また、刊行に関する財源面においても宗教法人木山寺に多分なご支援をいただきました。木山寺御役員の方々のご厚情に篤く深謝申し上げます。

平成二十八年十月

編者誌す

郷社木山神社境内全景之図（昭和初期）

鏡面（旧木山宮御正体）

神と仏に祈る山

美作の古刹 木山寺社史料のひらく世界

神と仏に祈る山
美作の古刹 木山寺社史料のひらく世界

【もくじ】

資料編

木山宮扁額

図録編

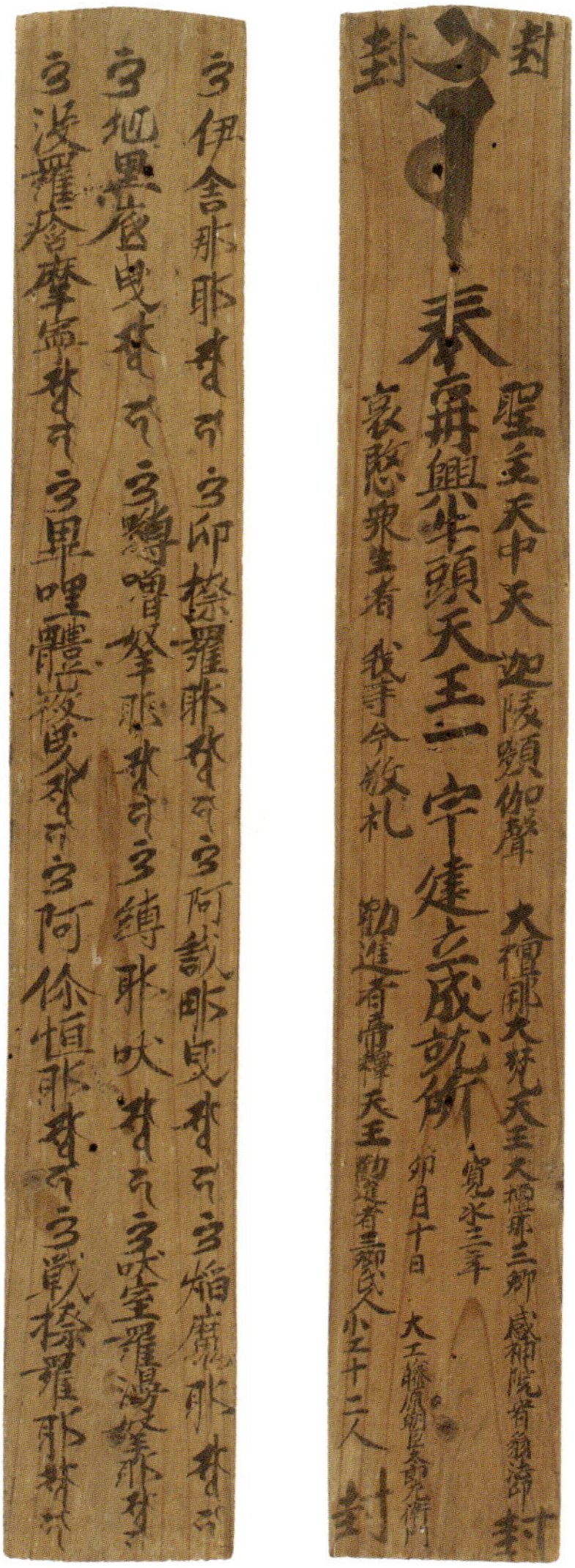

2　牛頭天王再興建立棟札

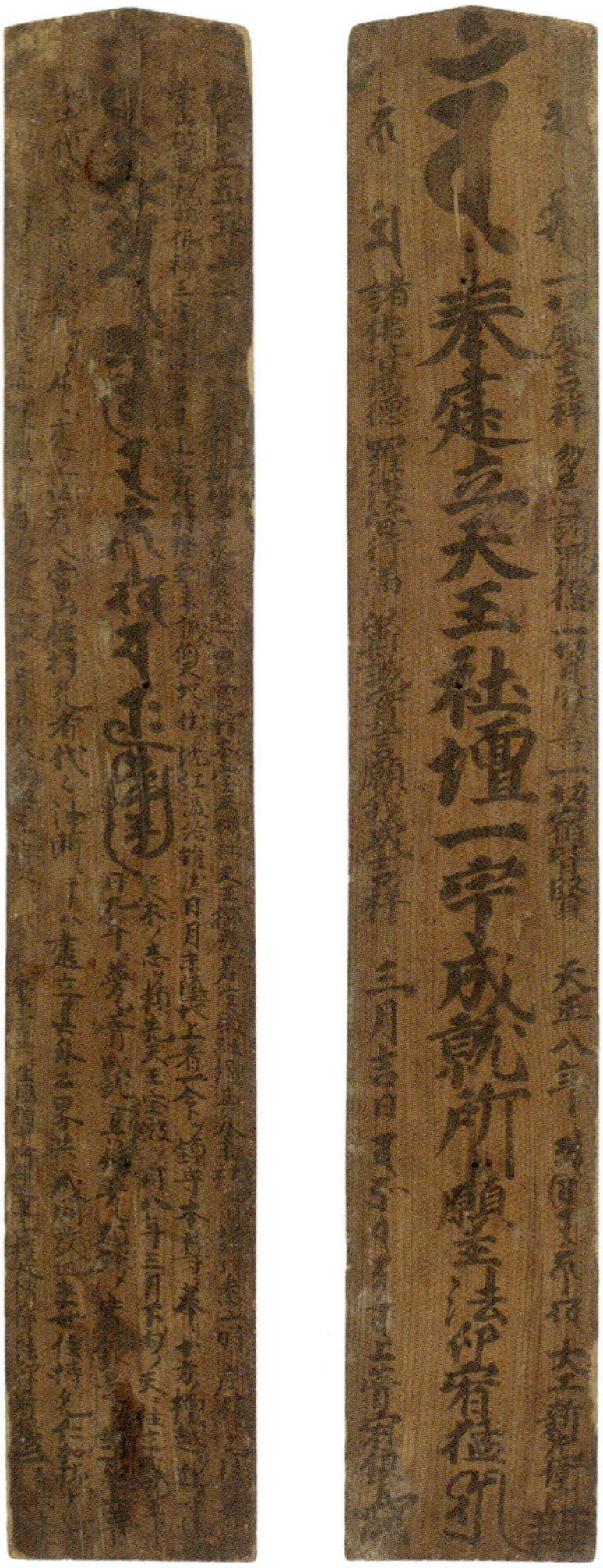

1　天王社建立棟札

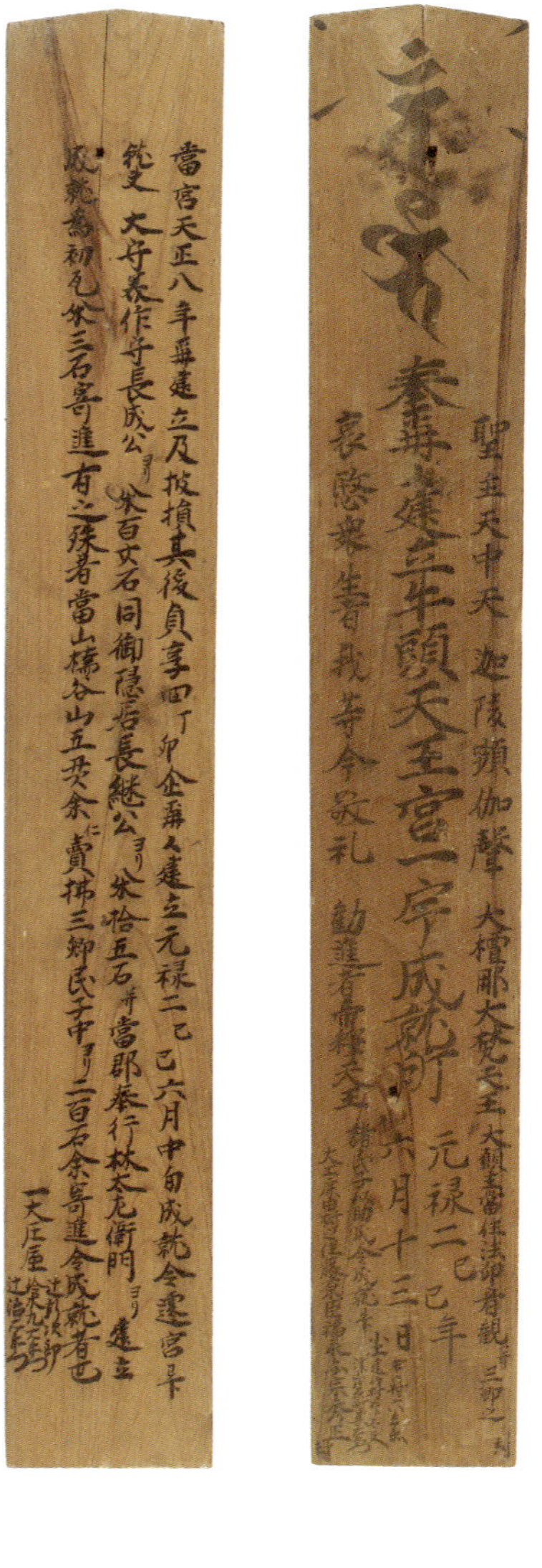

4　牛頭天王宮再々建立棟札

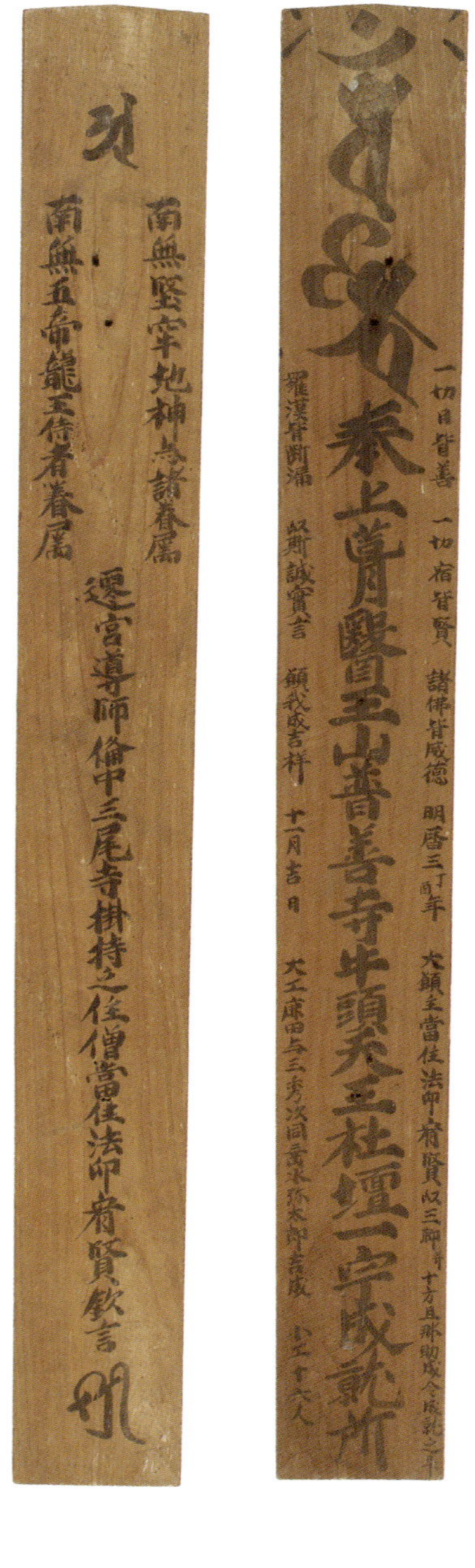

3　牛頭天王宮社壇上葺棟札

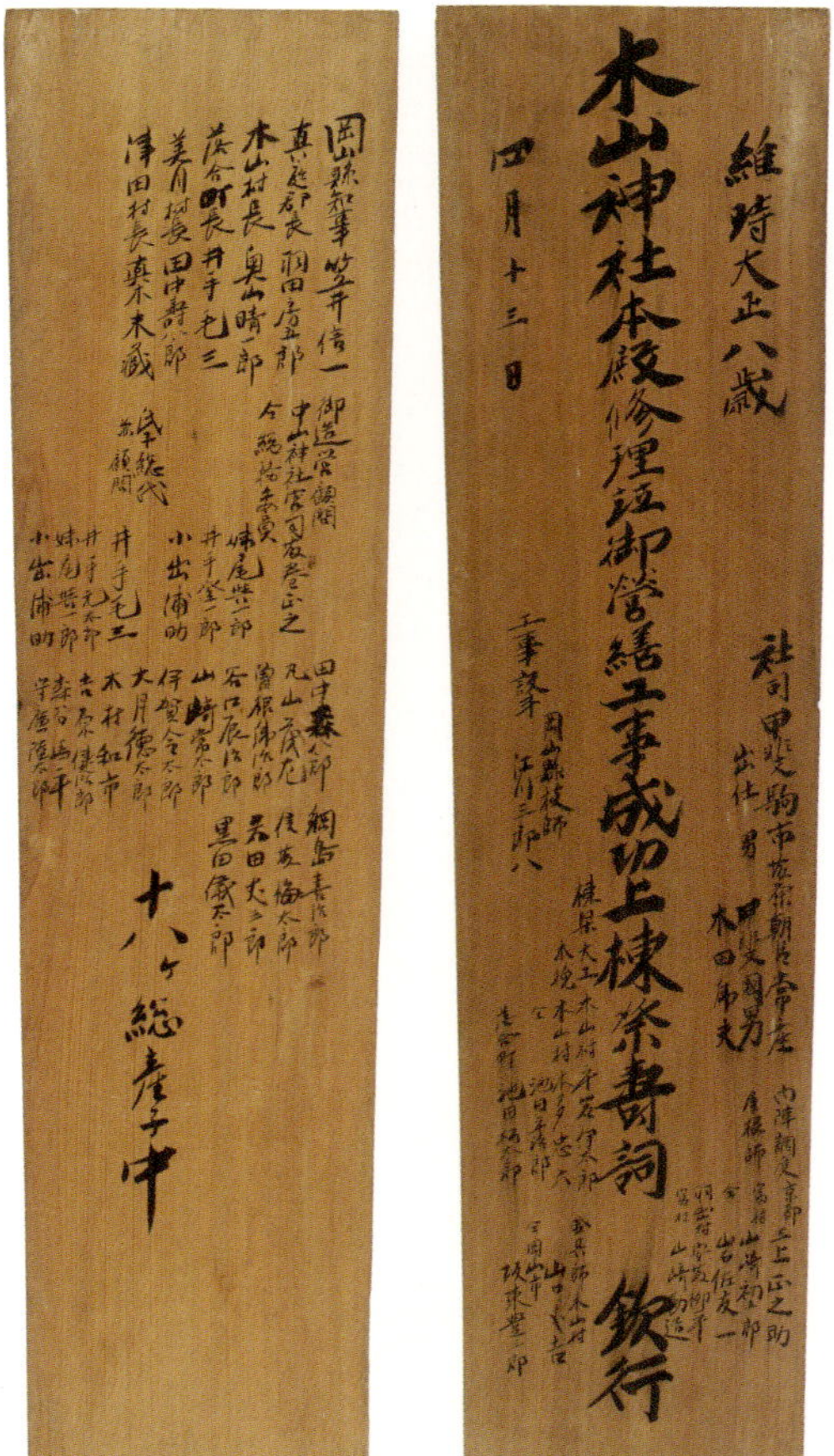

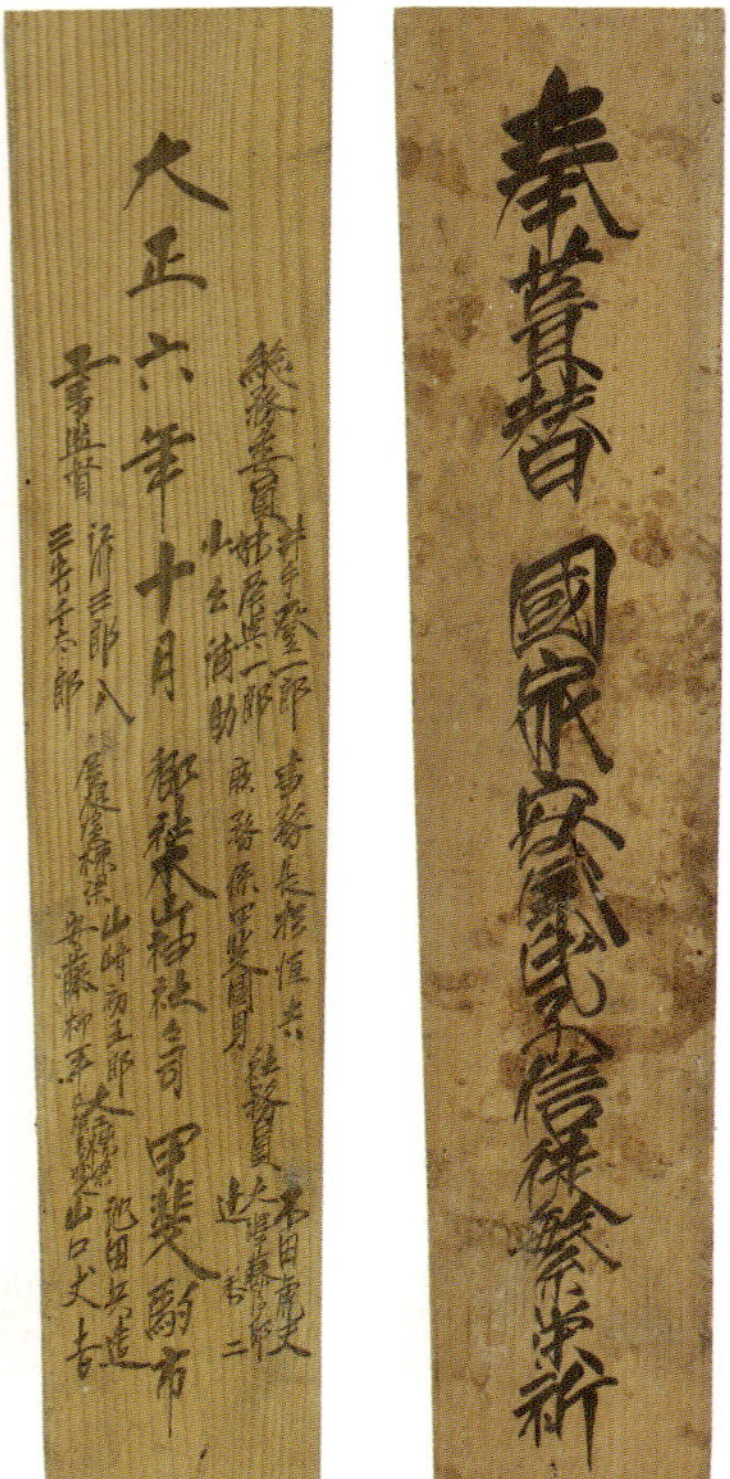

6　木山神社本殿等修理・営繕棟札　　　　5　木山神社葺替祈祷札

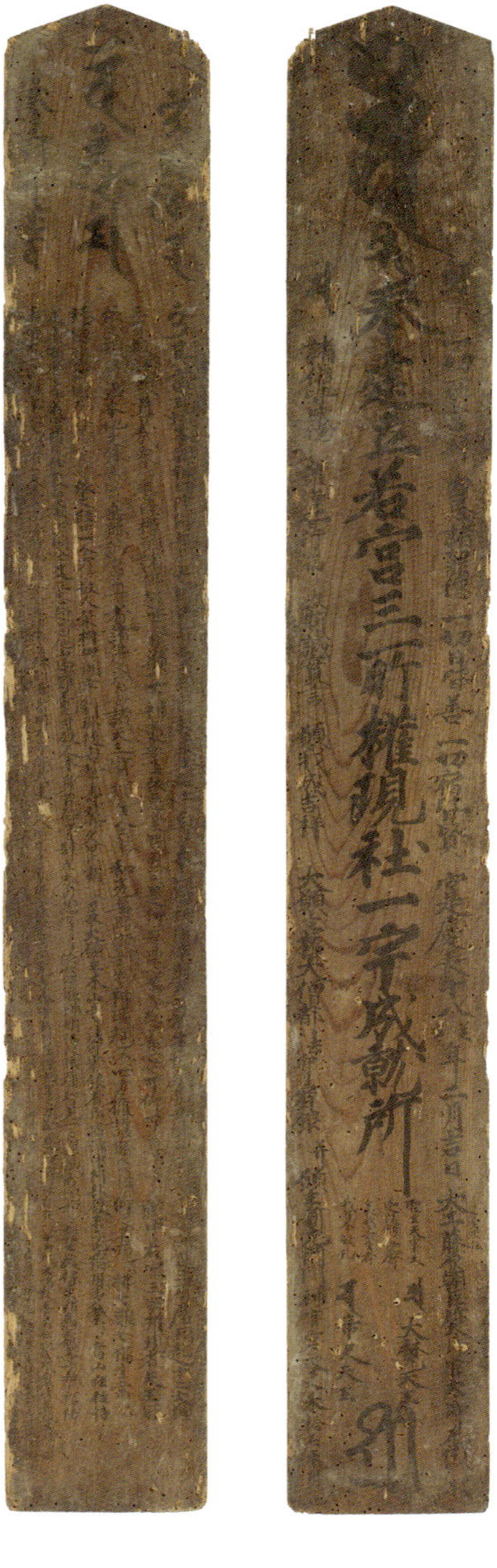

8　若宮三所権現社建立棟札

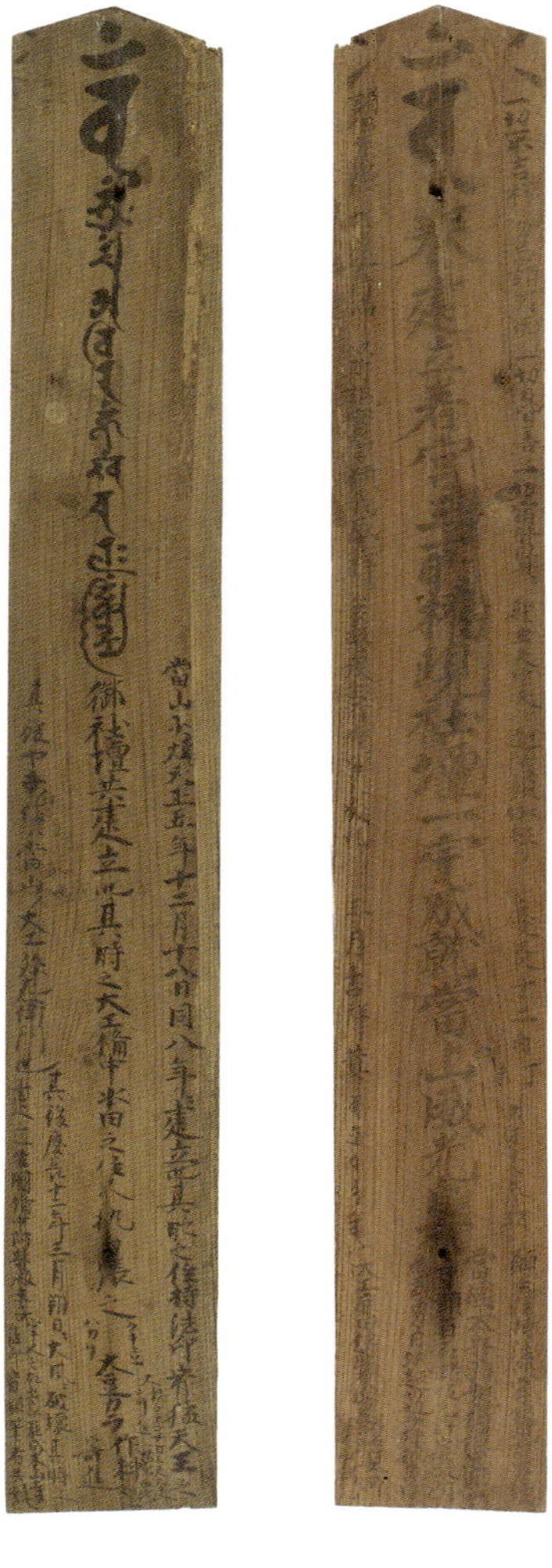

7　若宮三所権現社建立棟札

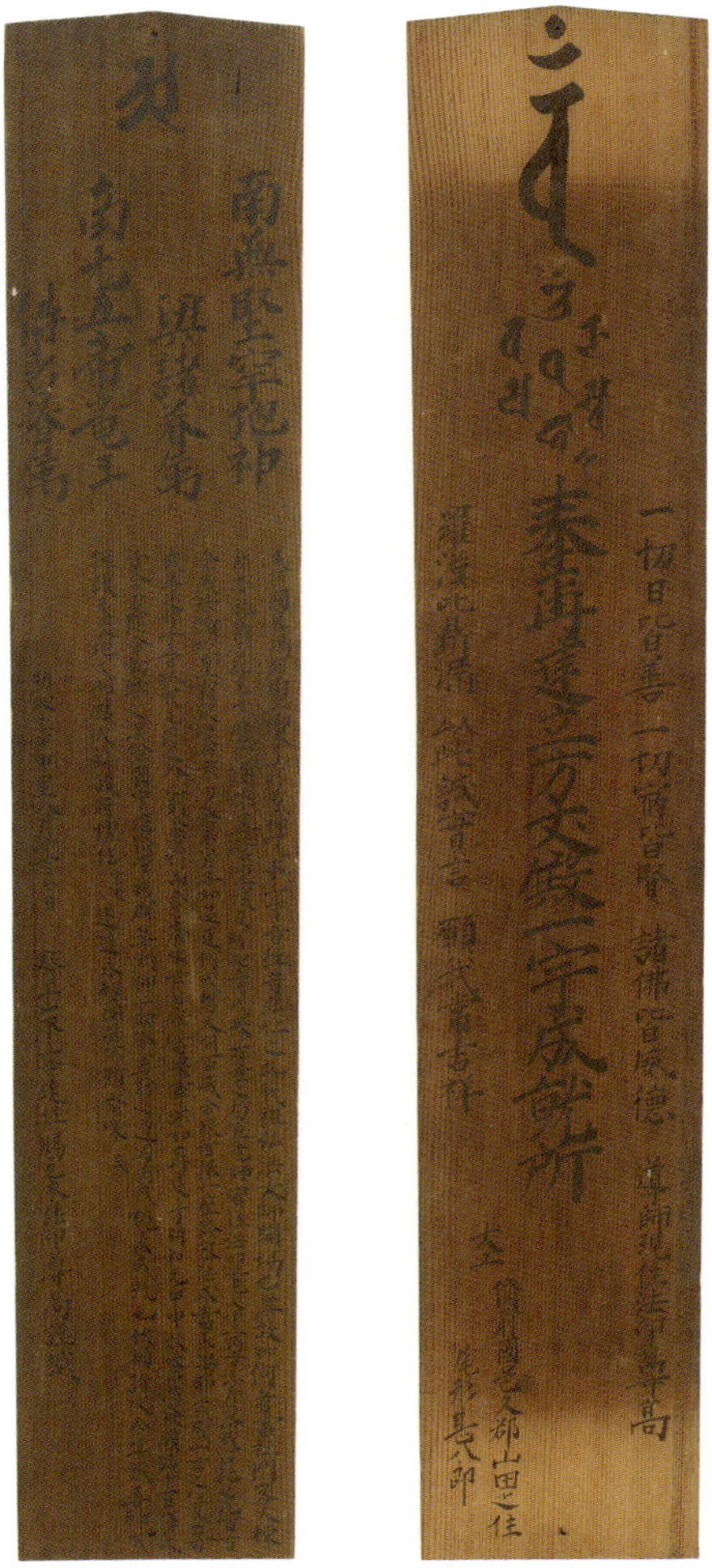

10　方丈殿再建立棟札

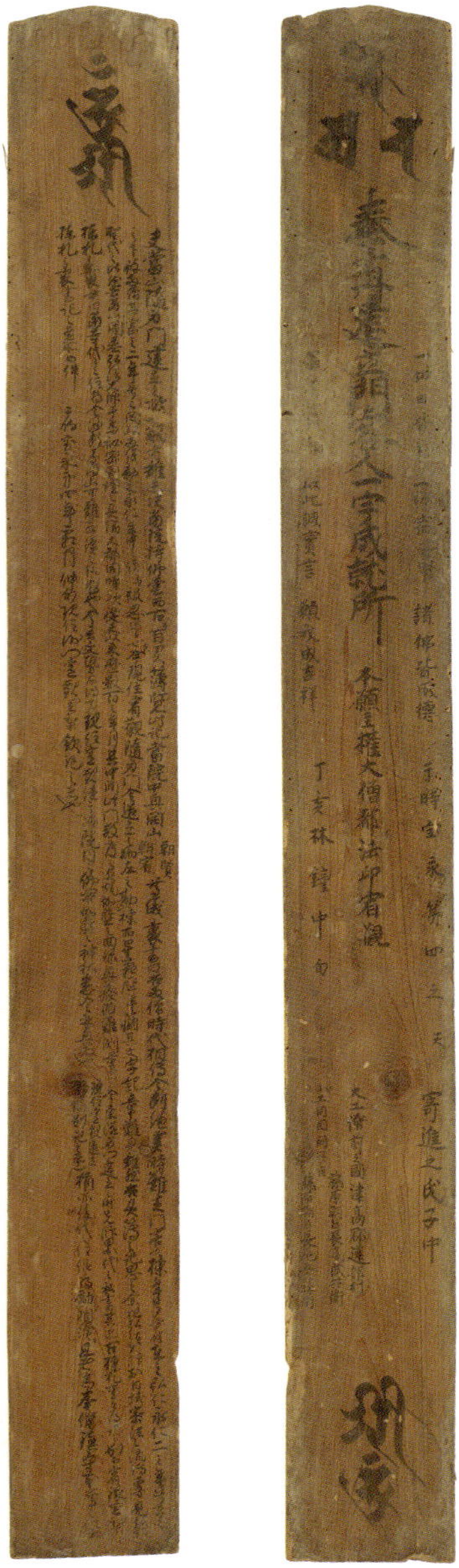

9　随身門再々建立棟札

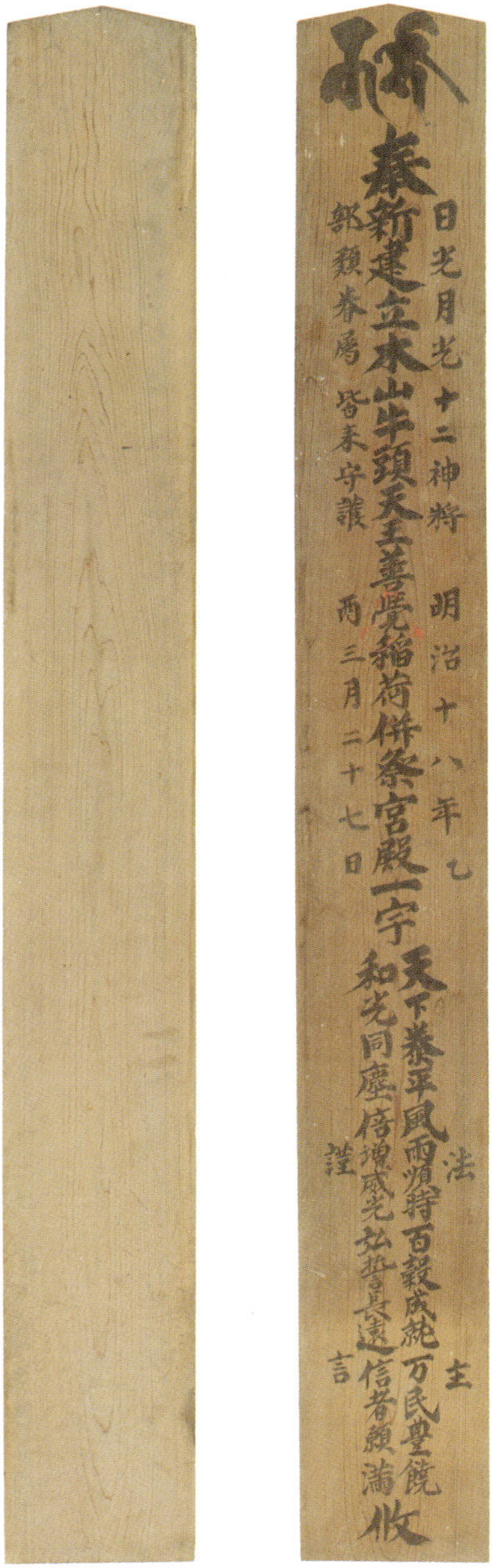

12　木山牛頭天王・善覚稲荷併祭宮殿
（鎮守殿）新建立棟札

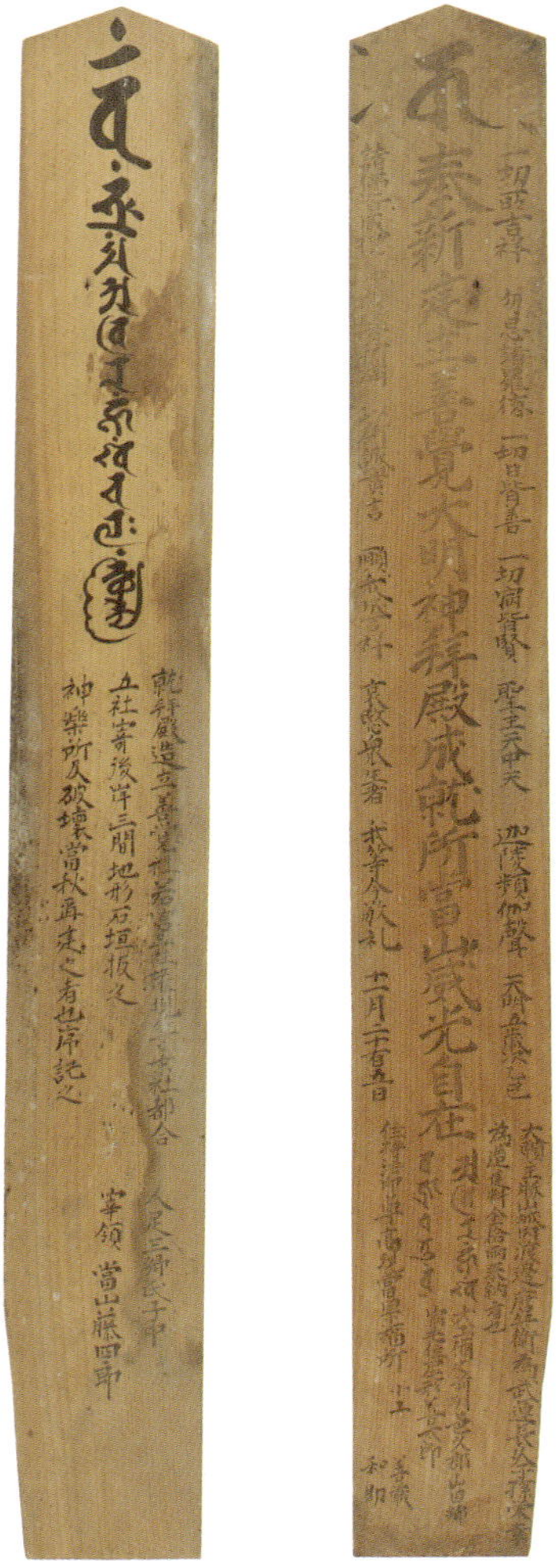

11　善覚大明神拝殿建立棟札

13　作州木山宮略絵之図＊

作州木山宮略絵之図　刷り物

14　美作国木山宮絵図＊

美作国木山宮絵図　刷り物

15　仏説大蔵王教血盆経＊

17　牛頭天王／善覚稲荷 ＊

木山寺鎮守殿
牛頭天王像（厨子入）

18　牛王宝印 ＊

16　日輪大師 ＊

木山寺鎮守殿
善覚稲荷像（厨子入）

善覚稲荷／牛頭天王　刷り物

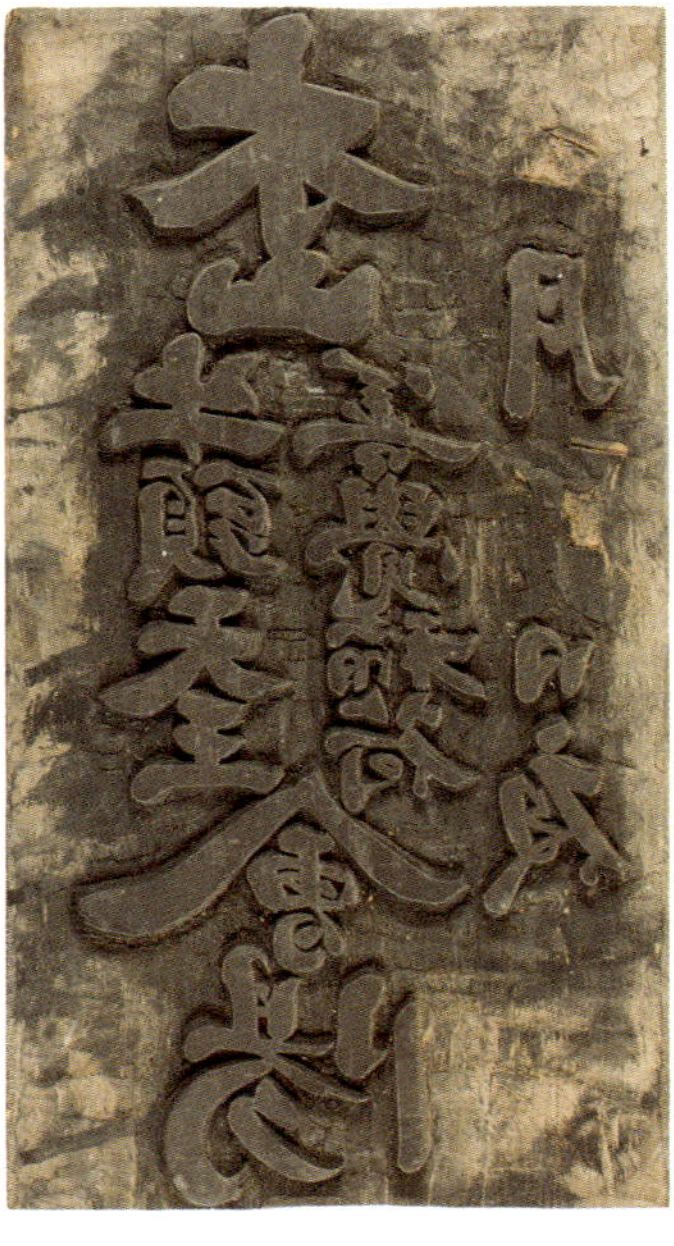

19　**木山会陽**＊

牛王宝印　刷り物

20　男神坐像

右側面

背面

底面

右側面

21　僧形神坐像

背面

底面

右側面

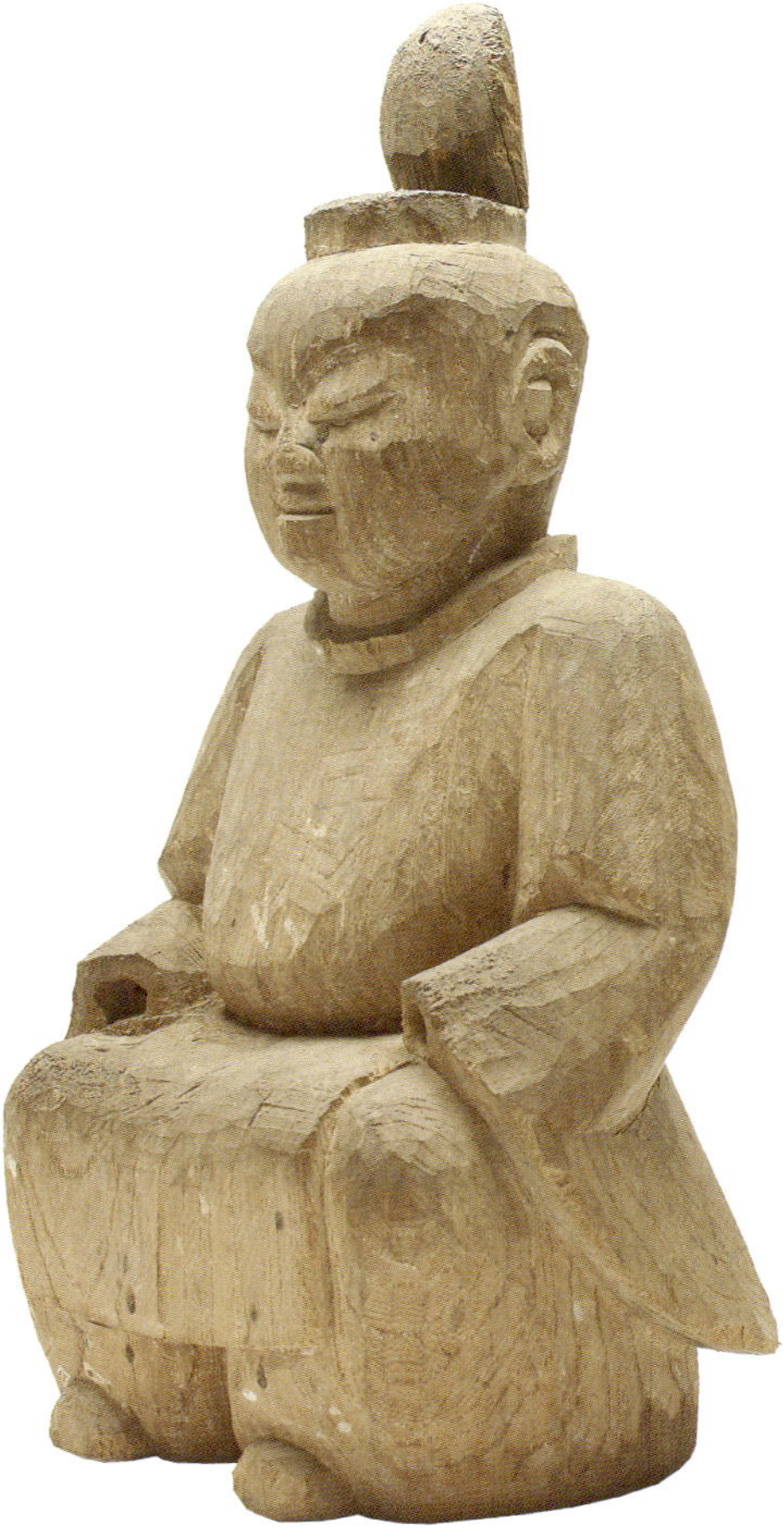

22　男神倚像

背面

底面

右側面

右側面

23　男神立像

左側面

背面

24　鬼神立像

25　鬼神半跏像

右側面

背面

背面

右側面

26　男神倚像

28　荒神立像

27　童子形神立像

29　牛頭天王坐像

右側面

背面

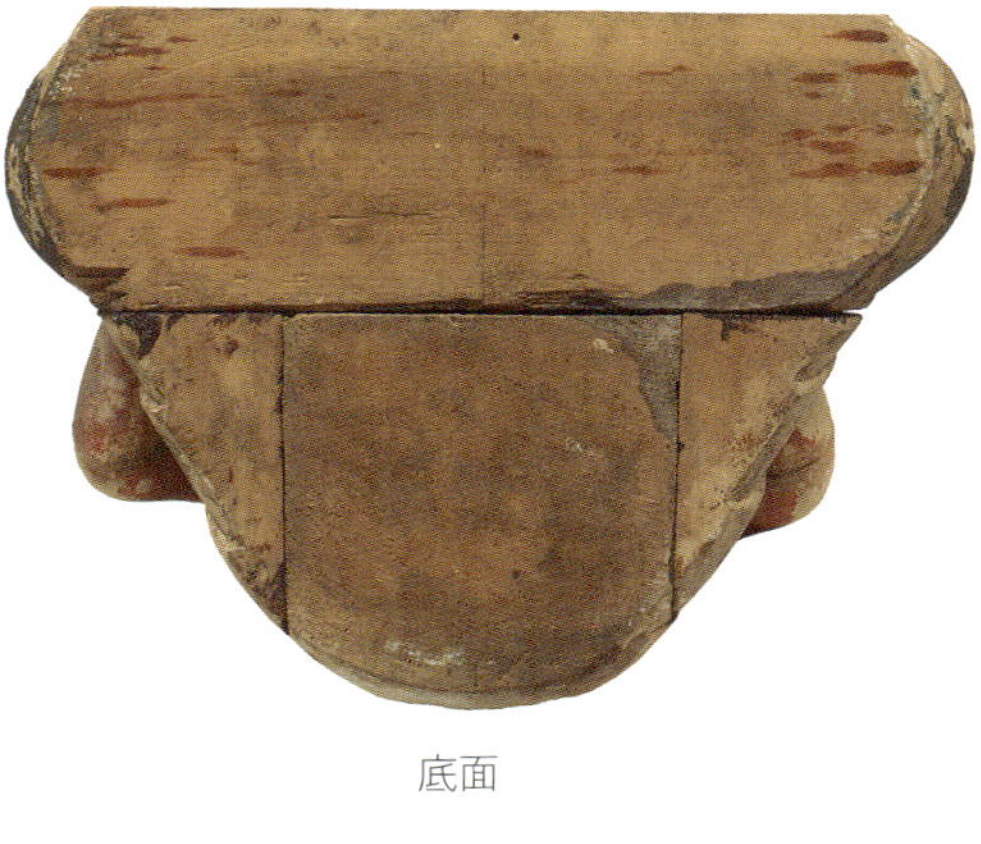

底面

22　男神倚像

21　僧形神坐像

20　男神坐像

24　鬼神立像

23　男神立像

26　男神倚像

25　鬼神半跏像

28　荒神立像

27　童子形神立像

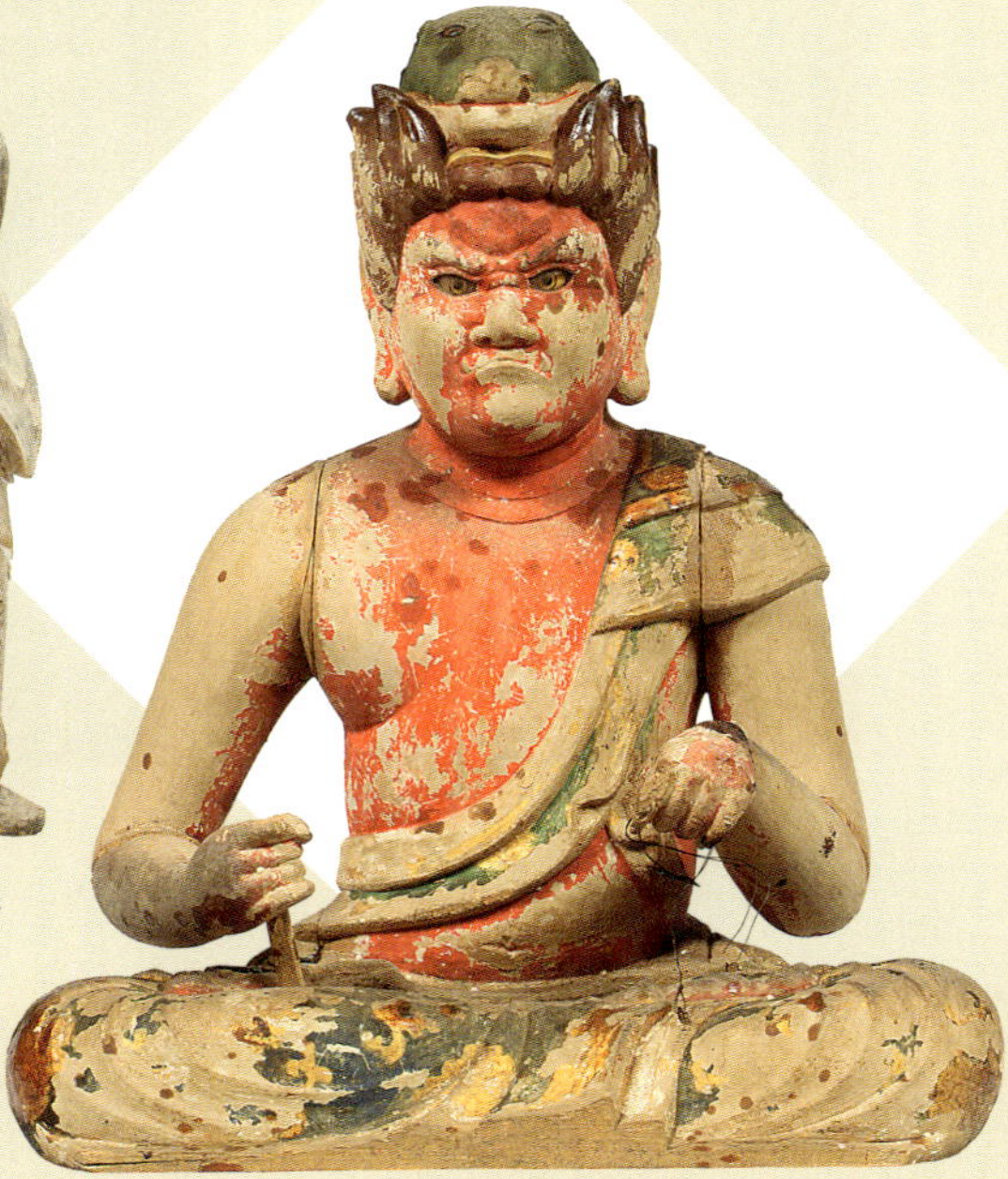

29　牛頭天王坐像

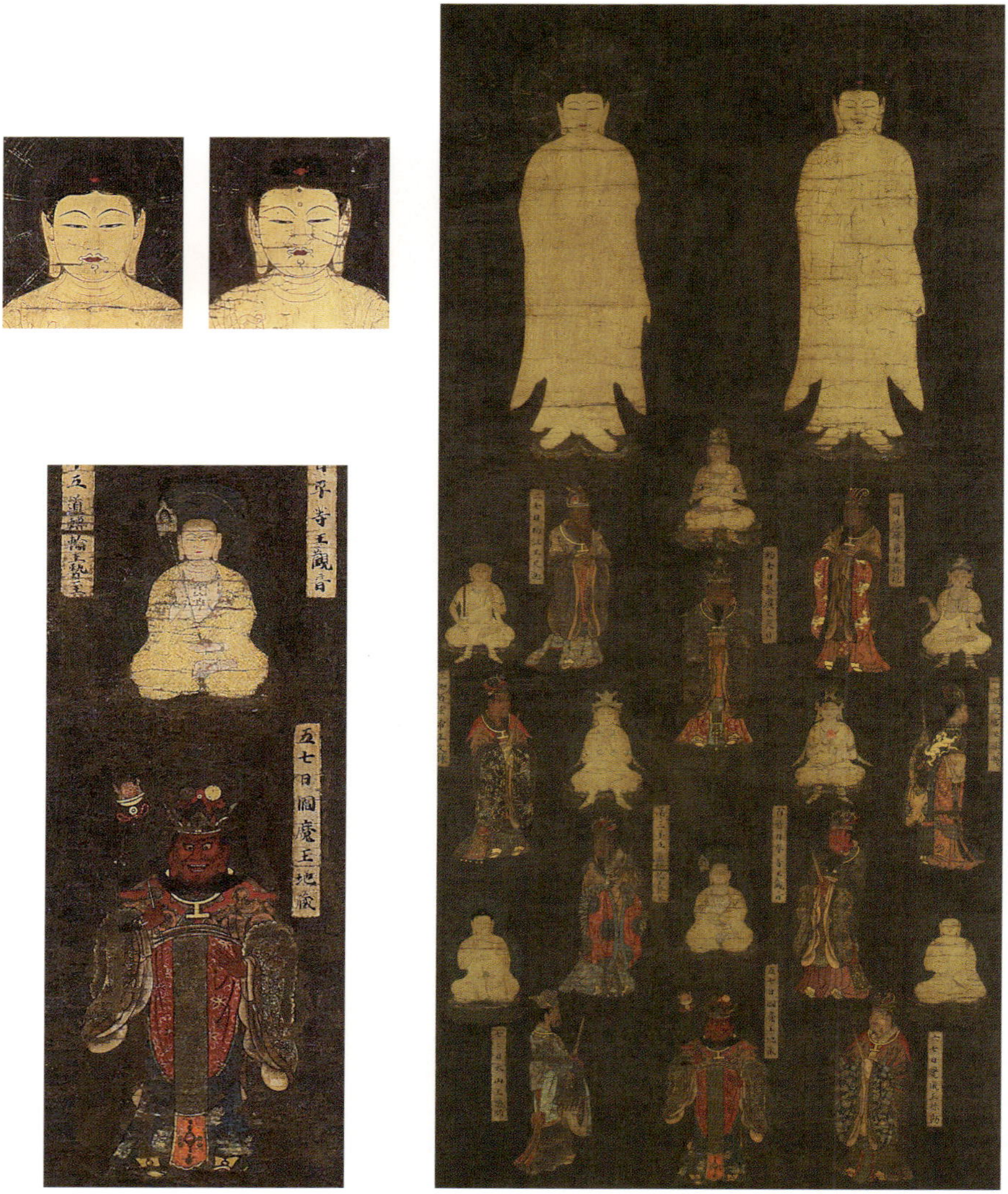

30　遣迎二尊十王十仏図＊

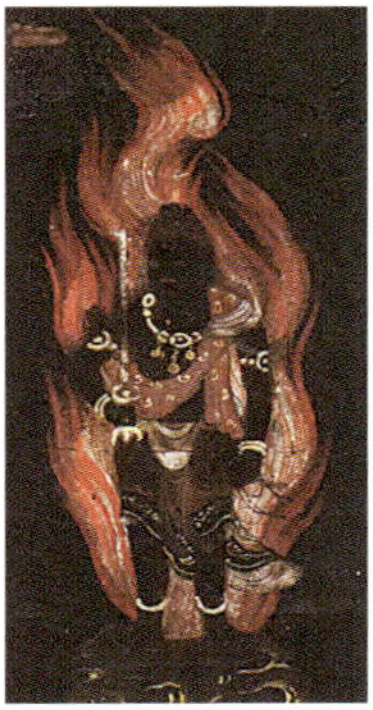

31　阿弥陀三尊十仏来迎図 *

32　十三仏図＊

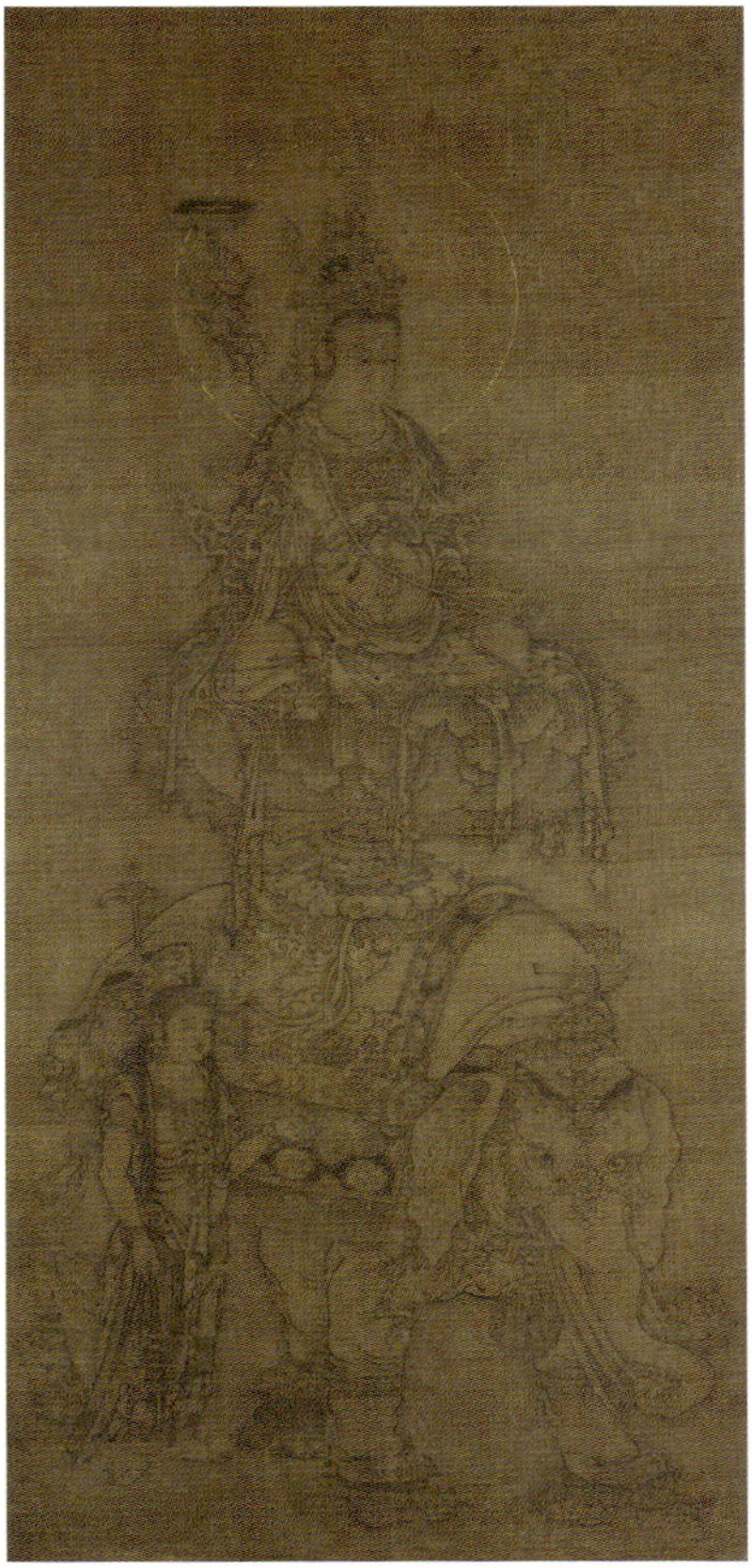

33　普賢菩薩像＊

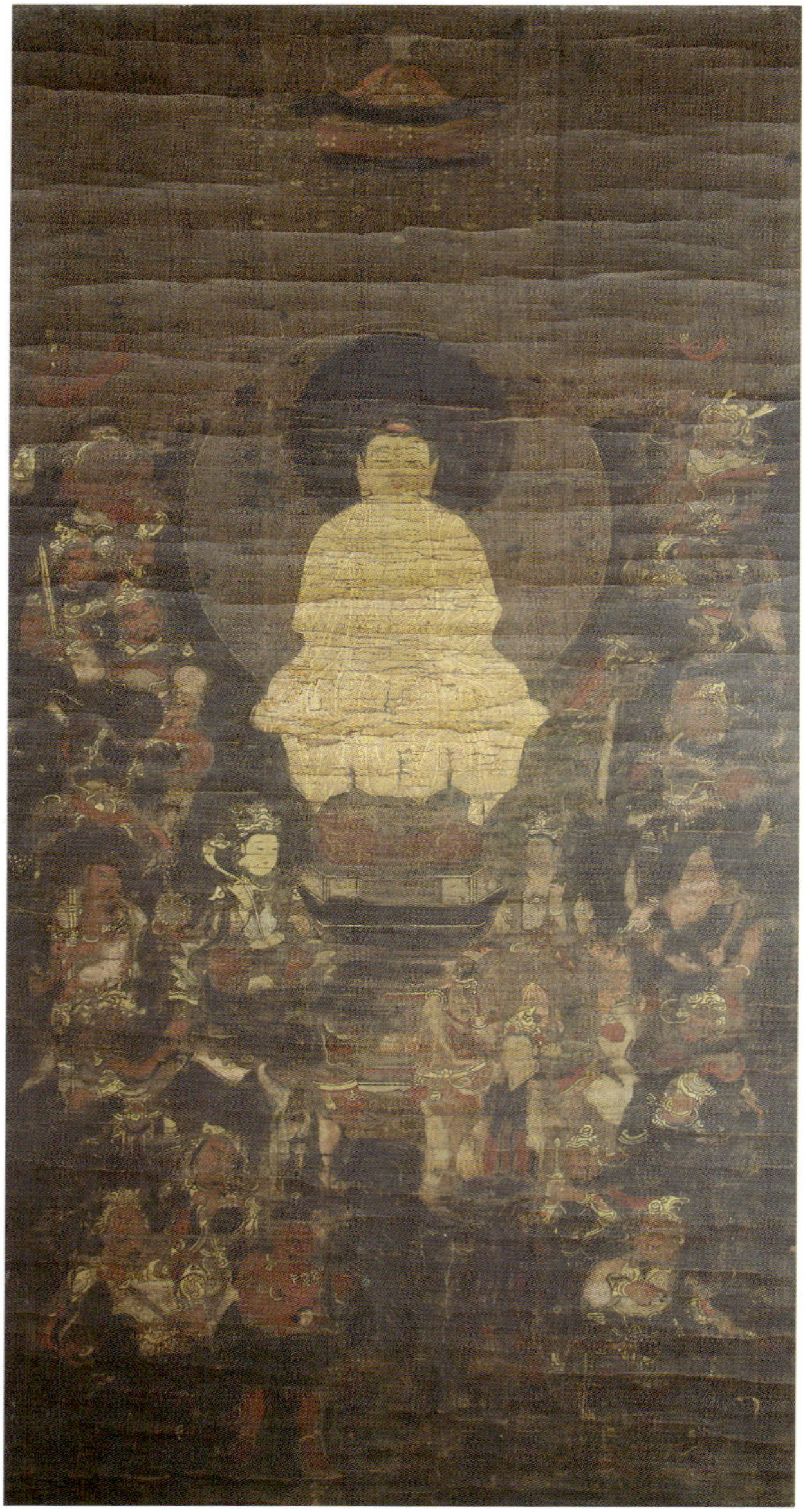

34　釈迦三尊十六善神像

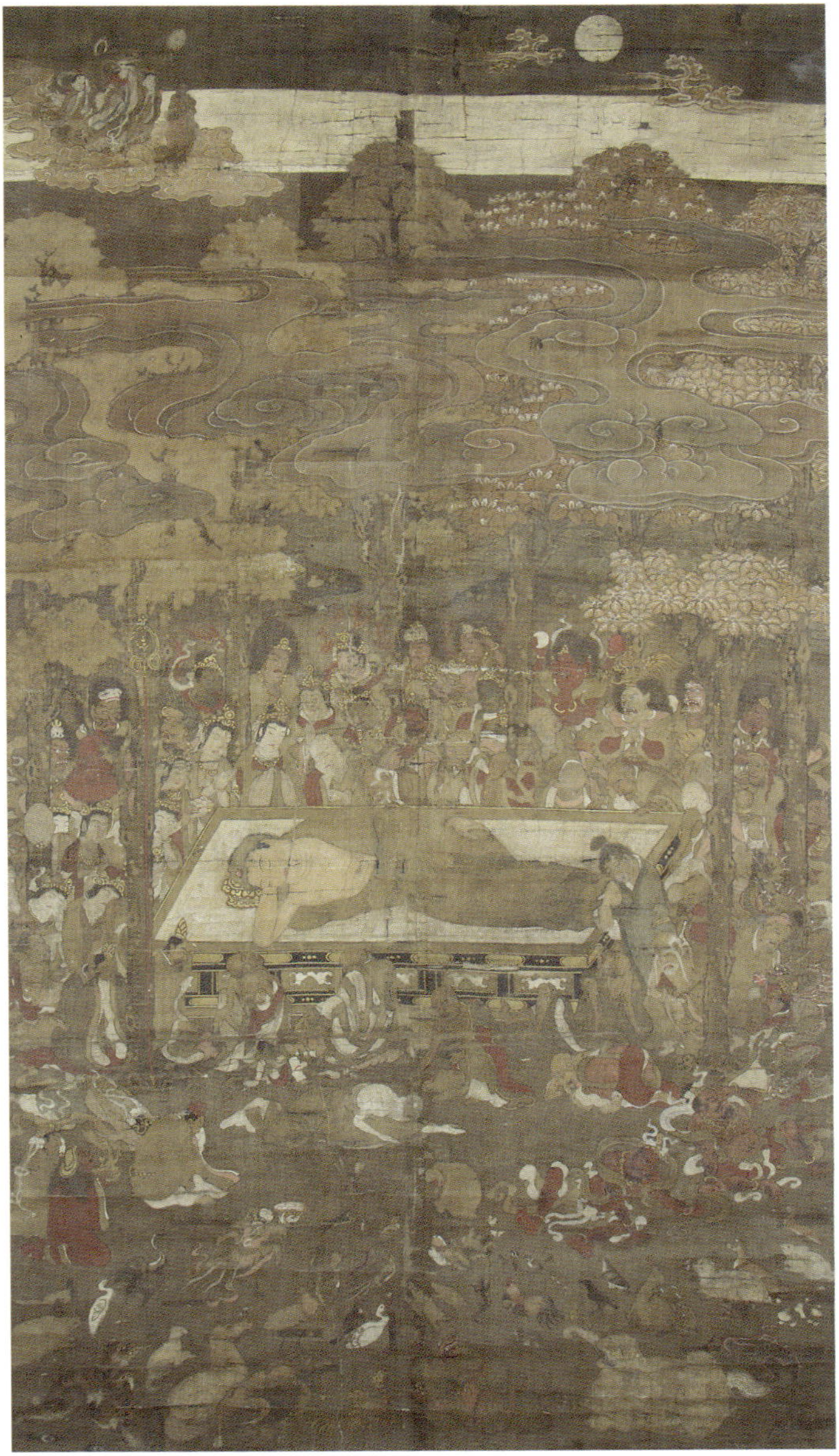

35　涅槃図

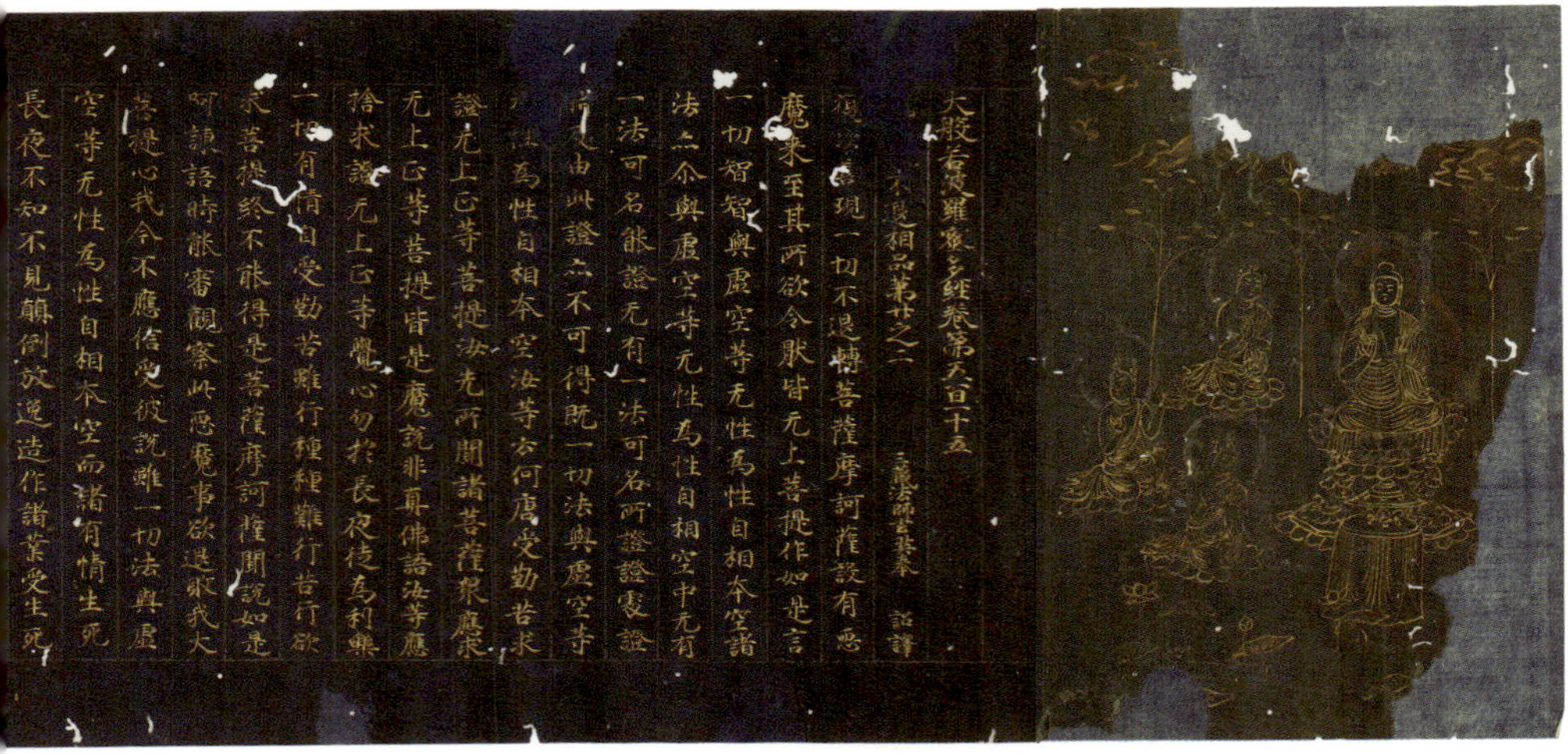

36　大般若経　巻五百十五

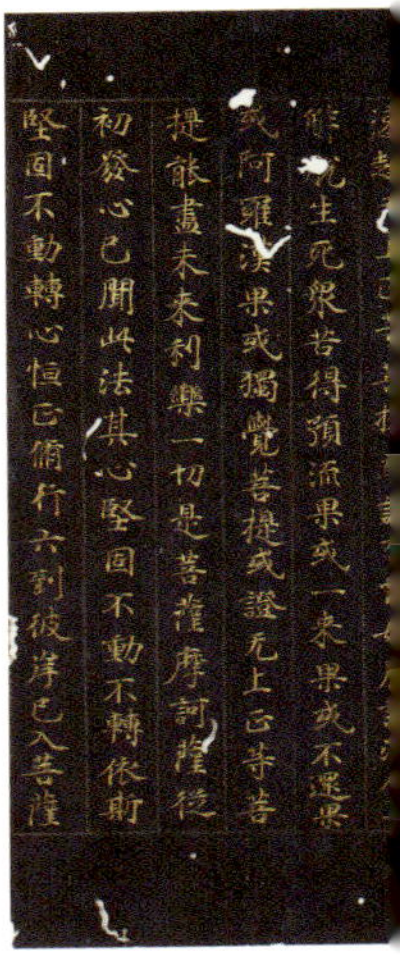

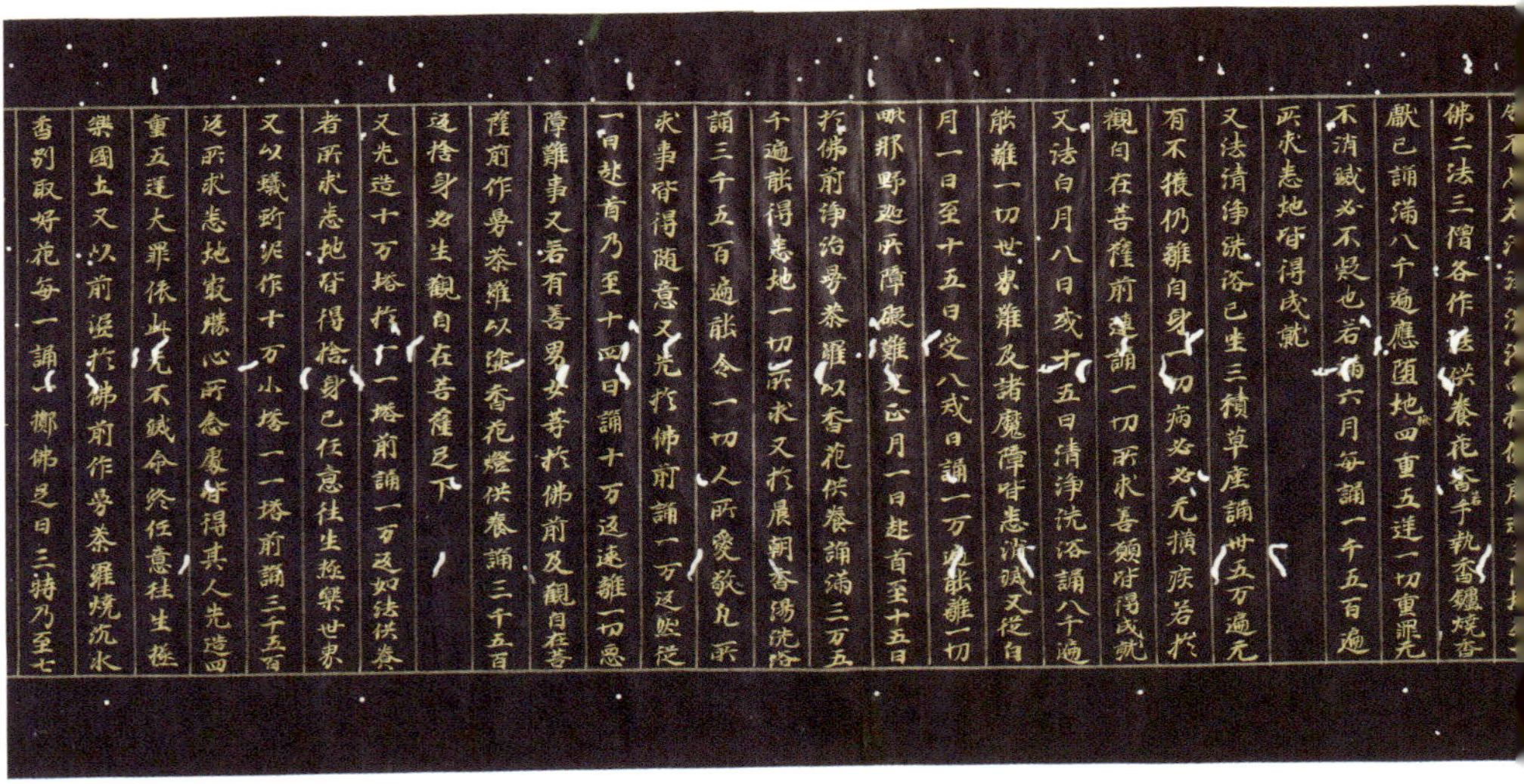

37　阿嚕力迦経

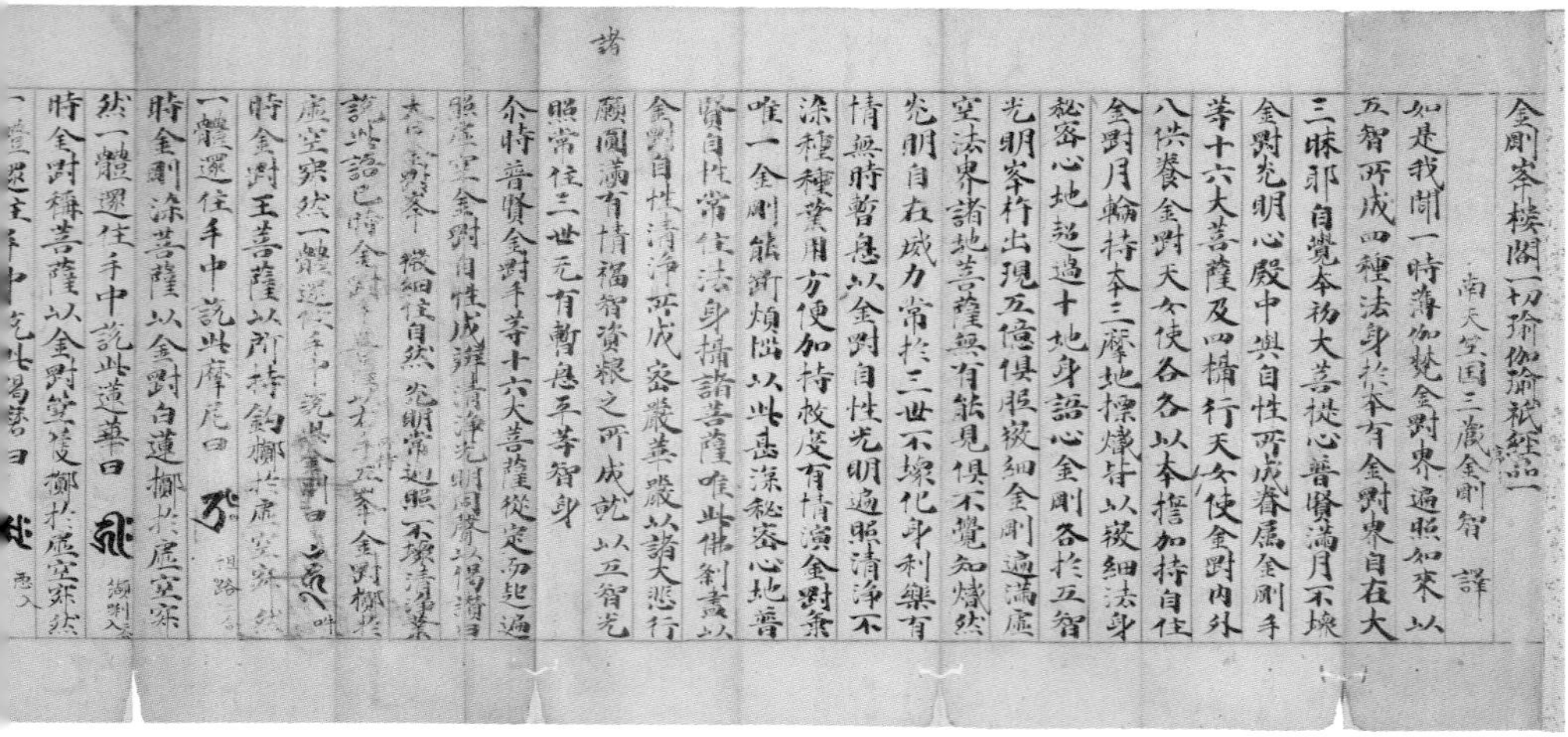

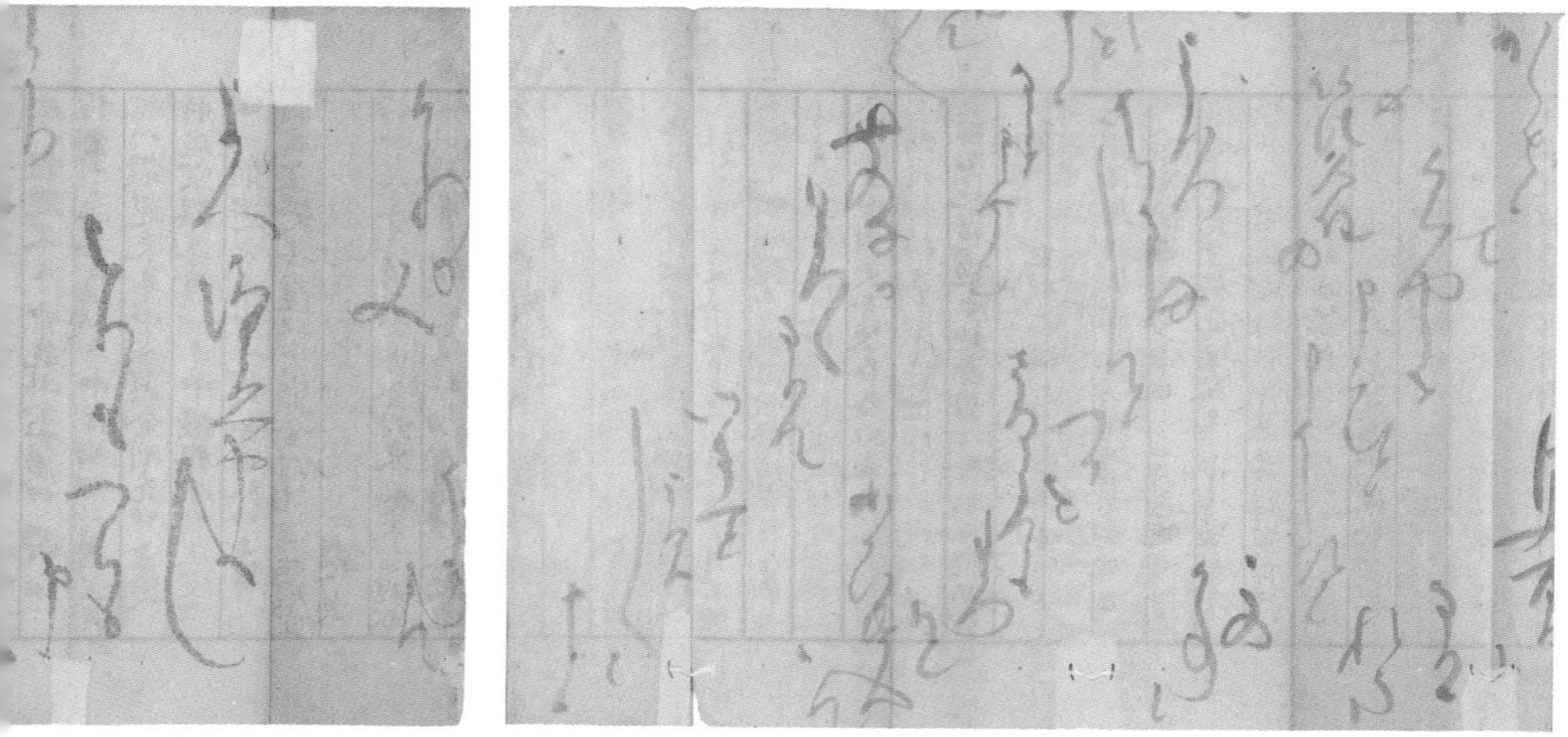

紙背　第一書状

38　金剛峰楼閣一切瑜伽瑜祇経

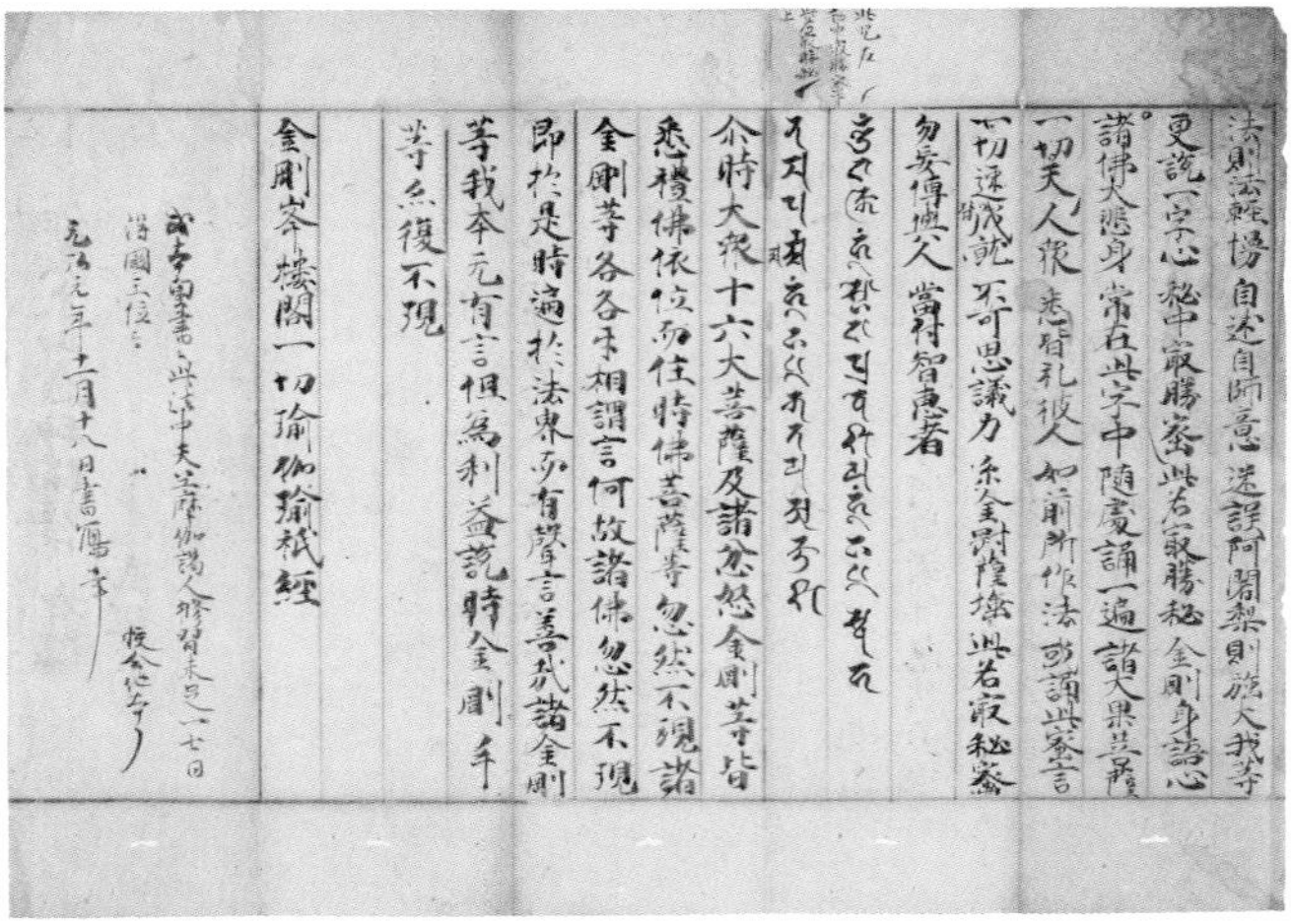

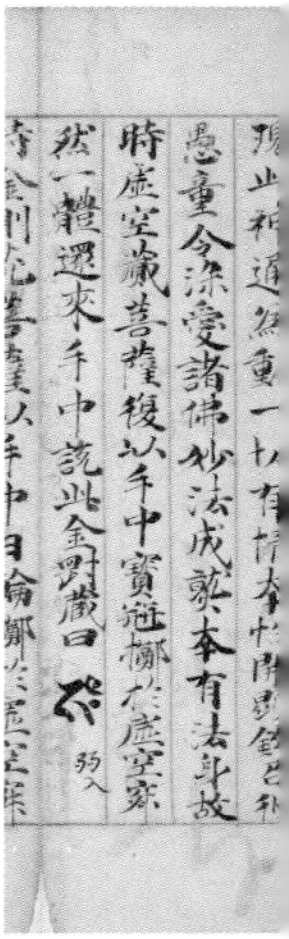

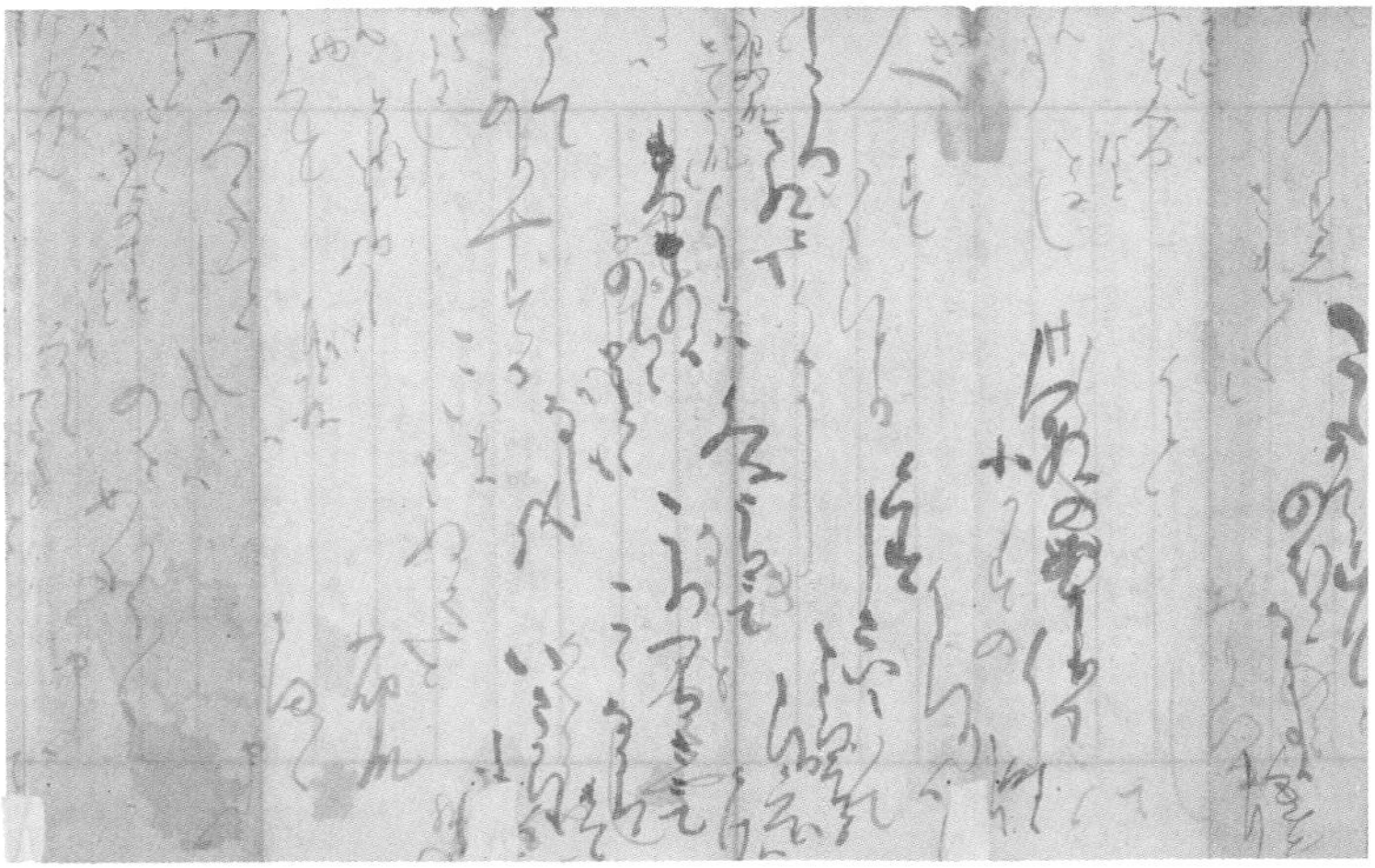

紙背　第三書状

紙背　第二書状
（左端略）

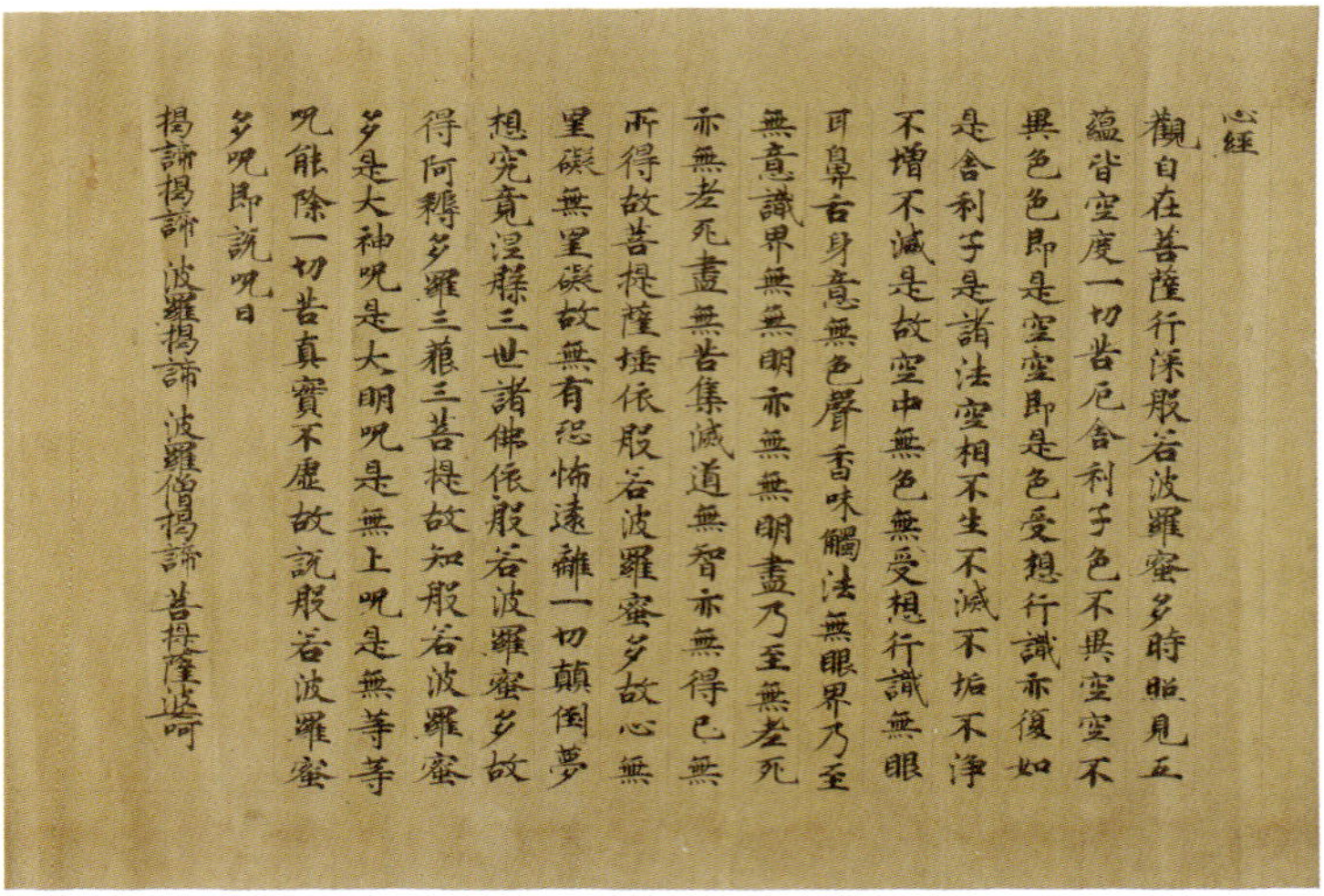

心経
觀自在菩薩行深般若波羅蜜多時照見五
蘊皆空度一切苦厄舎利子色不異空空不
異色色即是空空即是色受想行識亦復如
是舎利子是諸法空相不生不滅不垢不浄
不増不減是故空中無色無受想行識無眼
耳鼻舌身意無色聲香味觸法無眼界乃至
無意識界無無明亦無無明盡乃至無老死
亦無老死盡無苦集滅道無智亦無得已無
所得故菩提薩埵依般若波羅蜜多故心無
罣礙無罣礙故無有恐怖遠離一切顛倒夢
想究竟涅槃三世諸佛依般若波羅蜜多故
得阿耨多羅三藐三菩提故知般若波羅蜜
多是大神呪是大明呪是無上呪是無等等
呪能除一切苦真實不虚故説般若波羅蜜
多呪即説呪曰
掲諦掲諦　波羅掲諦　波羅僧掲諦　菩提薩婆訶

39　般若心経

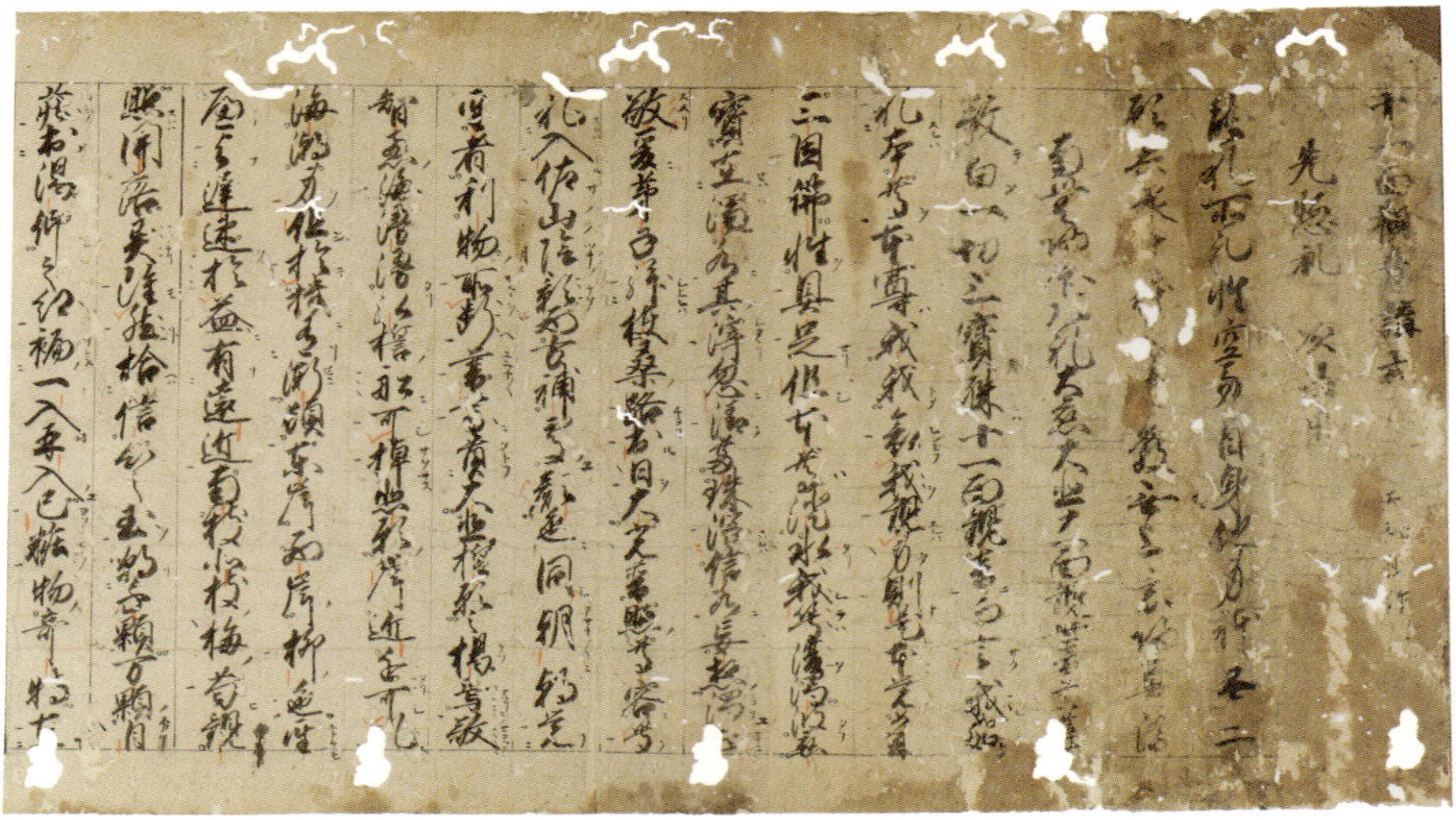

40　十一面観音講式

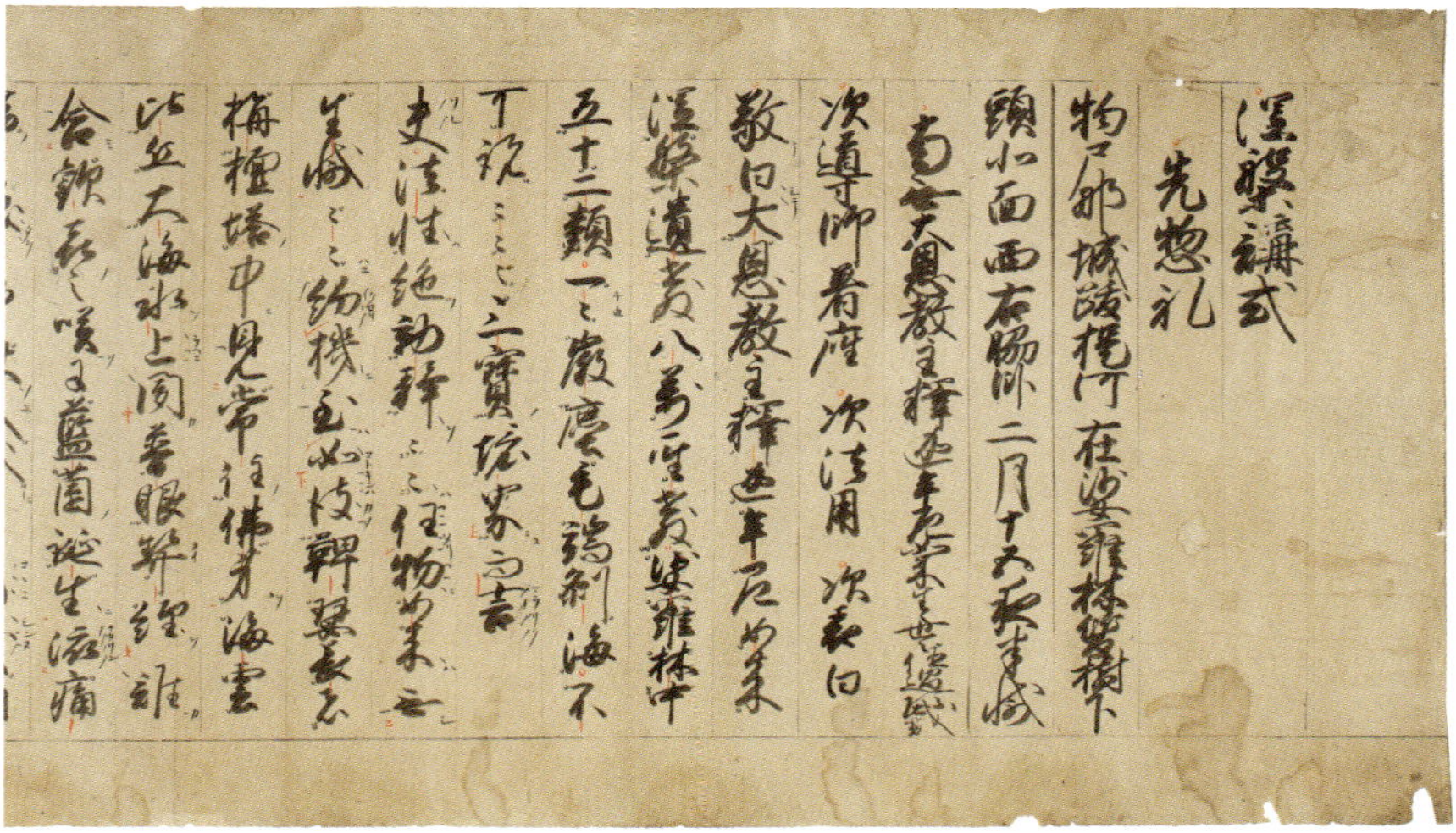

41　涅槃講式

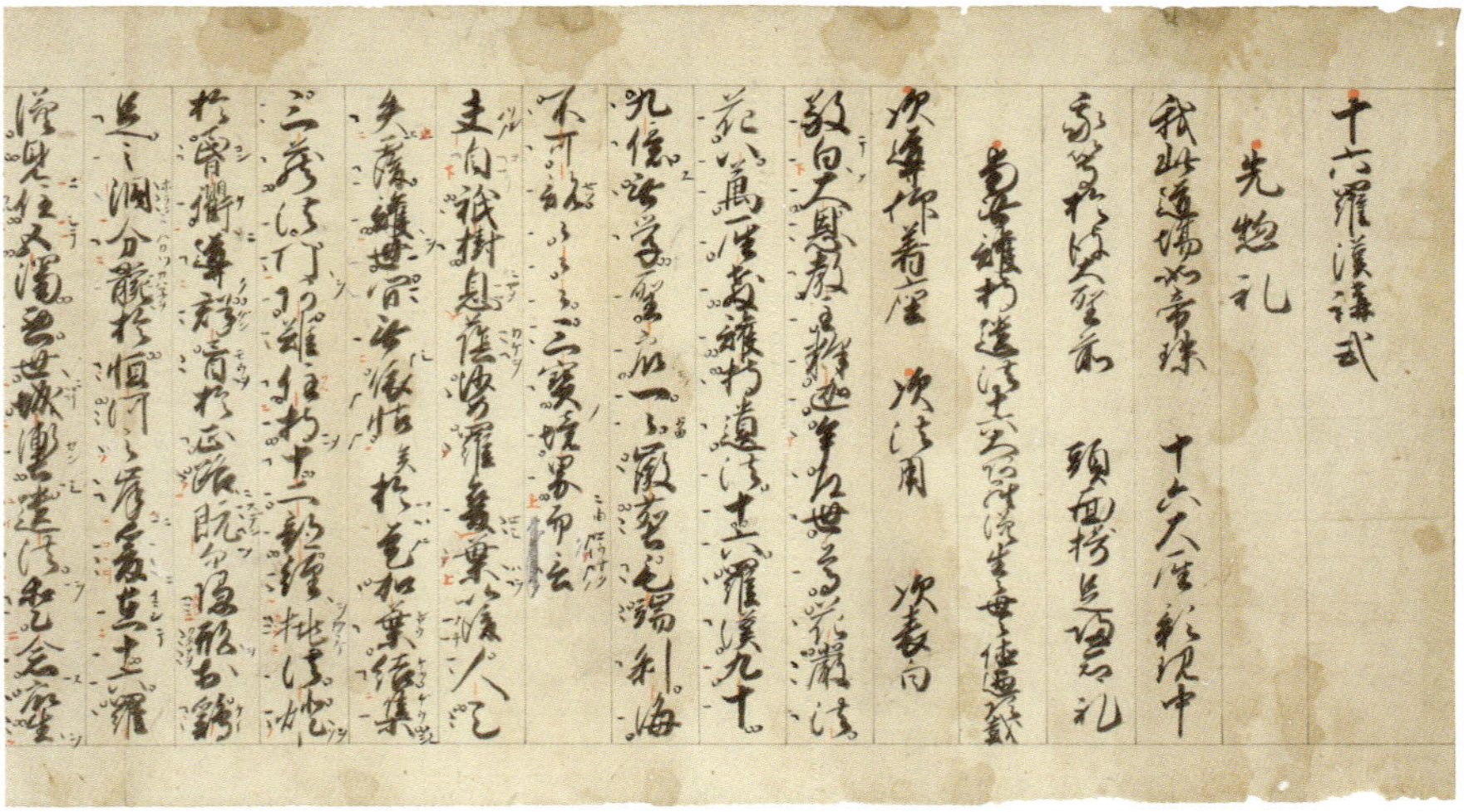

42　羅漢講式

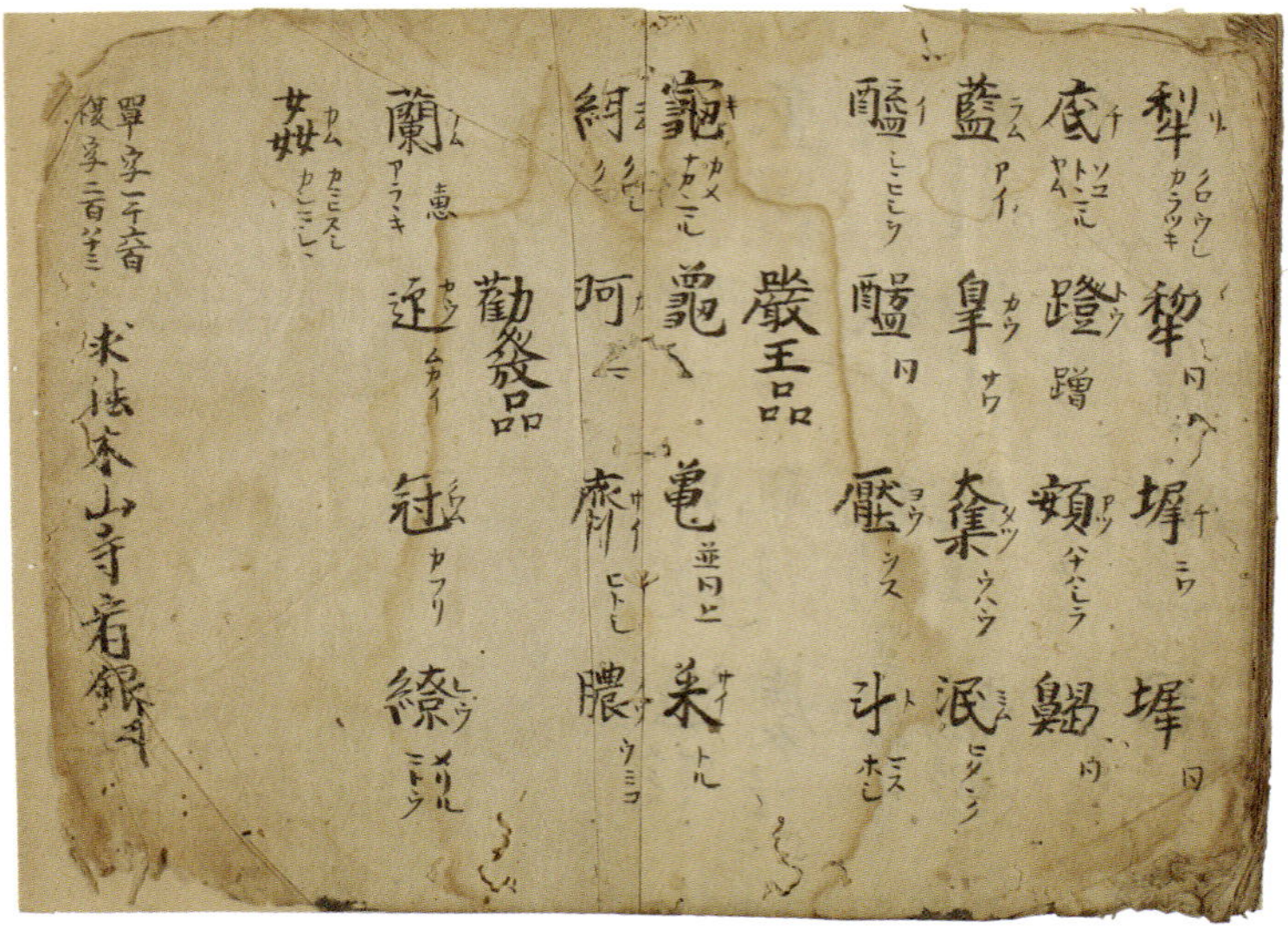

43　法華経音訓

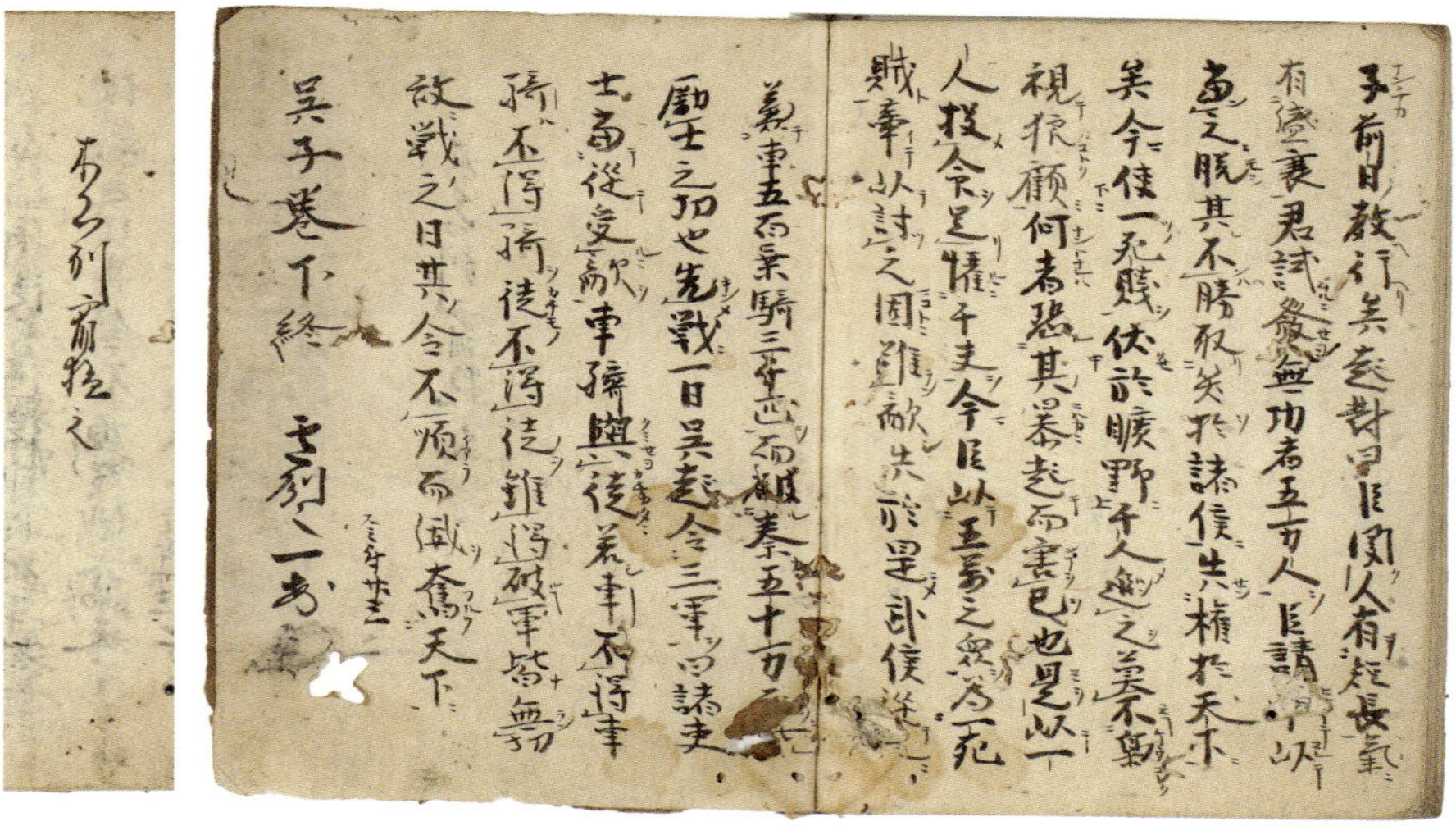

44　呉子

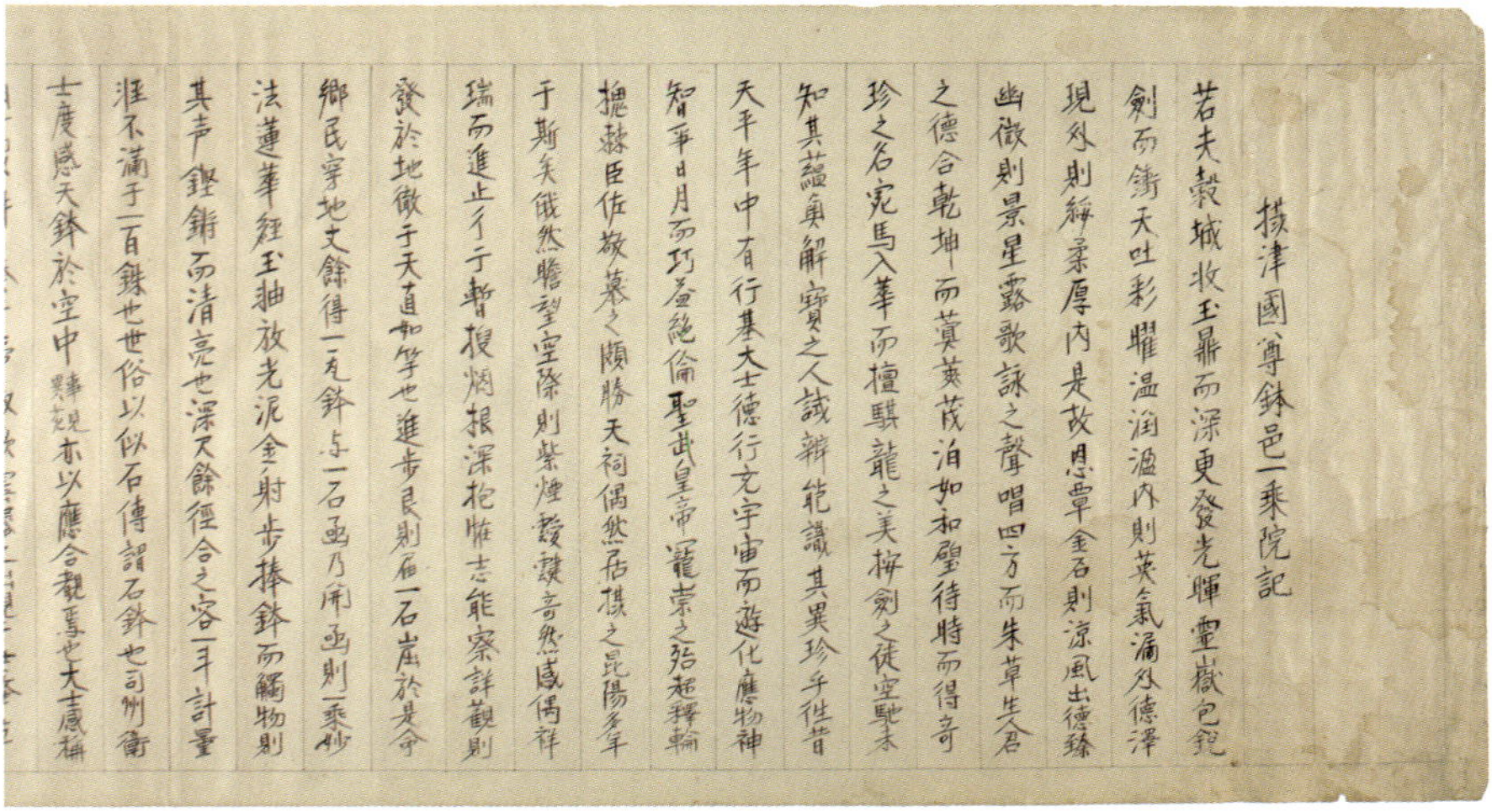

45　摂津国尊鉢邑一乗院記

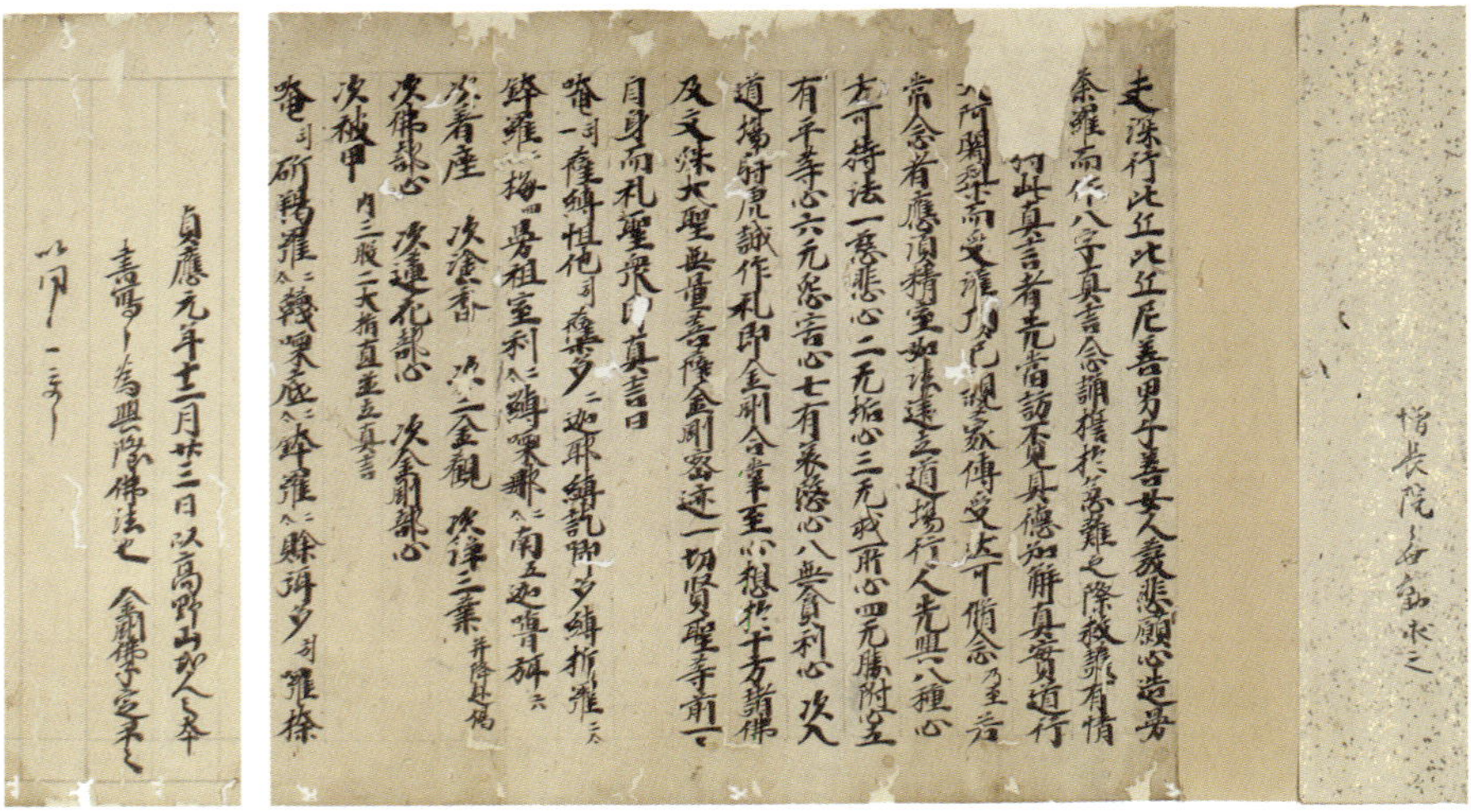

46　〔文殊法〕

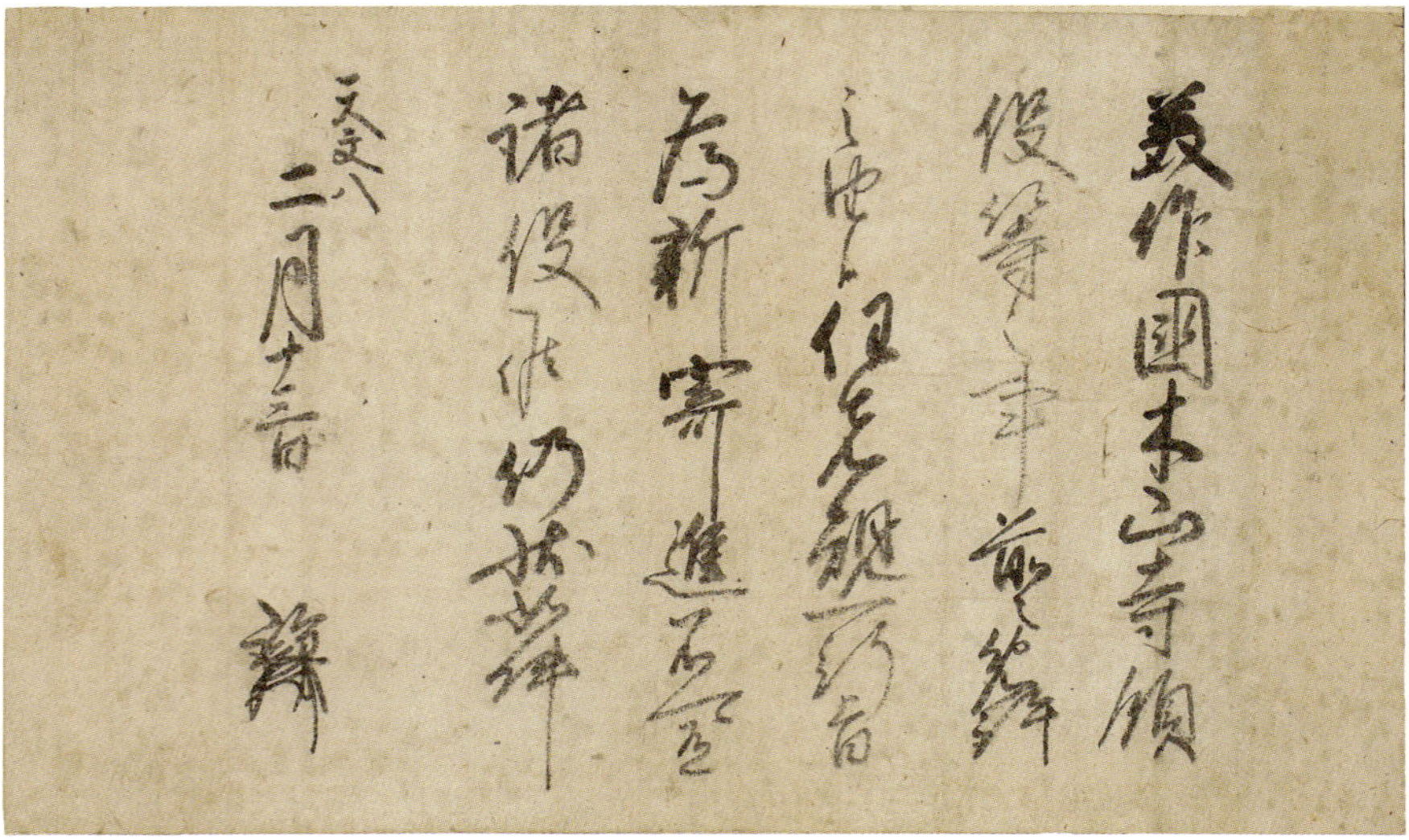
美作國木山寺領
役等之事前々免許
之由任先規之旨
為新寄進之上
諸役[illegible]仍状如件
天文八
二月十三日 (花押)

47　天文 8 年（1539）2 月 13 日　尼子詮久判物

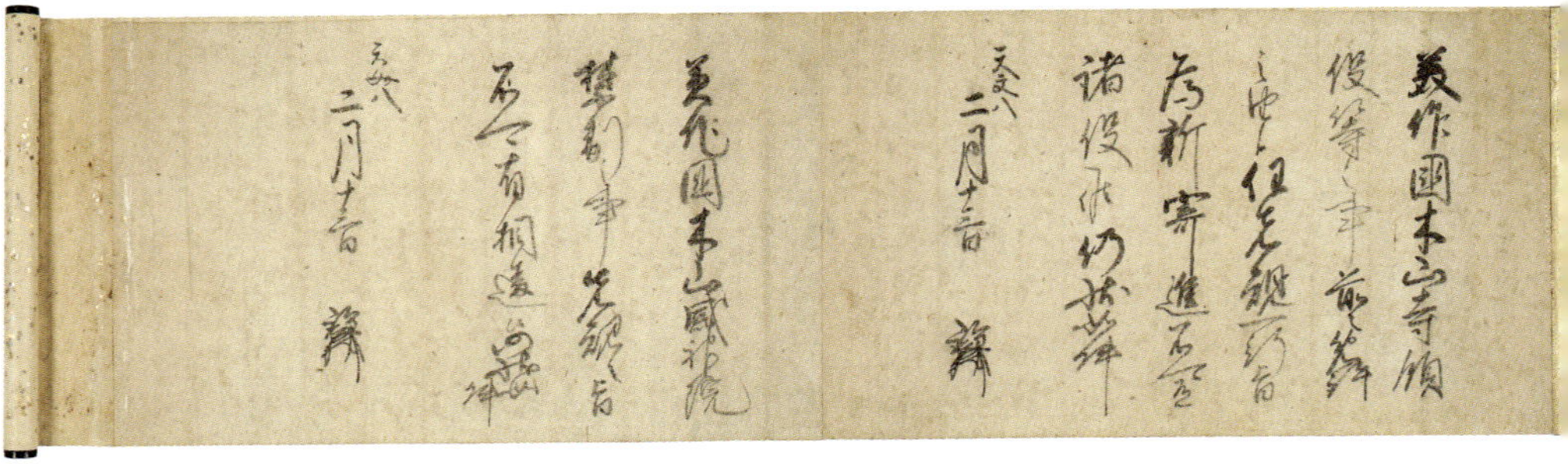

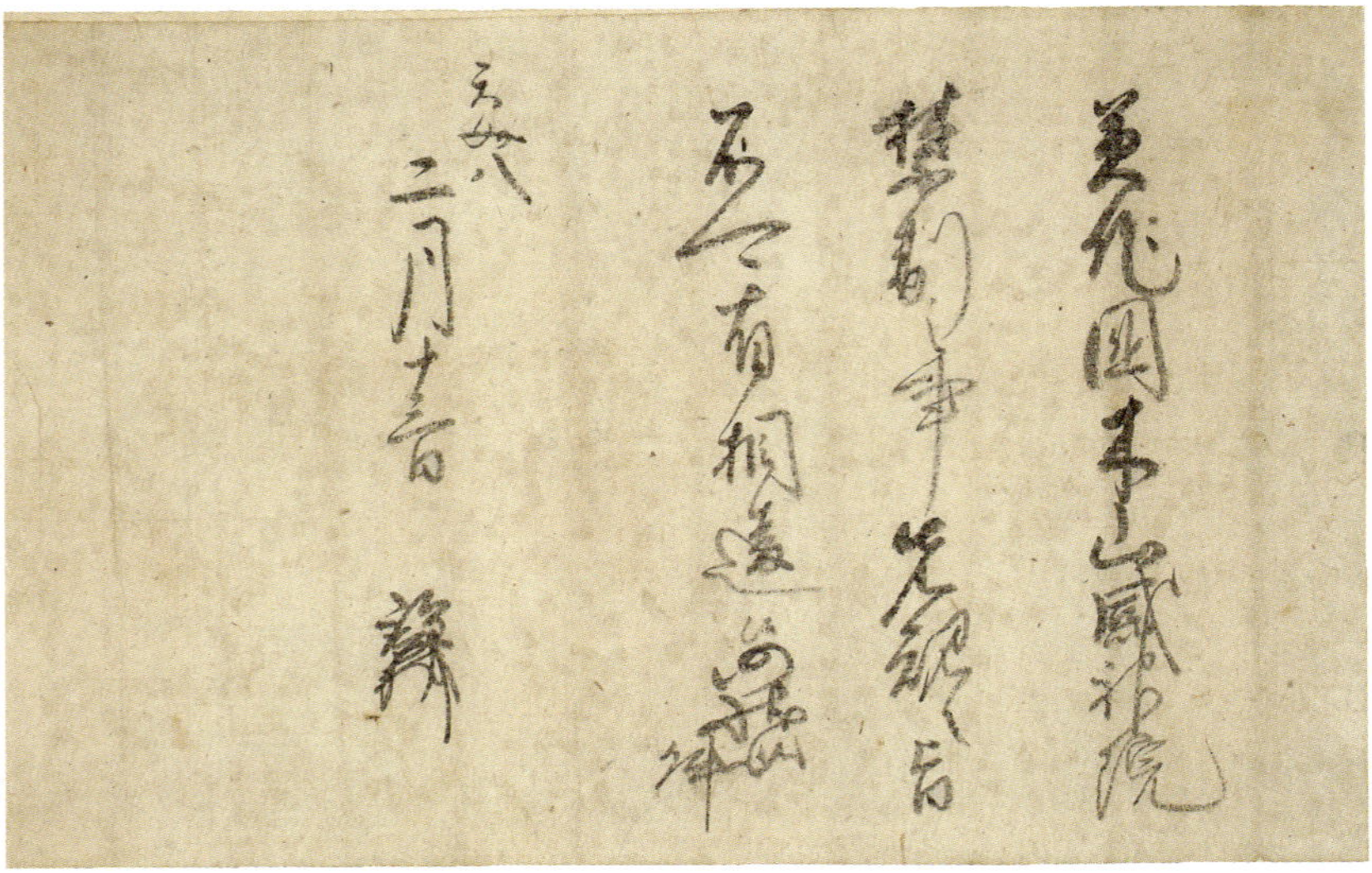

48　天文８年（1539）２月13日　尼子詮久判物

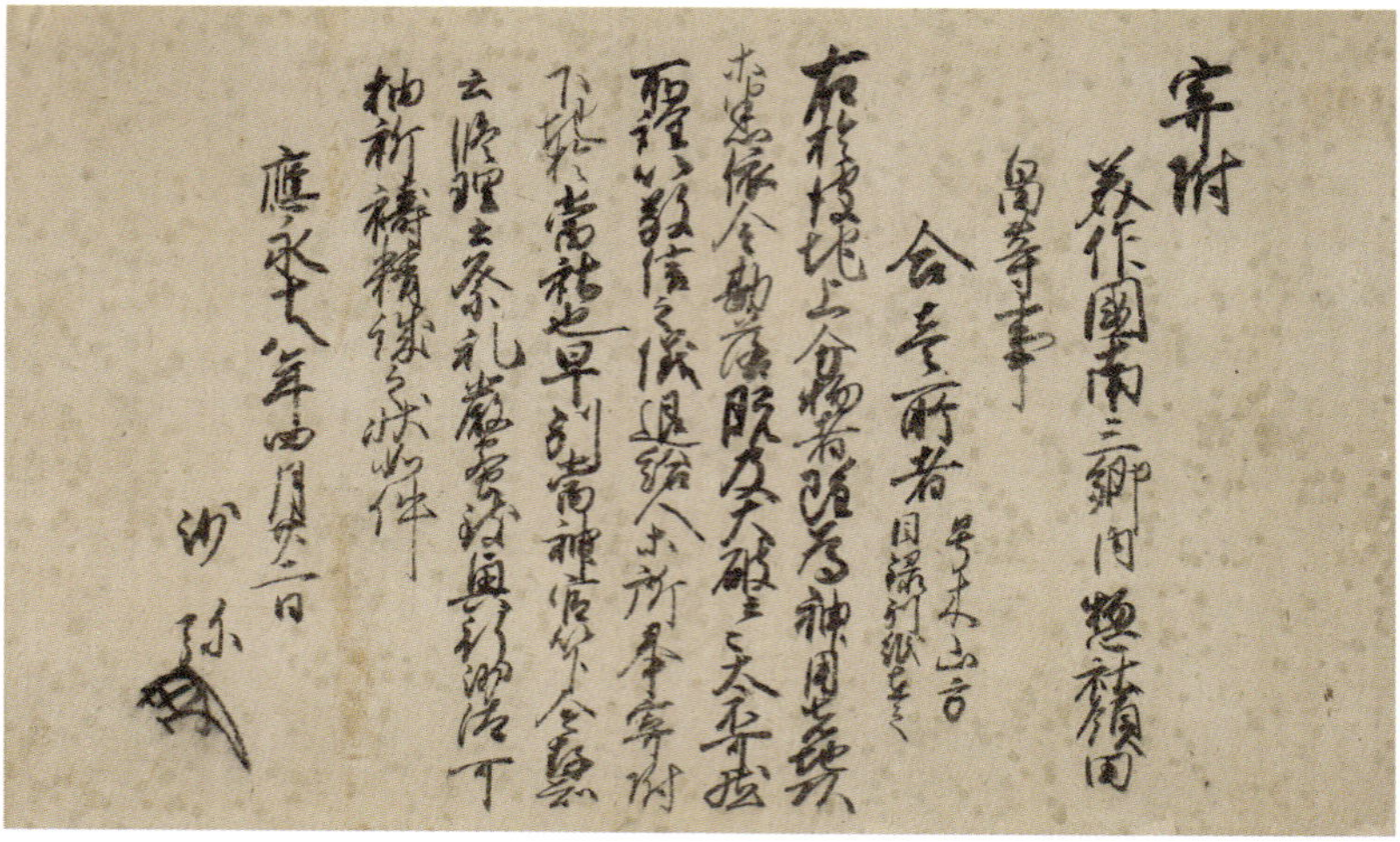

49　応永 18 年 (1411) 4 月 22 日　赤松義則寄進状

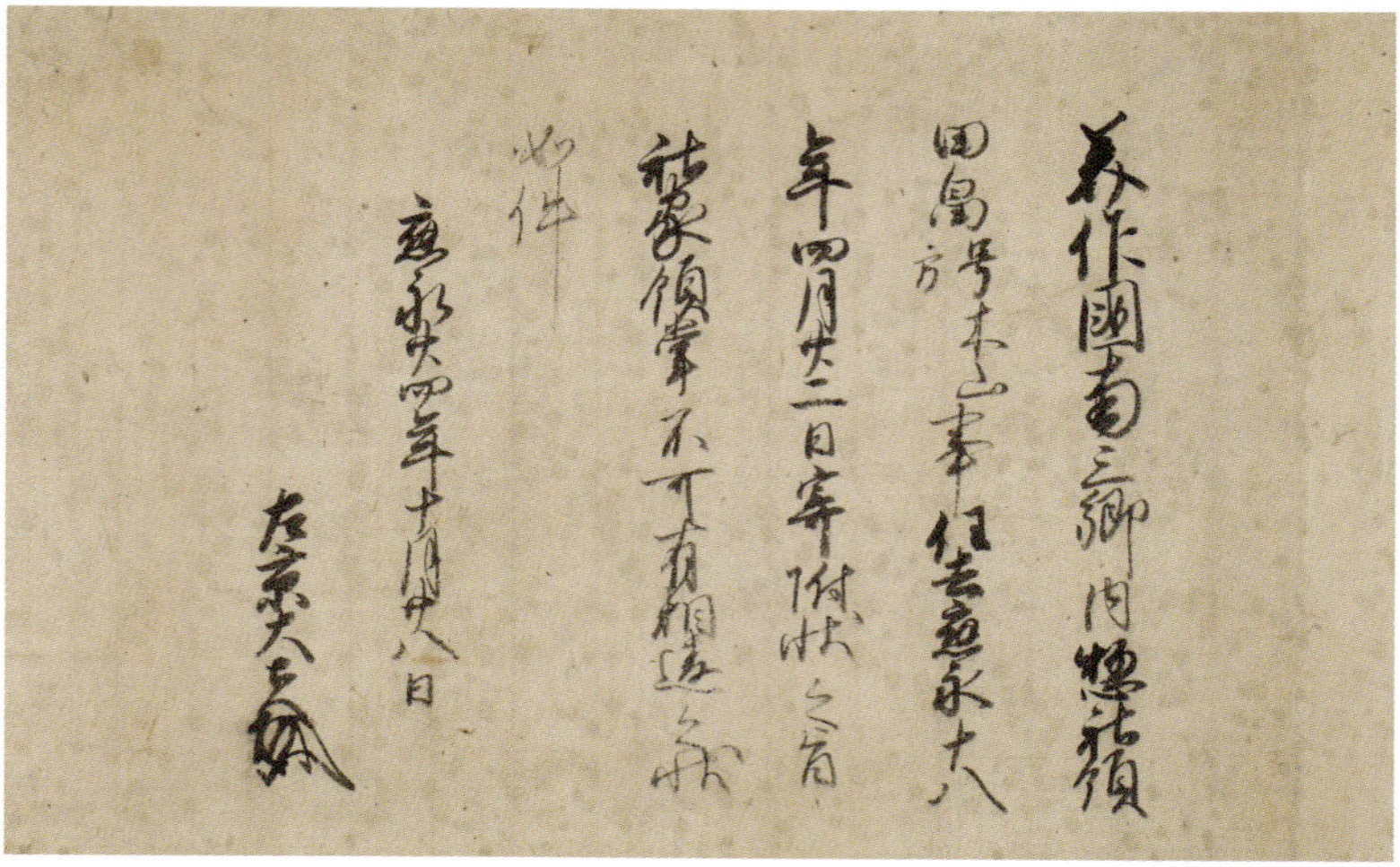

50　応永 24 年 (1417) 10 月 28 日　赤松満祐社領安堵状

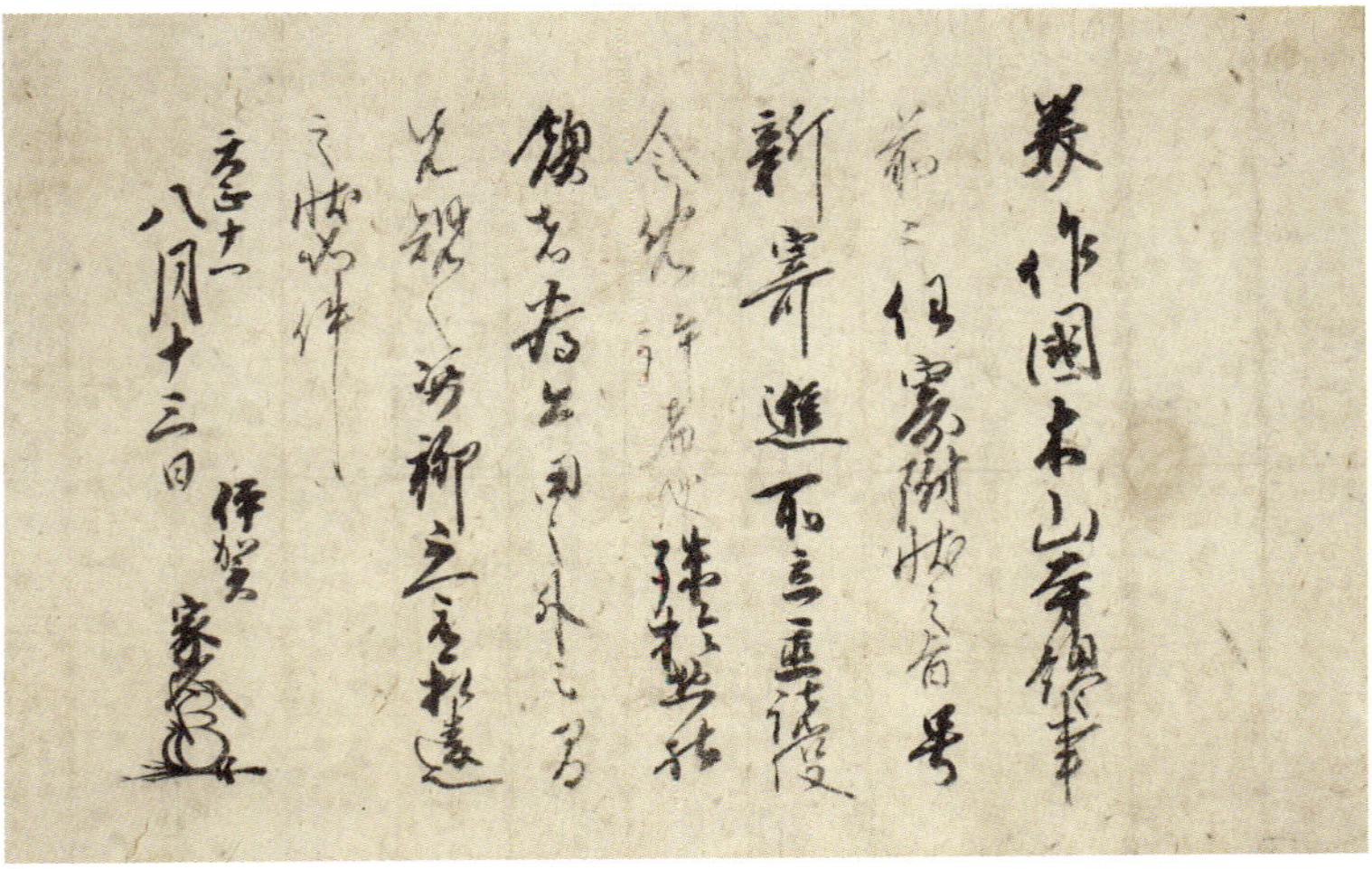

51　天正 11 年（1583）8 月 13 日　伊賀家久判物

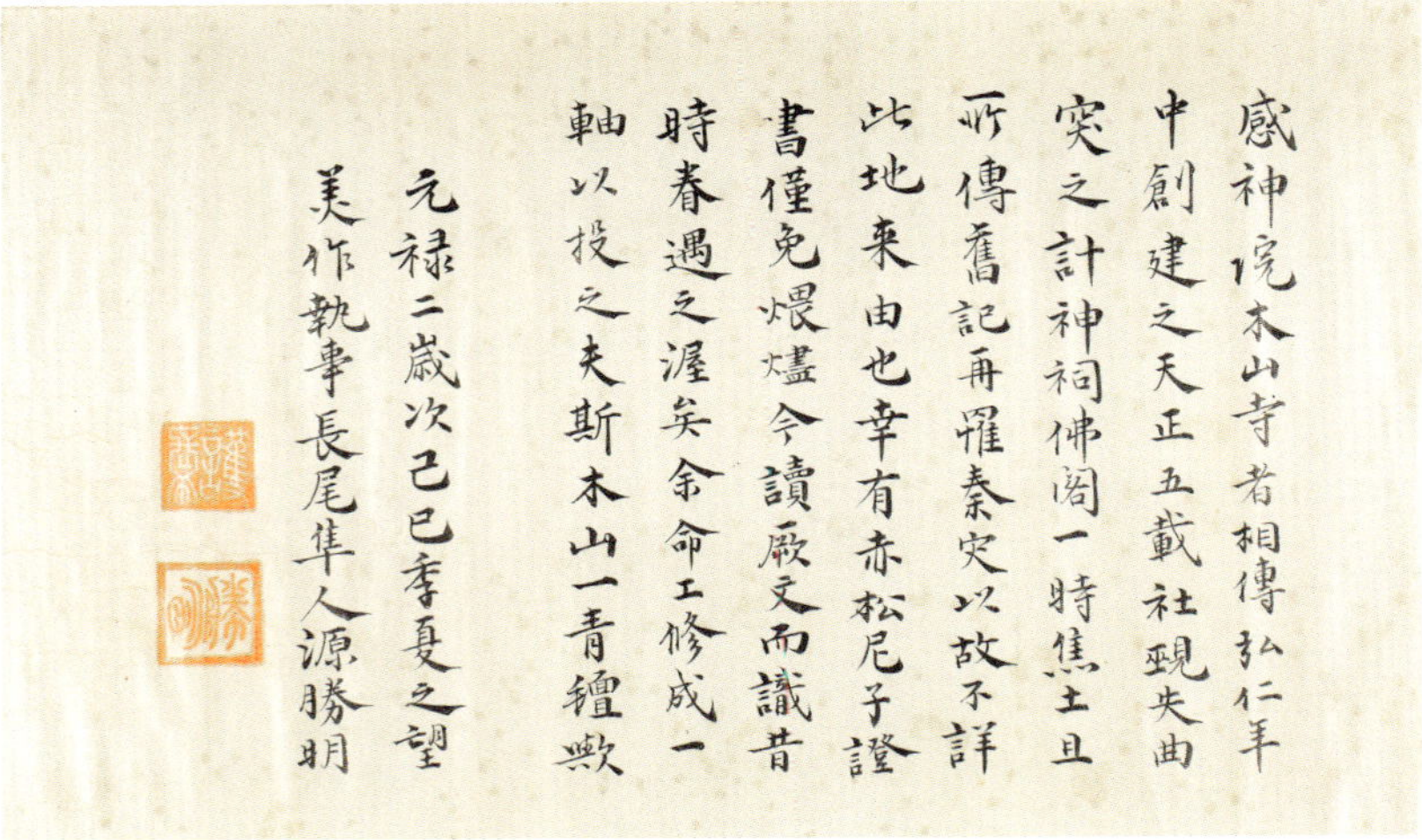

感神院木山寺者相傳弘仁年
中創建之天正五載社廻失曲
突之計神祠佛閣一時焦土且
所傳舊記再罹秦灾以故不詳
此地來由也幸有赤松尼子證
書僅免煨燼今讀厥文而識昔
時眷遇之渥矣余命工修成一
軸以投之夫斯木山一青氈歟
元禄二歳次己巳季夏之望
美作執事長尾隼人源勝明

52　元禄 2 年（1689）　長尾勝明識語

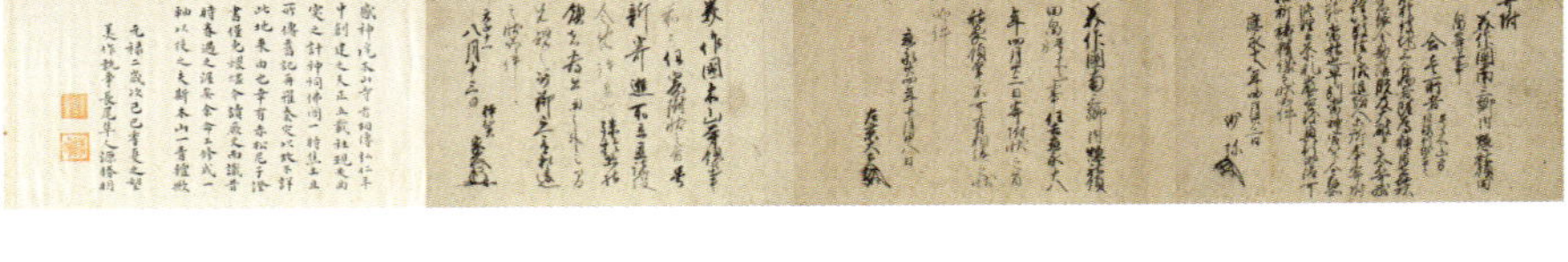

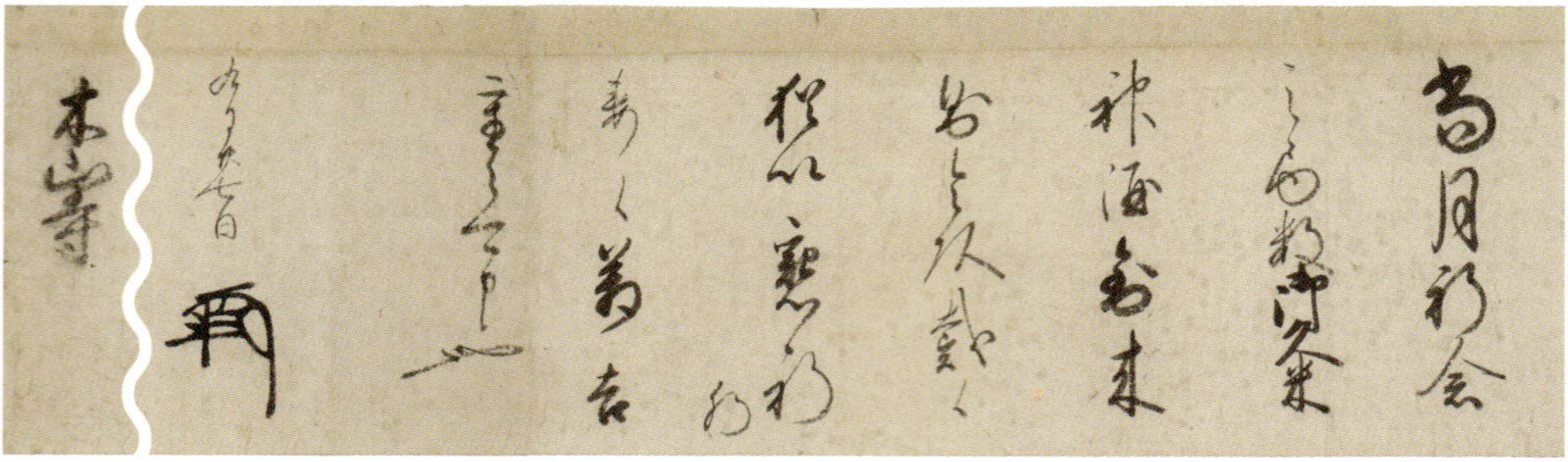

53　年未詳 9 月 27 日　毛利輝元書状

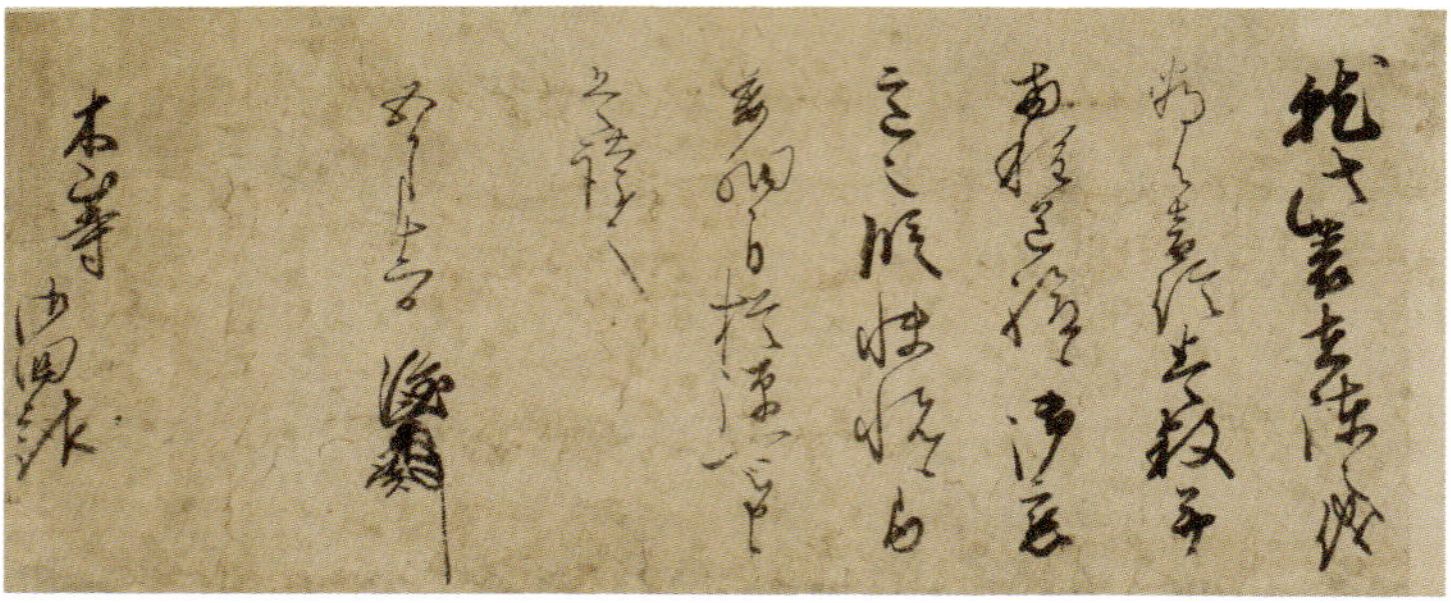

54　年未詳 5 月 12 日　小早川隆景書状

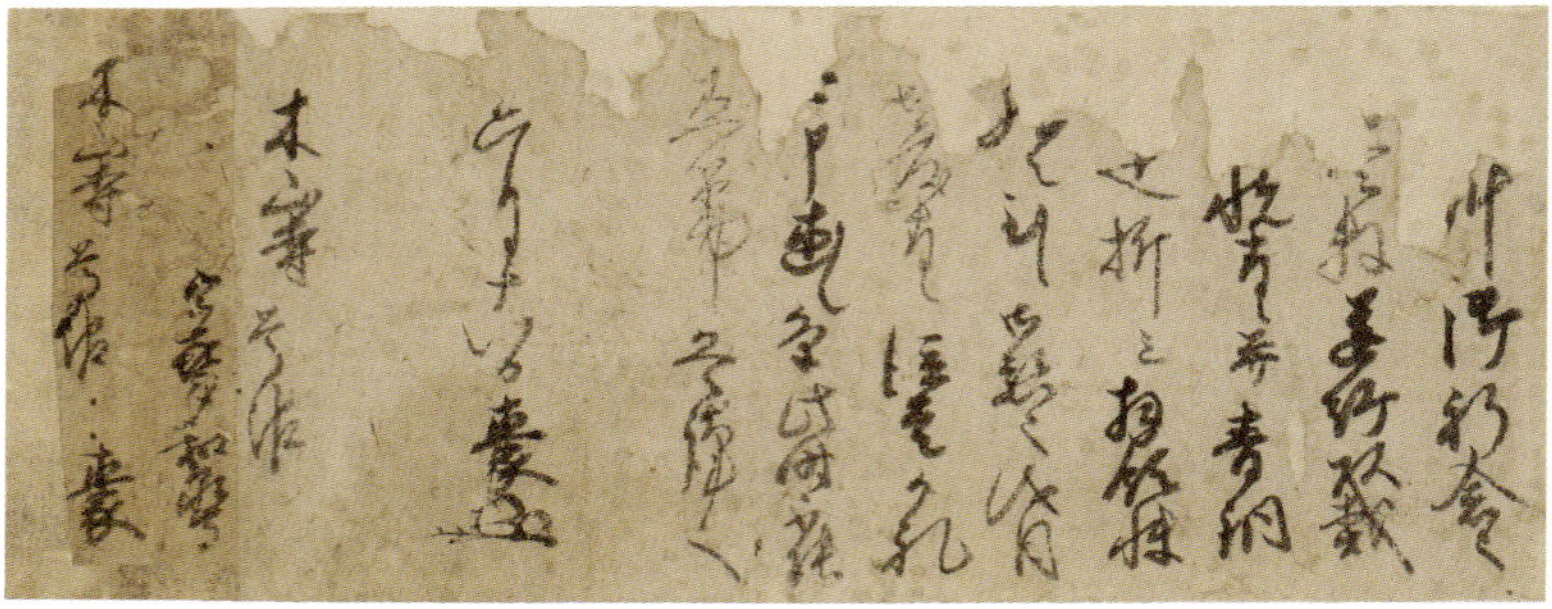

55　年未詳 6 月 18 日　宇喜多直家書状

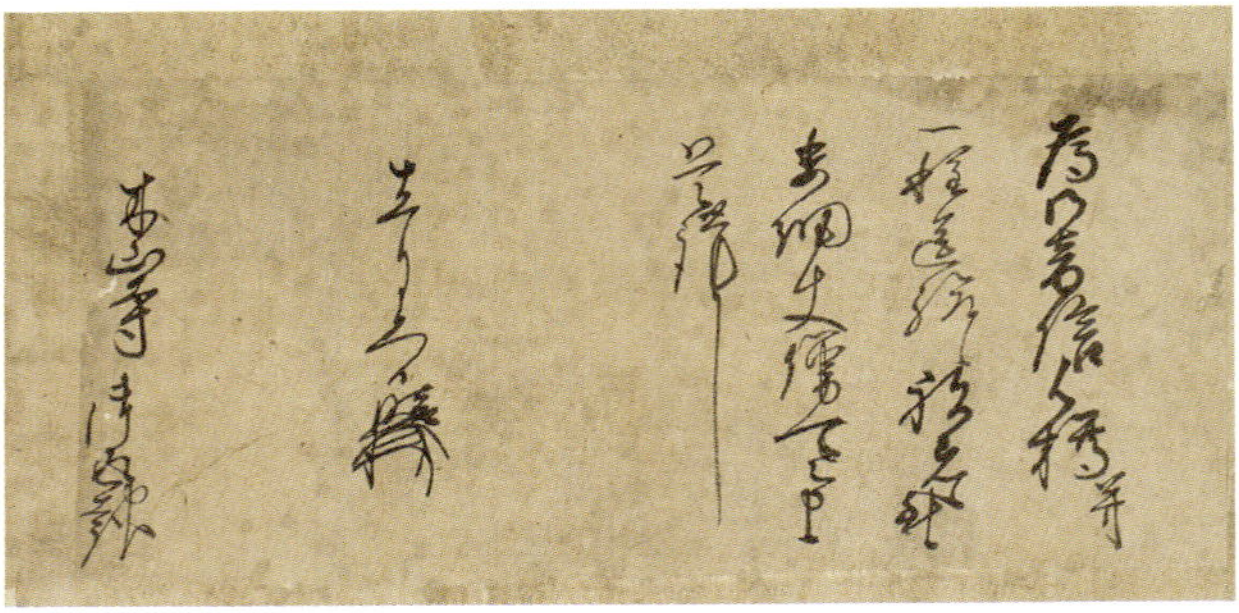

56　年未詳 12 月 2 日　尼子晴久書状

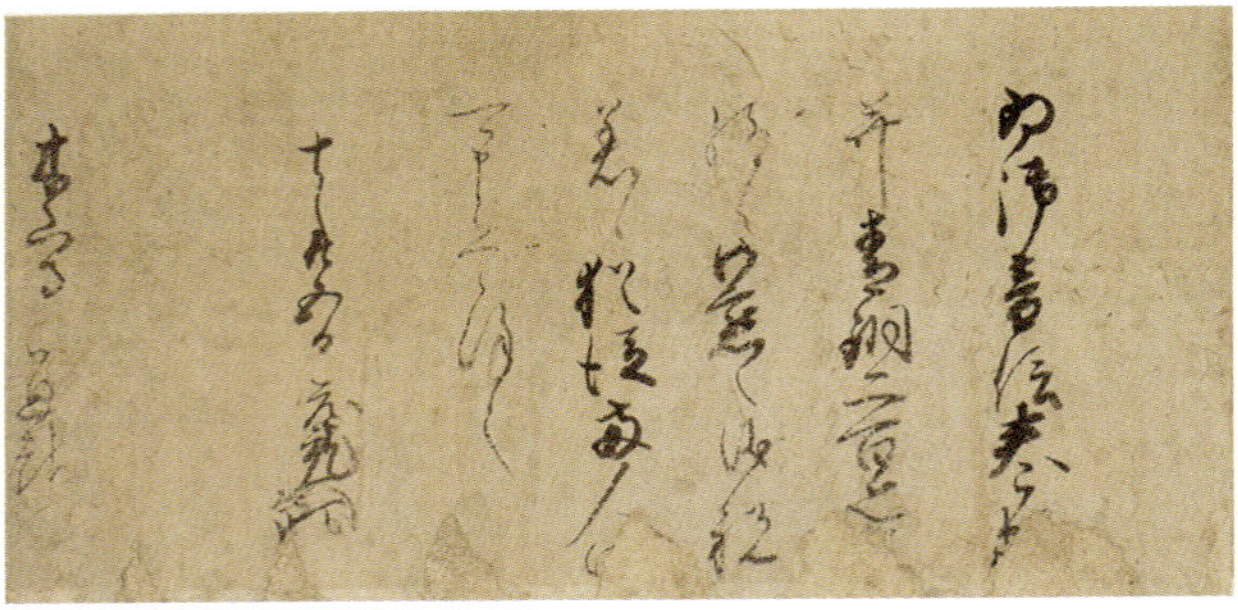

57　年未詳 10 月 25 日　毛利元就書状

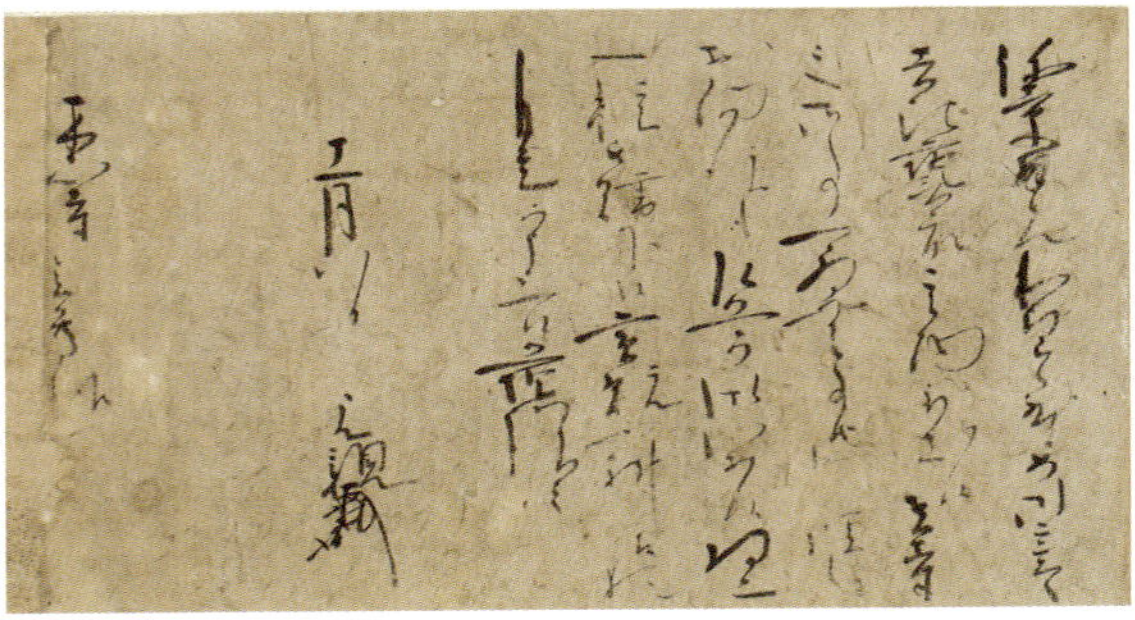

58　年未詳 11 月 8 日　三村元親書状

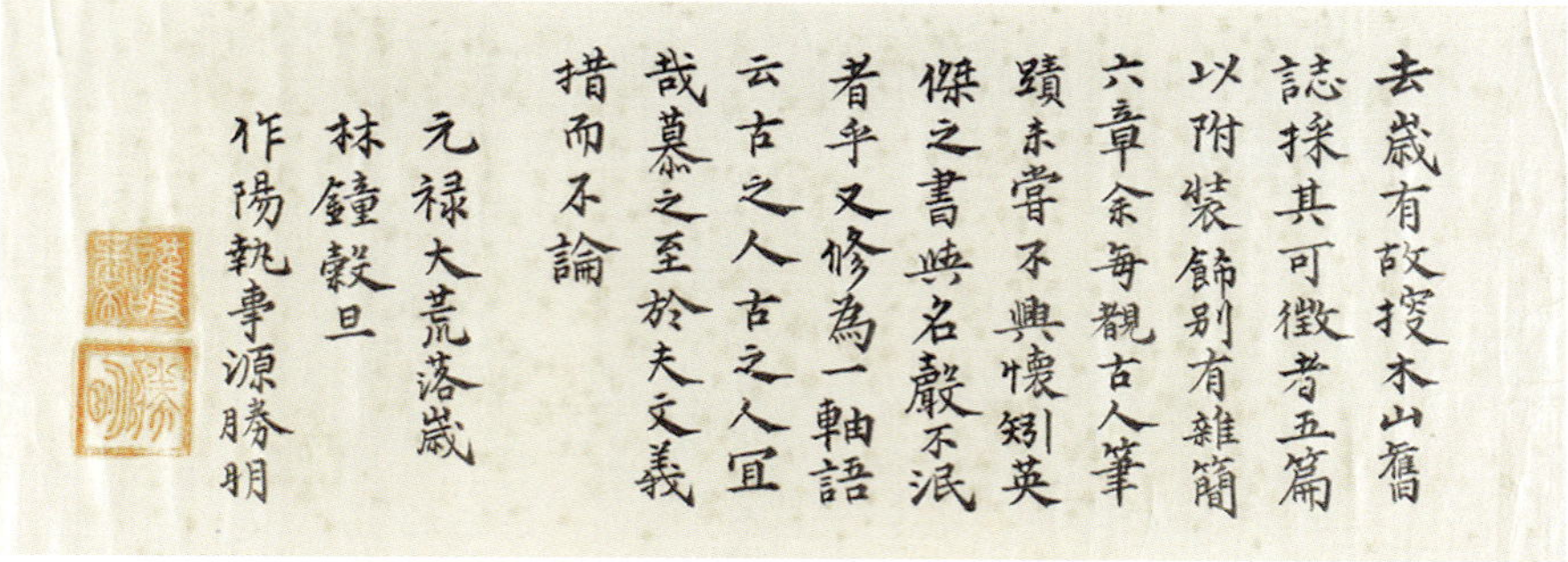

去歳有故搜木山舊
誌採其可徵者五篇
以附裝飾別有雜簡
六章余毎観古人筆
蹟未嘗不興懐矧英
傑之書與名教不泯
者乎又修為一軸語
云古之人古之人宜
哉慕之至於夫文義
措而不論
元禄大荒落歳
林鐘穀旦
作陽執事源勝明

59　元禄年間　長尾勝明識語

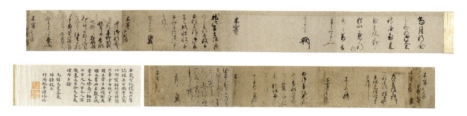

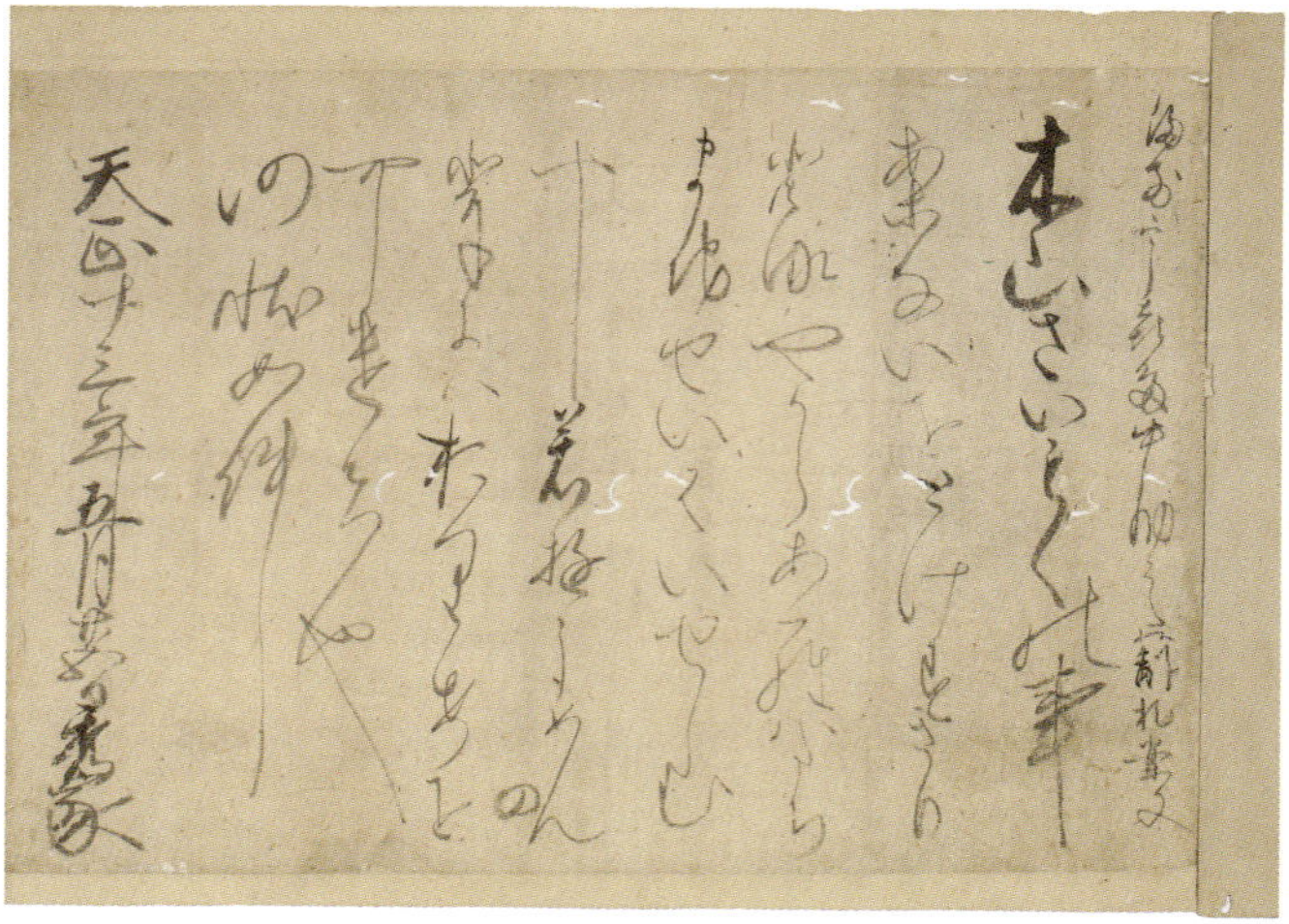

60　天正 13 年（1585）5 月 25 日　宇喜多秀家禁制状写

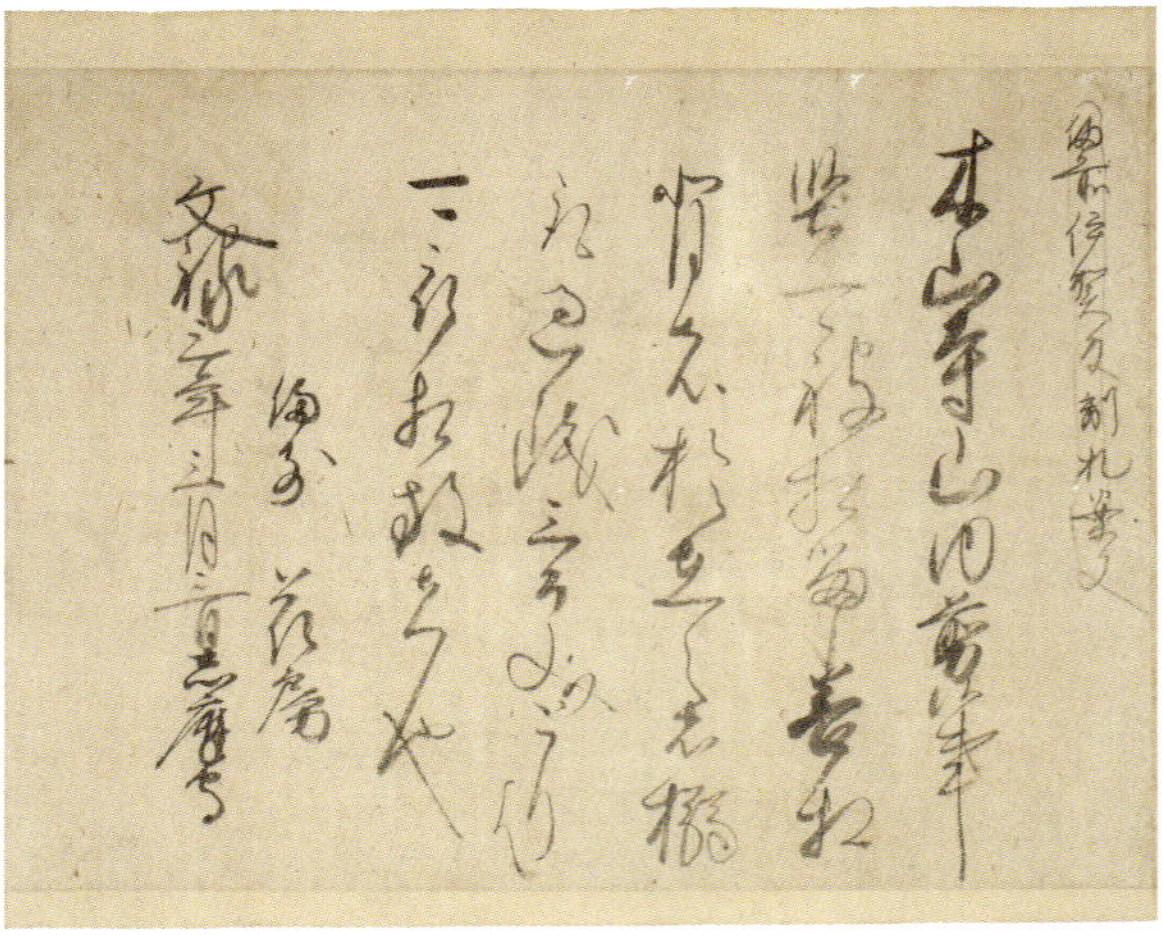

61　文禄３年（1594）３月３日　花房秀成禁制状写

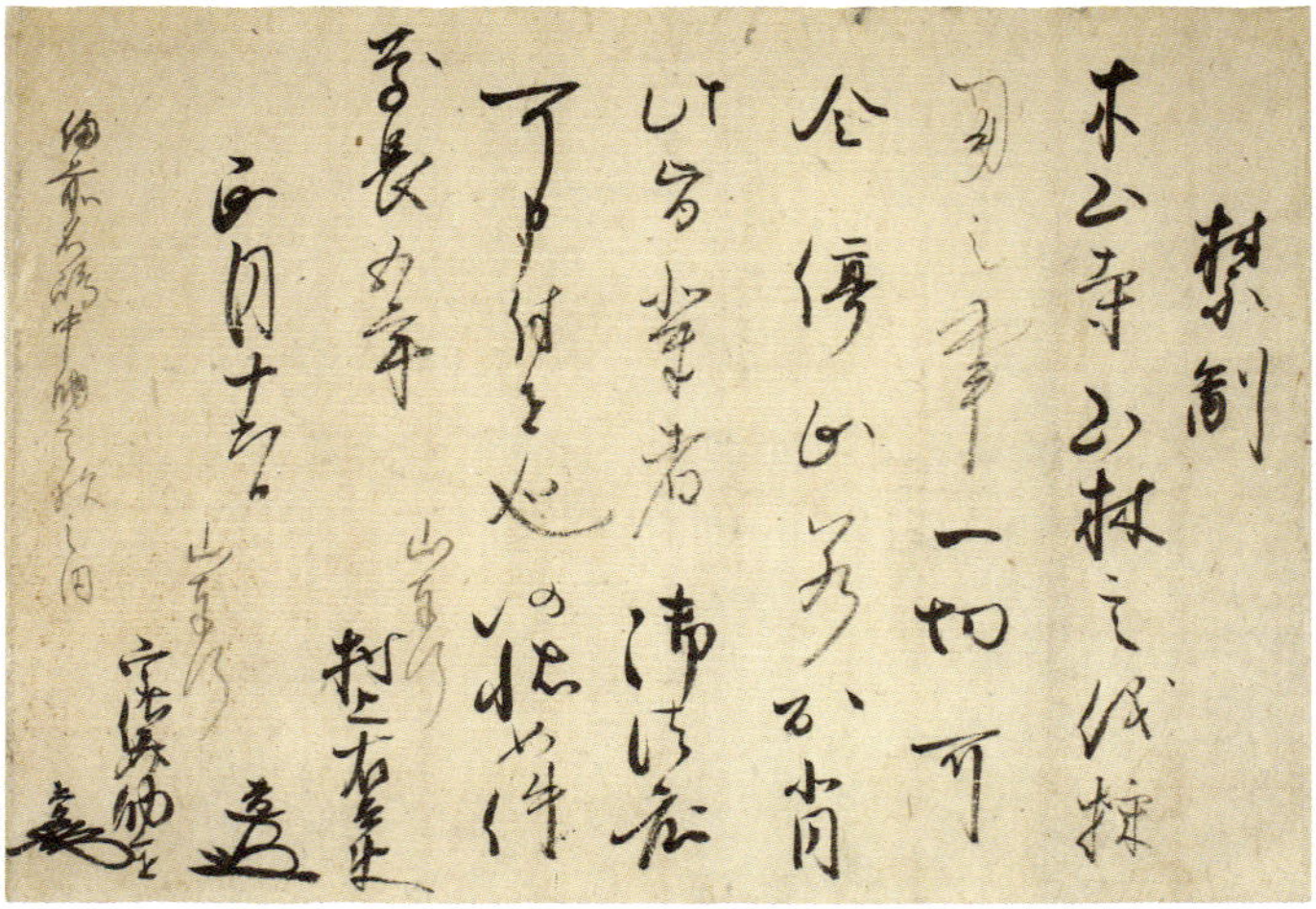

62　慶長５年（1600）正月16日　山奉行村上右兵衛・宇佐美助進禁制状

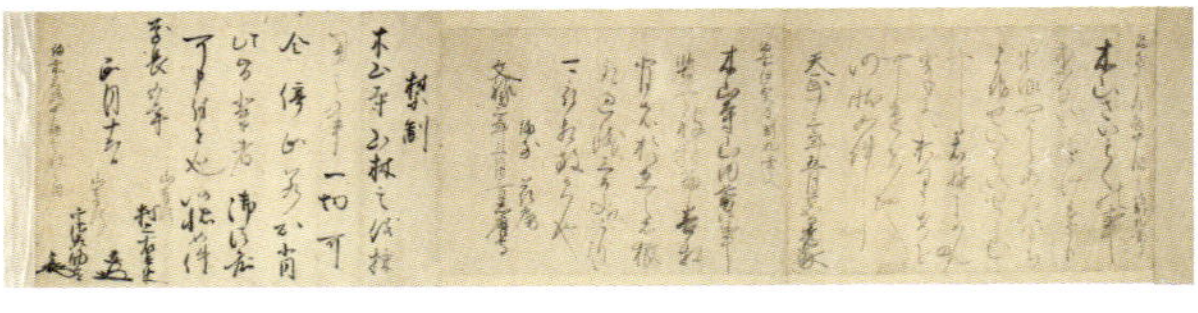

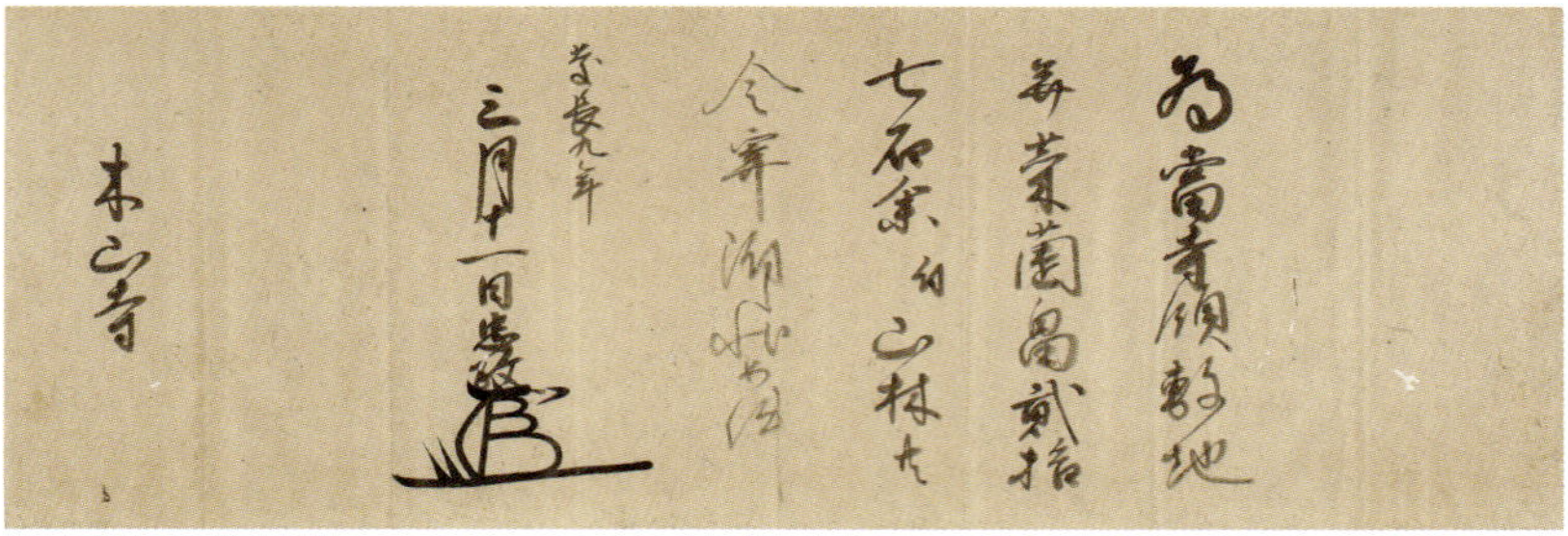

63　慶長９年（1604）３月11日　森忠政寄進状

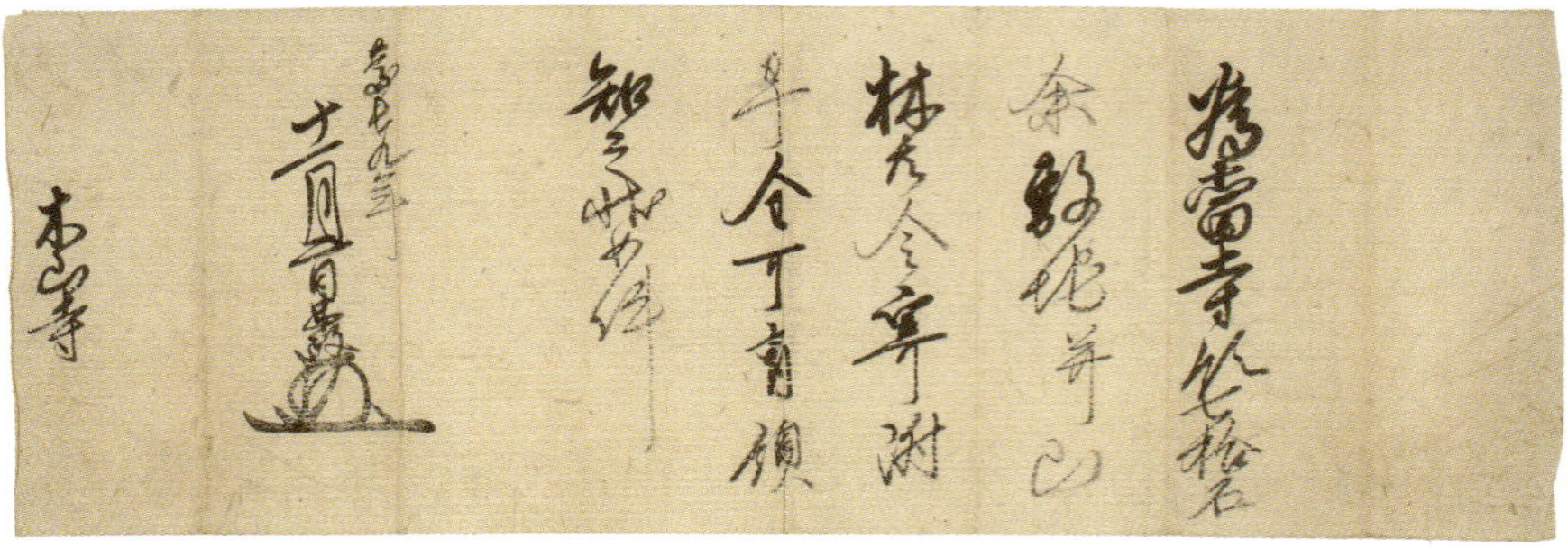

64　慶長９年（1604）11月２日　森忠政寄進状

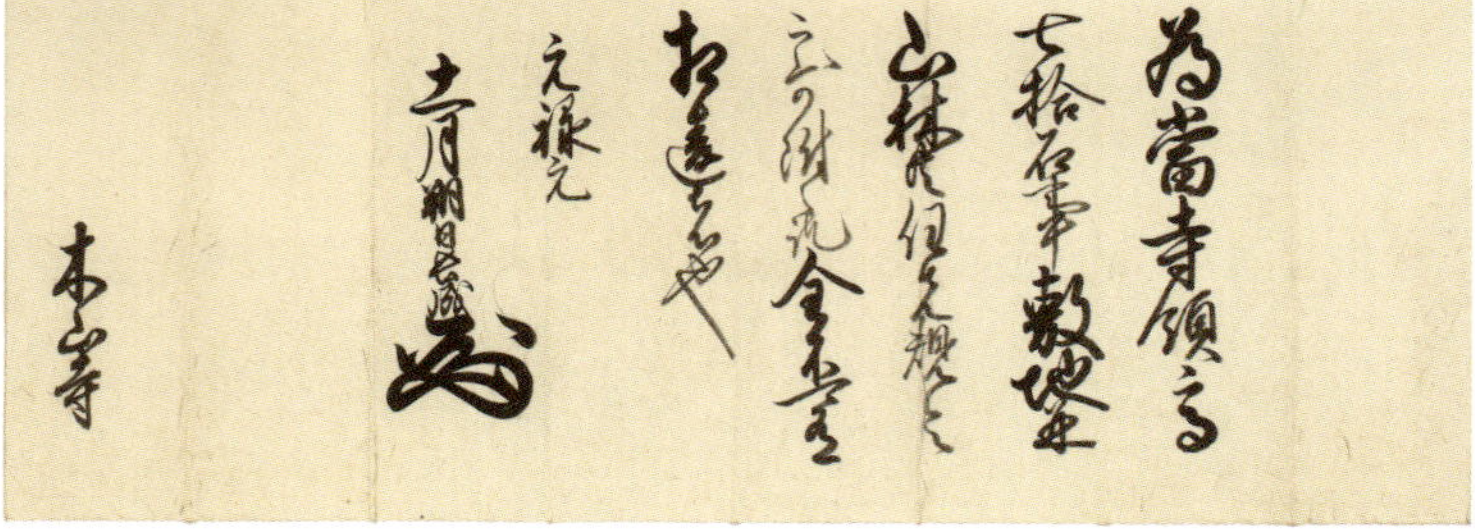

65　元禄元年（1688）11月１日　森長成寄進状

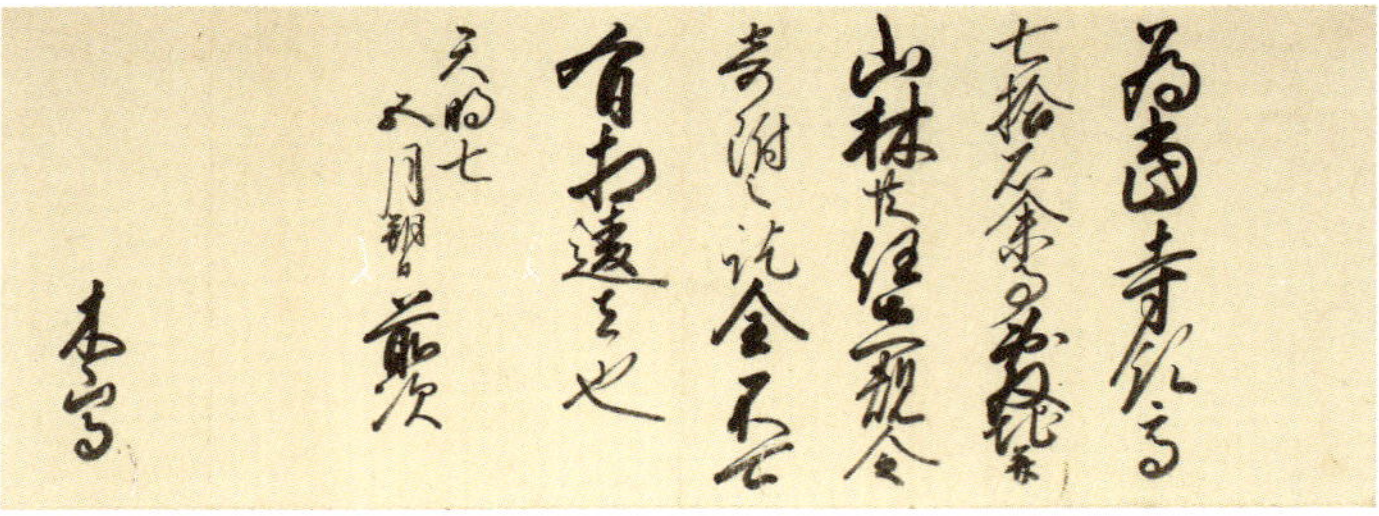

66　天明７年（1787）５月１日　三浦前次寄進状写

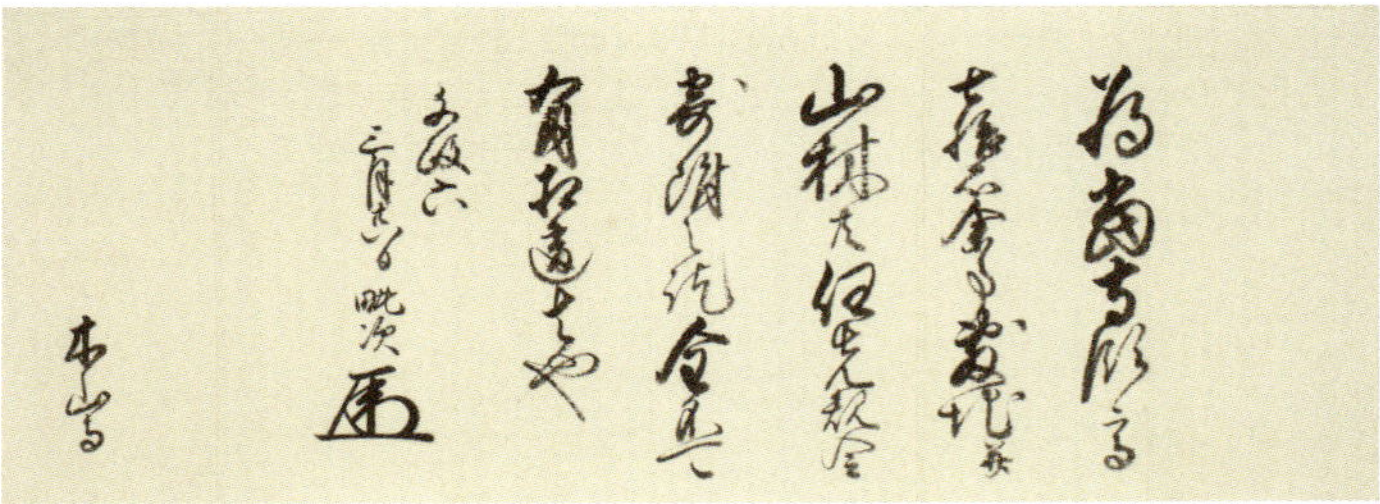

67　文政６年（1823）３月28日　三浦毗次安堵状

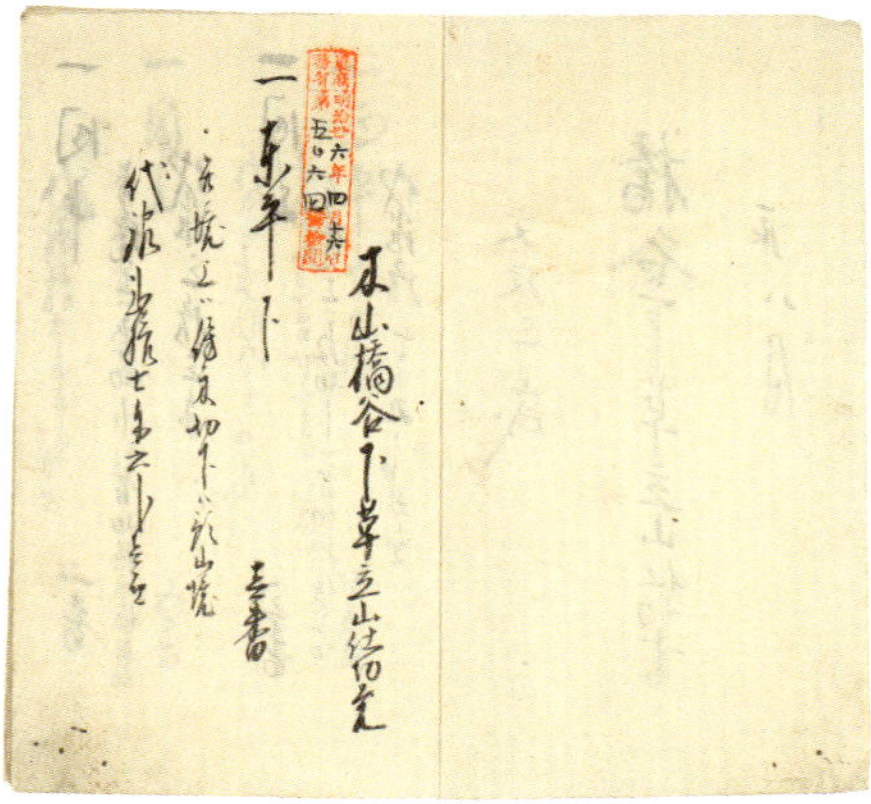

68　文政３年（1820）８月　橋谷下草立山仕切書

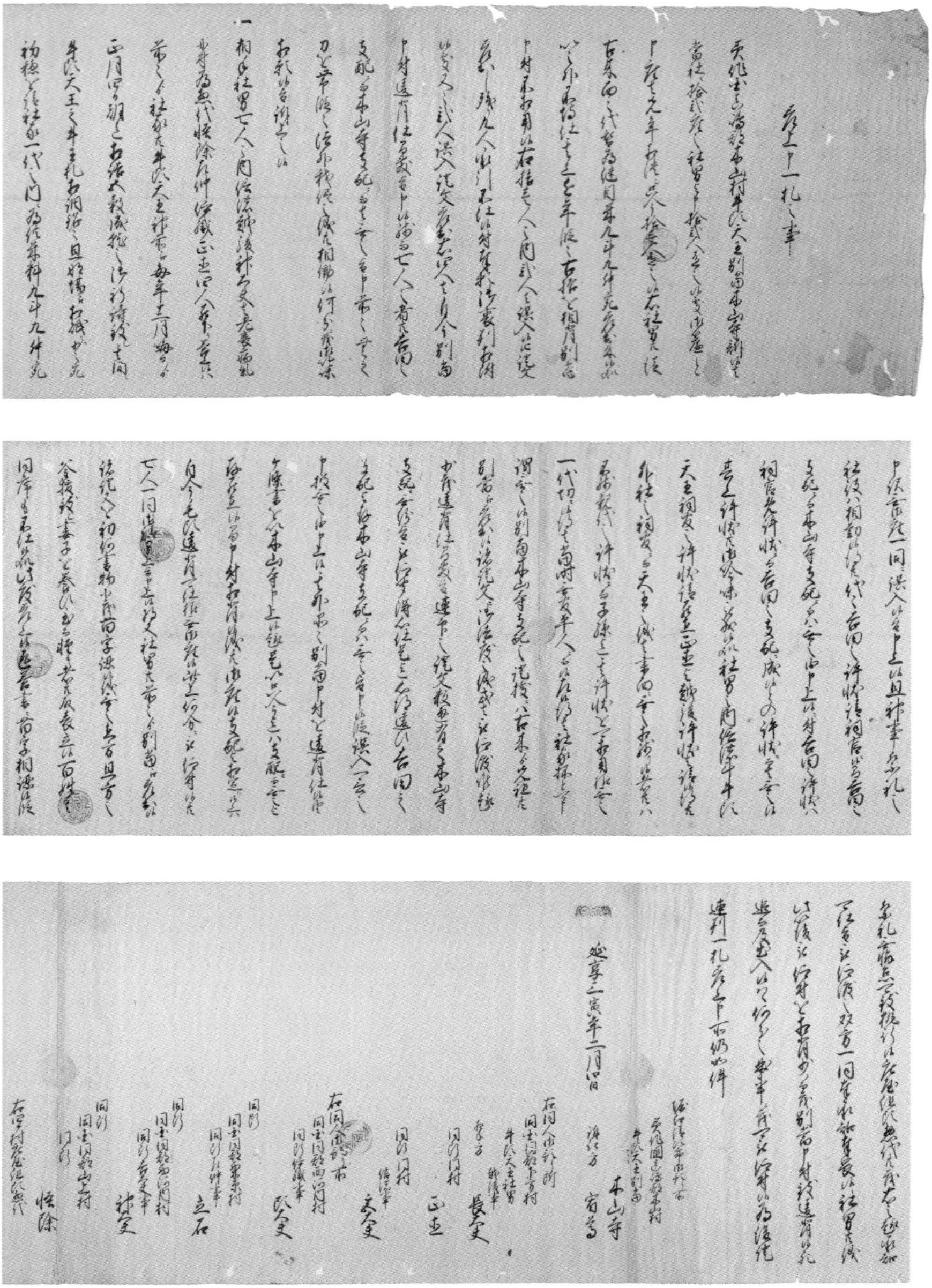

69　差上申一札之事

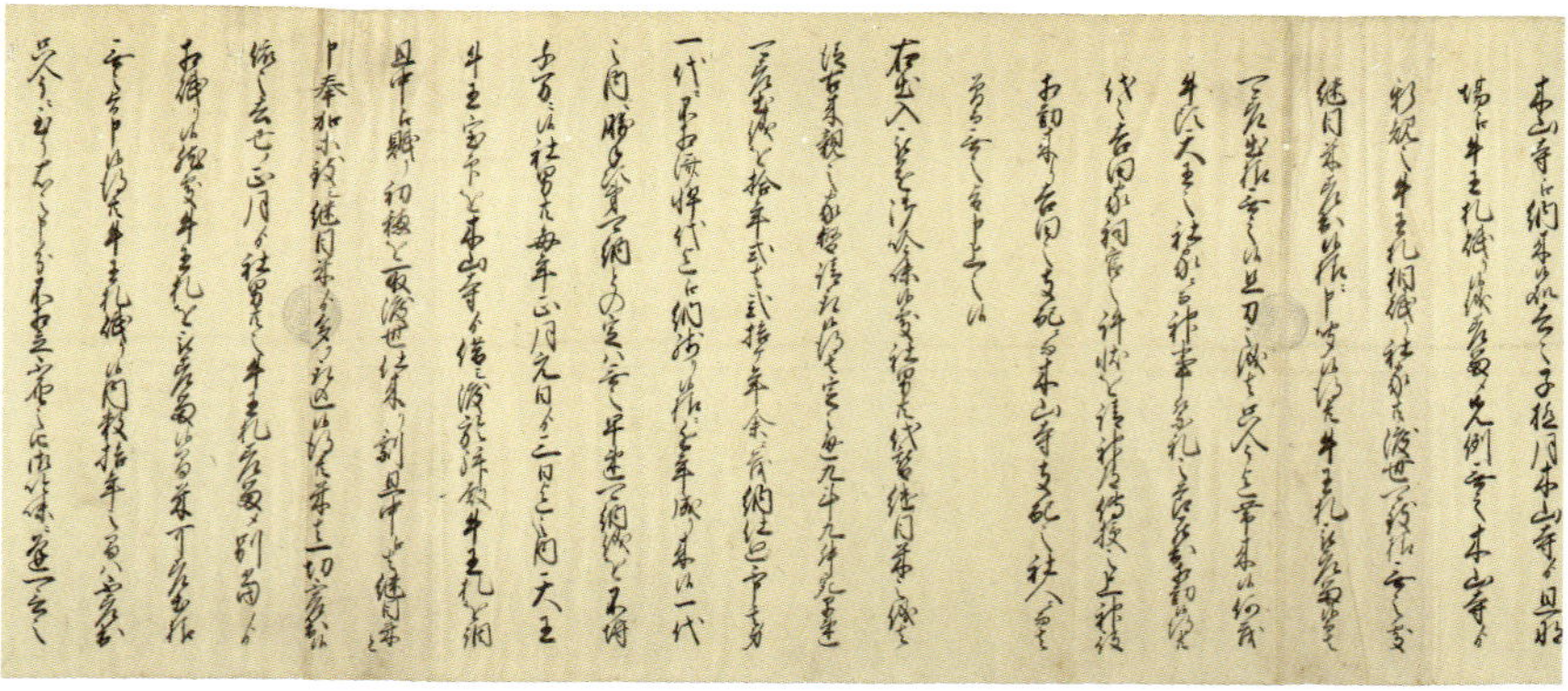

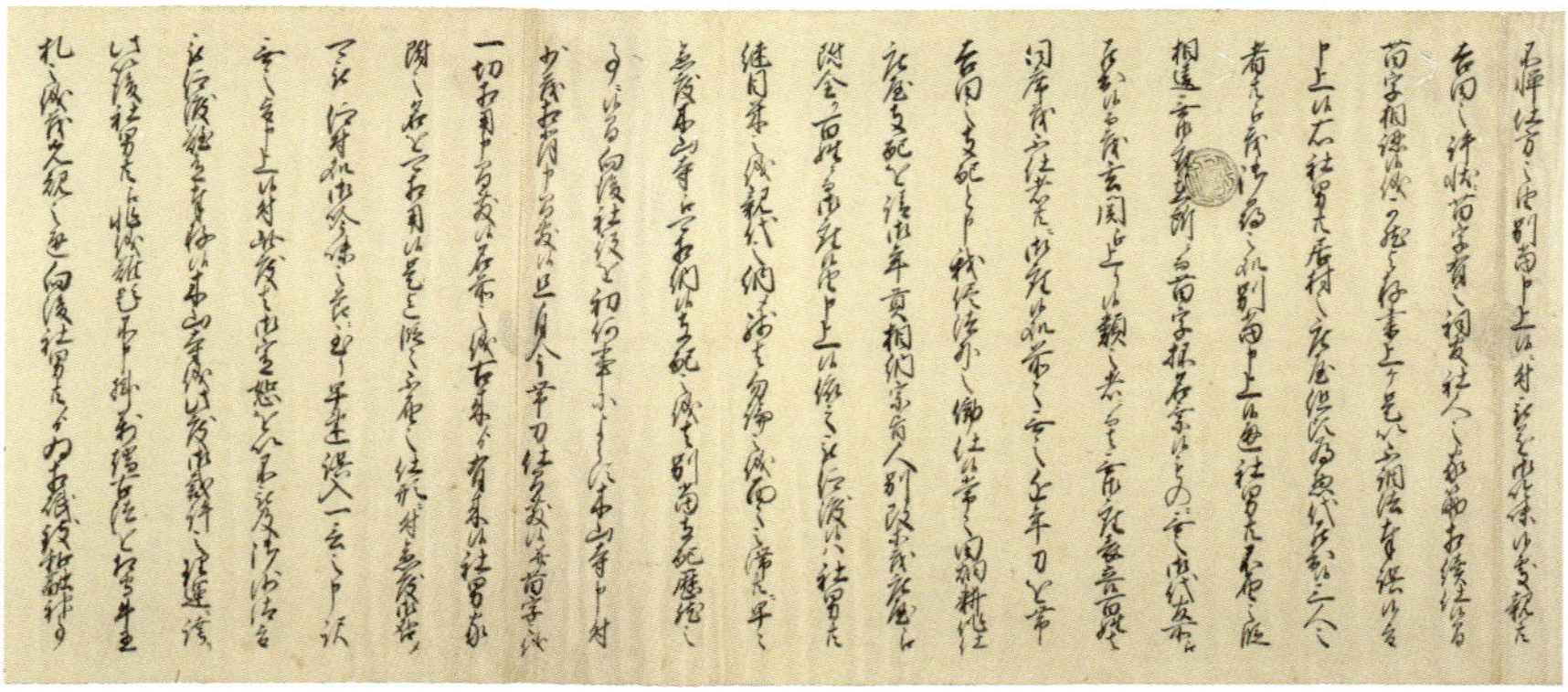

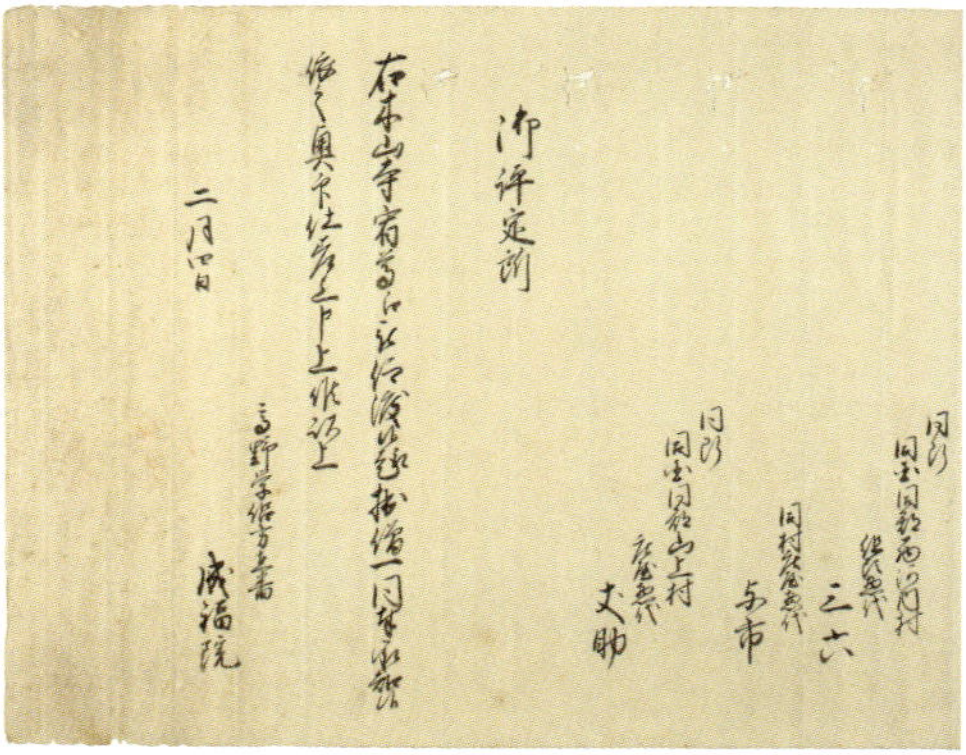

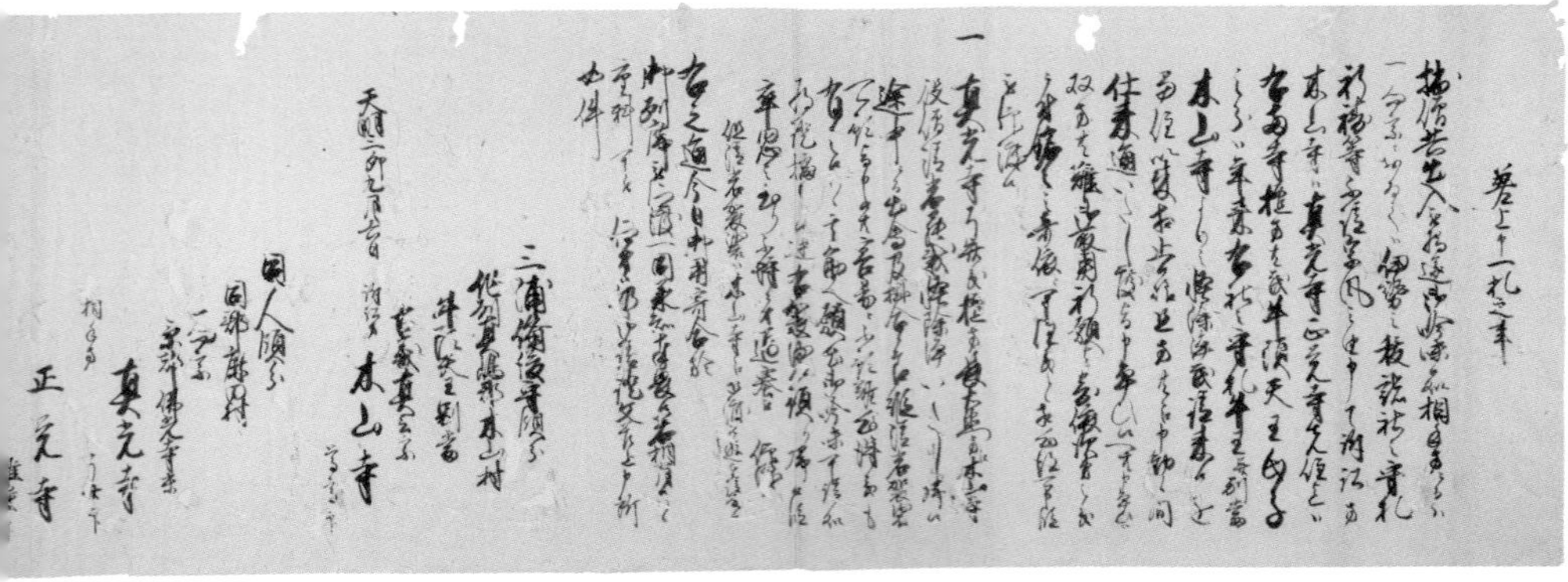

70　差上申一札之事

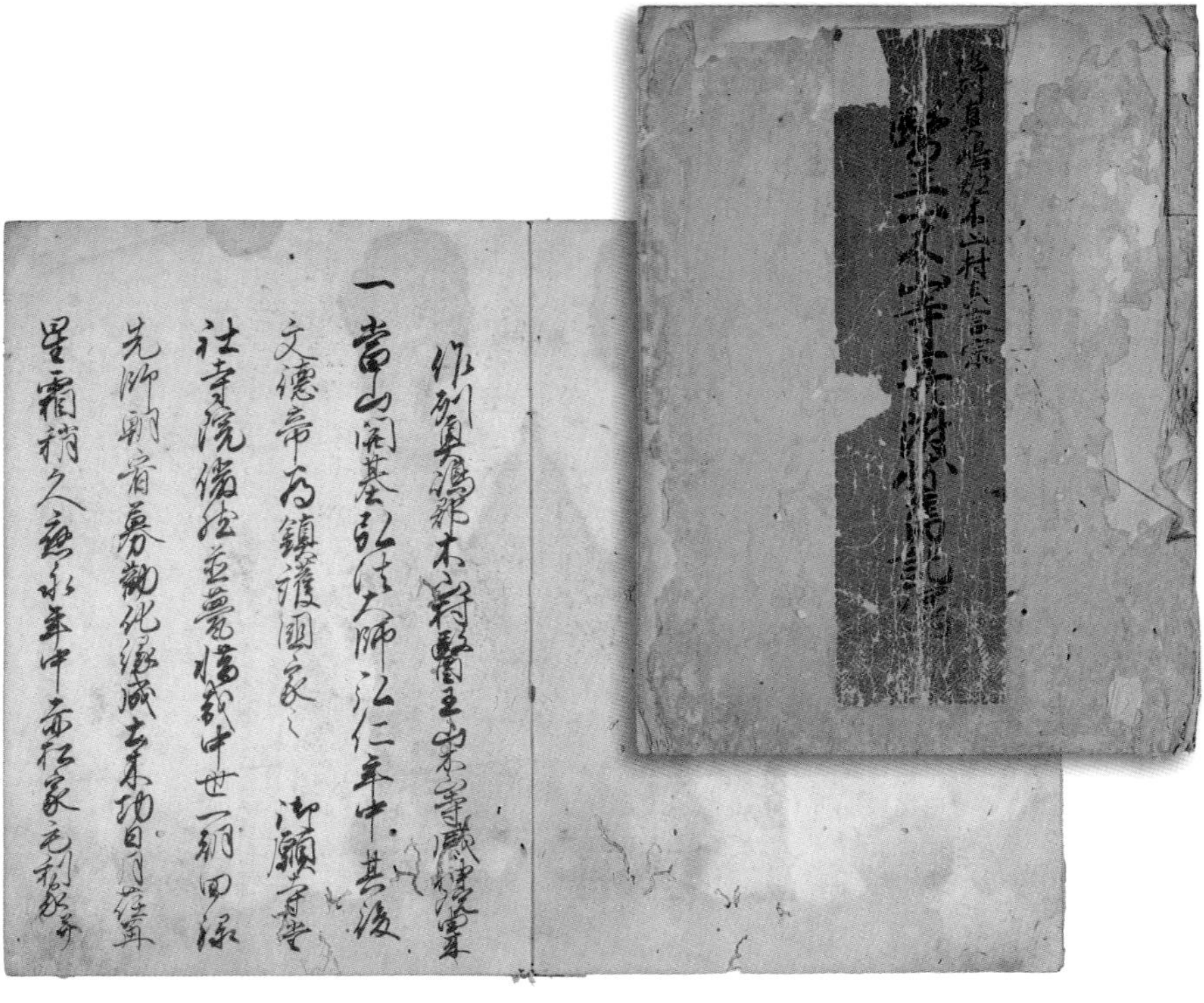

71　作州真嶋郡木山村真言宗医王山木山寺寄附状旧記写

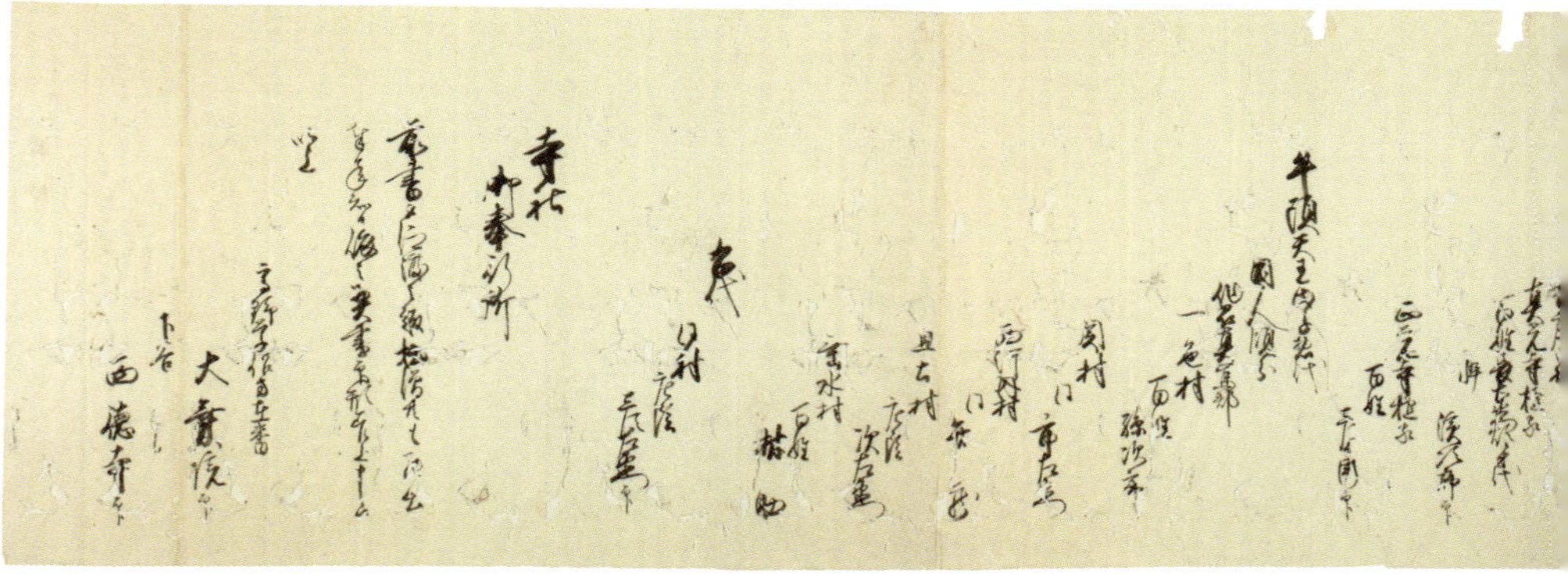

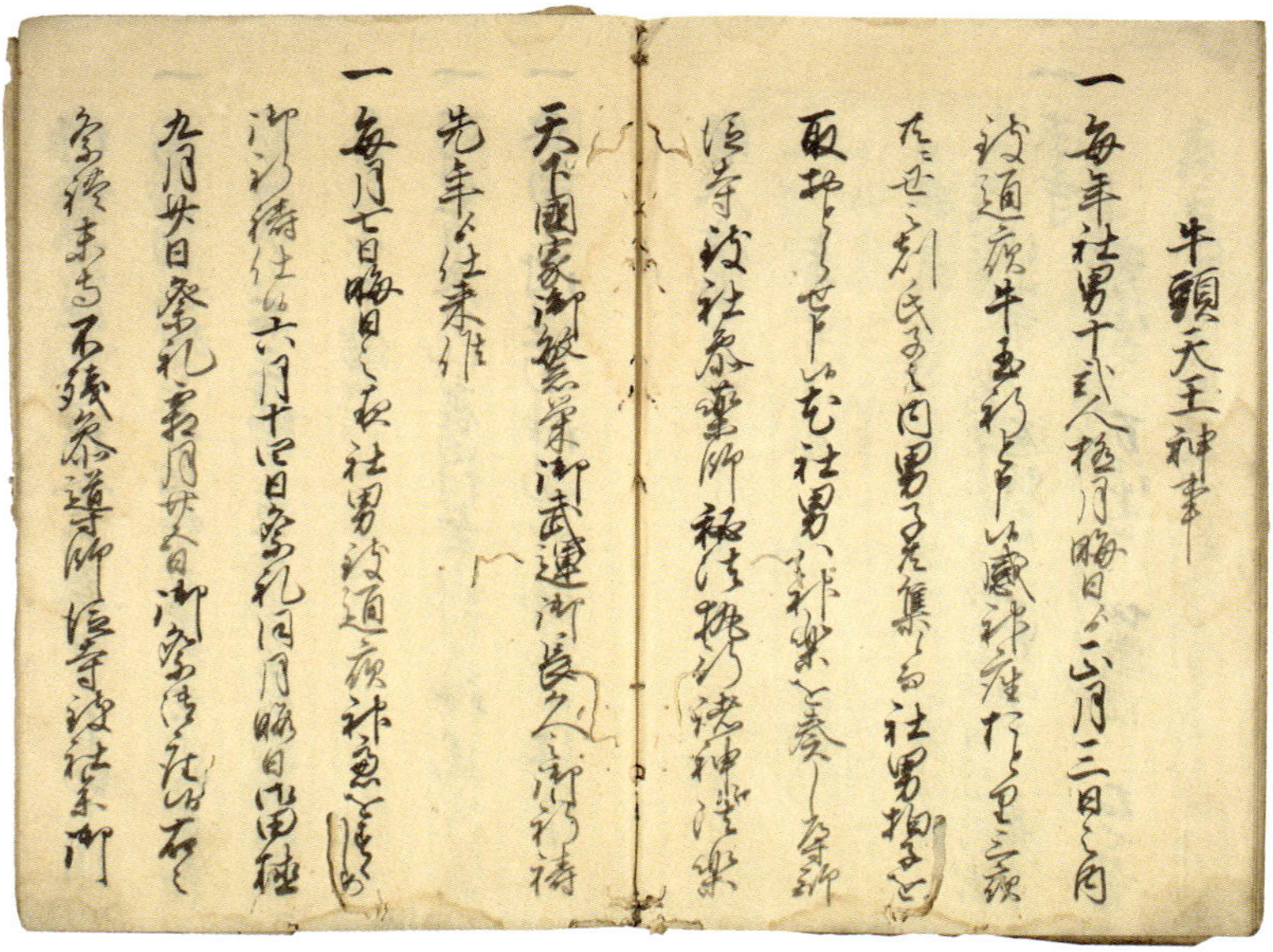

72　作州真嶋郡木山村真言宗医王山木山寺寄附状旧記写

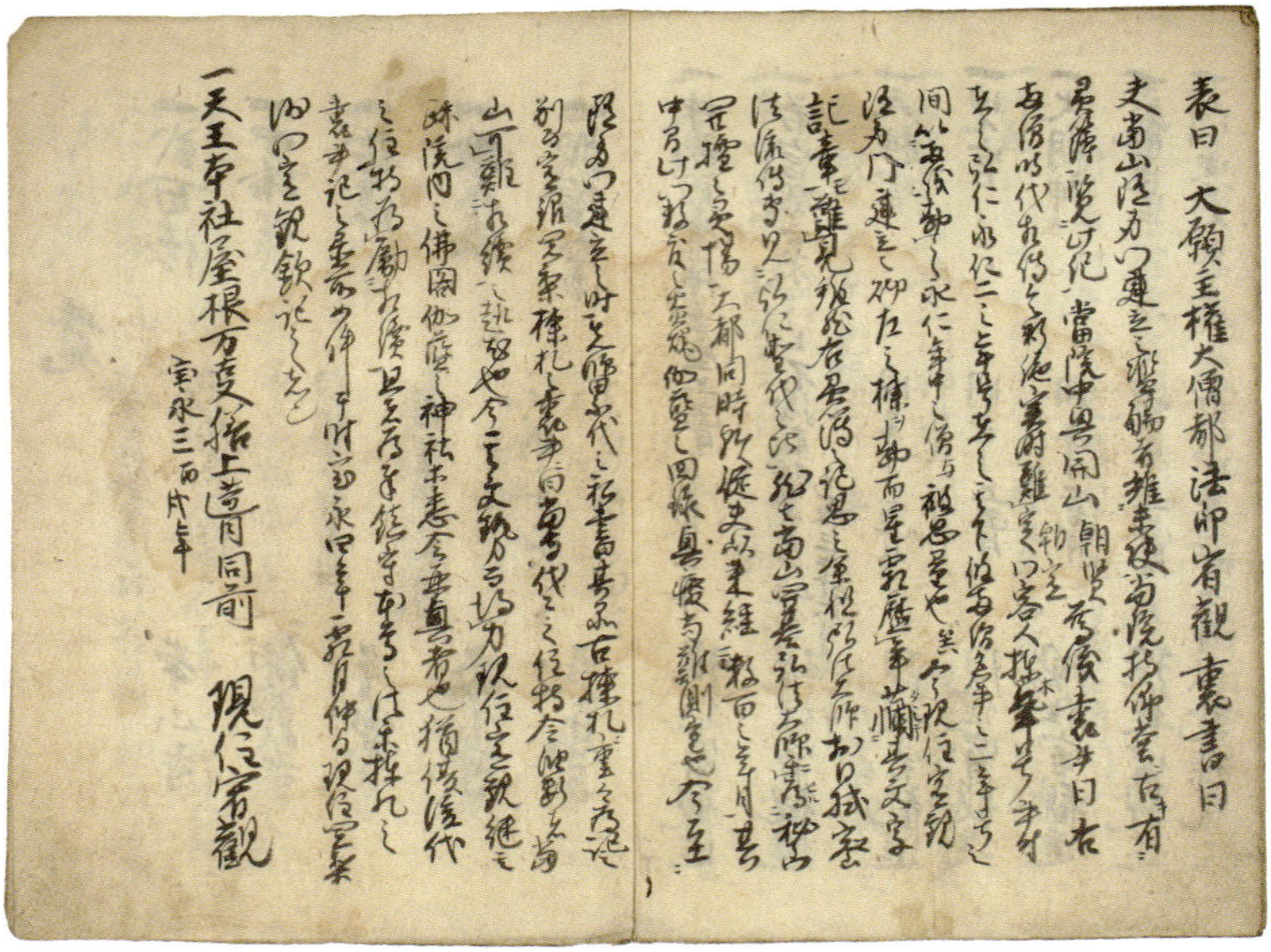

73　(仮題)旧記・棟札写

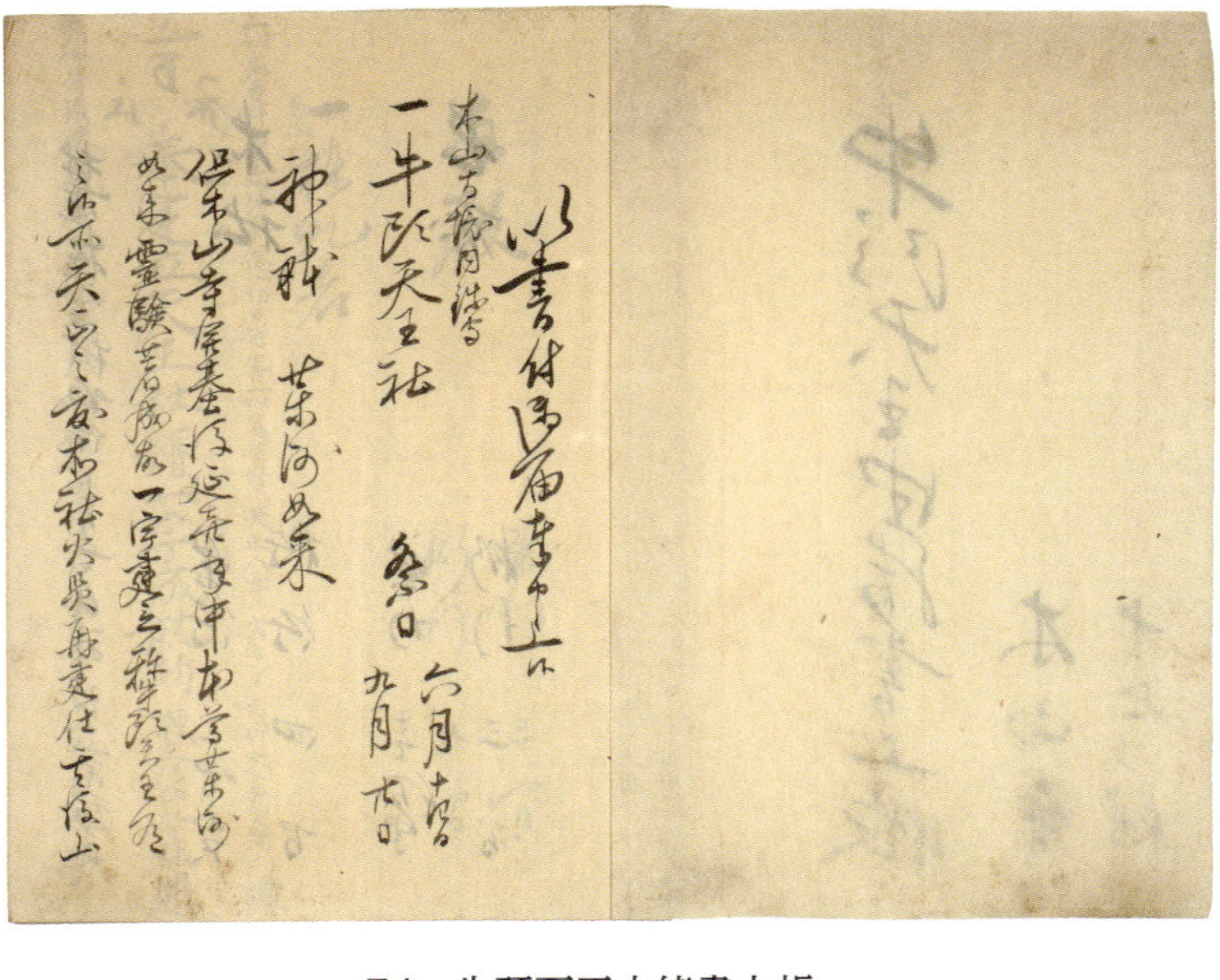

74　牛頭天王由緒書上帳

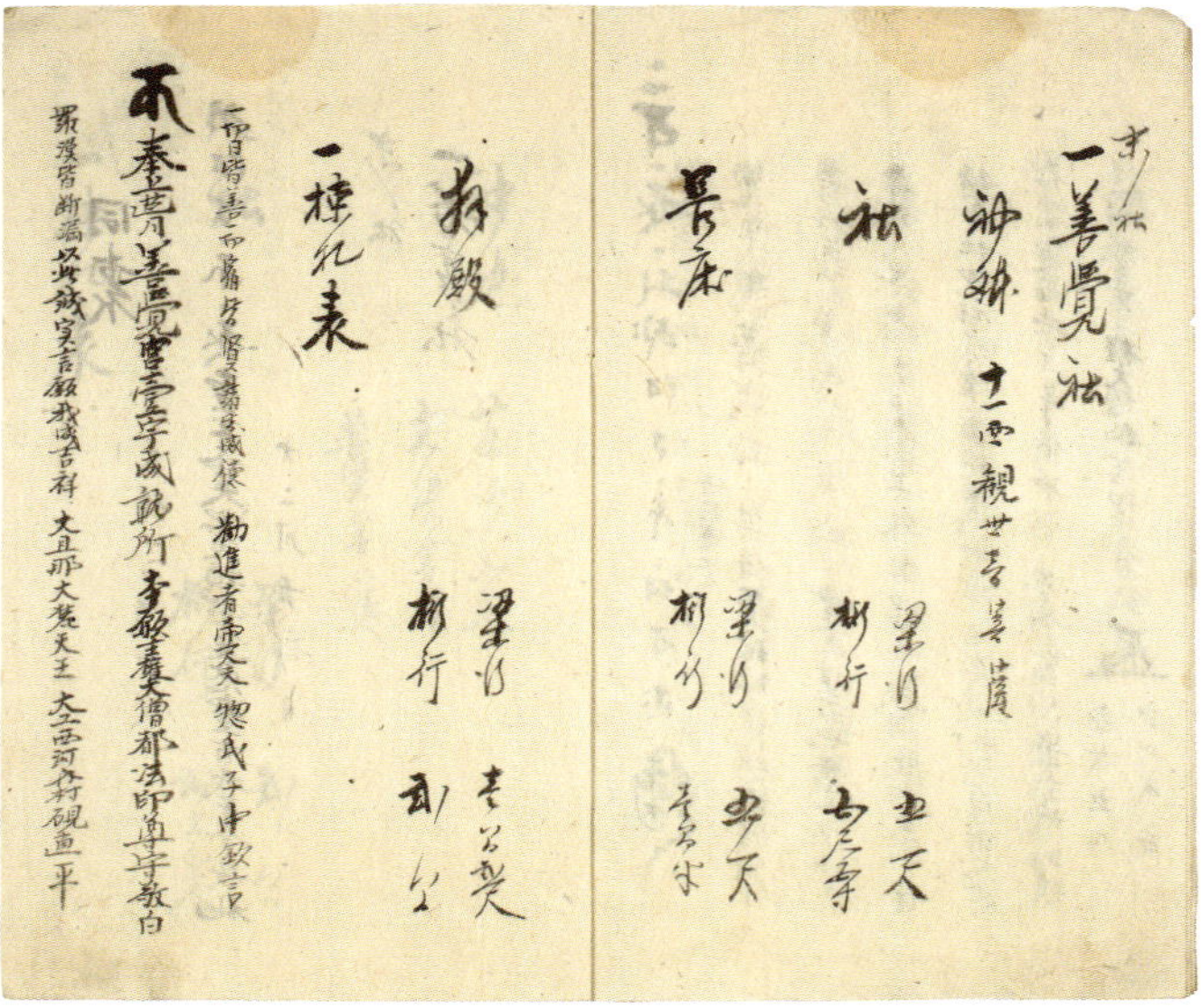

75　牛頭天王由緒書上帳

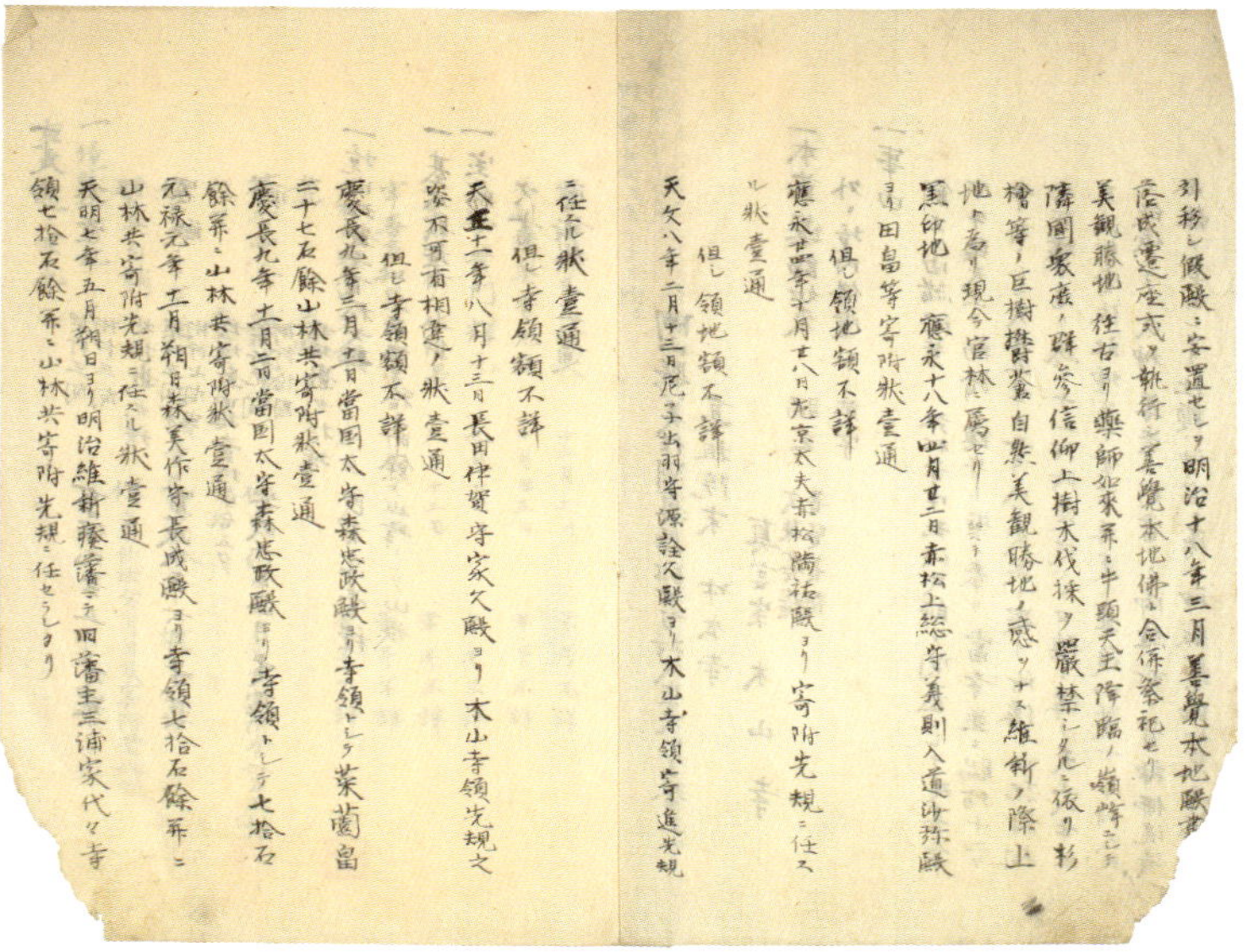

76　明治廿八年七月内務省へ出シタル控

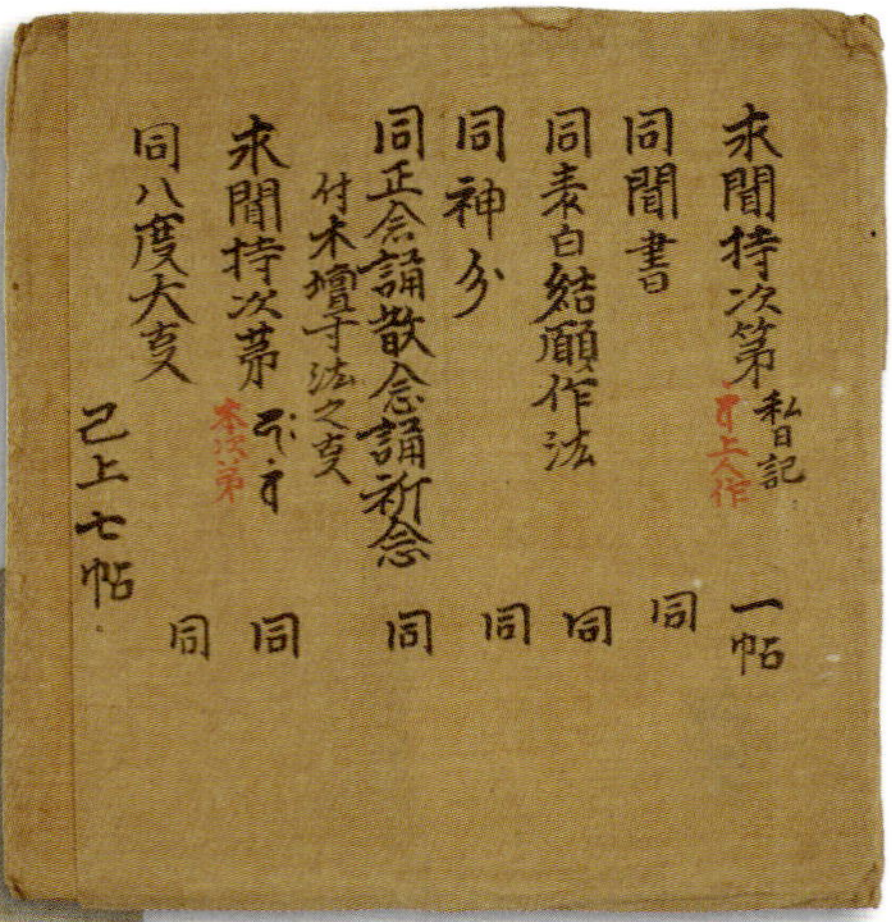

77　求聞持次第私日記

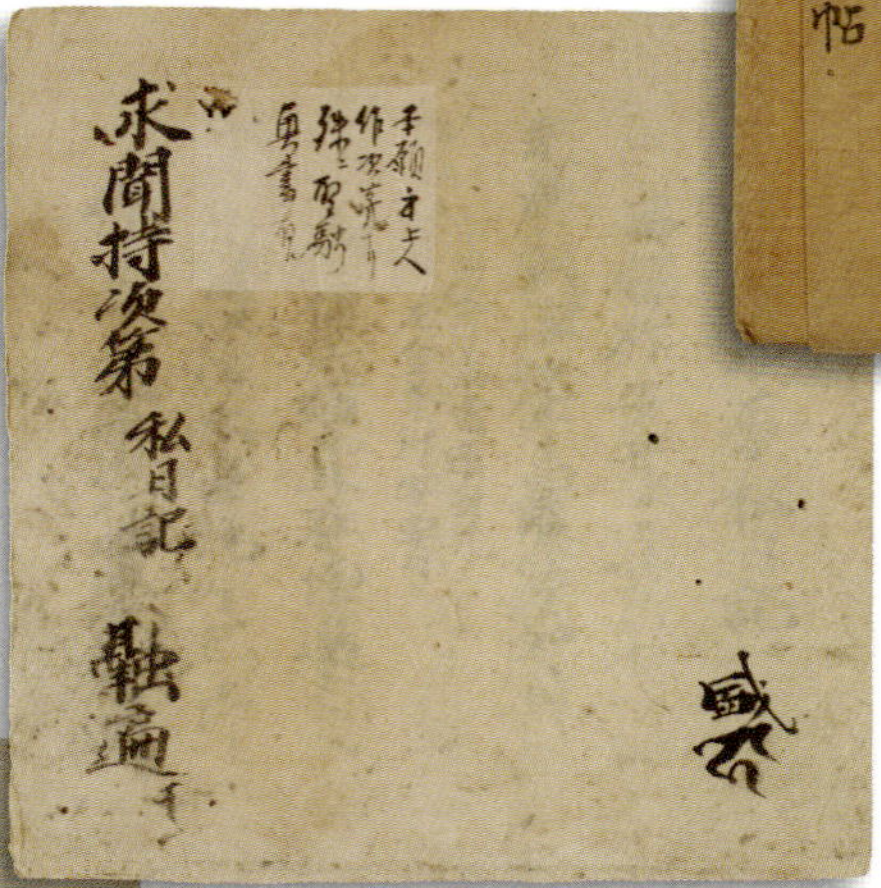

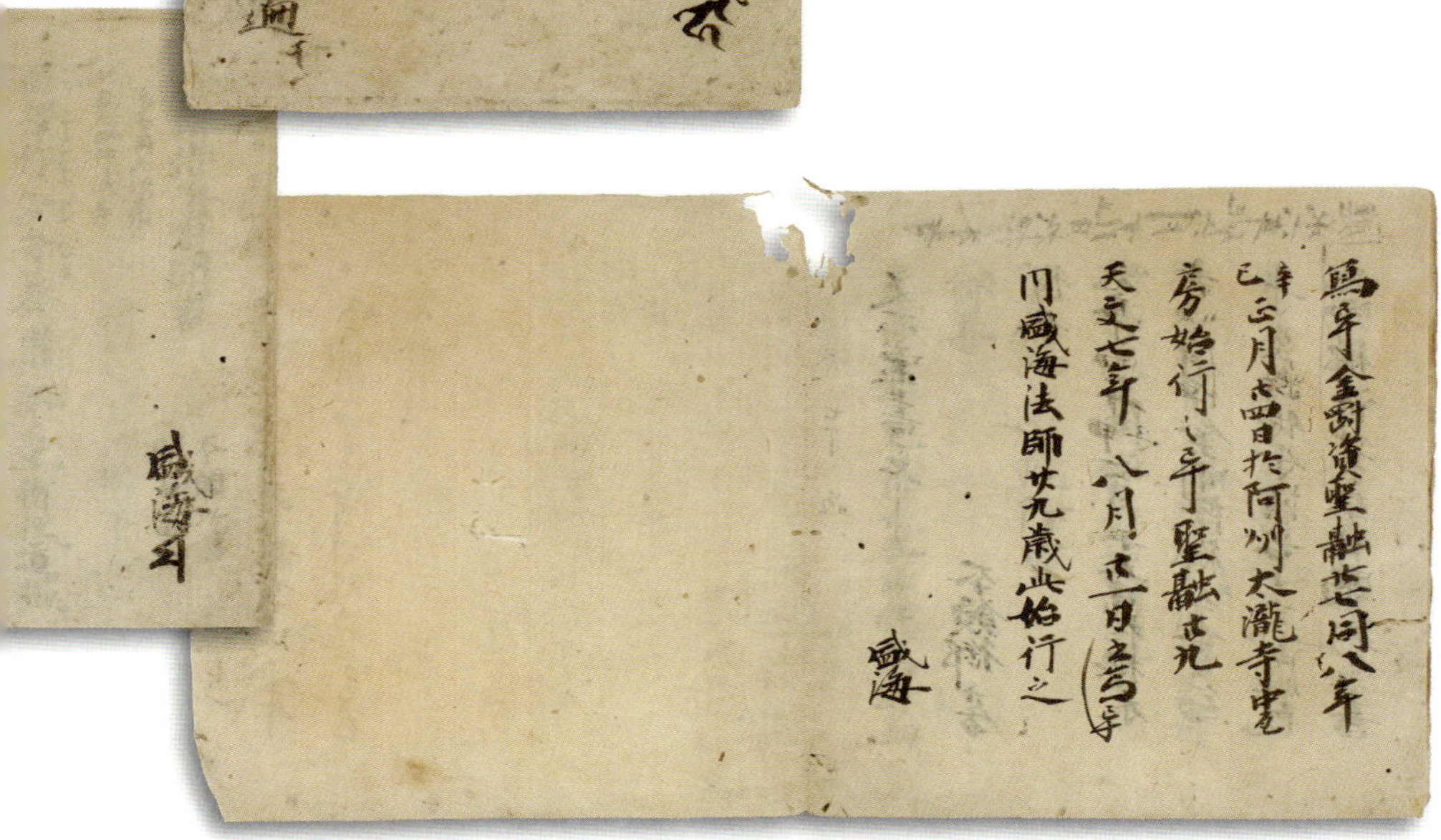

77　求聞持次第私日記

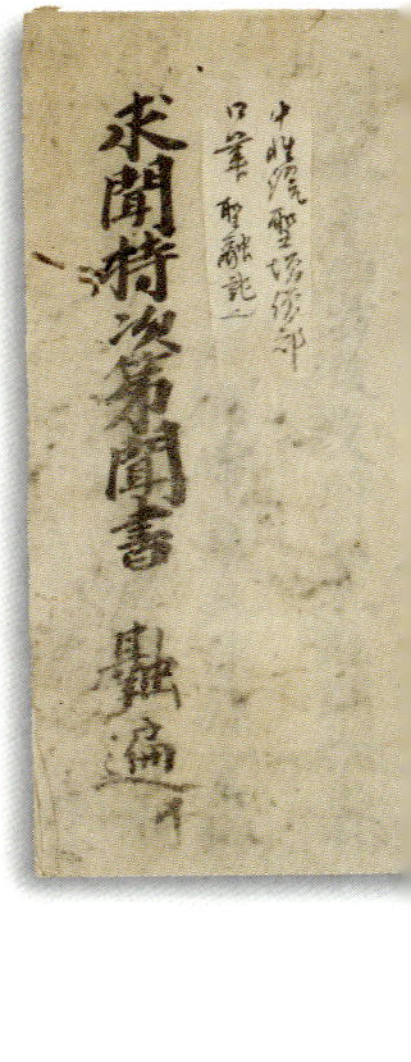

78　求聞持次第聞書

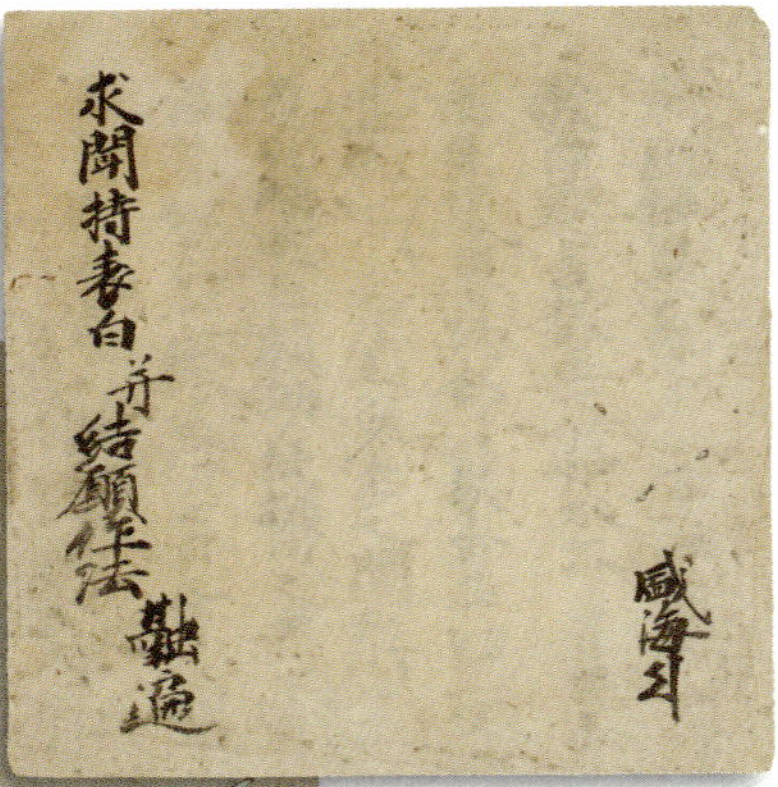

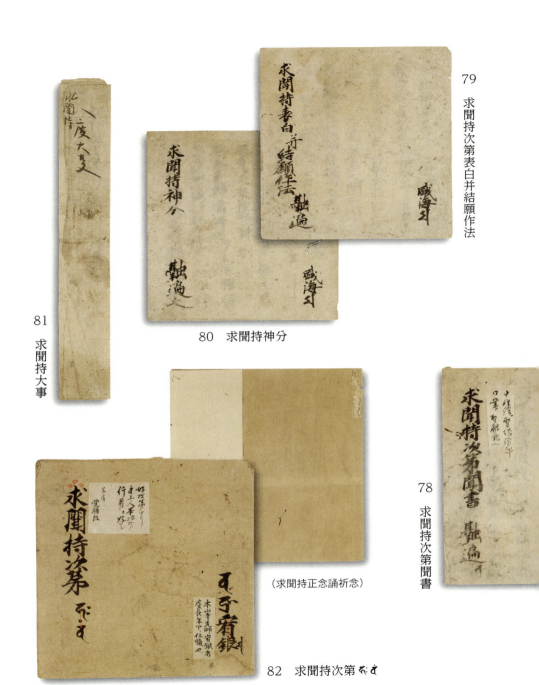

79　求聞持次第表白并結願作法

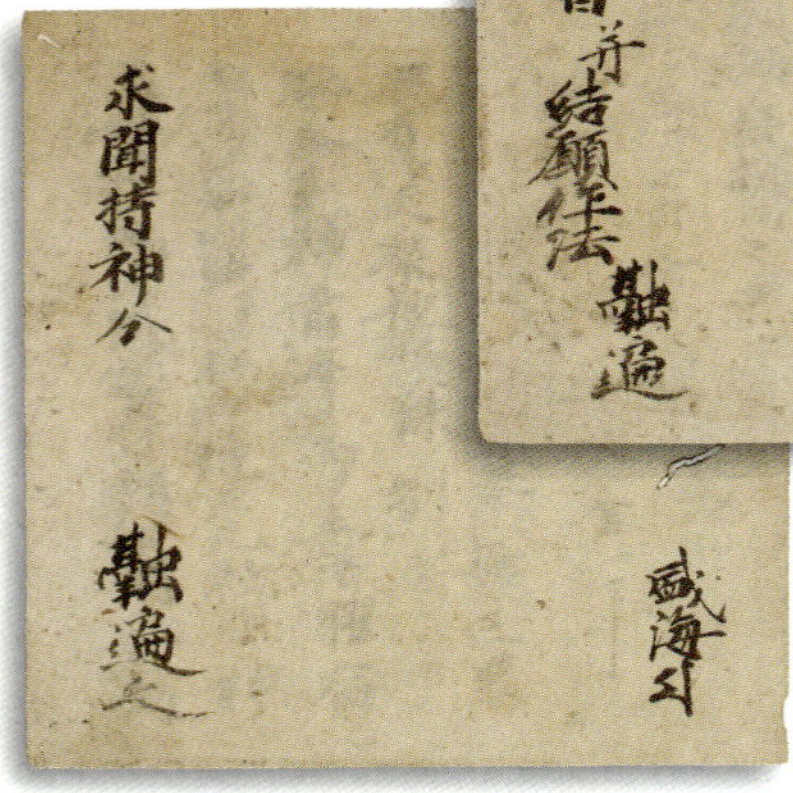

80　求聞持神分

81　求聞持大事

（求聞持正念誦祈念）

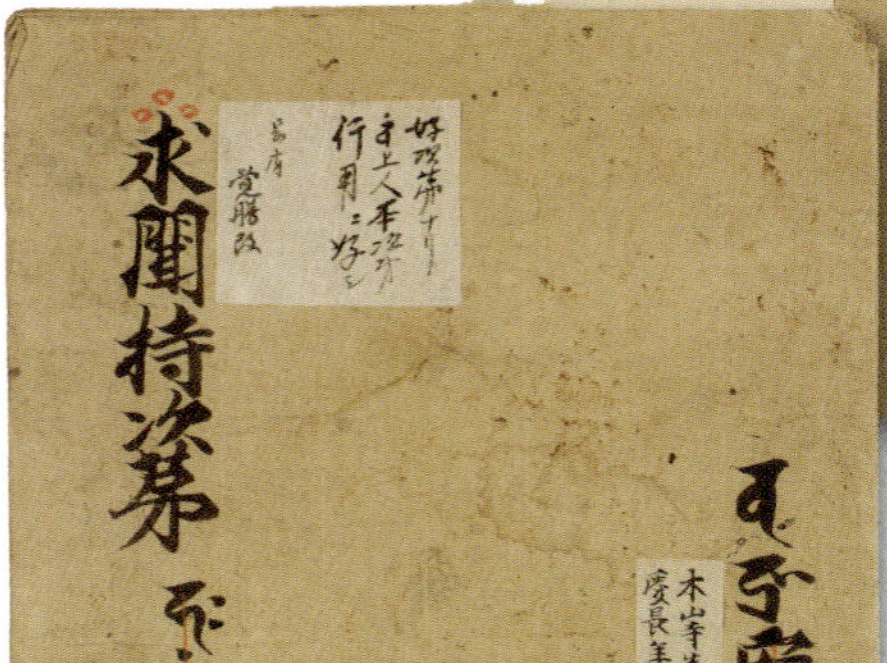

82　求聞持次第

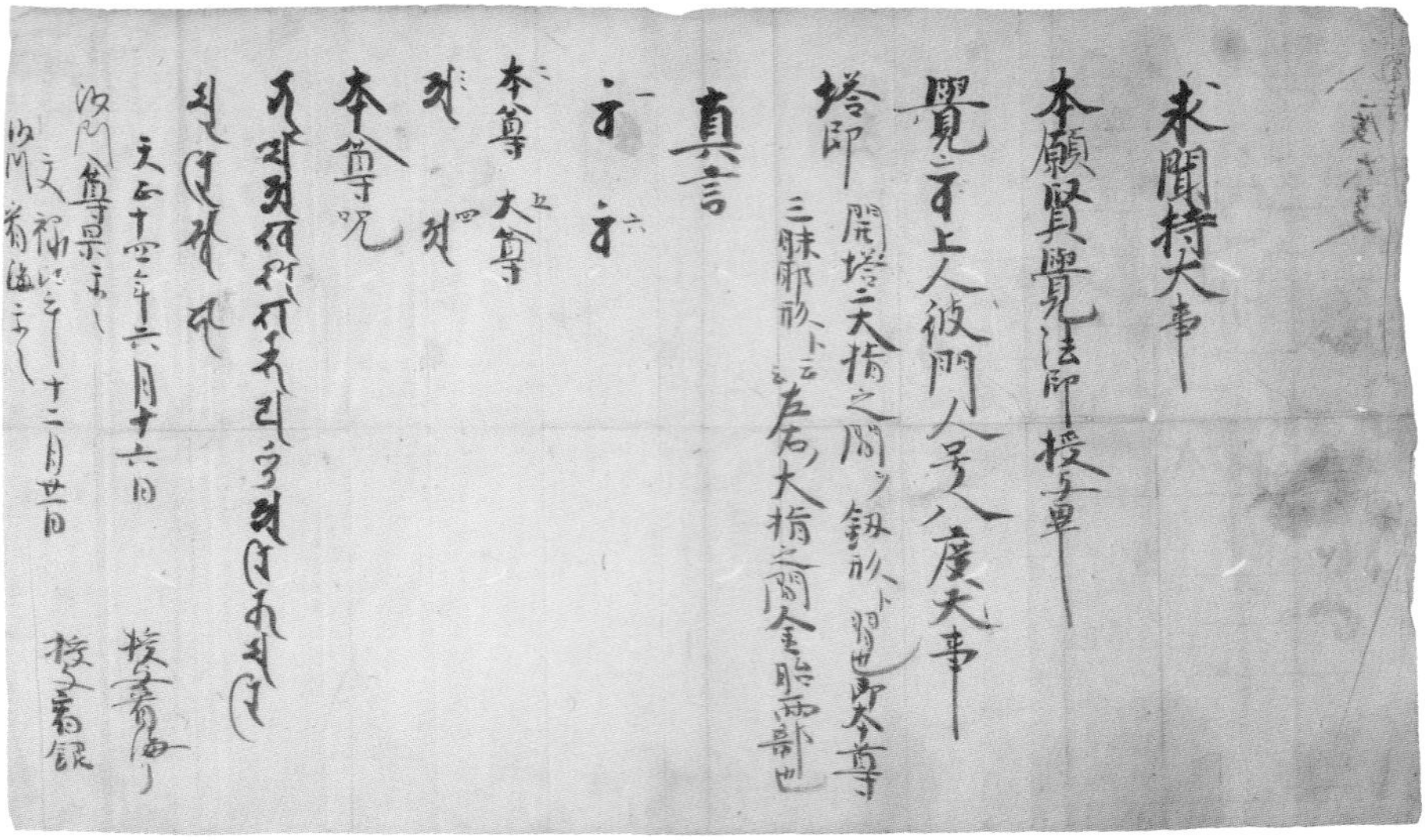

81　求聞持大事

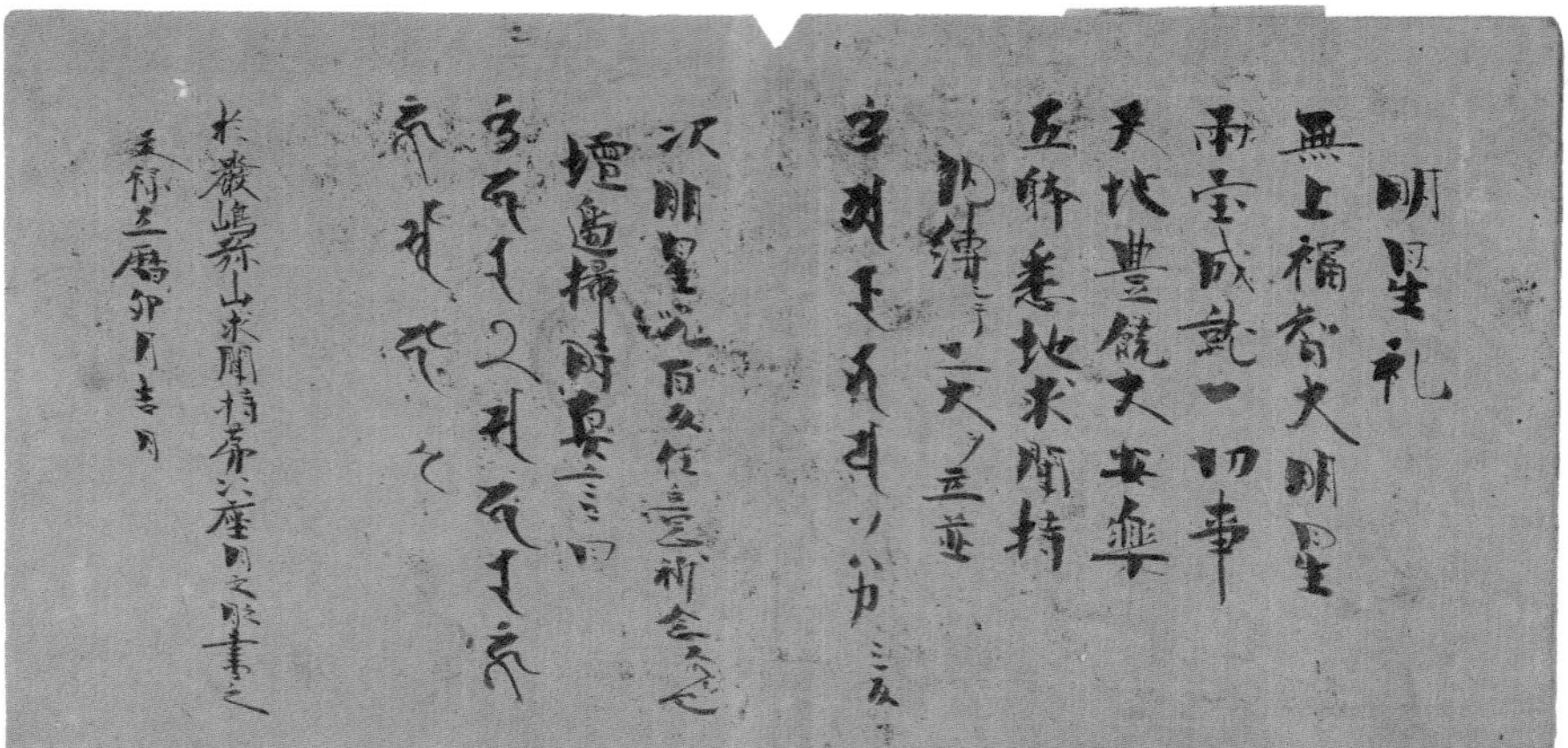

82　求聞持次第

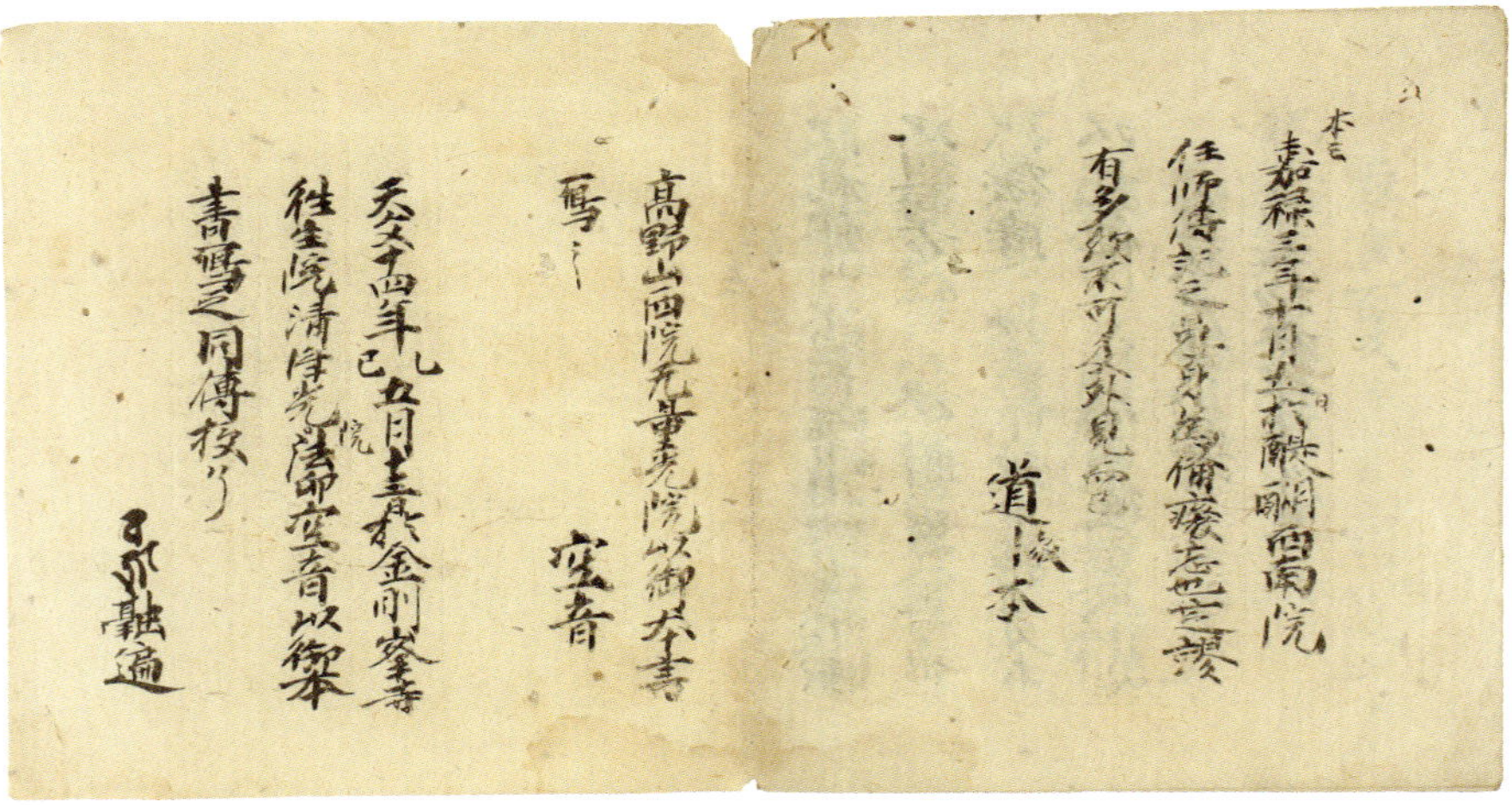

83　伝法灌頂初夜式

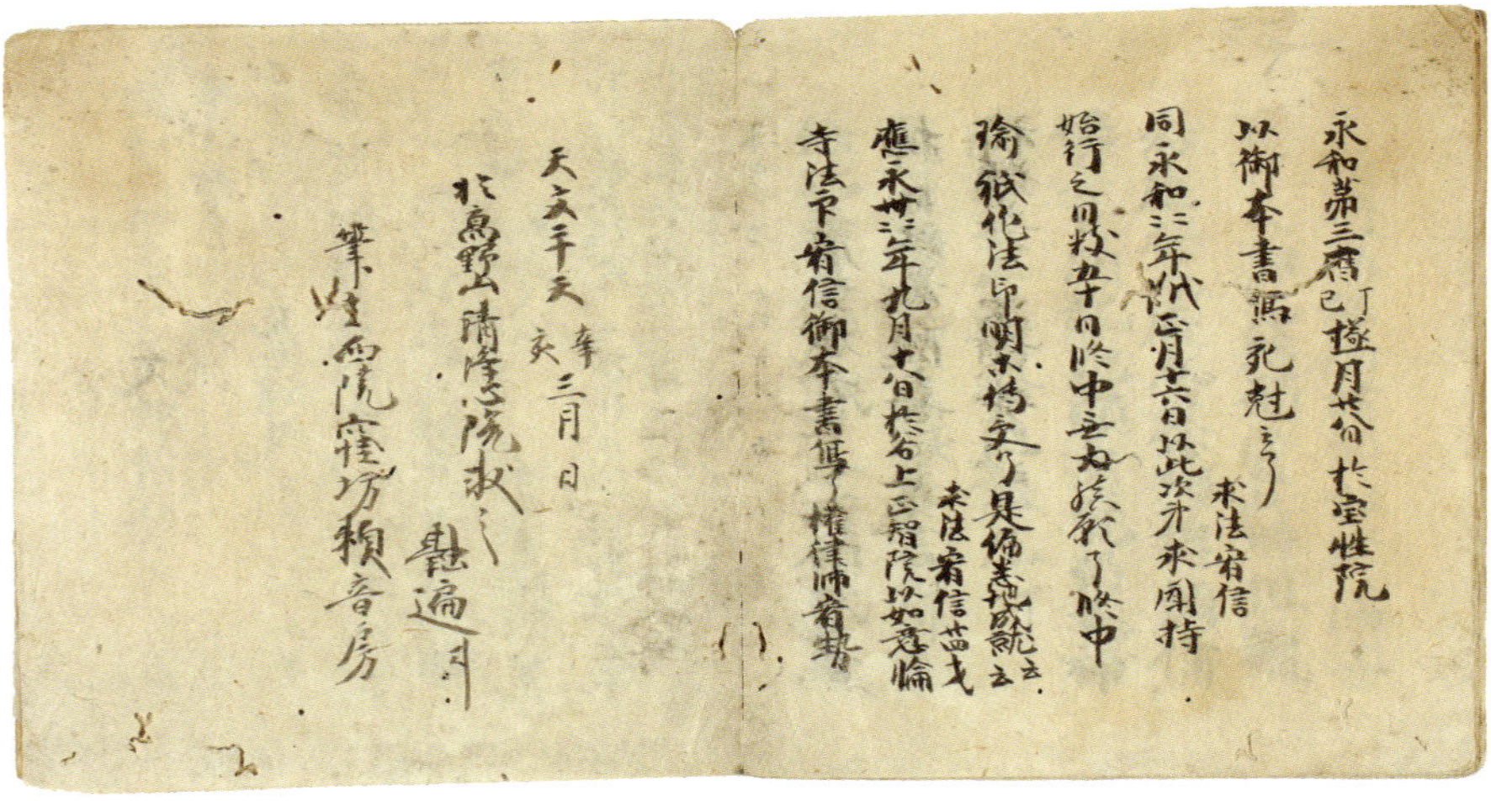

84　求聞持次第

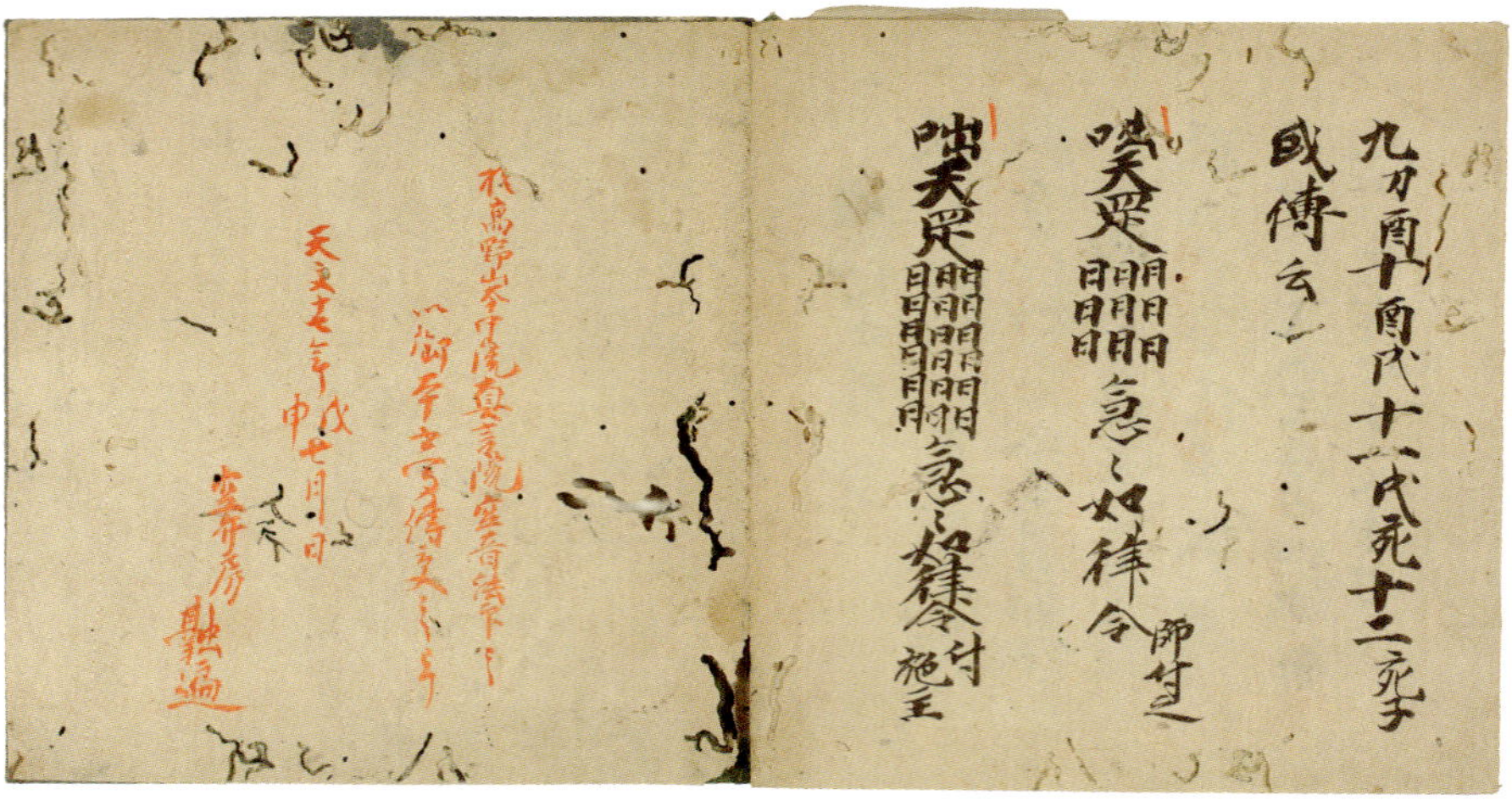

85　荒神供次第

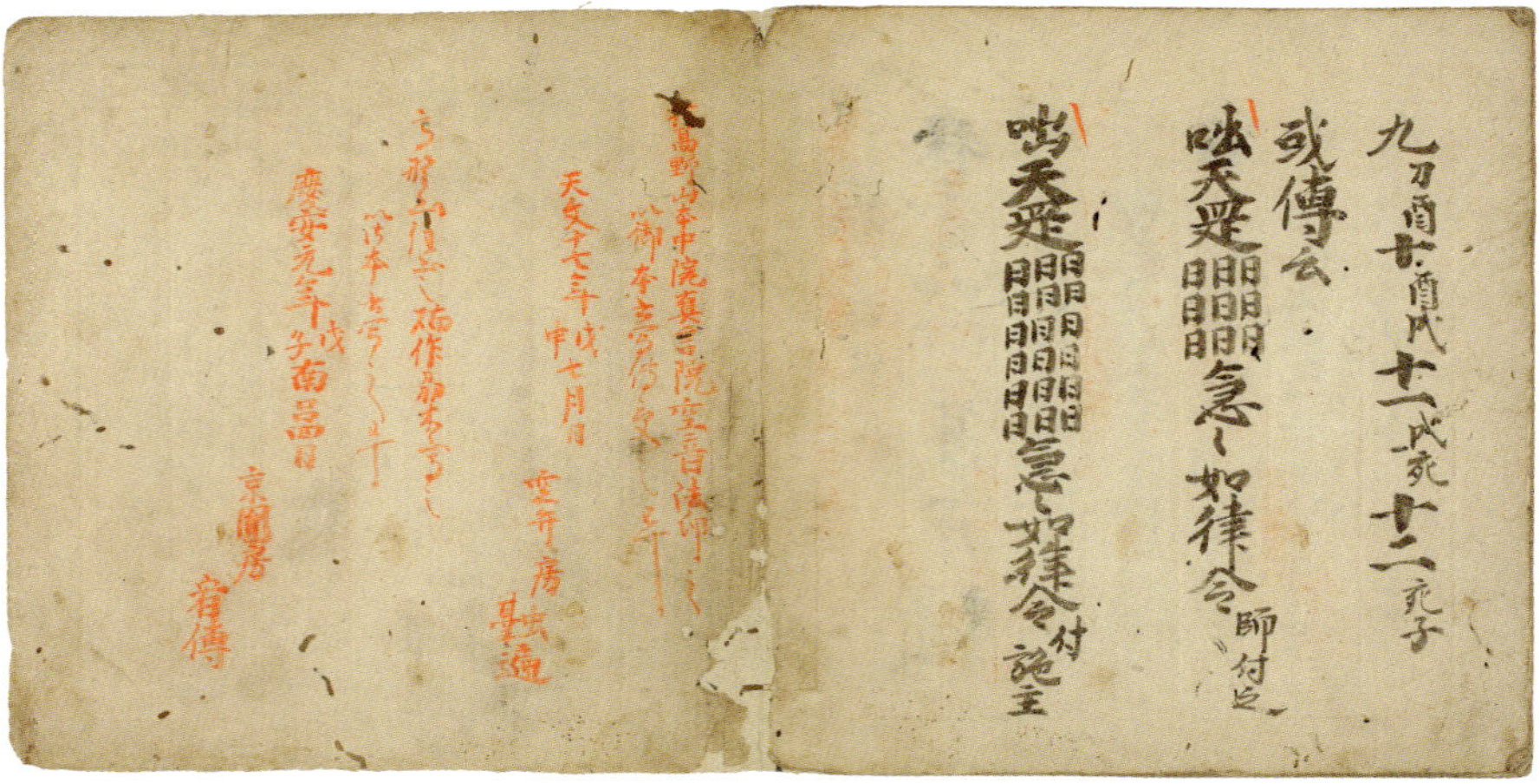

86　荒神供次第

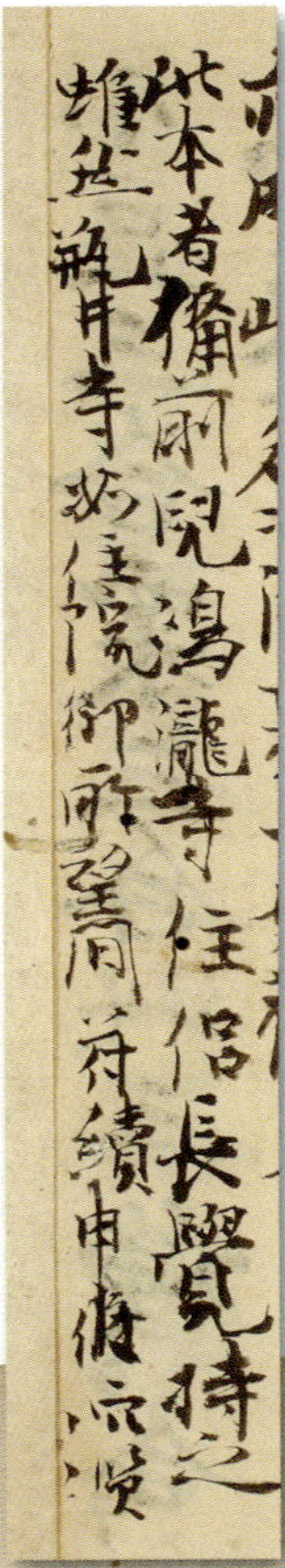
此本者備前児島瀧寺住侶長覚持之

荒神供
尊高

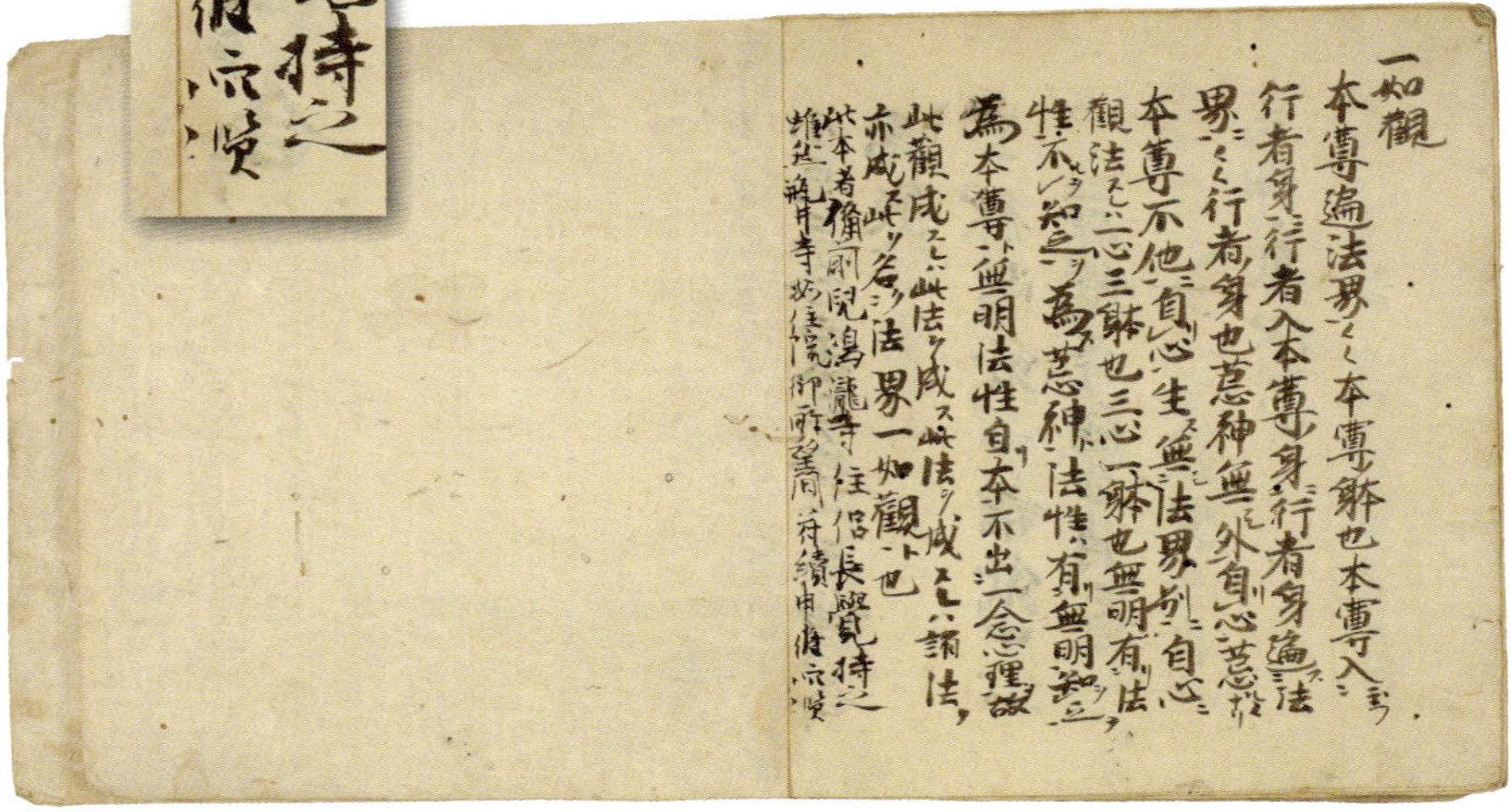

87　荒神供次第

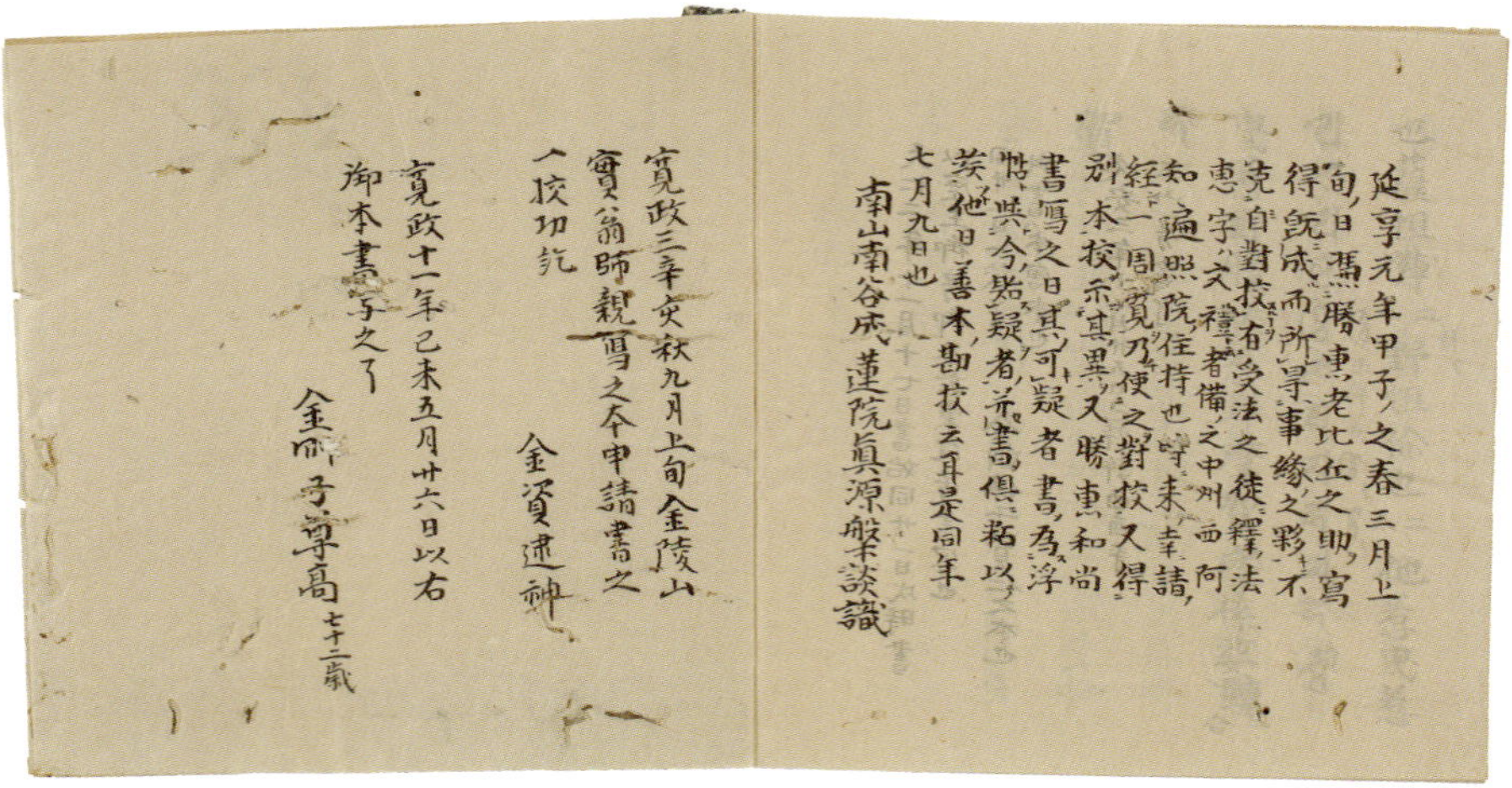

88　大日鈠印

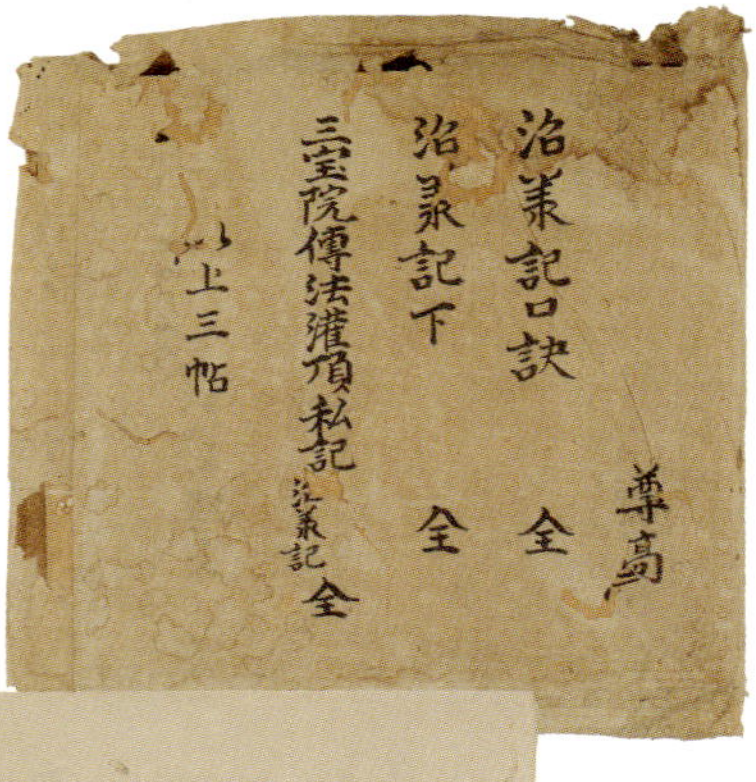

89　治承記口訣

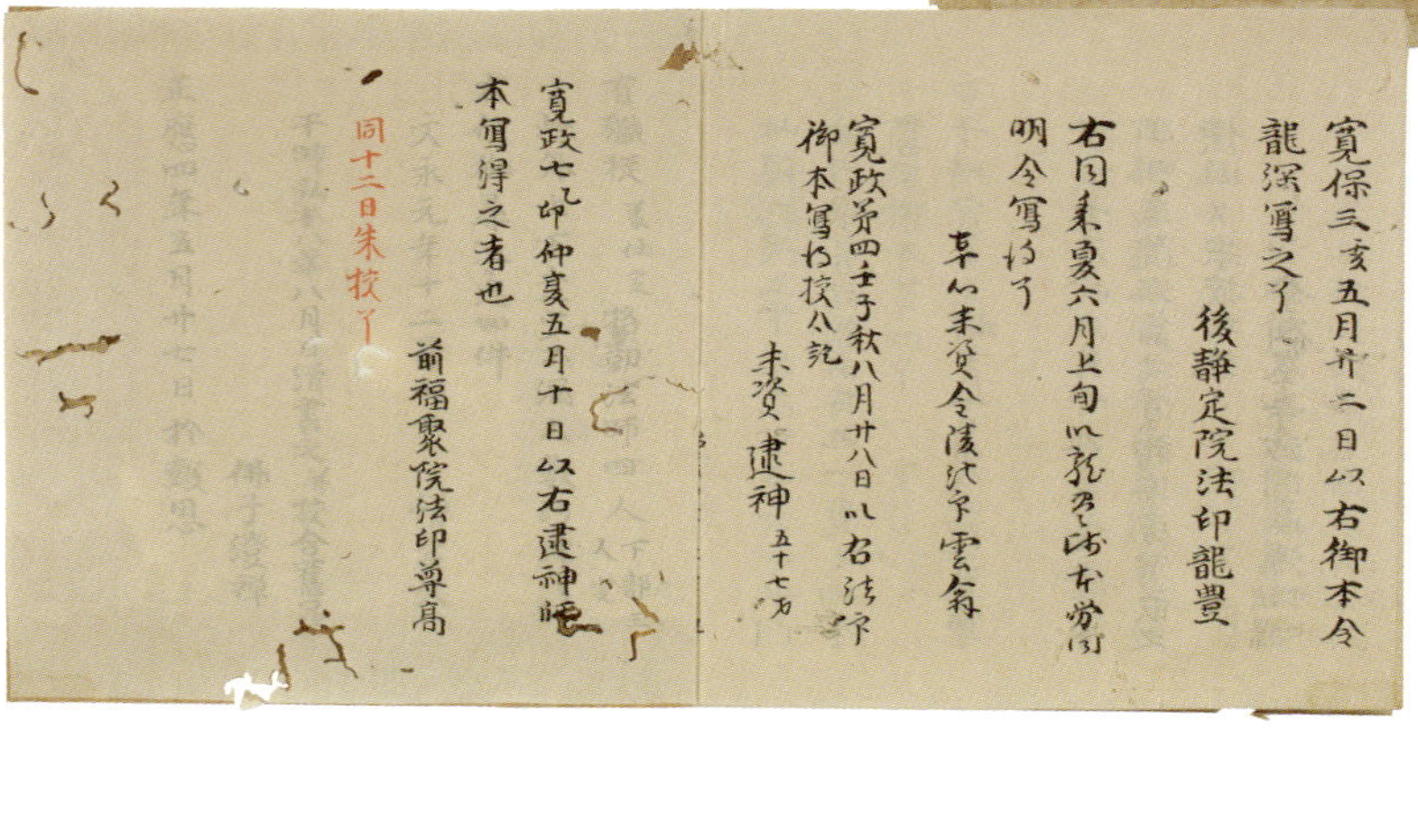

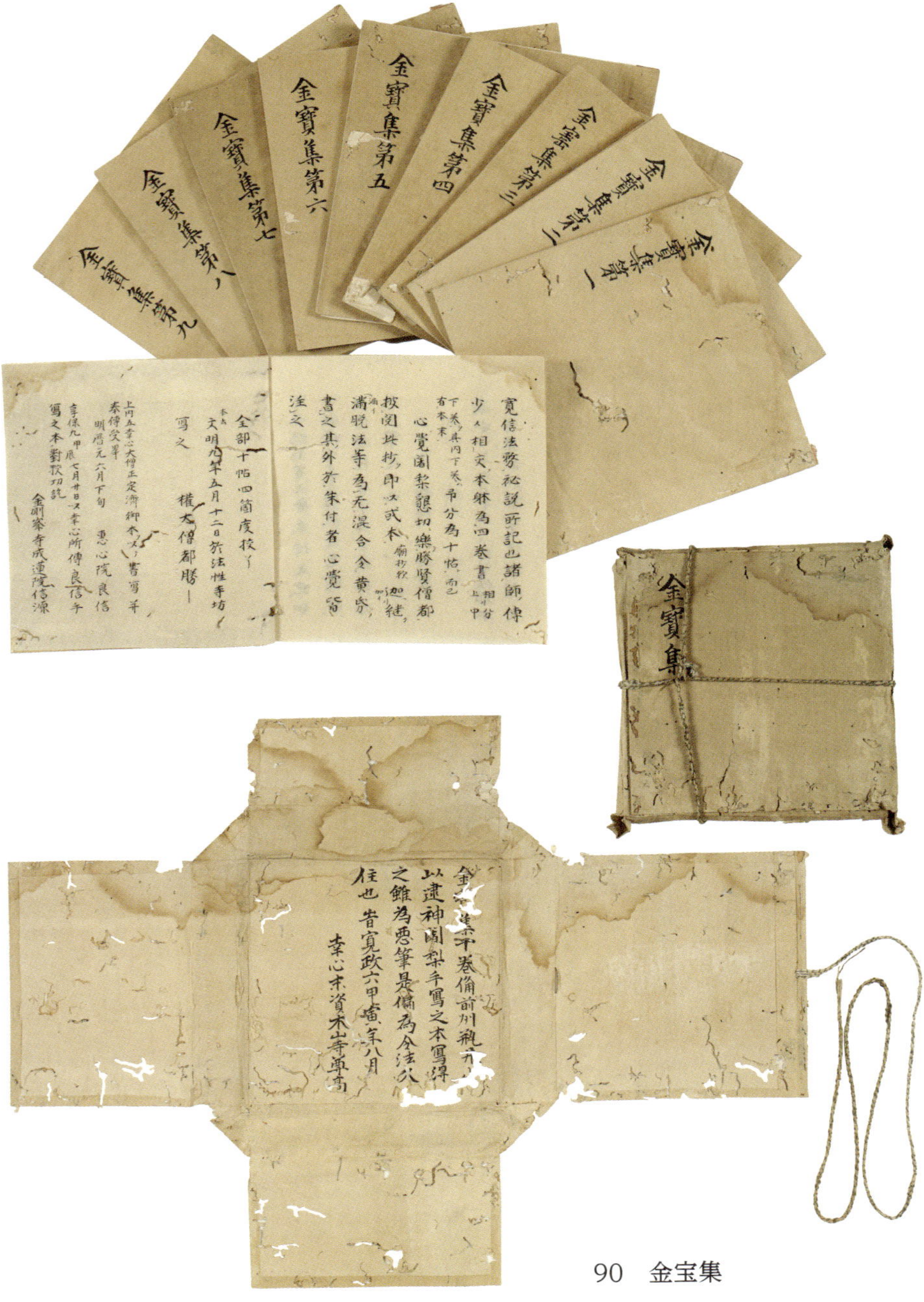

90　金宝集

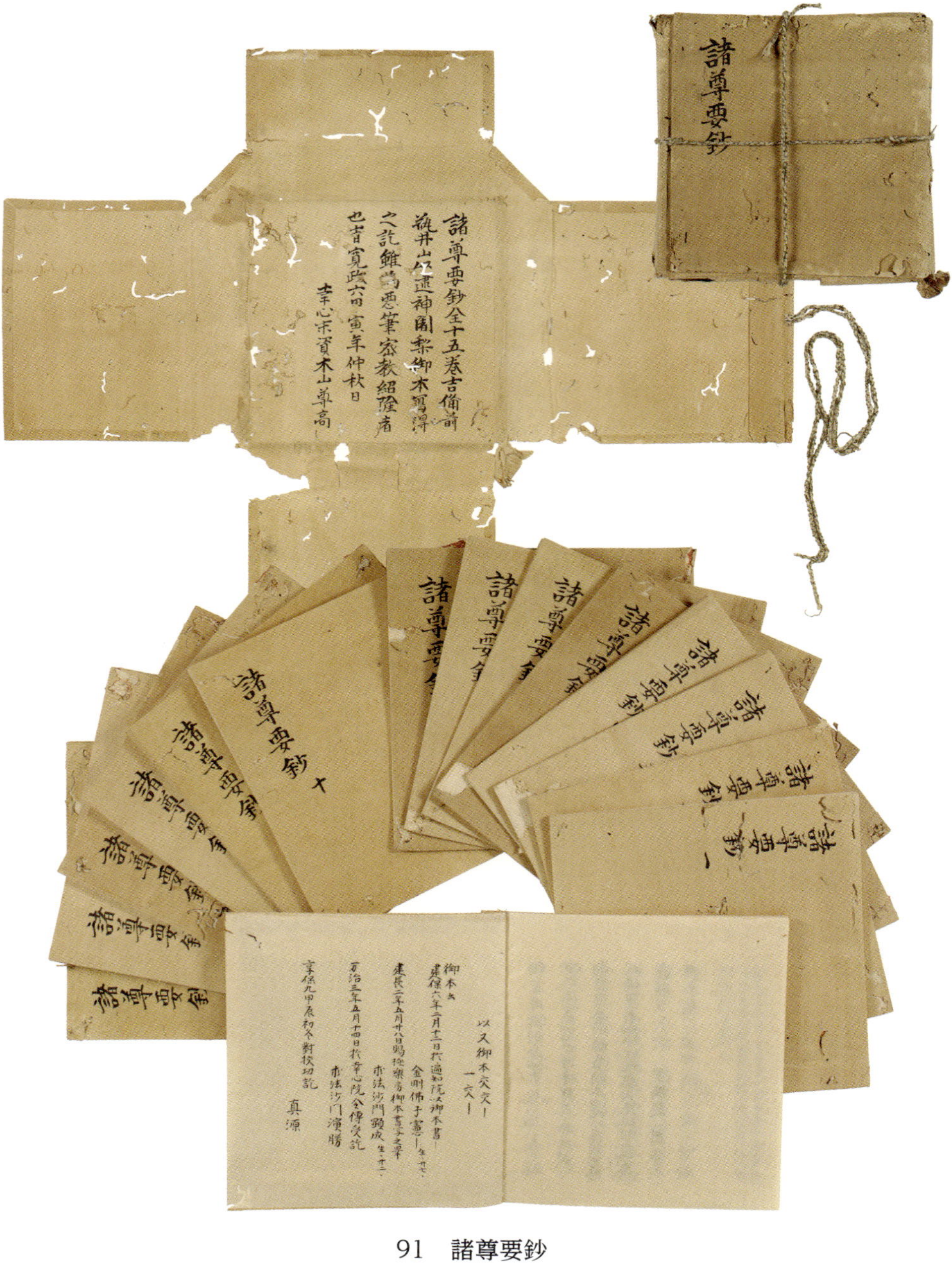

91　諸尊要鈔

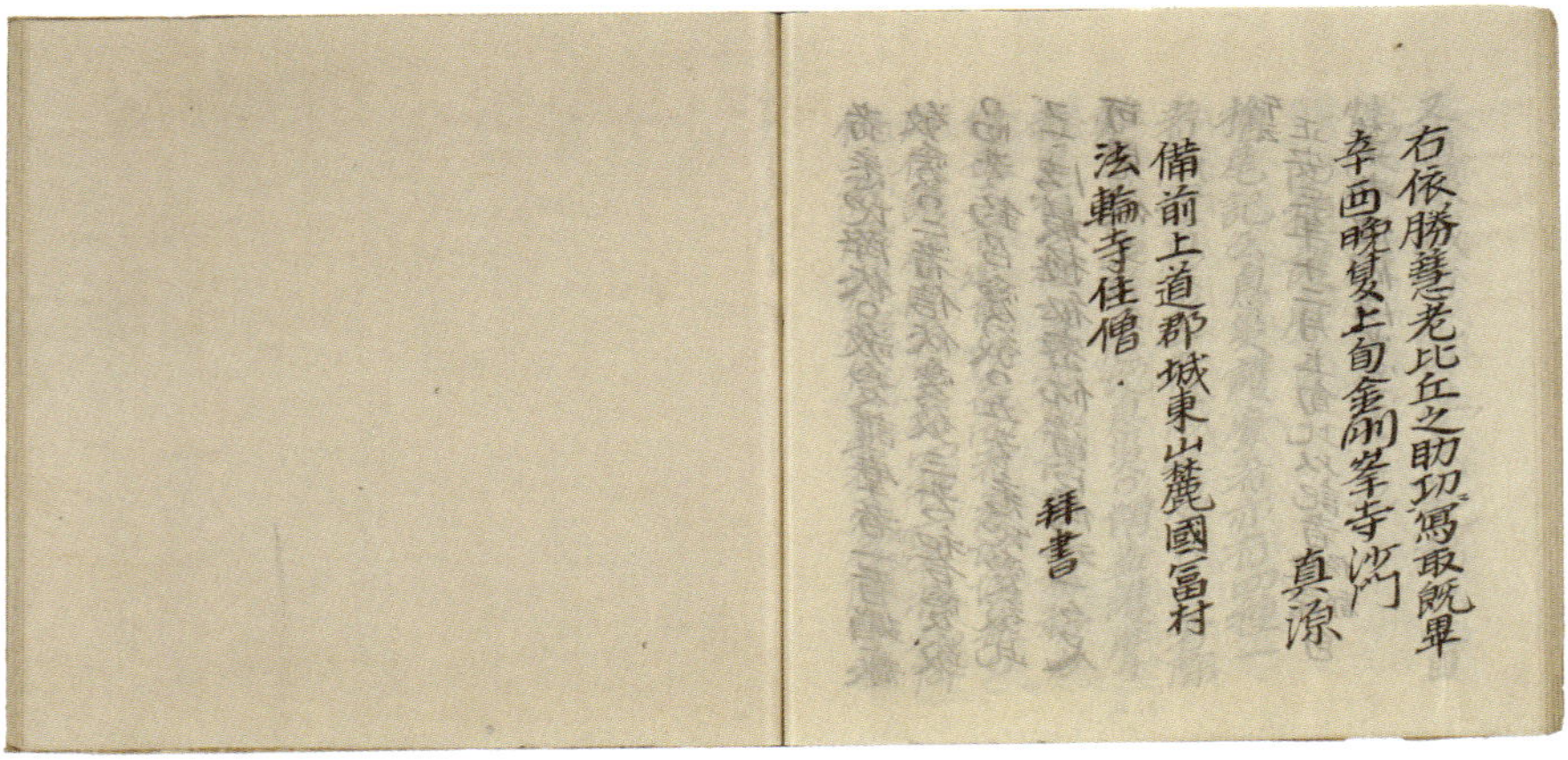

92　不動護摩私記口訣

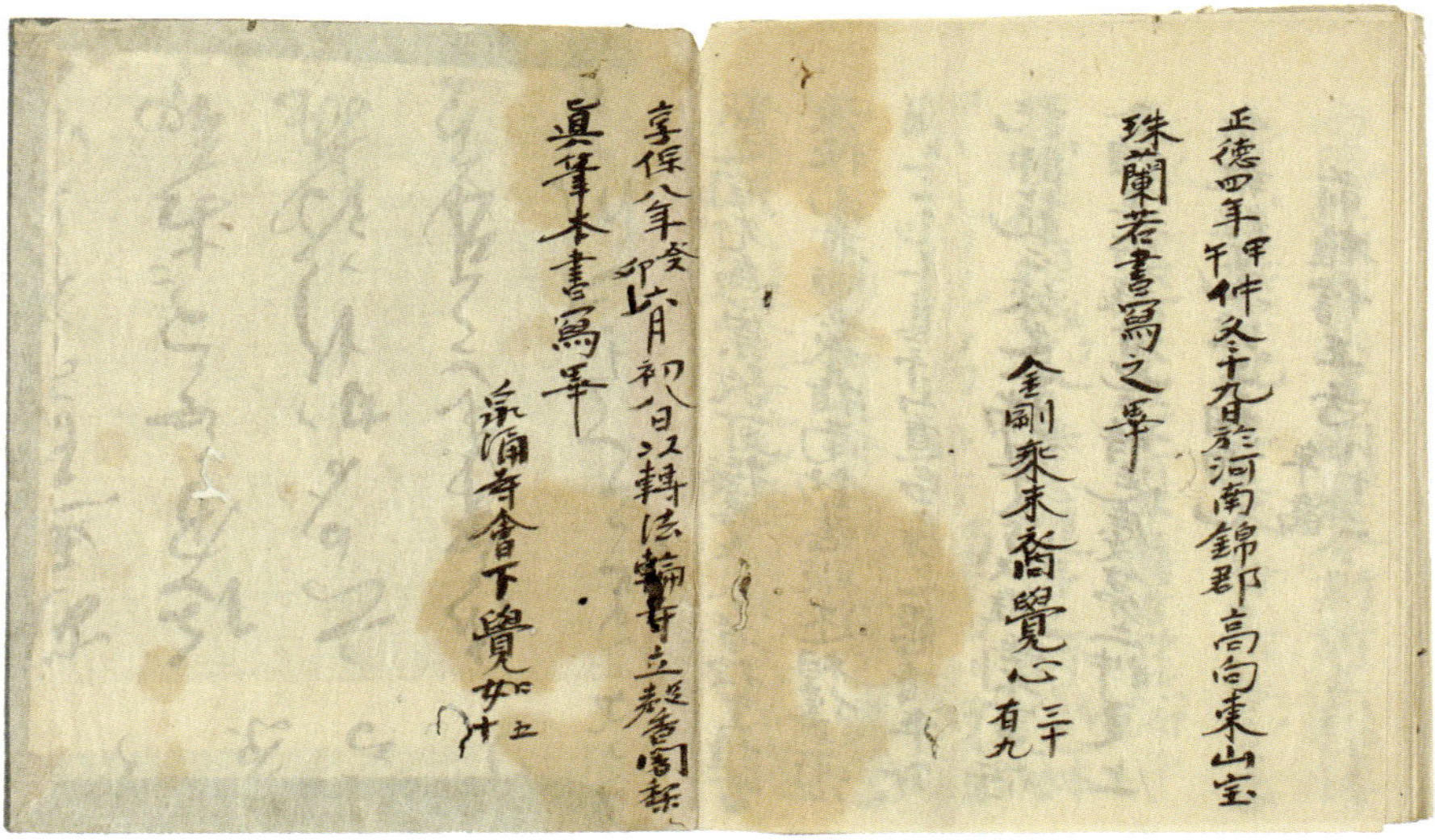

93　西院法流代々相続事

第十

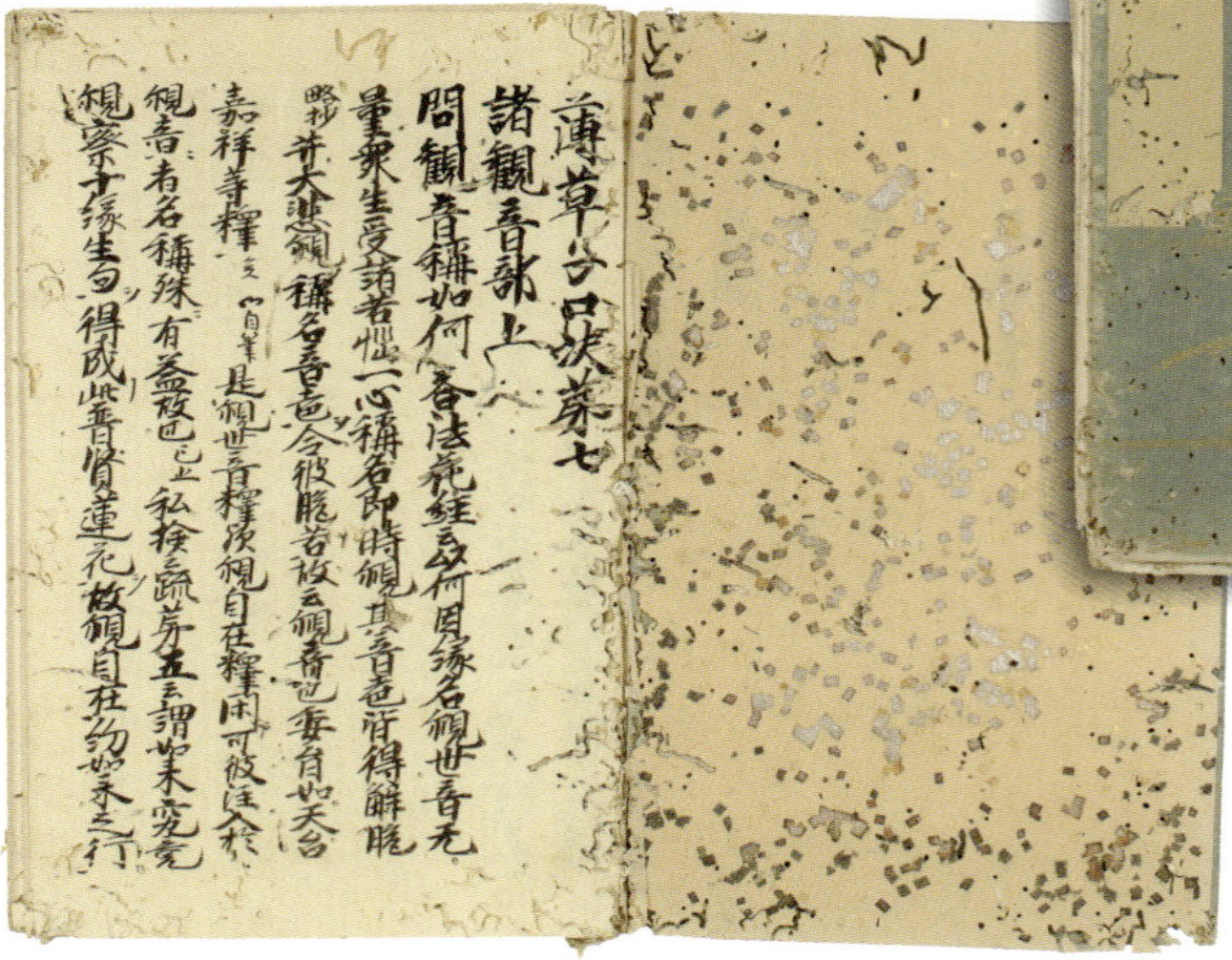

第七

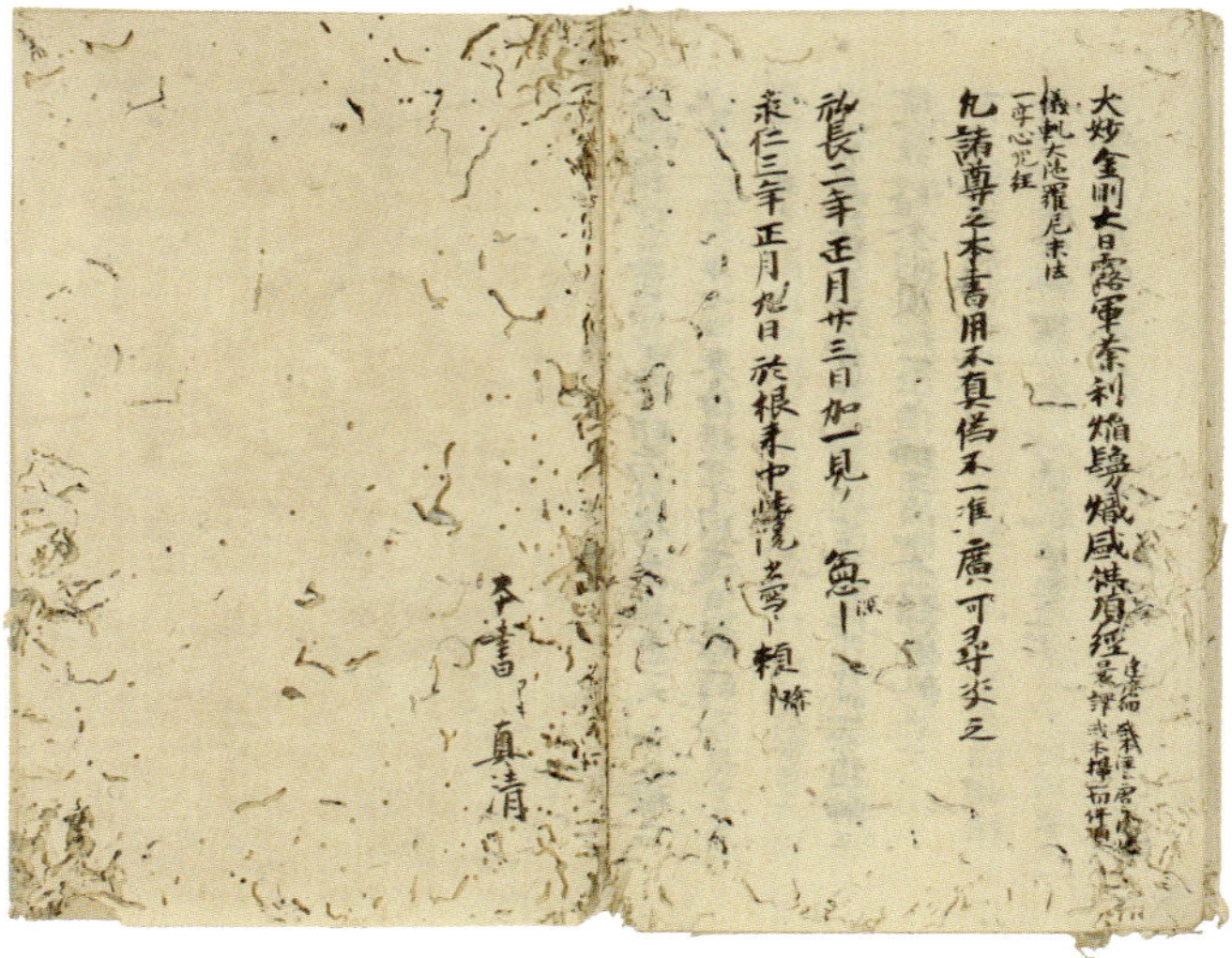

第二

94　薄草子口決

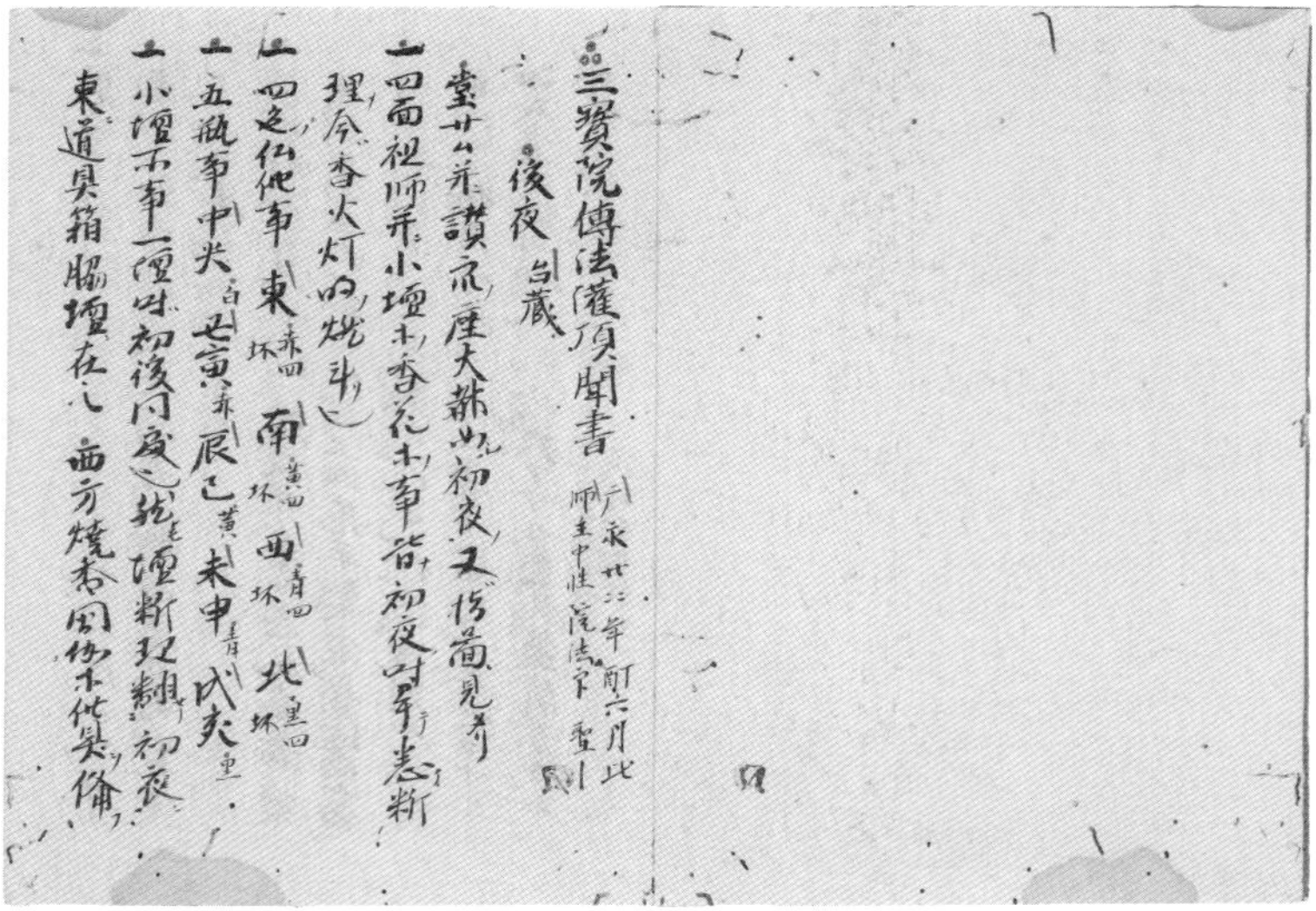

95　三宝院伝法灌頂聞書〈後夜胎〉

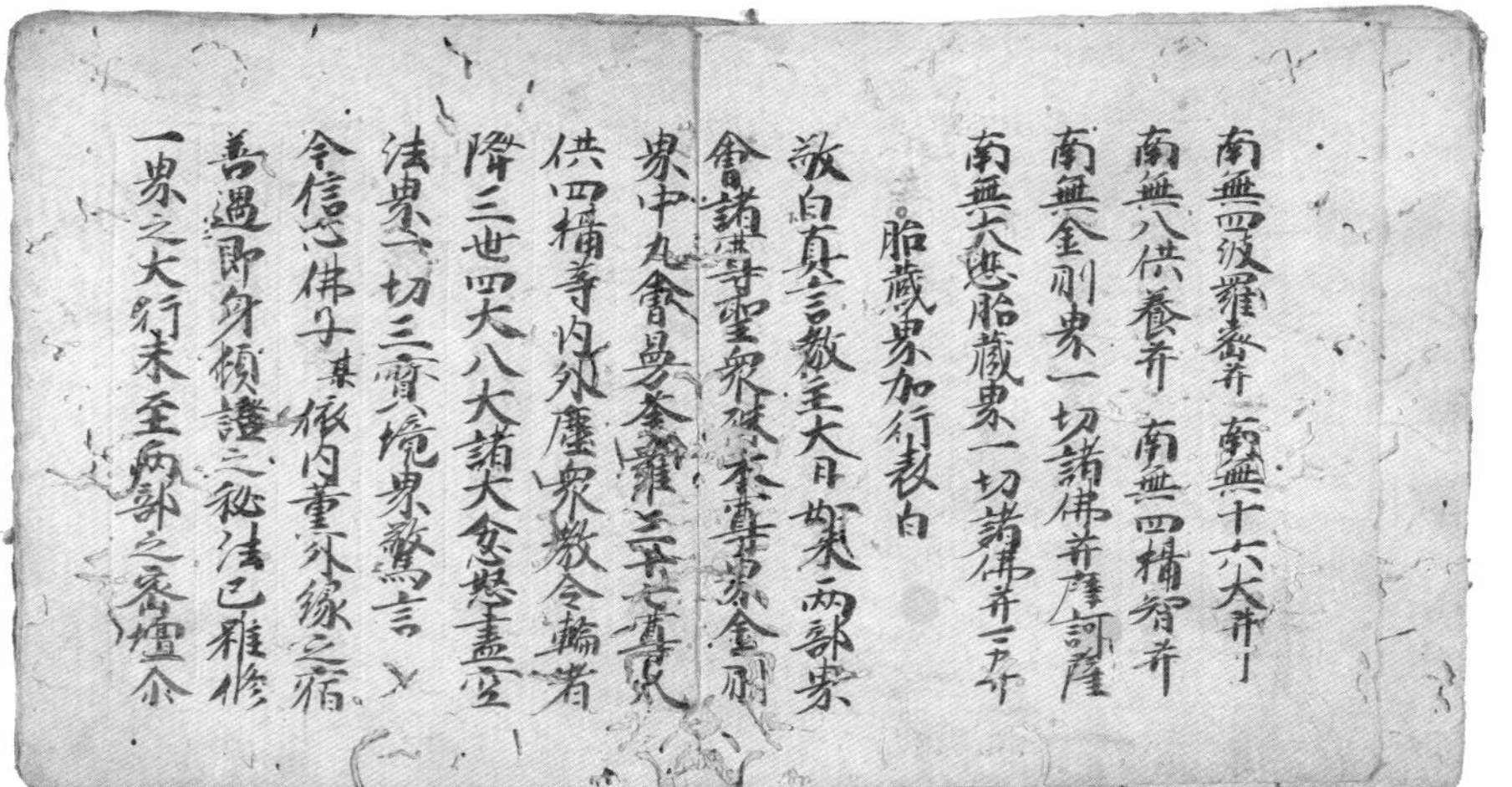

96　四度表白神分祈願等

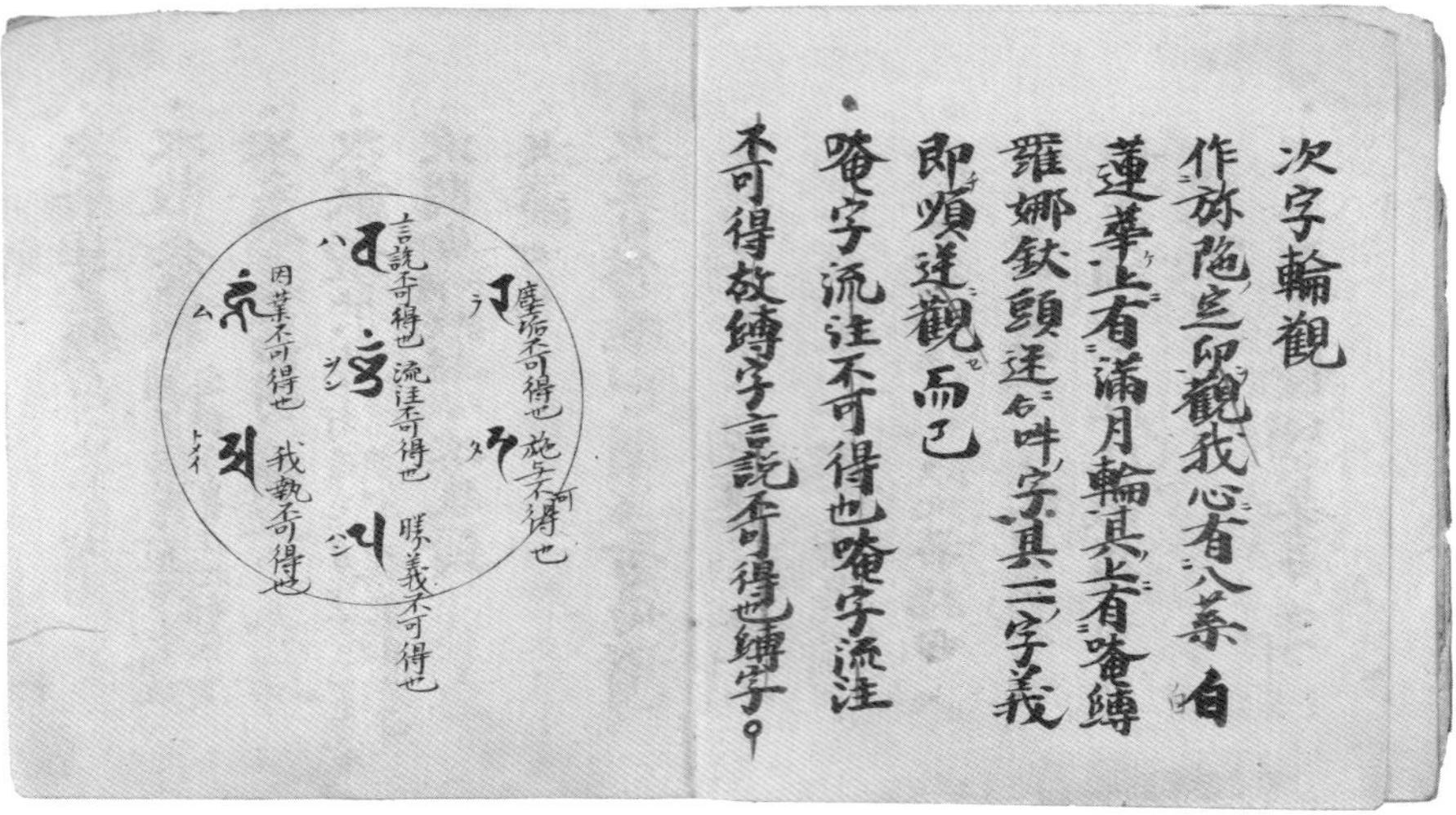

97　聖如意輪観自在菩薩念誦次第

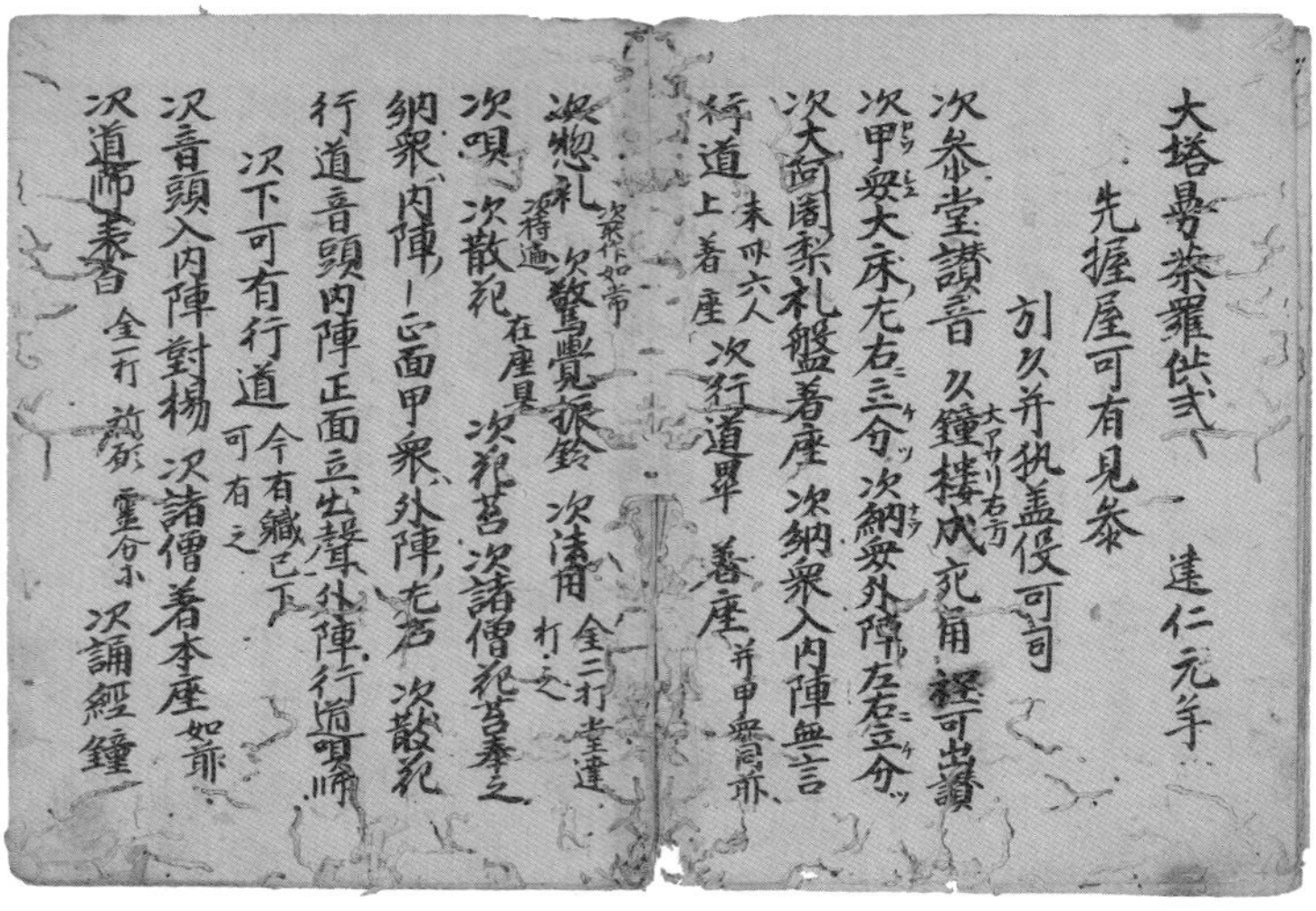

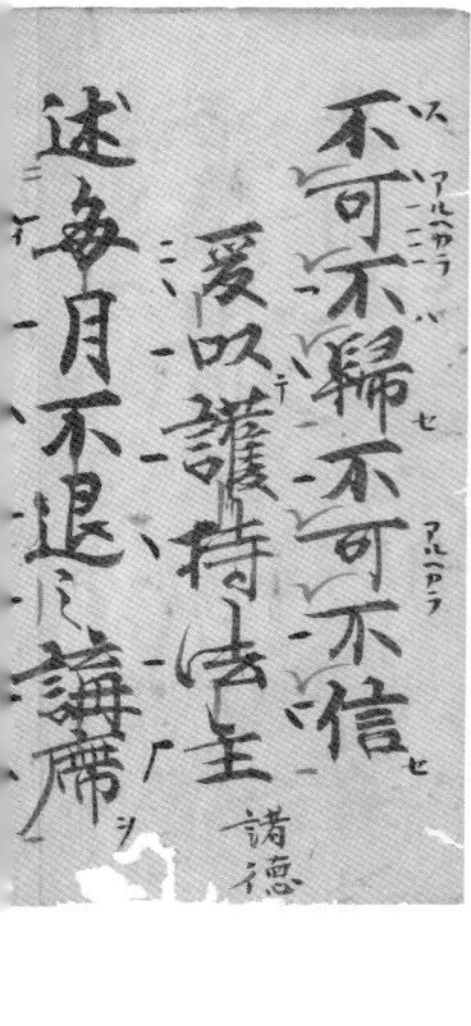

98　灌頂曼荼羅供理趣三昧等法則

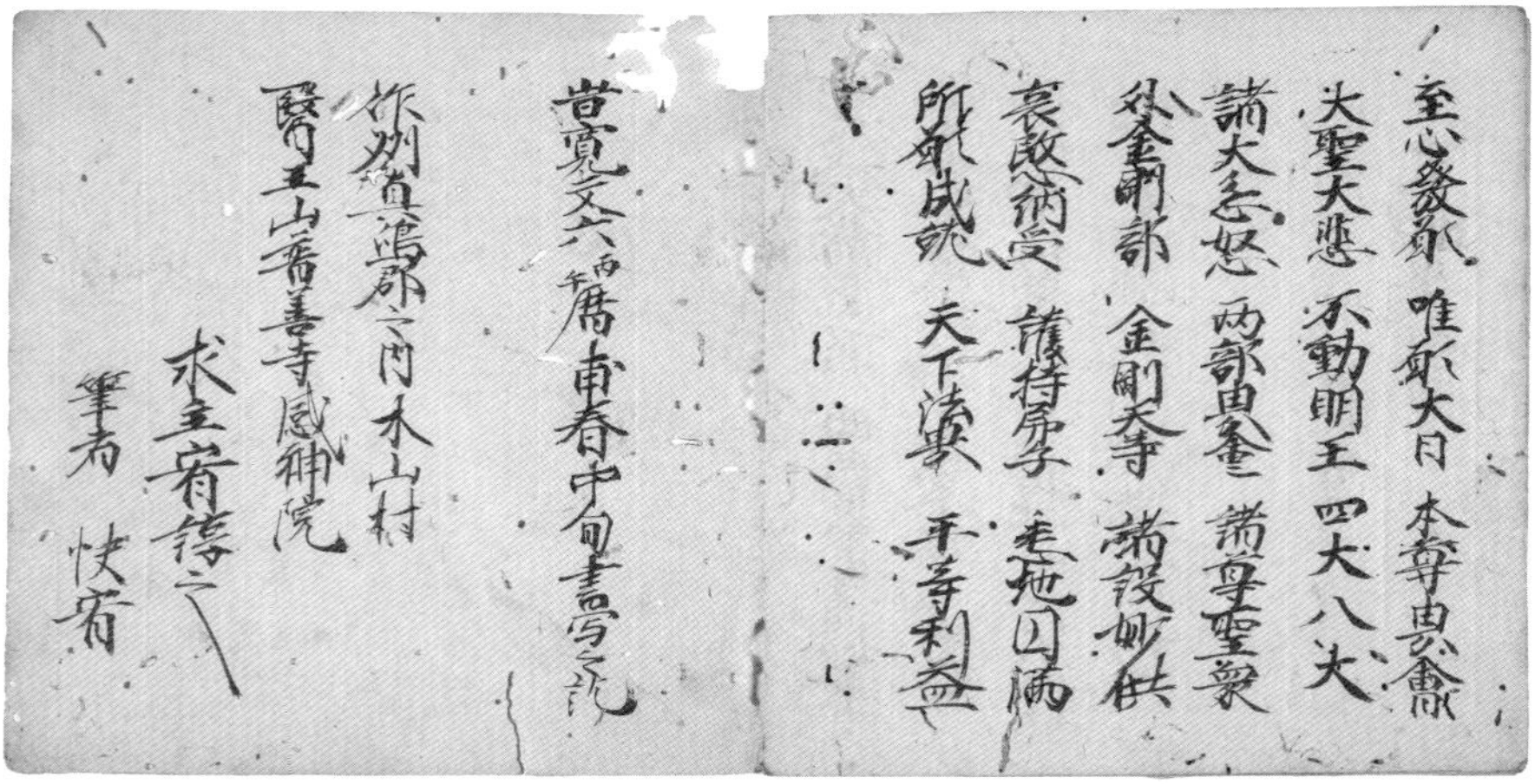

99　表白

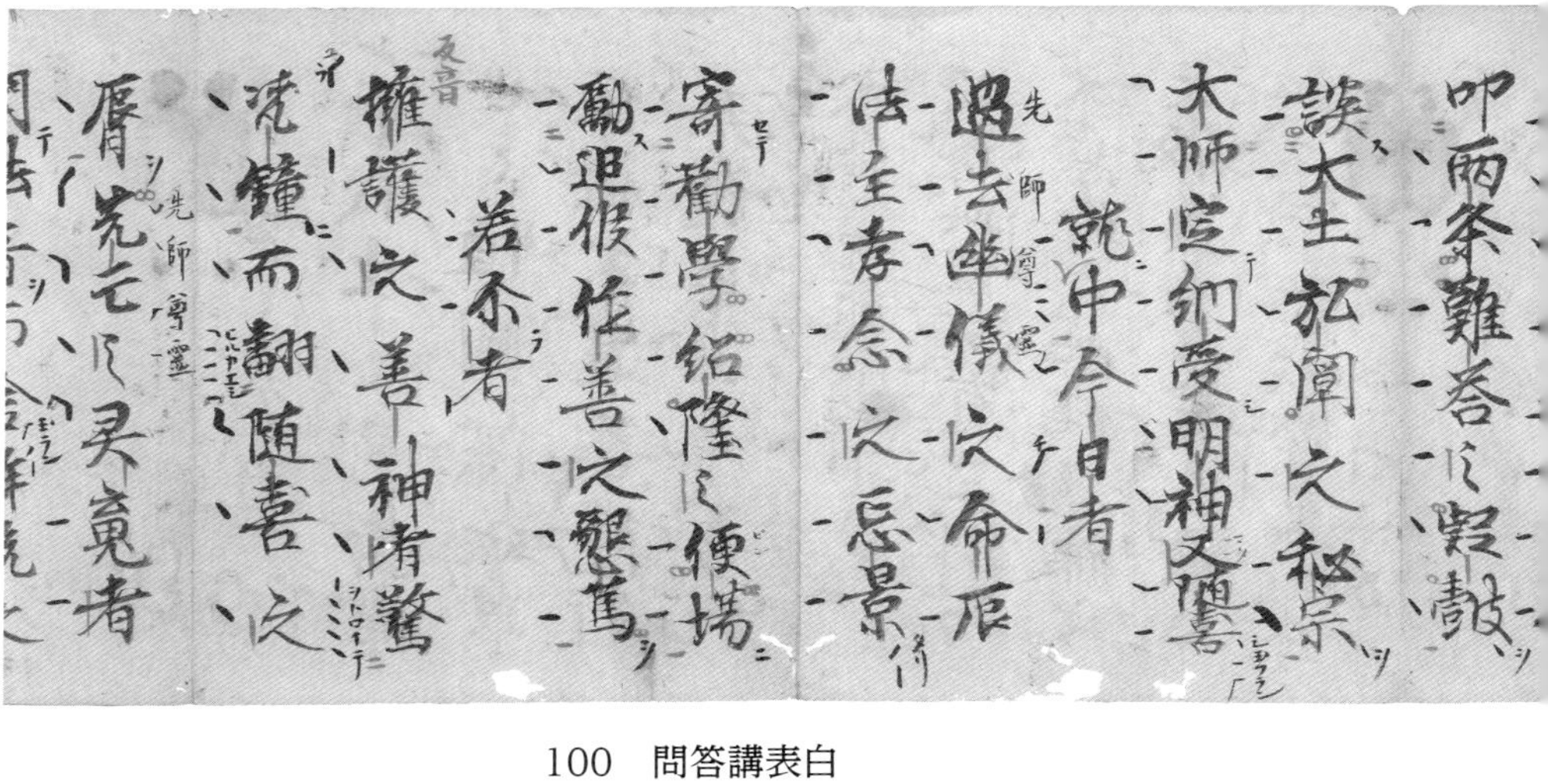

100　問答講表白

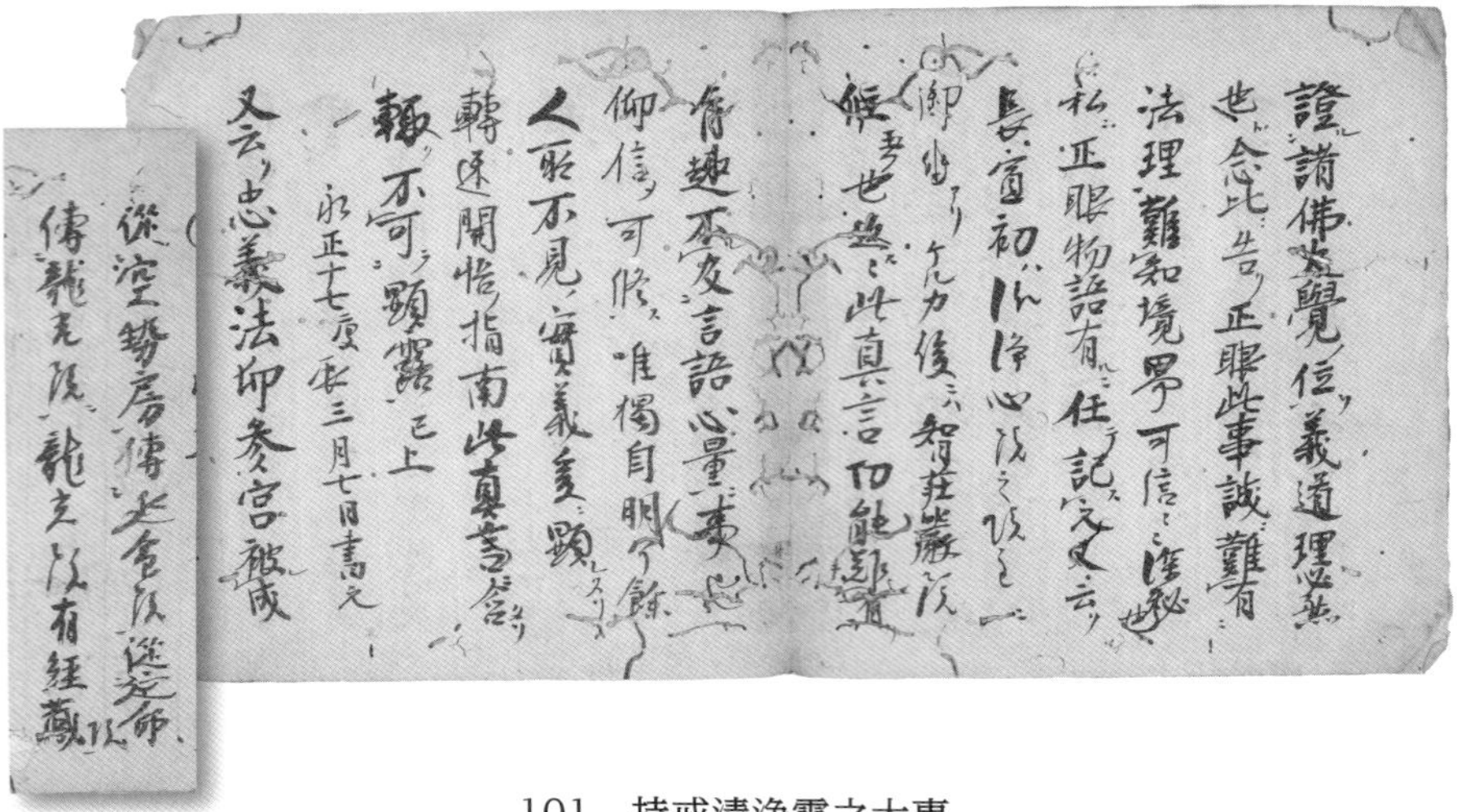

101　持戒清浄霊之大事

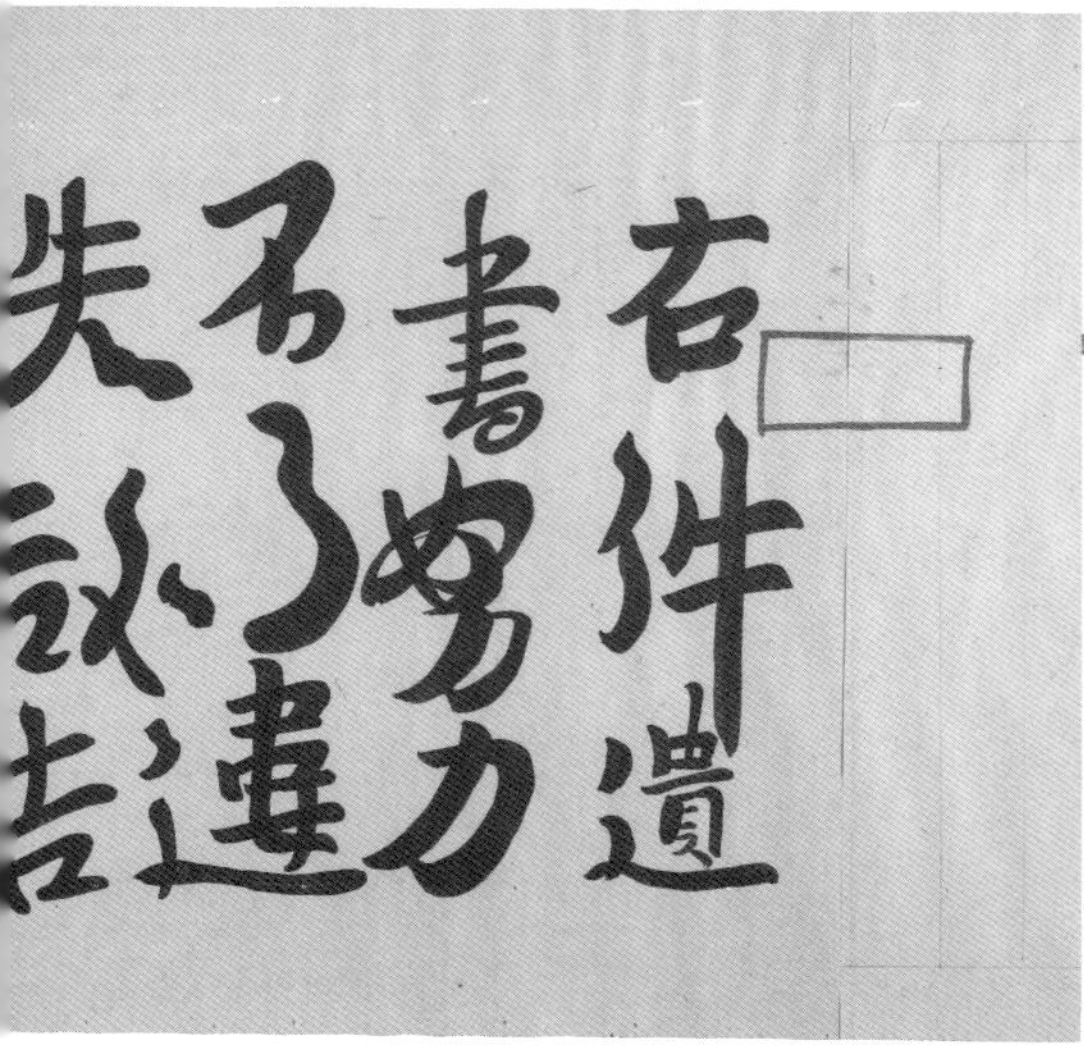

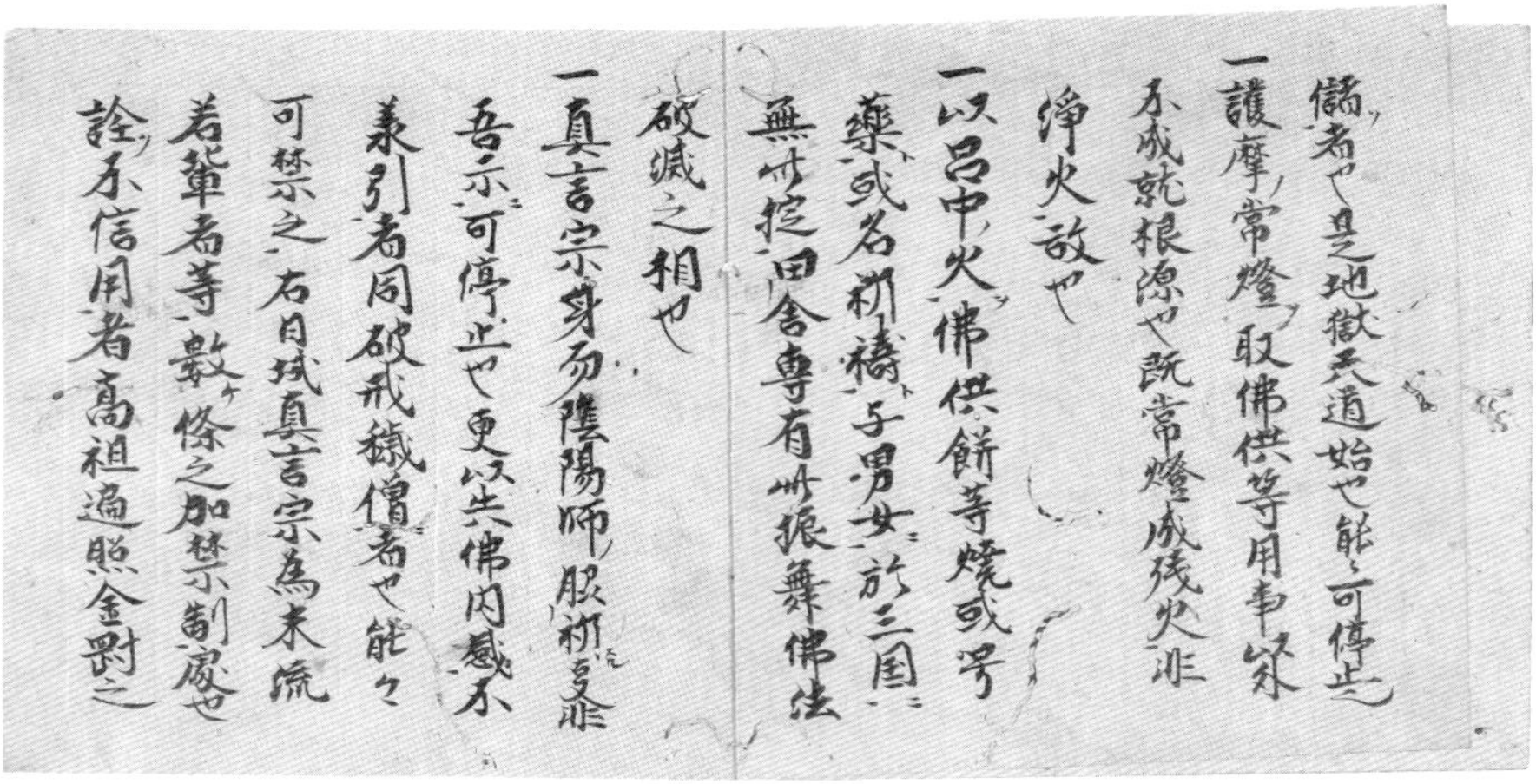

102　大師御託宣

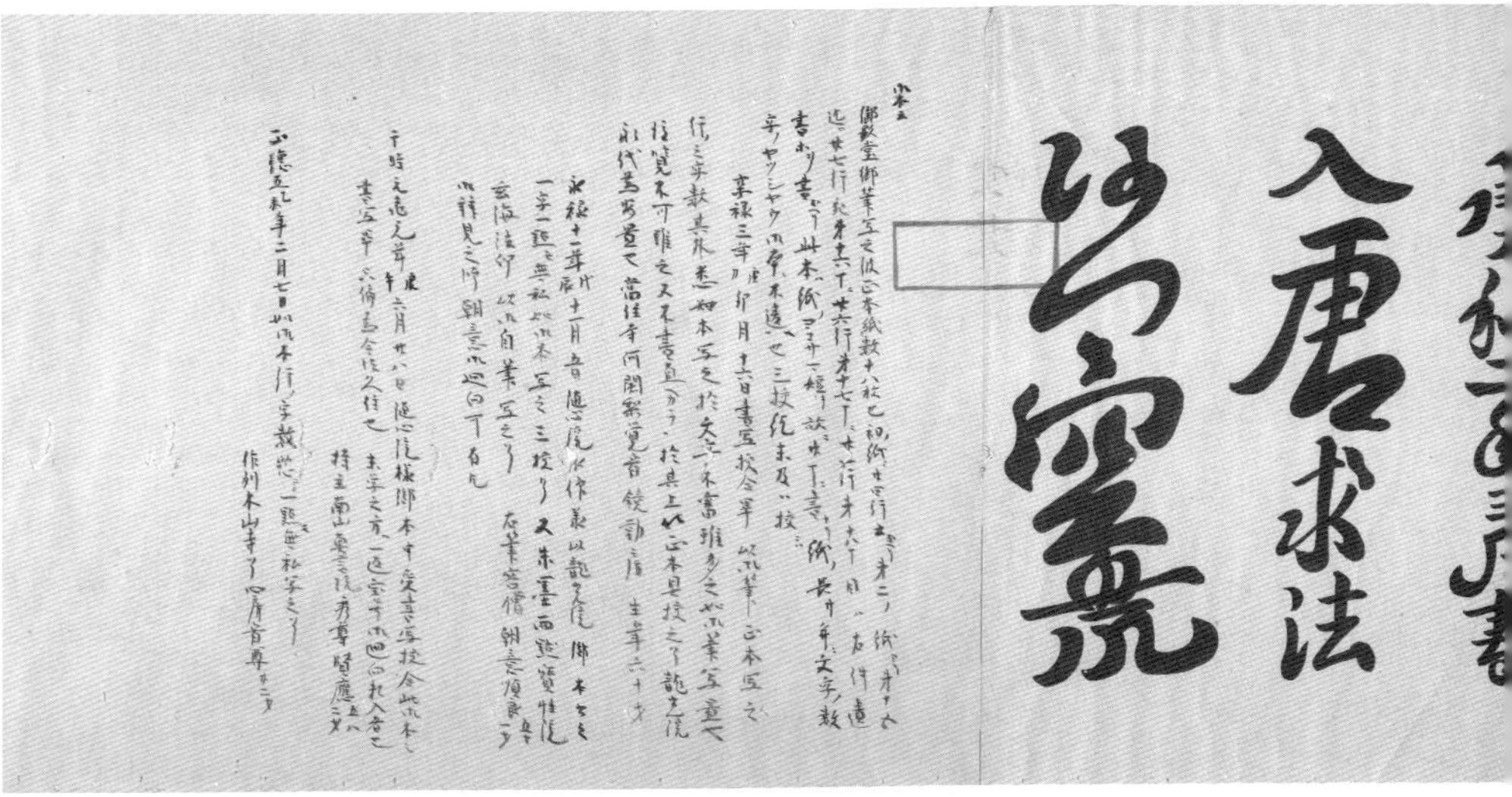

103　遺告諸弟子等

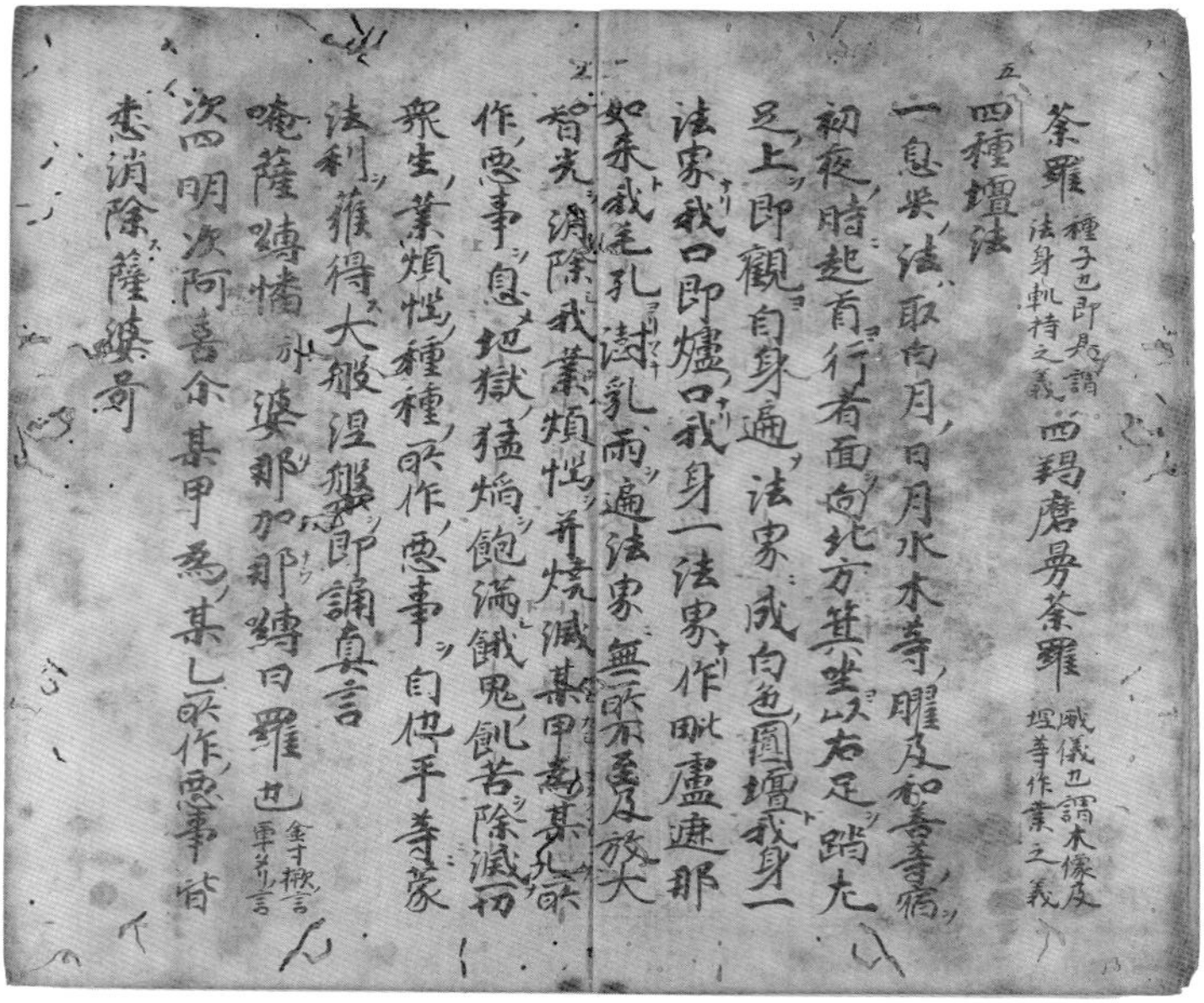
荼羅 種子也即具謂法身軌持之義 四羯磨曼荼羅 威儀也謂木像及埋等作業之義
五 四種壇法
一息災法ハ取白月ノ日月水木等ノ曜及和善等ノ宿
初夜時起首行者面向北方其坐以右足踏左
足上ッ即観自身遍ク法界ニ成白色圓壇ヲ我身ノ一
法界我口即爐口我身ノ一法界ナリ作ス毗盧遮那
如来ト我毛孔ヨリ注ク乳雨ヲ遍ク法界ニ無所不至及放大
智光ヲ消除ス我業煩悩ヲ并ニ焼滅ス某甲ガ為ニ某ノ所
作ノ悪事ヲ息ム地獄ノ猛焔ヲ飽満ス餓鬼ノ飢苦ヲ除滅ス一切
衆生ノ業煩悩ノ種種ノ所作ノ悪事ヲ自他平等ニ家
法利ヲ獲得ス大般涅槃ヲ即チ誦ス眞言
唵薩縛播婆那加耶縛日羅也
次四明次阿喜尔某甲為ノ某乙所作ノ悪事皆
悉消除薩婆訶

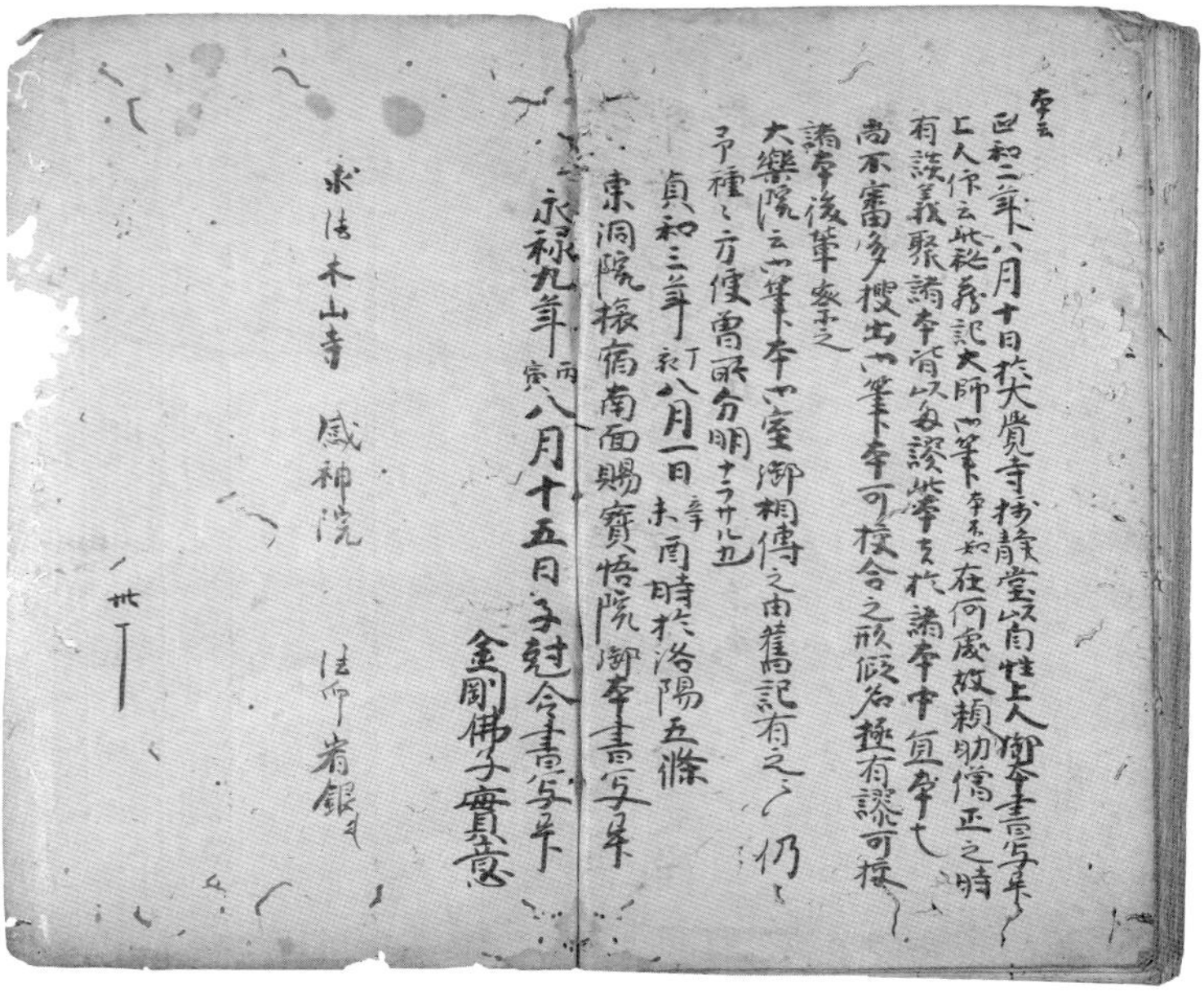
奥云
正和二年八月十日於大覚寺拂露堂以白性上人御本書写畢
上人仰云此秘蔵記大師御筆本不知在何處故頼助僧正之時
有談義聚諸本皆以為誤此等之於諸本中直本
尚不審多披出御筆本可校合之故假名極有誤可校
諸本後筆
大楽院云御筆本御室御相傳之由舊記有之 仍
種々方便尋所分明ナラサル也
貞和三年丁亥八月一日辛未酉時於洛陽五條
東洞院櫛笥南面賜寶悟院御本書写畢
永禄九年丙寅八月十五日予対令書写畢
金剛佛子實意
求法木山寺 感神院 法印宥銀

104 秘蔵記

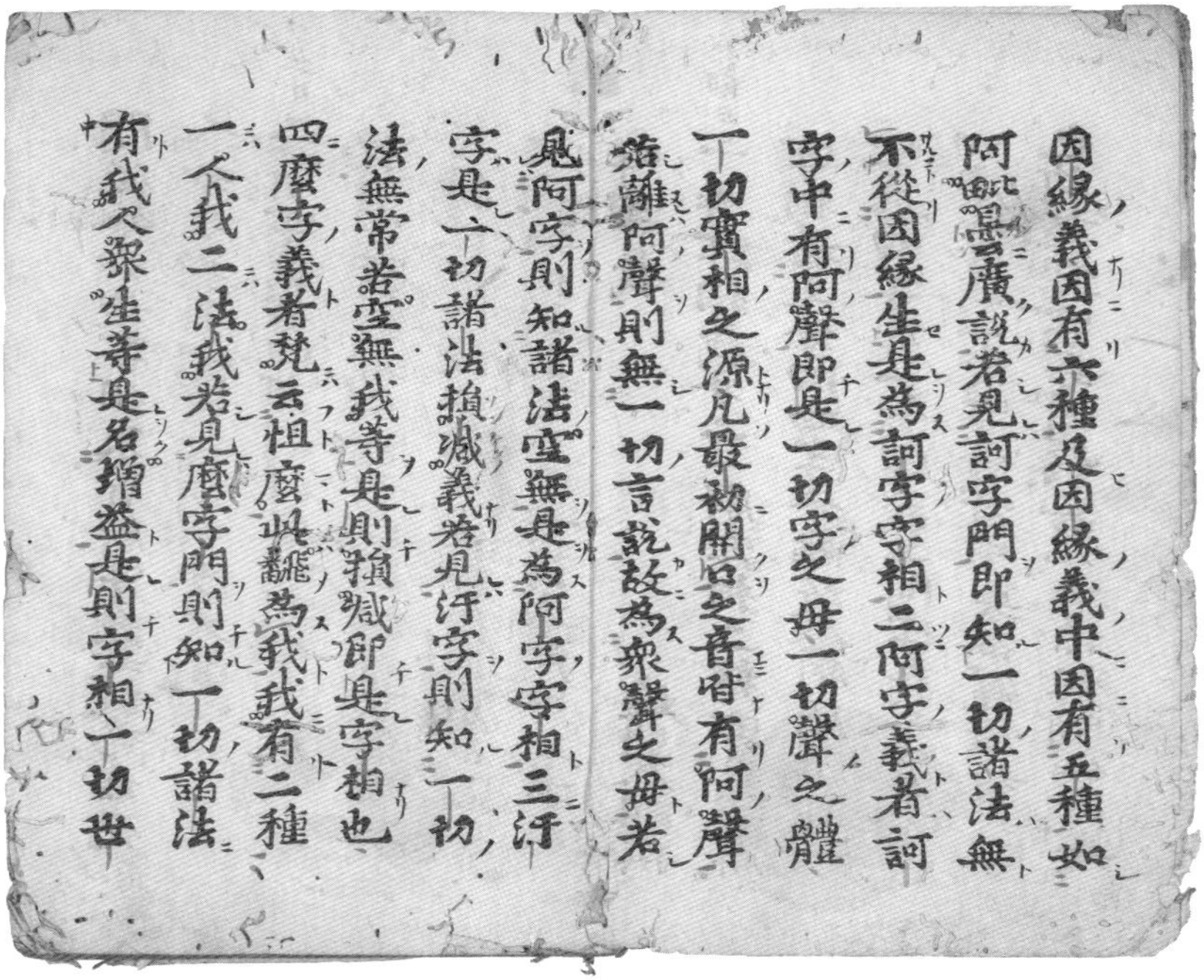

105　吽字義

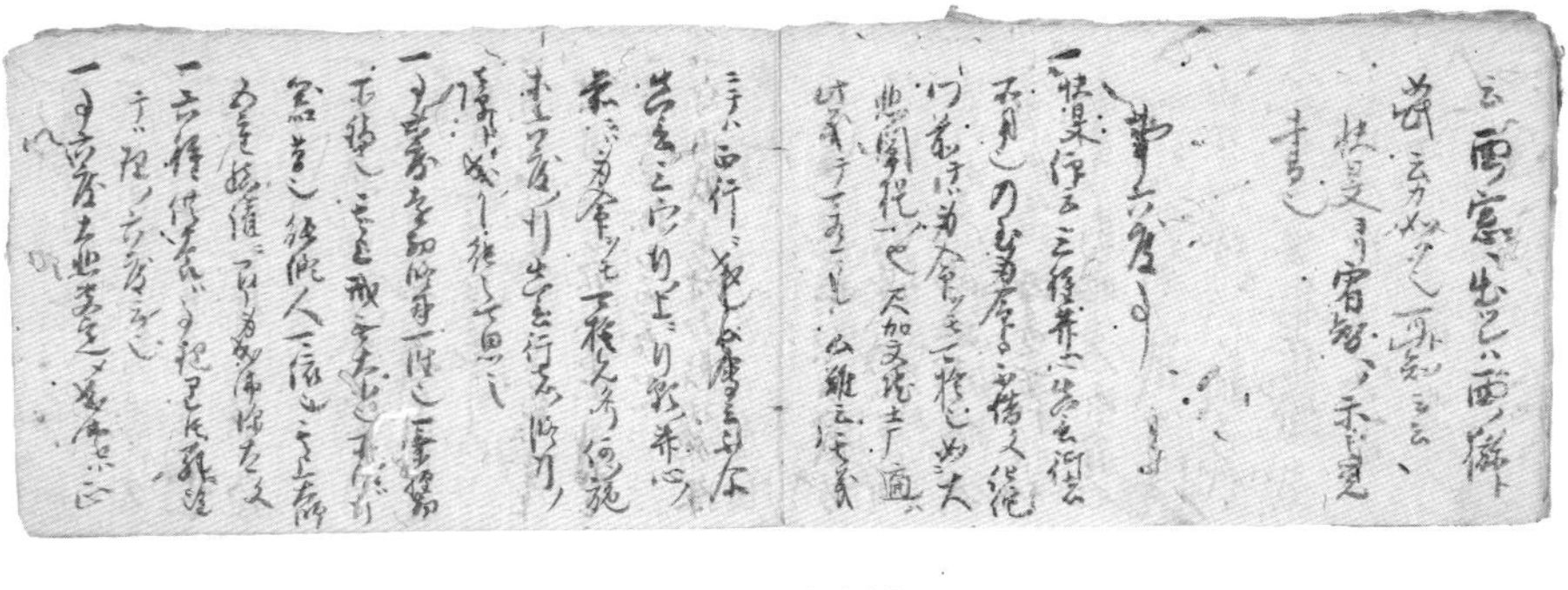

106　教事鈔

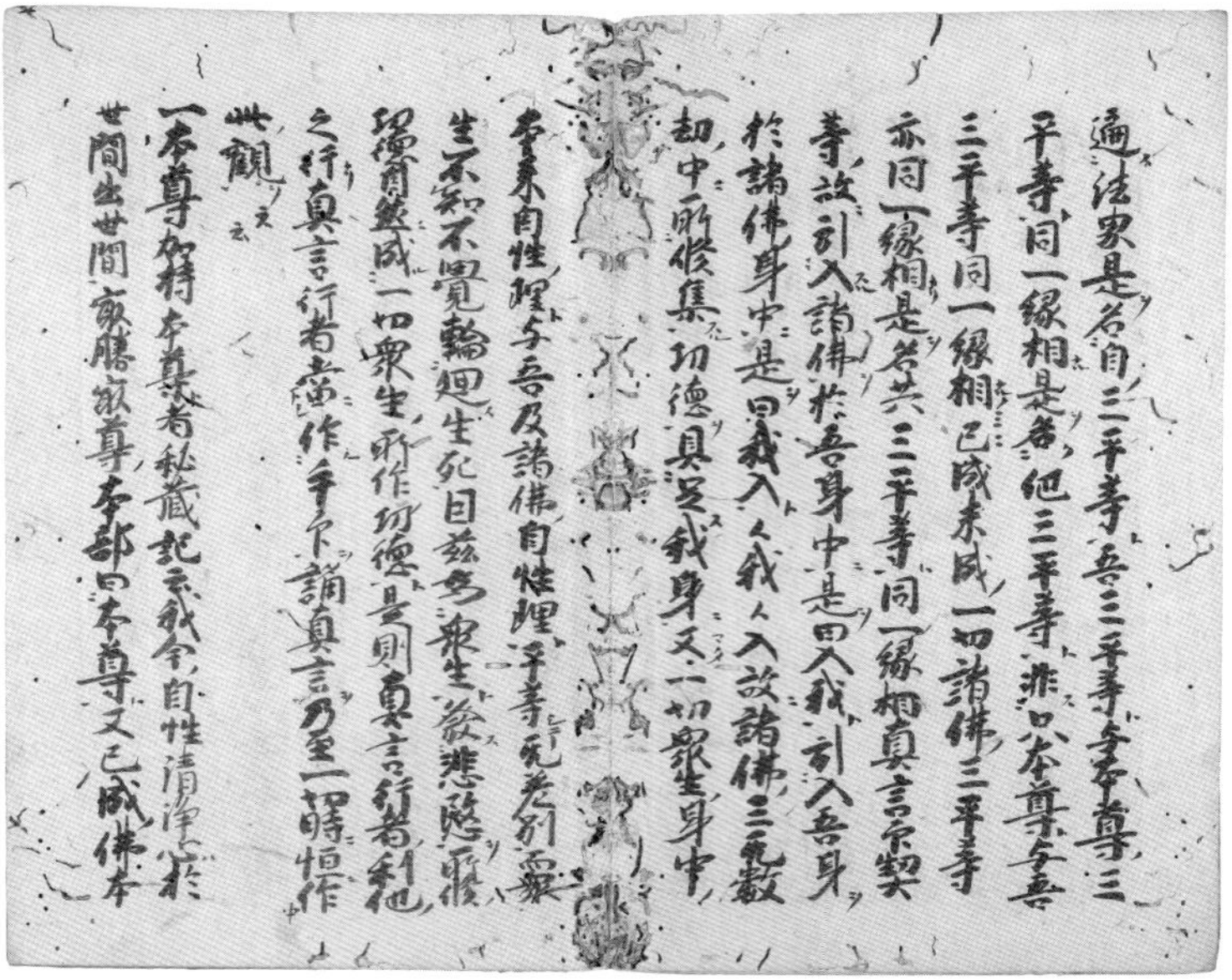

遍法界是名自三平等吾三平等本尊三
平等同一縁相是名他三平等非只本尊吾
三平等同一縁相已成未成一切諸佛三平等
亦同一縁相是名共三平等同一縁相真言宗契
等故引入諸佛於吾身中是曰入我引入吾身
於諸佛身中是曰我入人我人入故諸佛三無數
劫中所修集功德具足我身又一切衆生身中
本来自性理与吾及諸佛自性理平等無差別衆
生不知不覺輪廻生死因茲為衆生發悲愍願
理滿顯成一切衆生所作功德是則真言行者利他
之行真言行者當作手下誦真言乃至一晝時恒作
此觀云々
一本尊加持本尊者秘藏記云我今自性清浄心於
世間出世間最勝最尊本部曰本尊又已成佛本

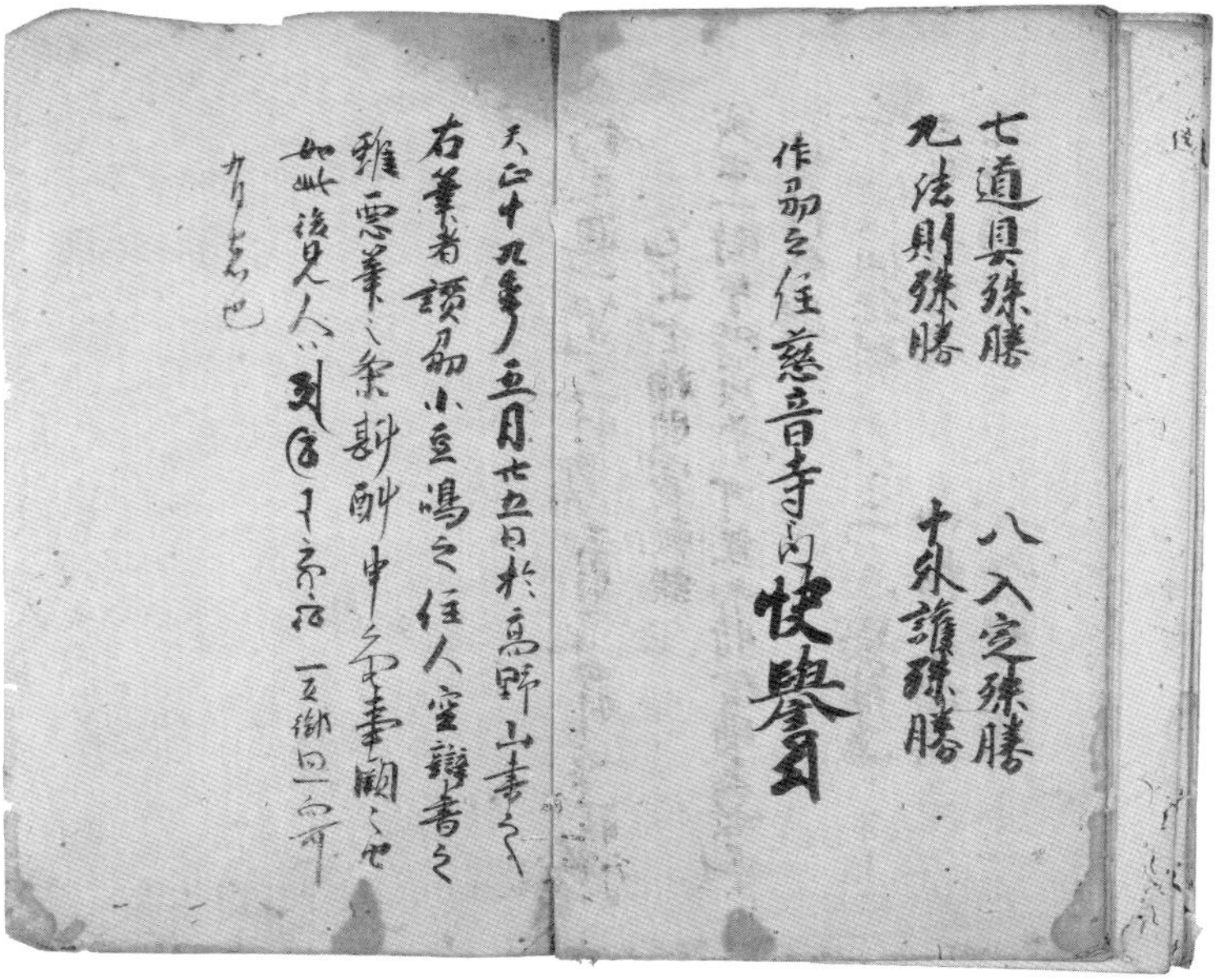

七遍具殊勝　八入定殊勝
九法則殊勝　十外護殊勝
作[illegible]之任慈音寺内快譽

天正十九年五月廿五日於高野山書之
右筆者讀[illegible]小豆嶋之住人空[illegible]書之
雖悪筆之条斟酌申候へ共[illegible]
如此候見人〻可有[illegible]一返御回向
[illegible]也

107　行法肝葉鈔　下

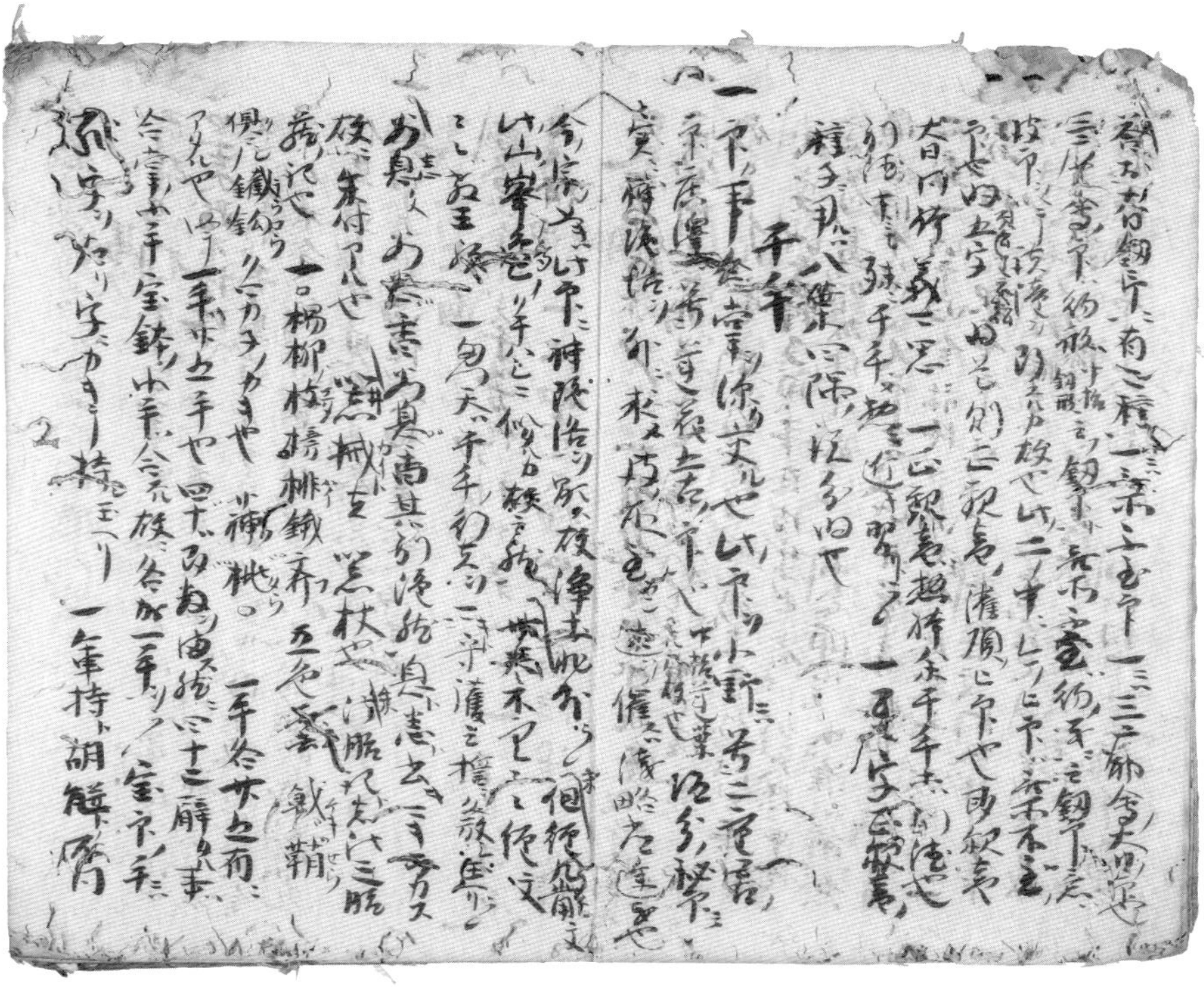

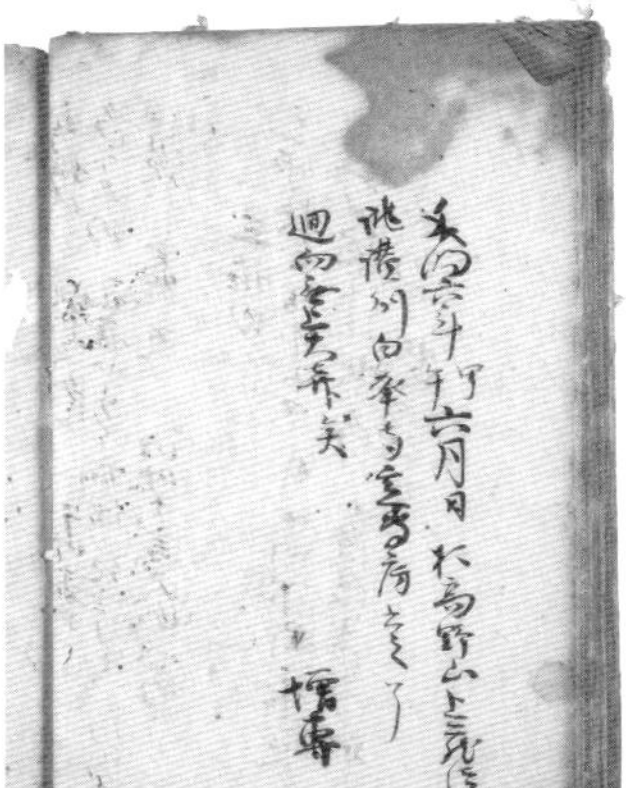

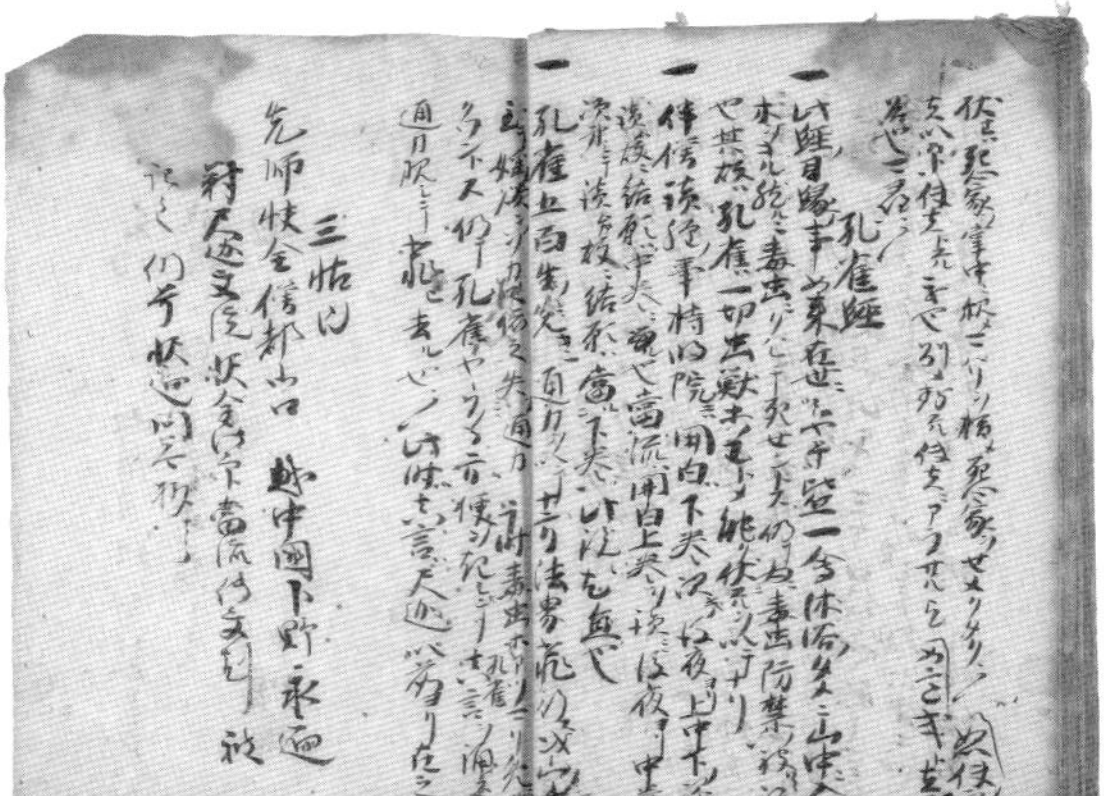

108　快遍問答抄　中・下

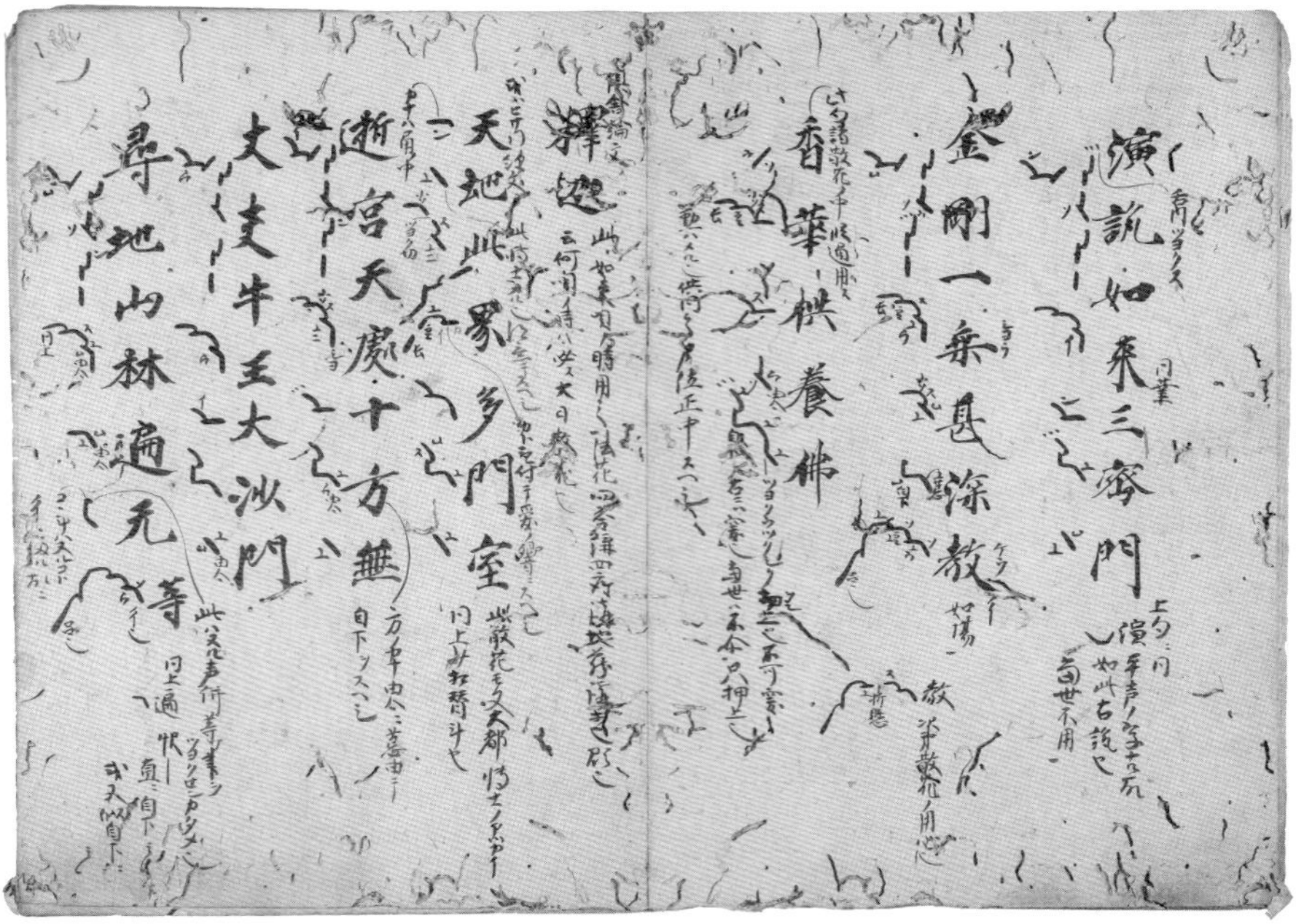
演説如来三密門
金剛一乗甚深教
香華供養佛
釋迦
天地此界多門室
逝宮天處十方無
丈夫牛王大沙門
尋地山林遍无等

109　魚山私鈔

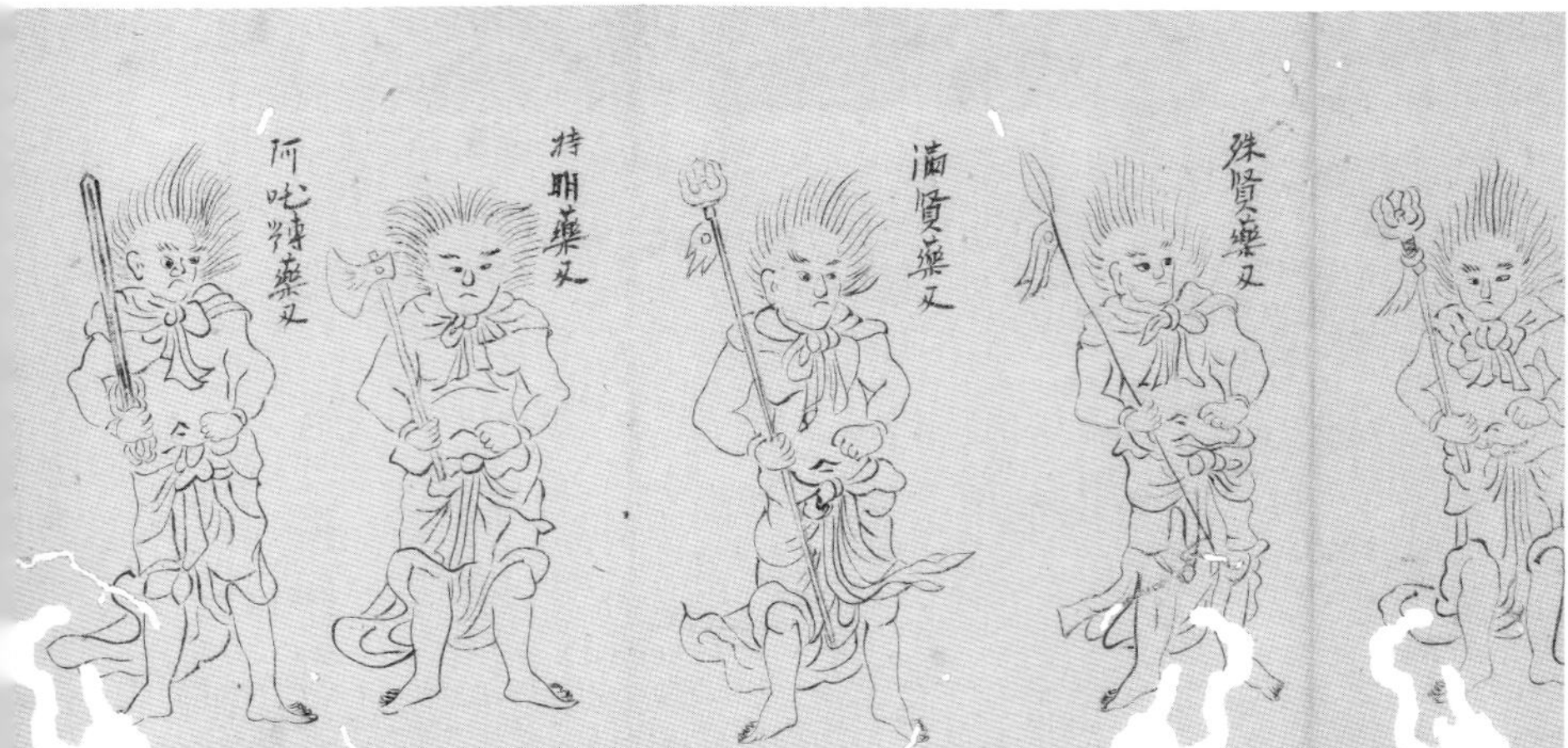

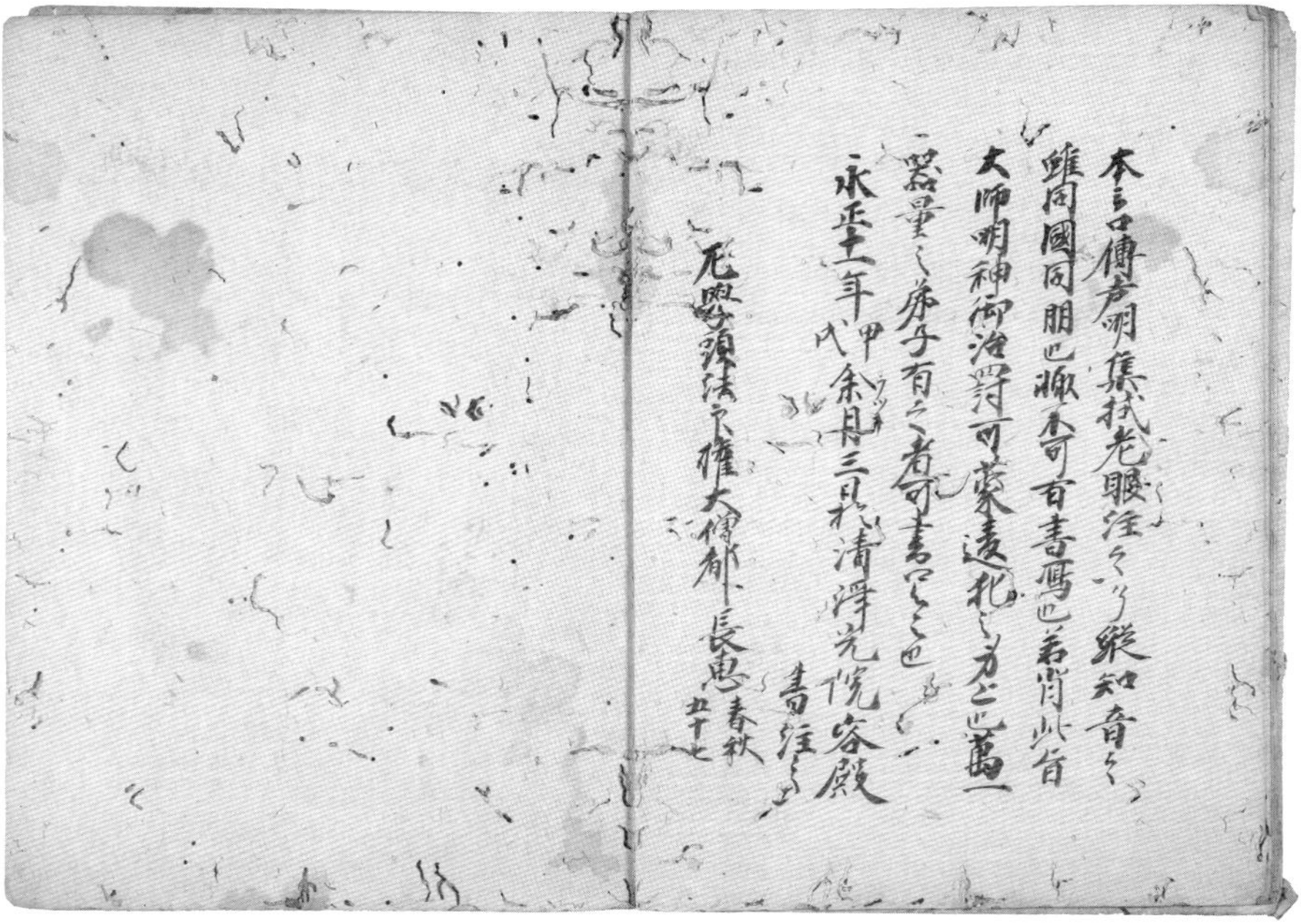

109　魚山私鈔（跋）

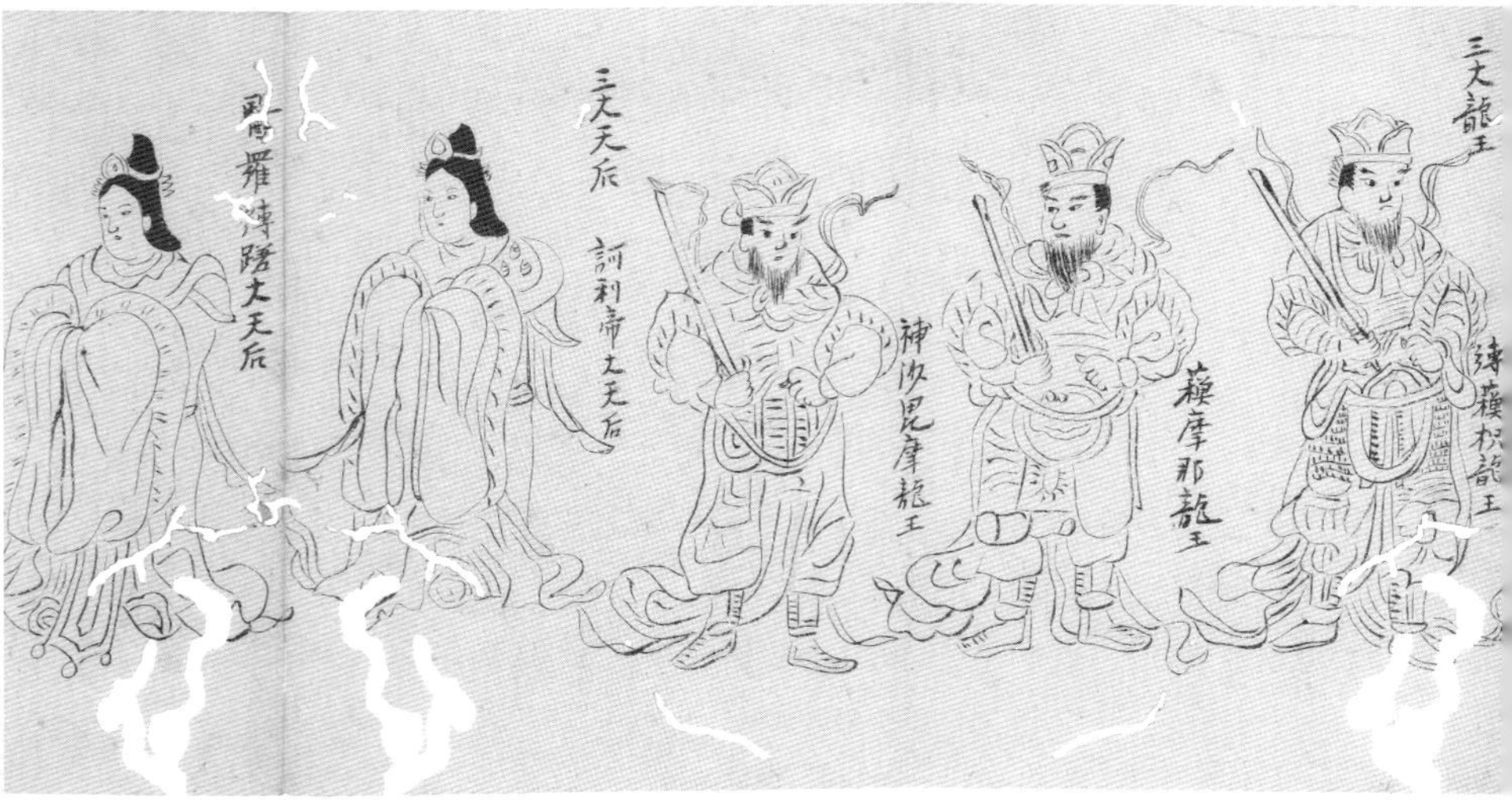

110　十夜叉三龍王三天后

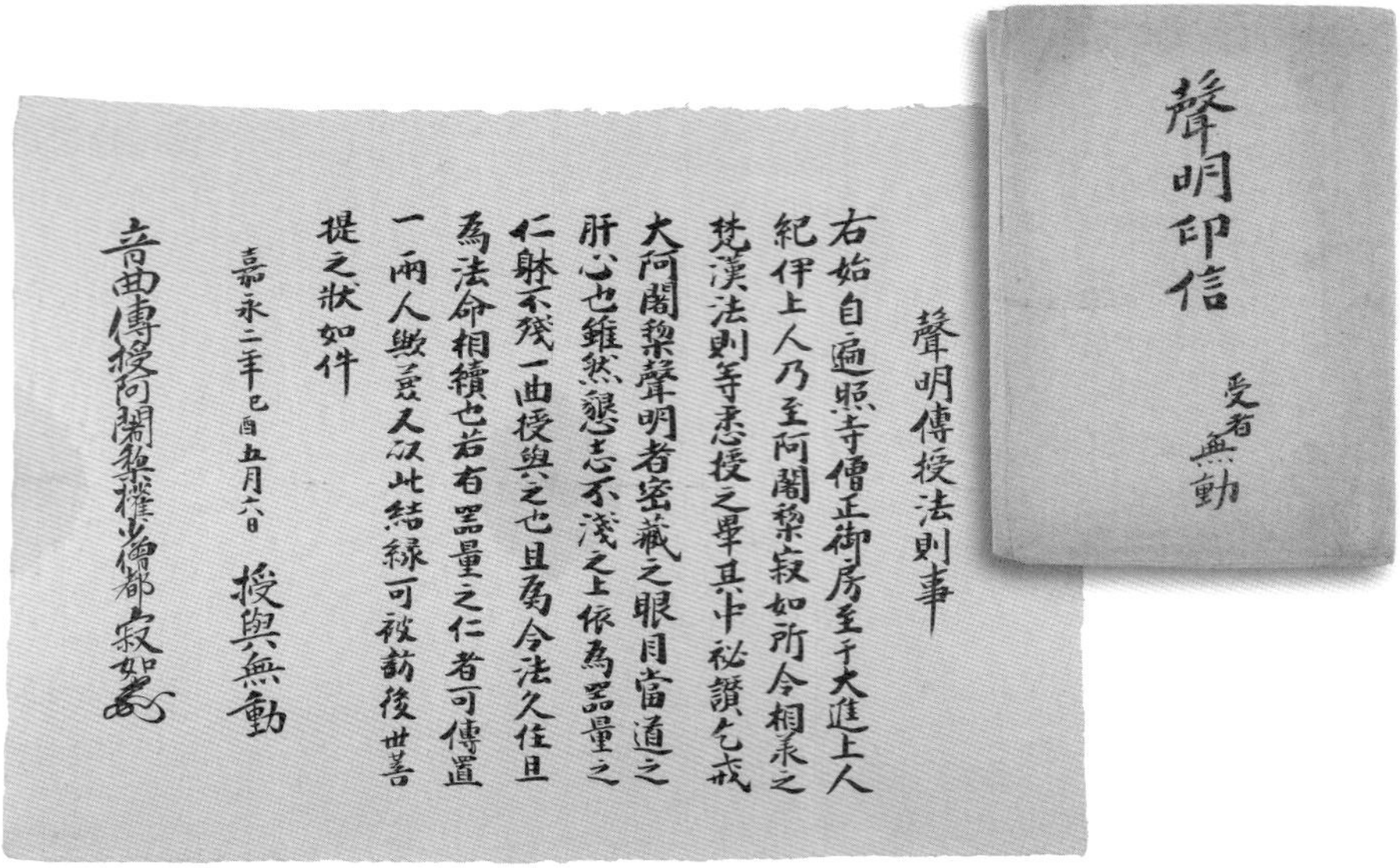

聲明印信
受者
無動

聲明傳授法則事
右始自遍照寺僧正御房至于大進上人
紀伊上人乃至阿闍梨寂如所令相承之
梵漢法則等悉授之畢其中秘讃乞戒
大阿闍梨聲明者密藏之眼目當道之
肝心也雖然懇志不淺之上依為器量之
仁躰不殘一曲授與之也且為令法久住且
為法命相續也若有器量之仁者可傳置
一兩人歟蓋又以此結縁可被訪後世菩
提之狀如件
嘉永二年己酉五月六日　授與無動
音曲傳授阿闍梨權少僧都寂如

111　声明印信

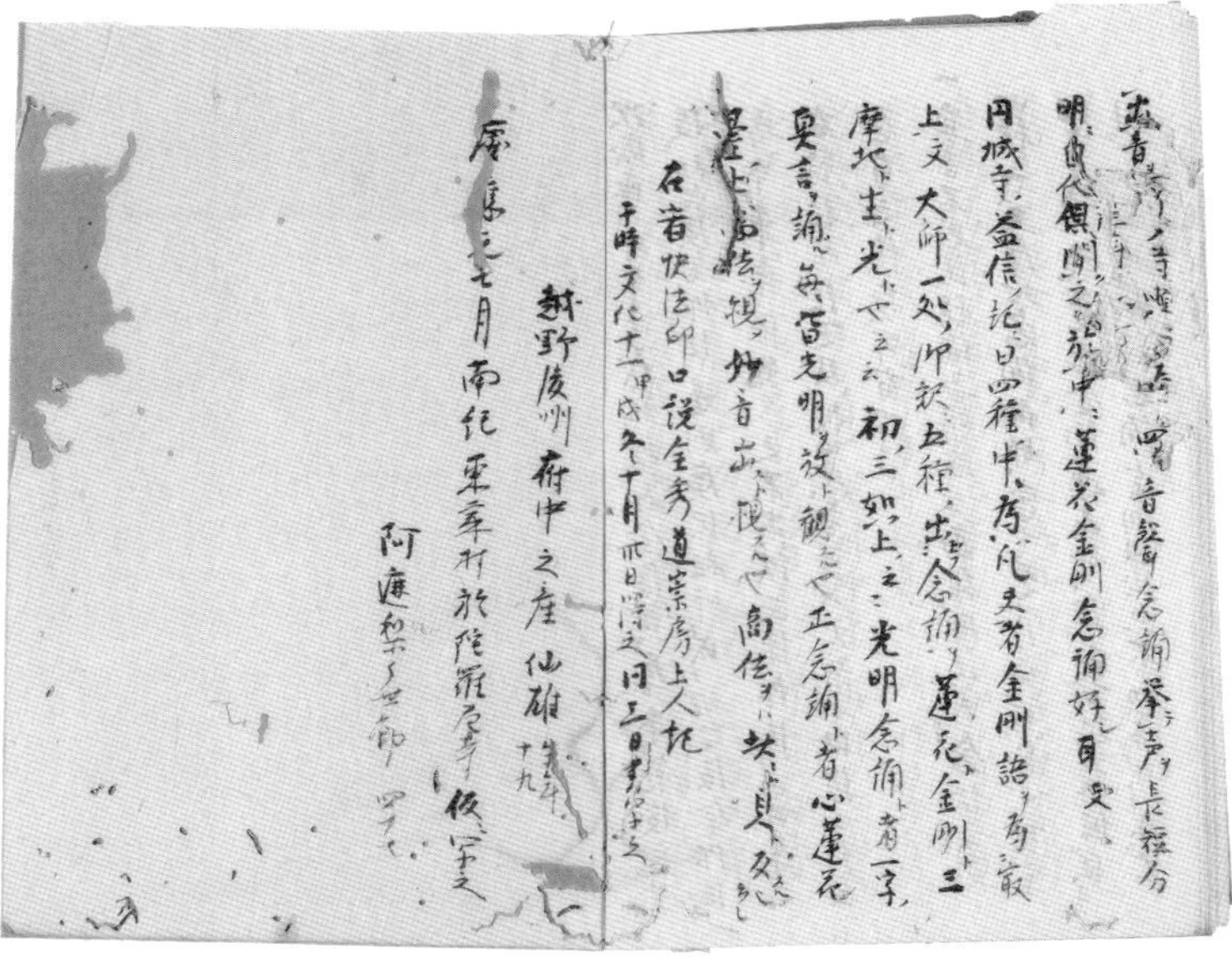

112　宥快法印御物語

113　秘蔵要門集

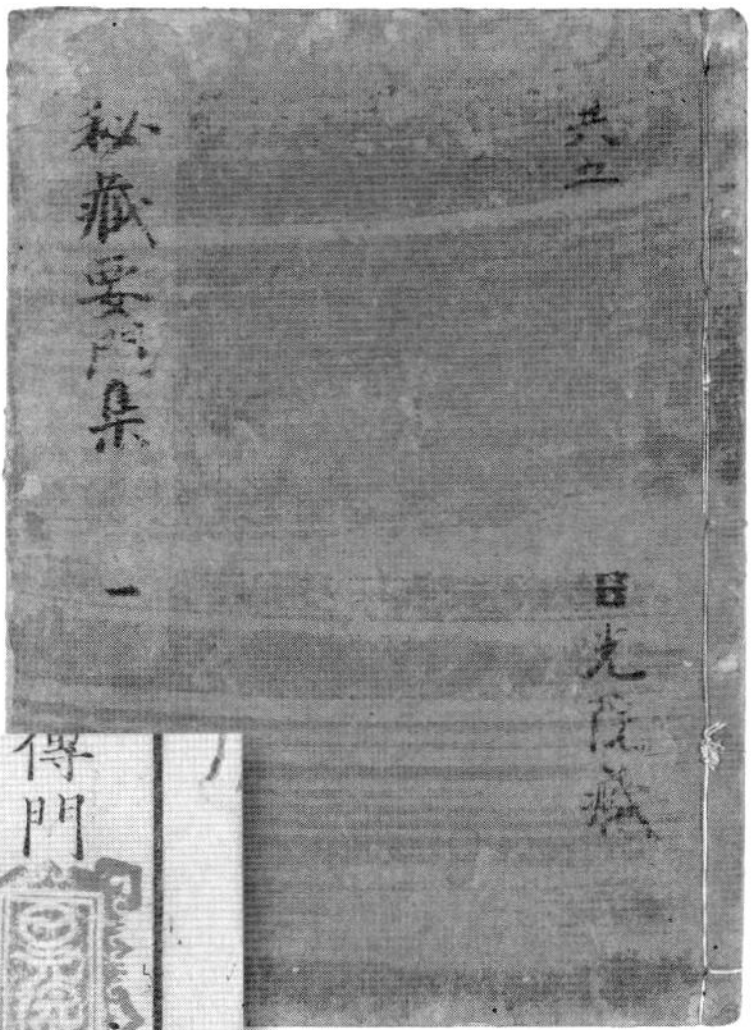

一丁表右下

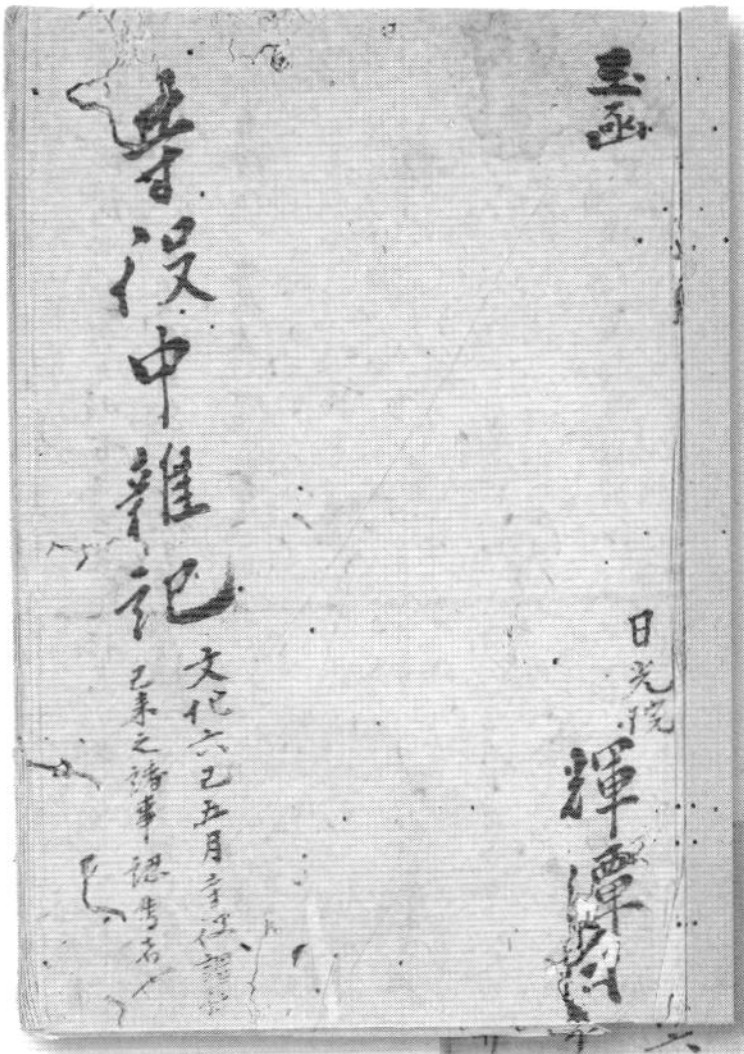

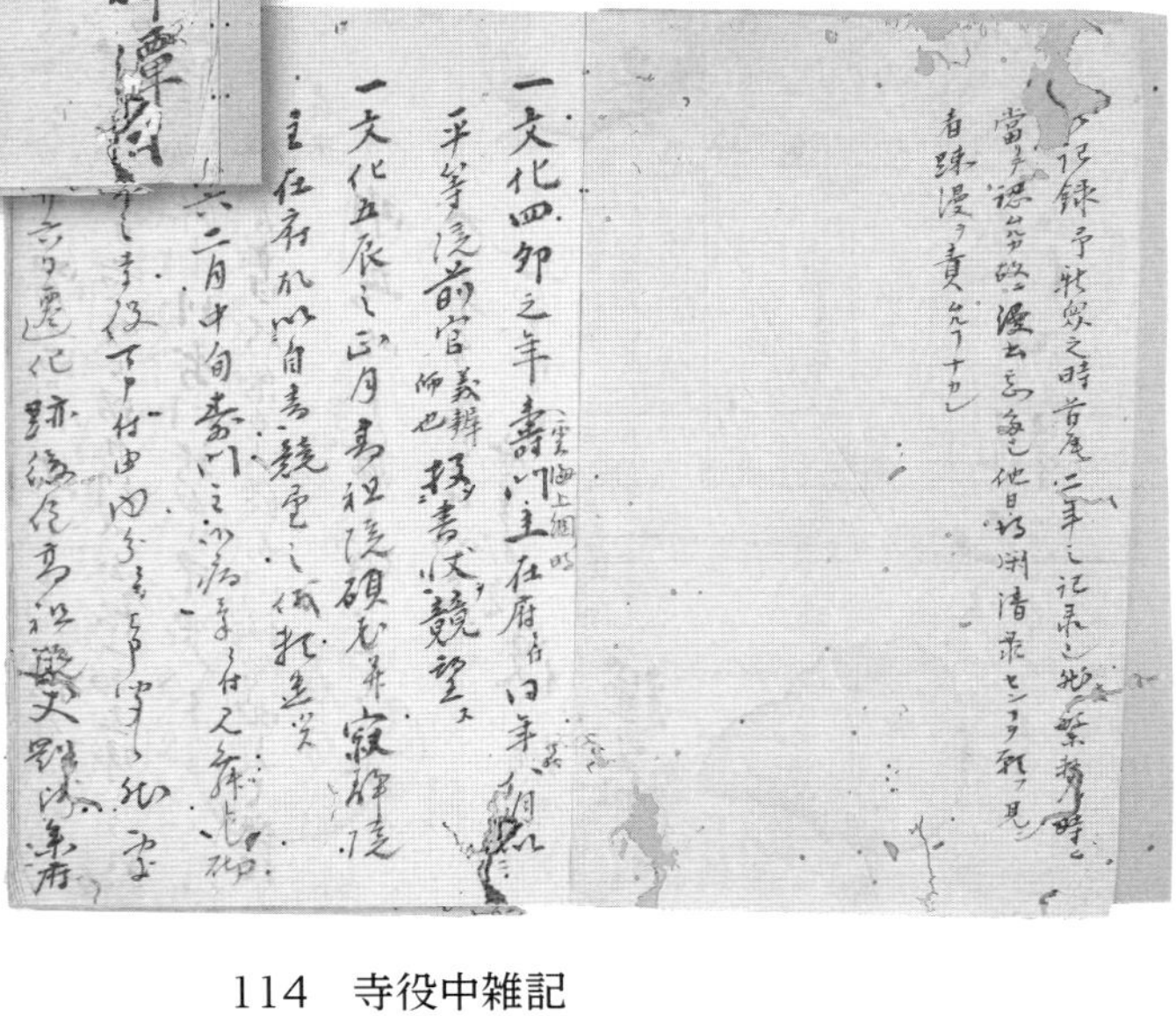

114　寺役中雑記

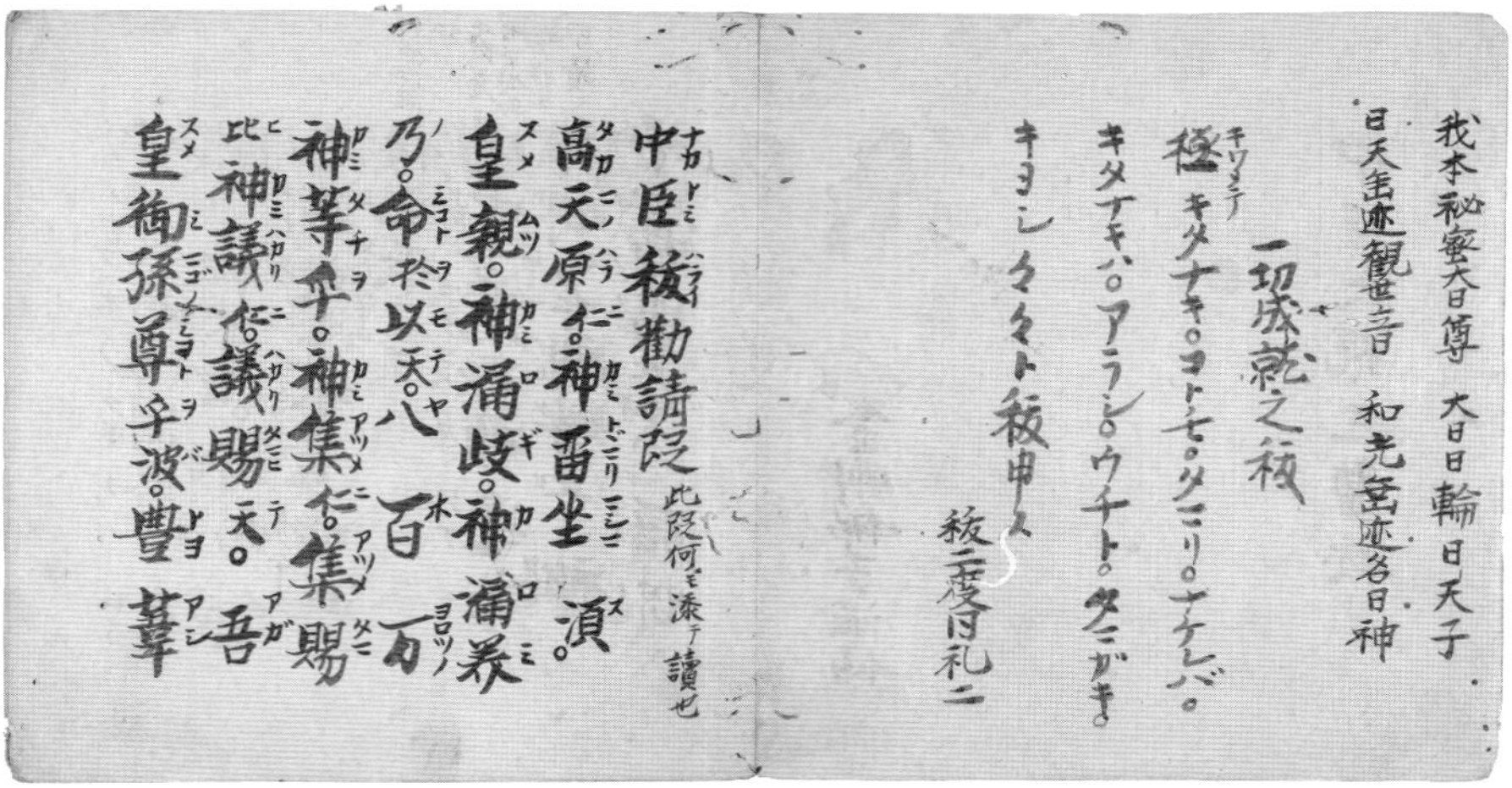

115　中臣六根三種祓

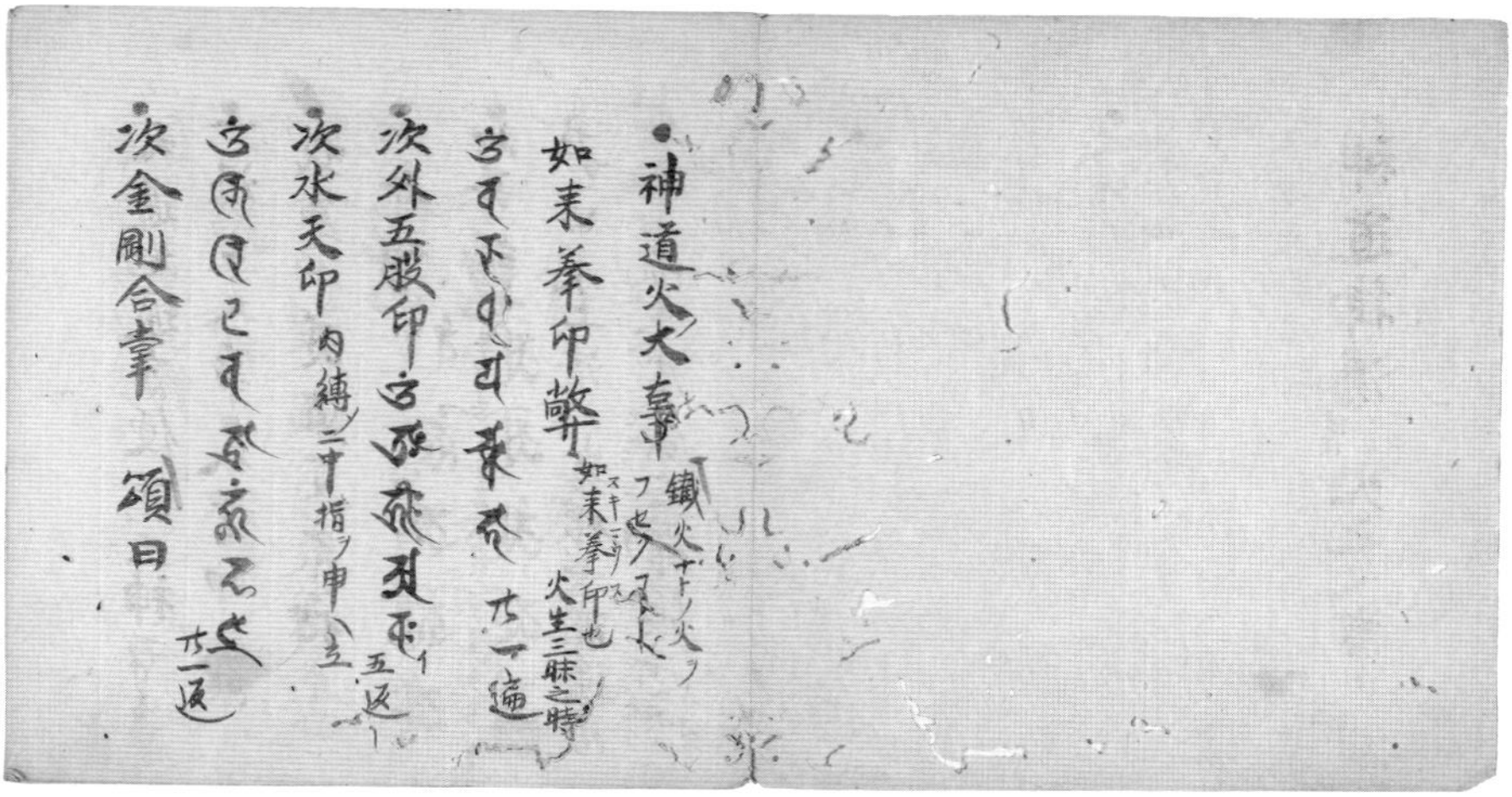

116　神道御湯并火之大事

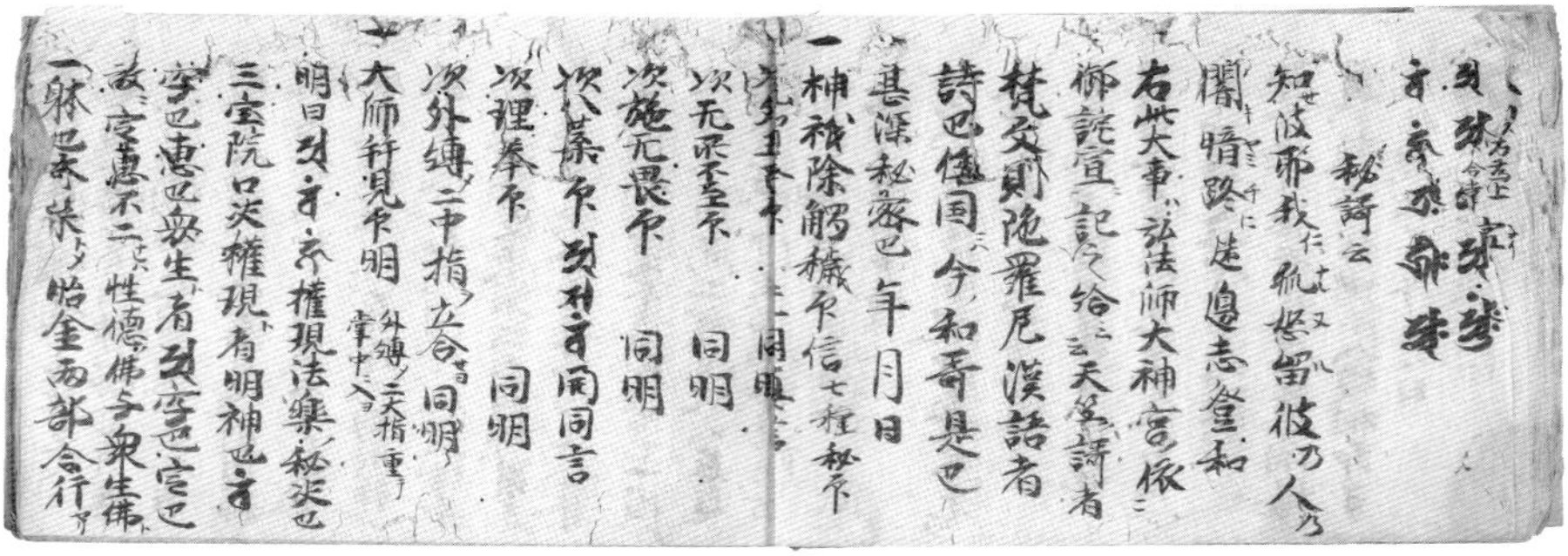

117　御流神道竪印集／御流神道横印信集下

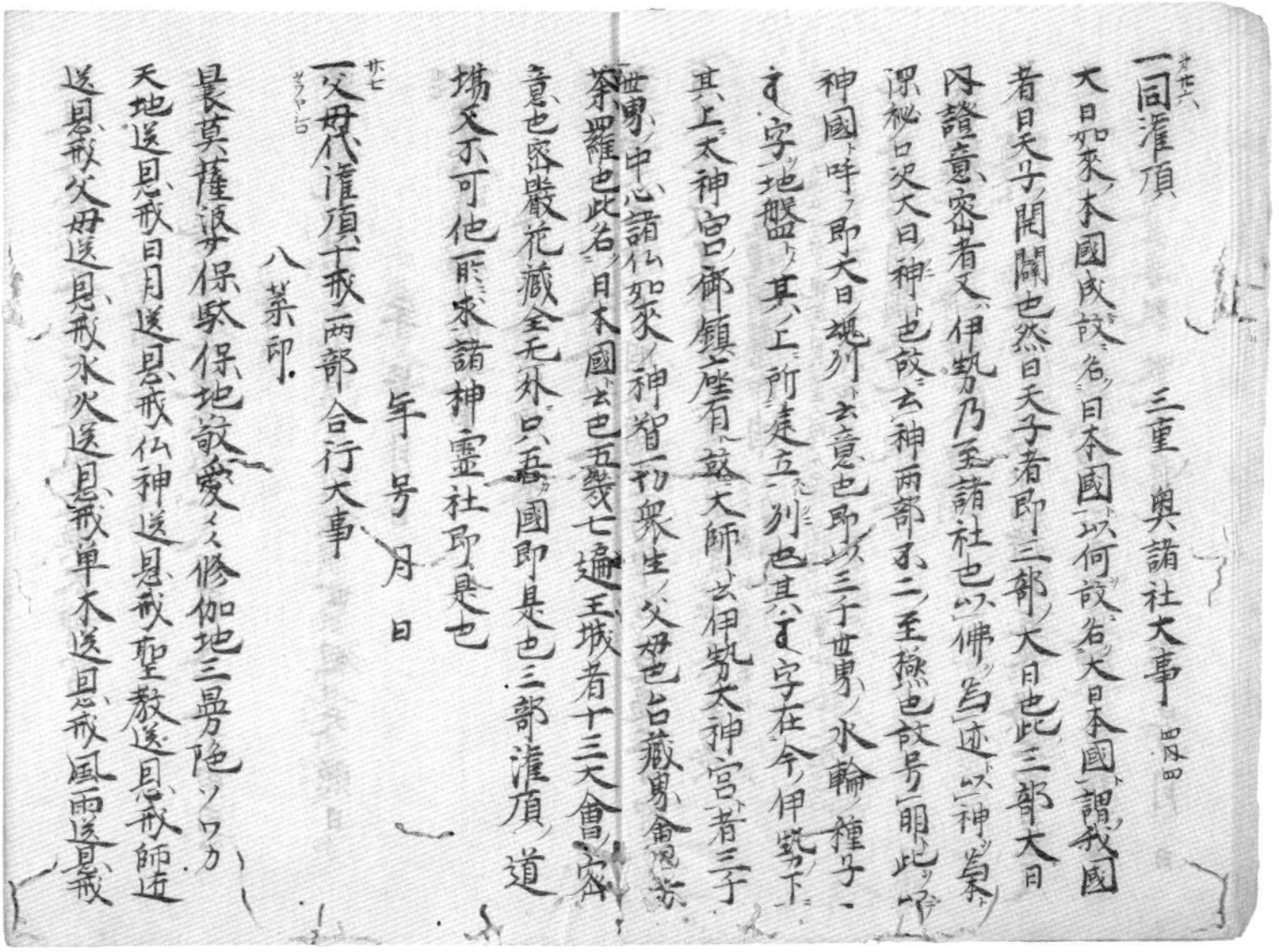

118　御流神道竪印信集／就御流神道集横

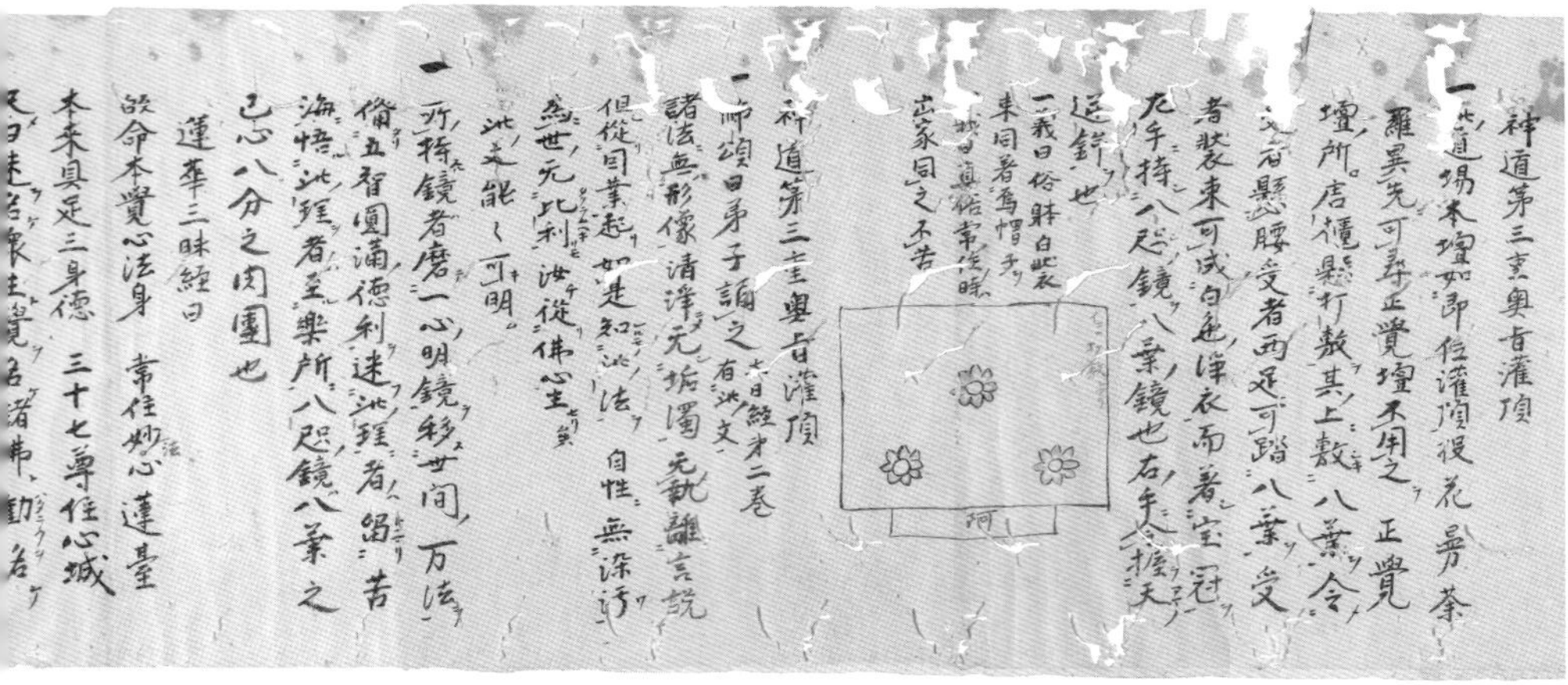

119　神道灌頂奥旨三重法則〈三輪流〉

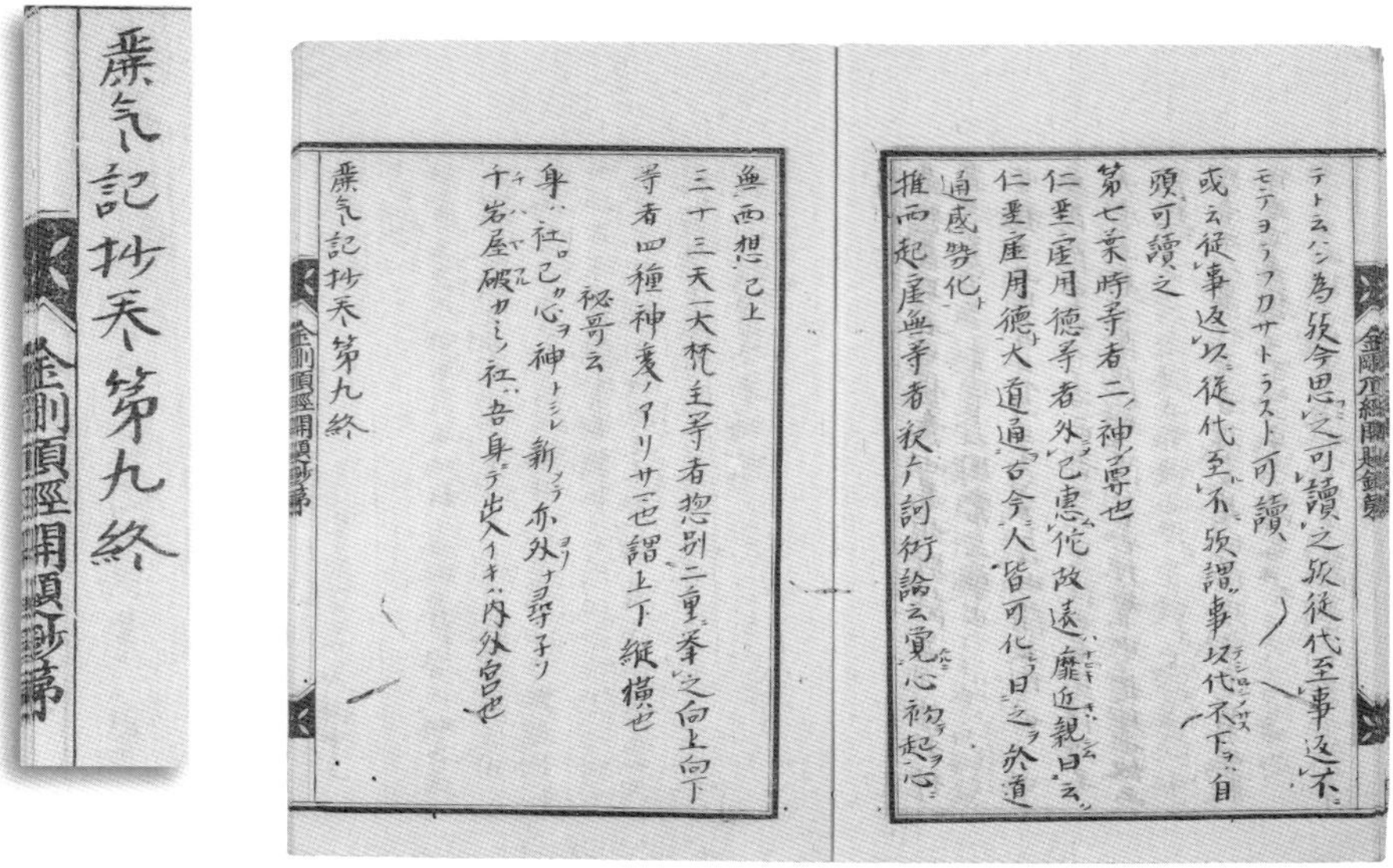

120　麗気記私鈔

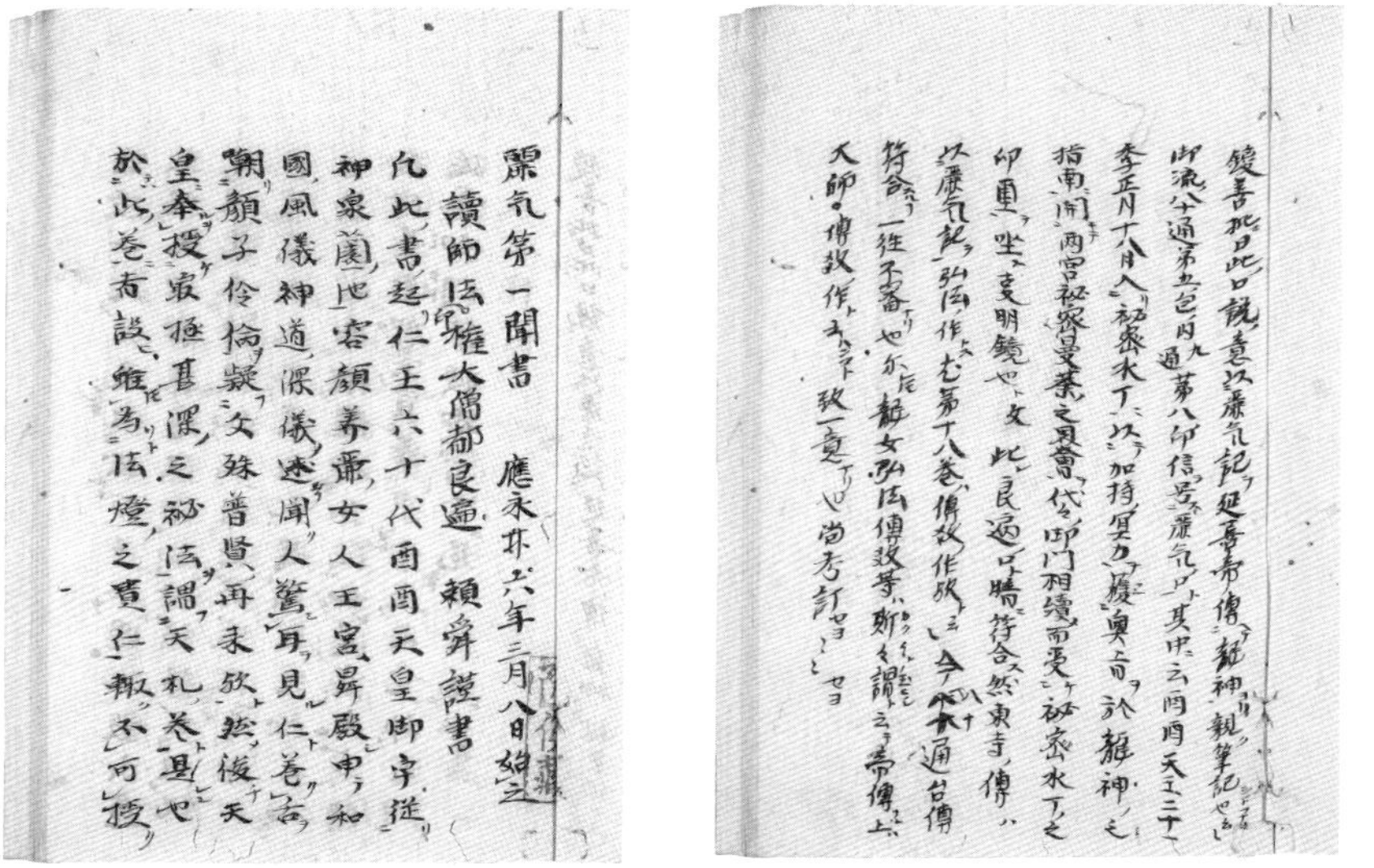

121 『仙宮院秘文』『天地麗気府録』『麗気聞書』(合写本)

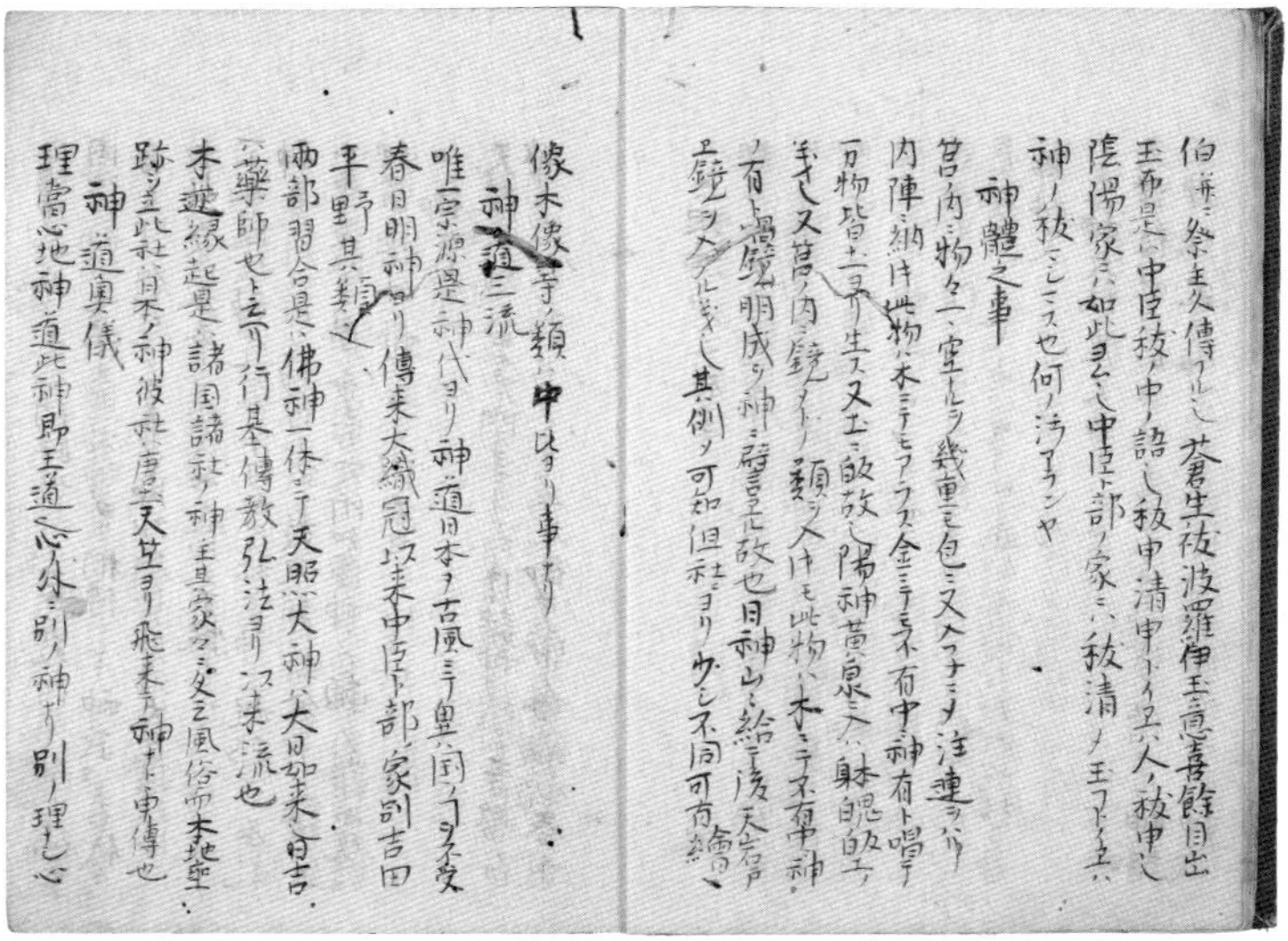

122 神道伝授 上

図版解説

凡例　※表記は、番号、資料名、材質（装幀）、法量、時代の順に記した。
法量は、縦×横（神像は像高）。単位はセンチメートル。
※棟札（No.2～6、11）、神像（No.20～29）は木山神社所蔵。その他は木山寺所蔵。

一　棟札

寺社の来歴を知るための史料として、特に棟札の存在は欠かすことのできないものである。木の板に墨で記された棟札には、造営（新建立・再建立・葺替など）にあたって、祈願の文言やその年代、領主・僧侶・神官・村役人・大工など関係者の名前などが子細に書き連ねられている。私たちは、その中から多くの歴史情報を読み取り、寺社と寺社を取り巻く地域の歴史を再現する手がかりを得ることになる。

これら木山関連の近世の棟札は、木山神社の随身門や境内社を含め、その多くを木山寺が所蔵している。これはおそらく、幕末・明治初年の神仏分離令の影響によって、梵字や、「天王」「権現」「大明神」など、仏教色の強い棟札を神社から排除し、かつて木山宮の別当寺として社寺の造営や祈禱を取り仕切っていた木山寺に移管したためと考えられる。（森）

1

天王社建立棟札

木製墨書　八五・八×一三・三

天正八年（一五八〇）

木山宮（現在の木山神社）の本殿造営に関する最古の棟札。天正五年（一五七七）、「祈禱寺家」からの出火でほぼ全山が焼失し、同八年三月に社殿の柱立が、同九年に屋根葺が行われたと記す。再建は木山寺の住持・宥猛（?～一五八一）を願主に行われ、大工の新左衛門が造営している。その後の屋根葺は僧侶の宥銀が統括した。棟札の記主でもある宥銀は、備中国の土豪・阿部氏の出で、宥猛没後は同寺の住持となり、江戸初期までの活動が確認できる。（森）

2

牛頭天王再興建立棟札

木製墨書　九〇・四×一三・〇

寛永三年（一六二六）

天正八年（一五八〇）に次いで本殿を新築した際の棟札。造営は南三郷の氏子と、木山寺の住持・宥翁（生没年未詳）を願主に行われ、大工の太郎左衛門が造営している。なお、現在の奥宮（旧本殿）内陣の扉板には、「寛永三丙卯暦六月吉日西之坊宥算敬白」とあり、寛永三年造営本殿の一部をそのまま利用していることが知られる。（森）

3

牛頭天王宮社壇上葺棟札

木製墨書　一〇〇・四×一二・五

明暦三年（一六五七）

寛永三年造営の木山宮本殿（図録No.2）を葺替した際の棟札。備中三尾寺（新見市豊永赤馬）を兼帯していた木山寺住持・宥賢（生没年未詳）を大願主に、「三郷幷十方旦那」の助成を受けて事業を進め、鹿田（現、真庭市鹿田）の大工・与三秀次と、垂水の大工・弥太郎吉成が造営している。（森）

4

牛頭天王宮再々建立棟札

木製墨書　八八・一×一三・〇

元禄二年（一六八九）

木山宮本殿の造営棟札。天正八年（一五八〇）の建立、寛永三年（一六二六）の「再興建立」を経ての造営で、現在の奥宮社殿はこの棟札に伴う建築である。木山寺の住持・宥観（?～一七二四）を大願主に、「三郷之諸民（氏）子」が事業を進め、鹿田（真庭市鹿田）の大工・福永与宗秀正（名字は初見）が造営している。造営の主体は、これまでと同様に地元の大工であるが、小工として初めて備前国津高郡建部（岡山市北区）や津山城下からの参加が認められる。（森）

5

木山神社葺替祈祷札

木製墨書　五九・二×一二・八

大正六年（一九一七）

図録No.6の棟札に関連する、木山神社本殿の葺替にあたっての祈禱札。この札によって、葺替の工事監督が、岡山県技師の江川三郎八（旧遷喬尋常小学校校舎などを設計）と、三宅千太郎であることが個別に確認できる。（森）

6

木山神社本殿等修理・営繕棟札

木製墨書　九七・二×二五・一

大正八年（一九一九）

木山神社社殿の修理・造営に関する棟札。この修理・造営は、元禄二年（一六八九）の本殿の葺替、幣殿・拝殿および末社・善覚神社を新築する大規模事業となった。事業は、発願者の宮司・甲斐駒市と氏子総代らによって進められ、建築の設計・監督は特に岡山県技師・江川三郎八が携わった。これらの諸建築は、本殿を除いて昭和三十七年（一九六二）に木山山麓へと移築され現存しており、洋風を加味した独特の意匠を今も見ることができる。（森）

7

若宮三所権現社建立棟札

木製墨書　八九・九×一二・五

慶長十二年（一六〇七）

木山宮の末社・若宮三所権現社社殿の造営棟札。天正期から活動が確認される木山寺の住持・宥銀を願主に、木山山麓の鹿田（真庭市鹿田）の大工・太郎左衛門尉（図録No.2の大工と同一人か）が造営している。棟札の裏書に、同社は天正五年の火災後、同八年に当時の木山寺住持・宥猛（?～一五八二）が、備中国水田（真庭市水田一帯）の大工により木山宮とともに再建し、屋根の造作は、「当山ノ大工」が携わったとある。そして慶長十二年、大風で破壊されたため建立したとある。（森）

8

若宮三所権現社建立棟札

木製墨書　四三・七×一九・〇

慶長十八年（一六一三）

図録No.7と同様、若宮三所権現社社殿の造営棟札。木山寺の住持・宥銀と、同社の社人・新左衛門を大願主に、垂水（真庭市落合垂水）の大工・太郎左衛門尉（図録No.7の大工と同一人か）が造営。棟札の裏書には、天正五年（一五七七）の木山全山が焼失した原因は、同社の社人「正直」職の断絶後、社人となった「祈禱士」の失火と記す。以降も社人は徒党を組み、法度に背き、住持の殺害をも企てたという。結果、慶長期に「祈禱士」は追放となり、木山では「正直」職を再興、新左衛門を補任したとある。以降、「正直」家は、西河内村（真庭市西河内）に住み、木山宮の社男として存続している（図録No.69）。（森）

9 随身門再々建立棟札

木製墨書　一五四・五×一六・七
宝永四年（一七〇七）

木山宮の随身門の造営棟札。木山寺の住持・宥観（?～一七二四）を本願主に、氏子中の寄進により造営された。棟札の裏書に、かつて門の棟木に「弘仁（八一〇～八二四）」「永仁（一二九三～八）」との書付があったというが、今は確認できないとする。天正五年（一五七七）の大火で唯一焼失を免れた建築であったが、この時に建て替えられていることになる。今も山上に残る門の両脇には、門客人神像（応永三年（一三九六）、県重文）が安置されている。（森）

10 方丈殿再建立棟札

木製墨書　九四・六×一七・八
明和元年（一七六四）

木山寺方丈殿（住持の居室）の造営棟札。導師は、住持の尊高（一七二八～一八一〇）が務め、わざわざ備前国邑久郡山田（現、瀬戸内市邑久町上山田）から大工の尾形甚八郎を呼び造営を依頼している。いわゆる「邑久大工」であるが、木山で邑久大工を呼んだのは、現在確認できる棟札のうちでは、善覚大明神の造営（図録No.11）との二回のみである。以降、造営主体は再び栗原（真庭市栗原）・垂水（同市落合垂水）などの地元大工へと戻っていく傾向が認められる。（森）

11 善覚大明神拝殿建立棟札

木製墨書　九七・五×一二・〇
天明五年（一七八五）

木山宮の末社・善覚大明神（現・善覚稲荷）拝殿の造営棟札。善覚大明神は、神社祭神の眷属で七十五匹の狐とされており、江戸時代以降、近隣地域へと広く信仰が浸透したとされる。この造営は木山宮の拝殿造立に伴うもので、大願主は、勝山藩三浦家の家臣・渡辺唐兵衛である。唐兵衛は、武運長久と子孫繁栄を願い、造建料として金十両を寄進している。造営は備前国邑久郡山田郷宿毛（現、岡山市東区宿毛）の大工・尾形善太郎とある。（森）

12 木山牛頭天王・善覚稲荷併祭宮殿（鎮守殿）新建立棟札

木製墨書　一五一・〇×一八・〇
明治十八年（一八八五）

木山寺内で新たに祭祀された鎮守殿の造営棟札。幕末・明治初年の木山宮は、独立した神社でない木山寺の鎮守と位置付けられたことで、一度は廃仏毀釈を免れた。しかし、まもなく当時の住持・尊信（?～一八八〇）が還俗して神官となり、「木山神社」として独立することとなった。その際、本殿の薬師如来像、境内の善覚稲荷の十一面観音像が木山寺内へと移されたという。この二軀の本地仏を祭祀するために造営されたのが併祭宮殿である（図録No.76など）。この時造営され

た、現存する建築の全面に施された彫刻や、繊細な木組みには、目を見張るものがある。（森）

二　版木

13　作州木山宮略絵之図

木版彫刻　三七・四×六四・〇

江戸時代後期

14　美作国木山宮絵図

木版彫刻　三五・六×四九・〇

江戸時代後期

木山全山（図録No.13）と木山宮境内（図録No.14）を俯瞰した木版画とその原版である。正確な制作時期は不明であるが、かつての木山宮を視覚的に知る唯一の史料である。（中山）

15　仏説大蔵王教血盆経

木版彫刻　一二・〇×四五・二

天保十二年（一八四一）三好屋藤助刻

女人の出産や月経は穢れとみなされ、不浄を及ぼす罪により地獄に堕ちるとされるが、この経を転読することにより、救済されると説く。所謂女人救済を目的とした血盆経信仰は、日本では室町期から広がりはじめ、江戸時代には全国各地にその影響が見られる。裏面に「天保十二辛丑三月吉日／板木師勝山町三好屋藤助自刻」とあり、制作事情も判明する。「作州真嶌郡醫王山木山寺所蔵」と刻字されていることから木山寺で使われていたことは確実で、木山寺にも血盆経信仰が広がっていたことを示唆する史料である。（中山）

16　日輪大師

木版彫刻　三二・五×一三・四

江戸時代後期

日輪大師は高野山奥の院灯籠堂に舎利塔や諸神とともに安置される異形の弘法大師像で、様々な尊格と習合して解釈されてきた。中でも御流神道（ごりゅうしんとう）では「八十通印信」の中に取り入れるなど、主尊の一つとして重要視してきた。木山寺に日輪大師像が祀られ、版木まで作られていることは、あるいは御流神道の影響によるか。（中山）

17　牛頭天王／善覚稲荷

木版彫刻　三三・六×（牛頭）二二・七／（善覚）二三・五

江戸時代後期

天文八年（一五三九）尼子詮久判物（図録No.48）に「木山感神院」とあることから、室町期から牛頭天王を祀っていたことは確からしい。一方、善覚稲荷は牛頭天王社の末社善覚大明神として江戸期に入ってから確認される（図録No.11）。本版木は日輪・月輪と狐の間に善覚大明神と牛頭天王をはめ込む組み版である。牛頭天王と善覚稲荷が同格に扱われており、善覚信仰の定着と篤さを物語っている。（中山）

18　牛王宝印

木版彫刻　二二・〇×三六・二

江戸時代後期

牛王宝印は寺社で配られる一枚刷りの護符。厄除けや無病息災の御利益に与るため、玄関口に掲げることが多い。木山宮での牛王宝印の配布が江戸時代中期に行われていたことは『差上申一札之事』（図録No.70）などからも確認でき、牛王宝印が信仰と経済基盤の一翼を担っていたものと考えられる。（中山）

19

木山会陽

木版彫刻　四八・二×三五・六
明治時代

会陽は備前・備中を中心に讃岐・美作にまで広がりをみせ、修正会と併行して行われる祭礼。牛王宝印で包んだ宝木を裸の衆人が奪い合うことから俗にはだか祭りと呼ばれる。備前西大寺や瓶井山禅光寺では中世から行われていたが、木山寺の会陽は明治以降の記録しかなく、現在ではくじ引きによって宝木の授与を決める方式に変容している。（中山）

三　神像

神像とは日本古来の神々の姿を表現した像のこと。彫刻、および絵画が知られるが、彫刻の場合は木彫の一木造であることが多い。神仏習合の広まりに呼応し、日本の神々が仏に仕える姿を表すものとして制作されるようになった。

神像と仏像彫刻を比較すると、性別の違いがあること、袍や十二単など和装の姿に表されること、手足が小さく表されること、表面に鉈や鑿の痕跡を残すことなどの違いがある。

これまで、木山神社の前身である木山宮には木造随身立像（応永三年〔一三九六〕、仏師定祐作）の存在が知られていた。その後、平成二十五年（二〇一三）の木山神社奥宮建て替えに伴い、本殿内から全部で十軀を超える神像が新たに発見された。これらはその作風と構造から、概ね四つのグループに分けることができる。その制作時期は中世前半から江戸時代と、時期の開きがあるようである。したがって、これら神像は木山宮の信仰の変遷を知る上で示唆的であると言える。（和田）

20

男神坐像

木造（檜材）　像高　三八・一
鎌倉～南北朝時代

頭頂に巾子冠を戴き、手は左手を前にして重ねつつ下半身は趺坐する男神像である。切れ長の目をやや面長となる面貌の中央寄りに配し、厳しい表情を見せる。体軀には丸首の袍を着け、その表面には、白色（白土か）を基底とする彩色が残る。膝廻りには花形および雲形を描いた痕跡がある。側面から見ると大きく後ろに反っているのが特徴である。神としての威厳を強調するための表現であろうか。本作品はかつて木山宮に近在した八幡宮に伝来したとの伝承がある。（和田）

21

僧形神坐像

木造（檜材）　像高　二九・五
鎌倉～南北朝時代

頭部を円頂とする僧形神の坐像である。小首をかかげ、水平に表現された目の表現からは、瞑想する高僧の姿が偲ばれる。体軀には袈裟を着けず、下衣のみを着ける。兵庫・伊弉諾神宮の神官像や滋賀・

金勝寺の女神像などと同様に、本物の外衣を着装する、半裸形の像であった可能性を指摘できる。C字形を二つ重ねる耳の表現や白色を基底とする彩色が、男神坐像（図録No.20）と共通しており、一具であった公算が大きい。出家し、仏に仕える姿となった八幡神の姿を表したものであろうか。（和田）

22 男神倚像

木造（檜材）　像高　三八・五
鎌倉〜南北朝時代

頭頂に巾子冠を戴く男神の倚像である。立像、あるいは坐像形式に表される他の作例と比べて距離感があるが、一木造となる構造や彩色、厳しい表情を見せることなど、男神坐像（図録No.20）や僧形神坐像（図録No.21）と共通した作風を見出せる。「倚像→坐像→僧形」という神体の変化過程を示すものとも思え、興味深い。ただし、倚像と坐像を組み合わせて祀る類例には管見であたらないため、一具で祀られたと決定するには一考の余地がある。（和田）

23 男神立像

木造（檜、あるいは杉材）
像高（右）三五・一、（左）三五・八
鎌倉〜南北朝時代

頭頂に巾子冠を戴く二軀の男神の立像である。ほぼ直立する正面観、薄い側面観をもつことから、礼拝像であった公算が大きい。おそらくは中尊に仕え、三尊形式で祀られる随身の像ではなかったか。台座を含めて一材から彫出する構造や、耳の形状などは鬼神立像（図録No.24）に近い印象を受ける。また、やや面長で目をつり上げる面貌表現は男神坐像（図録No.20）に近い。したがって制作もこれらとほぼ同時期かと考えられる。（和田）

24 鬼神立像

木造（檜材）　像高　三六・三
鎌倉〜南北朝時代

頭部の両側面に炎髪（角か？）を表す鬼神の立像である。方形の台座を含めて、一材から彫出されている。小さな丸い鼻や杏仁形の目など、荒ぶる神の表情としては、どこかコミカルな風がある。足を開いて立ち、両手拳を握る姿には力が込められている。耳の形状や服制、あるいは彩色の構造から見て、男神坐像（図録No.20）、僧形神坐像（図録No.21）と同時期に制作されたと推察される。（和田）

25 鬼神半跏像

木造（檜材）　像高　三九・七
室町時代

側頭部に炎髪を表し、厳しい表情を示す随身像である。左足を垂下して坐る半跏像であり、左手に壺を取る点が珍しい。この壺には薄く紅が差している。面貌表現を見ると眉や頬骨の高さ、そしてそれらの鎬が鋭く強調されている。落ちくぼんだ目、額に刻まれた三条の皺、鼻孔を浅く刻むことなど、その表現は具象的で、また、誇張が目立つ。これまで紹介してきた神像とは異なる作風を見出せる。これらの特徴から制作は室町時代と推察される。（和田）

26 男神倚像

木造（檜材）　像高　四三・五

江戸時代

頭頂に髷（まげ）を結う男神の倚像である。檜材の一木造であり、体部前面に垂下する両足を、別材から彫出して寄木する。面貌の表情は厳しく、眉の端部は渦巻いて表されているものの、側面から見ると立体感に乏しいことがわかる。喉に刻まれた三道は線彫りとなっており、制作時期は近世以降であることを示唆している。上半身には直垂のみを着しながら、下半身には袴に加えて袍の襴を垂らしている。袍と直垂の違いが十分に整理されていないものと思われる。構造や服制から見て制作は江戸時代前半であろう。（和田）

27 童子形神立像

木造（檜材）　像高　三四・二

江戸時代

両頭側部に小さな巻き毛を表す童子形の神像である。丸顔でその表情は柔らかい。足裏のほぞ穴に丸太をさして、別材の台座に固定したものらしい。諸肌を脱ぎ、右肩を現しているのが特徴である。肩は丸く、いまだ幼い童子の肉感を表したものであろうか。両手を腹前で近づけ、やや前傾した姿勢をとることから、もともとは何らかの持物を取っていたことが予想される。（和田）

28 荒神立像

木造（檜材）　像高　三四・二

江戸時代

後頭部に向かって逆立った炎髪を表す荒神の立像である。厳しい表情を示し、両手を腰に当てる姿勢を取る。台座を別づくりとする構造や彩色が、童子形神立像（図録No.27）と共通している。服制においては、条帛（じょうはく）状の布を襷掛けしている点が特徴的で、仏像彫刻からの影響が見て取れる。また、よく見ると、頭頂近くに動物の顔が彫出されている。平板な形状であるため、動物種は限定できないが、牛ないし獅子である可能性が考えられる。牛であれば二臂であることから牛頭天王など、神仏習合神の像なのではなかろうか。（和田）

29 牛頭天王坐像

木造（檜材）　像高　三五・七

江戸時代

頭頂に牛の頭部を戴き、憤怒相を示す牛頭天王の坐像である。目には玉眼が嵌入されるほか、これまでの神像とは構造的な差異が目立つ。上半身に条帛、下半身は腰布（けんぷ）、裙をまとう。手に手斧と羂索（けんさく）をとる、通形の牛頭天王像である。体幹に二つの箱材を前後に寄せる、本格的な寄木造であることから見て、中央仏師の作であることが予想される。ただ、上腕や胸など、肉身部の造形には量感が乏しく、人形化の進行が窺える。これら作風から見て、元禄二年（一六八九）とされる牛頭天王本殿の再建に関わる像なのではないかと推察される。（和田）

四　仏画

仏画とは仏教絵画の略称である。仏教経典の内容に基づき、礼拝、あるいは修法の本尊とするために制作される。有賀祥隆氏によれ

ば、仏画は大きく、（一）釈迦関連、（二）大乗仏教関連（釈迦以外）、（三）密教関連、（四）浄土教関連、（五）神仏習合関連（垂迹画）、（六）肖像（頂相）の六種に分かれるという。木山寺所蔵の作品はこのうち（三）、（四）に関連する作品が多い。後述するとおり、その両者の要素を併せ持つ作品の伝来することも大きな特徴と言えるだろう。

　木山寺に伝わる仏画のうち、明確な由来・伝来の判明するものは少ない。そのため、具体的な制作背景には踏み込めない。だが、県指定重文を中心にして、一部は中世前半に遡るものが含まれる。ほぼ歴史資料が皆無である中世前半の木山寺・木山宮の信仰を知ることのできる可能性が指摘できる。（和田）

30 遣迎二尊十王十仏図（県重文）

絹本著色　一二一・〇×五六・〇
鎌倉時代

遣迎二尊とは現世を離れる往生人に対し、極楽浄土へ進めと励ます釈迦如来と、極楽浄土から迎える阿弥陀如来の二仏を指す。この二尊を描く作例としては来迎形式、あるいは二河白道図形式のものが多い。しかし、本作品は上部に二仏を並べ描く。そして、その下方に『地蔵菩薩発心因縁十王経』に基づき、冥界の十王とその本地仏を描いている。また、十王十仏が正面を向く曼荼羅様の構図は、十三仏図にも見られるものである。そのため、本作品は十王本地仏図から十三仏図成立へと到る、過渡期的な作品であることが指摘されている。（和田）

31 阿弥陀三尊十仏来迎図（県重文）

絹本著色　一〇五・四×四〇・〇
南北朝～室町時代

本作品は極楽浄土へ往生者を迎えるべく現れた、阿弥陀三尊来迎図を主題とする。だが、主尊である阿弥陀如来の上部周辺に十王の本地となる十仏が描かれており、阿弥陀三尊および十仏をあわせると年忌法要の本尊となる十三仏になることが指摘されている。本作品は先述した遣迎二尊十王十仏図とあわせて、十三仏信仰の成立期における、錯綜した図像の姿を読み取ることができるだろう。如来、菩薩とも肉身を金泥で描く、いわゆる悉皆金色身である。両者の衣には金泥で大ぶりな文様が描き込まれており、制作は室町時代前半と思われる。（和田）

32 十三仏図（県重文）

絹本著色　九〇・三×三七・八
室町時代

本作品は忌日供養の本尊となる十三の仏菩薩を描いた絵画である。初七日の本尊となる不動明王（画面右端最下段）に始まり、三十三回忌の本尊となる虚空蔵菩薩（画面最上段）まで、三列に並んで描かれる。大日如来を除く如来形各尊は金色身に、菩薩形各尊の肉身部は褐色に塗り分けられている。また、菩薩形の条帛は緑、裙は赤色に塗られており、一定の規範が見られる。忌日供養は鎌倉時代に始まり、室町時代以降に広まった。本作品は仏菩薩の表情や盛上彩色が多用されること、目の粗い画絹に描かれることから、室町時代後半の制作とみられる。（和田）

33

普賢菩薩像（県重文）

絹本白描　七八・六×三六・四

中国元時代

中国元時代の作と推定される白描の普賢菩薩像で、その精緻な描線で表現される今にも動き出しそうな写実性は、「白描の傑作」と言われるに相応しい。本作品の木山寺への伝来については、大陸との交易ルートである瀬戸内海から、旭川水運や出雲街道を辿ってきたという仮説もあるが、木山寺と高野山の関係を考えると、むしろ高野山で所蔵されていたものが流出して木山寺に入ったのではなかろうか。その時期は、近代以降の可能性もあるか。（中山）

34

釈迦三尊十六善神像

絹本著色　一〇五・八×五三・八

室町時代

本作品は悉皆金色身の釈迦如来を本尊とし、足下に眷属である普賢・文殊の両菩薩と、十六善神を描いた絵画である。十六善神は大般若経を守護する護法善神であることから、大般若経転読の際の本尊とされるものである。画面下に深沙大将が描かれるものの、大般若経を伝えた玄奘三蔵が見当たらない。だが、深沙大将の右側には不自然な隙間があり、この部分に描かれていたものが、現在は見えなくなっている可能性もある。赤外線撮影による調査を期待したい。全体に諸尊の表情は明快で、室町時代後半の様式をよく示している。（和田）

35

涅槃図

絹本著色　一三〇・〇×七三・八

江戸時代

本作品は『涅槃経』、あるいは『大般涅槃経』に基づき、釈迦入滅の情景を描いた絵画である。画面中央には涅槃に入ろうとする釈迦が宝台の上に横たわる。その周囲を取り囲む会衆は、悲しみに暮れている。画面上方には沙羅双樹の木が枯れる様子が描かれ、虚空より飛雲に乗った摩耶夫人（釈迦の母）が来迎している。画面下半では獅子、像、馬、鳥、果ては虫類に到る多くの動物たちも、釈迦の涅槃を見守っている。釈迦が小さく描かれること、動物の種類が多いことや、目の粗い画絹に描かれることから見て、制作は室町時代後半と思われる。（和田）

五　経典・講式・稀覯書

36

大般若経　巻五百十五

巻子本　二四・八×八四二・一

平安時代末期写

紺紙に銀界を引き、金字で経文を書写する。線の細い、優美な書体。書写年代は図録No.37の神護寺経より遡るか。見返しに金銀泥で釈迦説法図を描く。一切経の一部ではなく、『大般若経』を単独に書写したものであろう。『大般若経』の紺紙金字経は稀。（落合）

37

阿嚕力迦経

巻子本　二五・九×四五二・八

平安時代末期写

紺紙に銀界を引き、金字で経文を書写する。外題・尾題「阿嚕力迦経」。内題「阿唎多羅阿(陀)羅尼阿嚕力品第十四」。巻首に「神護寺」の朱印記がある。いわゆる神護寺経。表紙に金銀泥で宝相華唐草文様、見返しに金銀泥で霊鷲山釈迦説法図を描く。神護寺経は紺紙金字の一切経の代表的遺品で、久安五年（一一四九）頃制作され、京都の神護寺に施入されたと推定されている。（落合）

38 **金剛峰楼閣一切瑜伽瑜祇経**

折本　二七・一×七・五
元弘元年（一三三一）写（江戸期の補写あり）

鳥の子紙に銀界を引いて書写。最初の三紙は書状の裏を用いており、その部分は楮紙の打紙。故人の供養のため、手紙の裏に経典を書写した消息経の一種とみられる。書状は難読であるが、一通には「しゝう（侍従）殿」「少納言殿」などの文字が読み取れる。帖末に「元弘元年十一月十八日書写畢」の書写奥書と、「作州木山感神院法印宥猛感得之」の識語あり。なお現状は途中三箇所で計八十五行ほど（全体の一割強）が欠けており、また現存部分のうち七分の二ほどは江戸時代中期頃の補写である。（落合）

39 **般若心経**

巻子本　二五・五×三六・七（本紙）
奈良時代写

空海が奈良の海龍王寺（隅寺）で書写したと伝える「隅寺心経」と呼ばれるものの一種。実際は、奈良時代に心経会（『般若心経』を読誦して災厄を祓う法会）に用いるため、写経所で多数制作された『般若心経』の写本の一つと推定される。（落合）

◎講式について（40～42）

講式は、法会において読み上げる式文で、仏菩薩や神・祖師などを讃えたり、祈願する文言で綴られている。漢文で書かれているが、散文の部分は読み下しの形で、節を付けて唱えられる。そのため、講式の写本・版本には、節付けの記号や注記を持つものが少なくない。木山寺所蔵の講式の中から、古写本三点を選んで紹介する。（落合）

40 **十一面観音講式**

巻子本　三〇・八×三四三・一
室町時代初期写

表紙左上が破欠しているため外題は不明。内題「十一面観音講式」。その下に「天神御作ト云々」とある。「第一祈請現世所願」「第二欣求後生菩提」「第三広廻向」の三段から成る。各行頭・行末の字を横に続けて読むと、祈願文や誓願文となる、沓冠式の講式。朱と墨で、節付けの記号・注記と訓点が加えられている（図録No.41・42も同じ）。天神（菅原道真）は、十一面観音の化身と考えられていたため、本講式の作者とする伝承が生じたのであろう。本講式の伝本は十数本知られるが、その中では比較的古い写本。巻末に、貞享二年（一六八五）七月の観音寺住侶阿闍梨宥昌の修補識語がある。見返しに「増長院一世無動護持」の墨書があり、木山寺に多く伝存する無動の所持本の一つ。（落合）

41 **涅槃講式**

巻子本　三一・六×九一九・二
室町時代末期写

講式の代表的作品である明恵作『四座講式』（涅槃講式・羅漢講式・遺跡講式・

舎利講式）の第一で、釈迦の入滅と荼毘のさまを述べて涅槃の因縁を説き、追慕の思いを表すもの。（落合）

42
羅漢講式
巻子本　三一・五×六二七・五
室町時代中期写
外題「羅漢講式」。内題「十六羅漢講式」。明恵作『四座講式』の第二で、釈迦の入滅後に釈迦の遺した法を護持した十六羅漢の徳を讃えるもの。（落合）

43
法華経音訓
袋綴　二三・九×一七・五
室町時代末期写
『法華経』に使われている漢字について、字音と和語の訓を付したもの。配列は出現順。至徳三年（一三八六）刊、心空撰『法華経音訓』とおおむね一致するが、同一ではない。版本に基づいて省略・増補などの改変を行ったか。冊末に「求法木山寺宥銀〔梵字〕」の署名（本文と別筆）がある。（落合）

44
呉子
袋綴　一九・一×一五・〇
室町時代末期（天正九年（一五八一）以前）写
『孫子』と並称される中国古代の兵法書『呉子』の写本。本文の後に「雲州之一安（花押擦り消し）」の署名あり。本文は一安の筆か。出雲と木山地域の交流を示唆する資料で、戦国大名が兵法書を享受したことを踏まえると、あるいは尼子氏と関わる可能性もあるか。冊末に「木山州宥猛之」の墨書があり、宥猛の没した天正九年以前の書写。（落合）

45
摂津国尊鉢邑一乗院記
巻子本　二九・五×一七二・六
江戸時代後期写
大阪府池田市にかつて鉢多羅山若王寺（聖武勅願・行基開基）という大寺院があったが、天正年間の兵火で焼失、その後は塔頭の釋迦院が引き継ぎ、現在は尊鉢厄神として信仰を集めている。本書は若王寺の塔頭で現存する一乗院の縁起である。他に類似する書が無いが、一乗院の縁起が本書の他に『多羅山一乗院略縁起』と合わせて、木山寺には二種類存在している。（中山）

46
〔文殊法〕
巻子本　二七・二×四九〇・三
貞応元年（一二二二）　定尹写
前欠で書名が不明であるが、八字文殊・五字文殊・六髻文殊などの項目見出しがあり、全体が文殊菩薩を本尊とする修法の次第書と考えられるので、仮に〔文殊法〕とする。貞応元年十二月、高野山のある人の本を以て定尹が書写。定尹は、承久二年（一二二〇）に『悉曇筒視才』（高野山宝寿院蔵。奥書「于時承久二年十月十八日管見所及粗草了　金剛弟子大法師定尹」）を著した定尹と同人か。見返しに「増長院無動求之」の墨書があり、木山寺に多く伝存する無動の所持本の一つ。（落合）

六　古文書

中世の美作国は、支配者の転変がめまぐる

しい。室町から江戸初期にかけての木山寺の古文書は、そのことを如実に示している。室町前期には赤松氏が守護をつとめたが、のち山名氏～赤松氏～尼子氏～浦上氏～毛利氏～宇喜多氏～小早川氏と支配者は転変する。最終的には森氏が津山城に入り、津山藩が成立した。木山寺の古文書は、その時々の支配者が木山寺に土地を寄付したり、従来の権利を認めたりしたものである。また、祈禱を依頼した文書もあることから、支配者にとって重要な信仰の対象であったことが窺える。（苅米）

47 **天文八年（一五三九）二月十三日　尼子詮久判物**

竪紙　巻子仕立　二八・六×四七・〇

戦国時代

尼子詮久（のち晴久）は、赤松晴政が治める美作に何度か侵攻していたが、天文七年（一五三八）には完全に同国を攻略した。文書は、従来通り木山寺への諸税の免除を保証したもの。（苅米）

48 **天文八年（一五三九）二月十三日　尼子詮久判物**

竪紙　巻子仕立　二八・六×四五・八

戦国時代

図録No.47の文書と同様に、尼子詮久が木山感神院の境内への乱入などを禁じたもの。こちらは特に、神社に対する権利の保証であろう。（苅米）

49 **応永十八年（一四一一）四月二十二日　赤松義則寄進状**

竪紙　巻子仕立　二八・六×四六・六

室町時代

美作国守護である赤松義則が、南三郷（栗原・鹿田・垂水郷）の惣社（木山感神院）に田畠を寄進したもの。まだ木山寺の名称は出ていないことから、当時はむしろ神社の方に重きがあったとみられる。（苅米）

50 **応永二十四年（一四一七）十月二十八日　赤松満祐社領安堵状**

竪紙　巻子仕立　二八・六×四五・六

室町時代

赤松義則の跡を継いだ満祐が、同じく守護の立場で図録No.49の文書の内容を木山感神院に保証（安堵）したもの。支配者が代替わりするごとに、土地の所有が保証しなおされることを「代替わり安堵」と言う。（苅米）

51 **天正十一年（一五八三）八月十三日　伊賀家久判物**

竪紙　巻子仕立　二八・六×四三・九

戦国時代

毛利輝元の家臣である伊賀家久が、従来の「寄附状」の通り、木山寺への諸税の賦課を免除したもの。当時、木山寺をふくむ地域が、毛利氏の支配下にあったことを示す。（苅米）

52 **元禄二年（一六八九）　長尾勝明識語**

竪紙　巻子仕立　二八・六×五〇・四

江戸時代

図録No.49～51の文書の奥書にあたり、津山藩主森長成を補佐した長尾勝明が記したもの。天正五年（一五七七）の兵火で木山寺の主要な古文書が焼失したが、残

ったものを巻子に仕立てなおしたことを記す。（苅米）

53
年未詳九月二十七日　毛利輝元書状

折紙　巻子仕立　一五・八×八九・〇

戦国時代

毛利輝元が家督を継いだ元亀二年（一五七一）から、豊臣秀吉と調停する天正十年（一五八二）の間のものであろう。木山寺から、祈禱の報告と「久米神酒（みき）」が届いたことに感謝している。（苅米）

54
年未詳五月十二日　小早川隆景書状

折紙　巻子仕立　一七・一×三九・四

戦国時代

小早川隆景は、毛利輝元から山陽道の支配を任され、天正年間に何度も美作周辺で戦っている。文書は、その頃のものであろう。木山寺から、祈禱の報告と料理が届いたことに感謝している。（苅米）

55
年未詳六月十八日　宇喜多直家書状

折紙　巻子仕立　包紙上書切継

一七・〇×三六・五

戦国時代

宇喜多直家が毛利氏と同盟し、美作国に勢力をのばす天正二年（一五七四）から、織田信長の配下に入る天正七年（一五七九）の間のものであろう。木山寺から、祈禱の報告と青銅（銭）その他が届いたことに感謝している。（苅米）

56
年未詳十二月二日　尼子晴久書状

折紙　巻子仕立　一四・五×三二・四

戦国時代

尼子詮久が晴久を名のる天文十年（一五四一）十月から、死去する永禄三年（一五六〇）十二月の間のものであろう。木山寺から、酒樽と料理が届いたことに感謝している。（苅米）

57
年未詳十月二十五日　毛利元就書状

折紙　巻子仕立　一七・一×三四・三

戦国時代

毛利元就が尼子氏を破った永禄九年（一五六六）十二月から、死去する元亀二年（一五七一）六月の間のものであろう。木山寺から、祈禱の報告と青銅（銭）が届いたことに感謝している。（苅米）

58
年未詳十一月八日　三村元親書状

折紙　巻子仕立　一七・一×三〇・七

戦国時代

文書は、三村元親が家督を継いだ永禄九年（一五六六）から、毛利氏に離反する天正二年（一五七四）の間のものであろう。美作国へと侵攻した毛利勢に木山寺の保護を求めたと伝え、無事を喜ぶとともに、料理が届けられたことに感謝し、同寺の安泰を願っている。（苅米）

59
元禄年間　長尾勝明識語

切紙　巻子仕立　一七・一×五〇・九

江戸時代

図録No.52の文書と同様に、森長成の重臣である長尾勝明が、木山寺の古文書六通（図録No.53～58）を補修し、巻子に仕立てたことを記す。（苅米）

60

天正十三年（一五八五）五月二十五日　宇喜多秀家禁制状写

竪紙　巻子仕立　二九・三×四二・三
戦国時代

宇喜多秀家は、天正十年（一五八二）の備中高松城攻めののち、豊臣秀吉によって備中東部から備前・美作の領主として認められた。文書は、一般の人々が木山寺境内で材木を伐採することを禁じたもの。（苅米）

61

文禄三年（一五九四）三月三日　花房秀成禁制状写

竪紙　巻子仕立　二九・四×三九・五
安土・桃山時代

宇喜多秀家の家臣である花房秀成（ひでなり）が、木山寺周辺で一般の人々が材木を伐採することを禁じたもの。実際には、主人である宇喜多秀家の意向を受けたものであろう。（苅米）

62

慶長五年（一六〇〇）正月十六日　山奉行村上右兵衛・宇佐美助進禁制状

竪紙　巻子仕立　三二・八×四六・〇
安土・桃山時代

村上右兵衛と宇佐美助進は、おそらく宇喜多秀家の家臣であろう。文書はこの二人が連署し、木山寺周辺の山林で一般の人々が材木を伐採することを禁じたもの。（苅米）

63

慶長九年（一六〇四）三月十一日　森忠政寄進状

折紙　包紙あり　三六・〇×五一・八
江戸時代

小早川秀秋の死去と改易に伴って津山藩主となった森忠政が、木山寺領として「菜薗畠」二七石余の土地と山林を寄進したもの。同年十一月には、さらに七〇石分の土地を寄進している（図録No.64）。（苅米）

64

慶長九年（一六〇四）十一月二日　森忠政寄進状

折紙　包紙あり　四七・〇×六五・五
江戸時代

この前年、岡山藩主の小早川秀秋が死去して改易となり、森忠政が津山藩主となった。文書は、忠政が木山寺領として七〇石分の土地を寄進したもの。（苅米）

65

元禄元年（一六八八）十一月一日　森長成寄進状

折紙　包紙あり　四二・七×五五・八
江戸時代

第四代津山藩主・森長成が、従来と同様に木山寺領として七〇石分の土地の所有を認めたもの。実際には、代替わり安堵と同じものである。（苅米）

66

天明七年（一七八七）五月一日　三浦前次寄進状写

折紙　包紙あり　四〇・二×五三・二
江戸時代

第三代勝山藩主・三浦前次（ちかつぐ）が、木山寺領として七〇石分の土地を寄進したもの。

明和元年（一七六四）以降、木山地域が同藩領となっていたことによる寄進であろう。（苅米）

67

文政六年（一八二三）三月二十八日　三浦毗次安堵状

折紙　包紙あり　四九・〇×六五・六

江戸時代

第四代勝山藩主・三浦毗次（てるつぐ）が先代と同様に、木山寺領として七〇石分の土地を寄進したもの。実際には、代替わり安堵と同じものである。（苅米）

68

文政三年（一八二〇）八月　橋谷下草立山仕切書

冊子　包紙あり　二四・三×一五・一

江戸時代

仕切書とは明細書のこと。木山寺境内の橋谷での下草刈りについて、権利を得た木山村の村民三人が「木山寺御納所」に宛て、刈り取り場所、代銀の明細を書き上げるとともに、立木の伐採禁止などの遵守を誓約している。同寺が領有していた山林の管理、資源利用の一端が窺われる。（苅米）

七　寺誌・記録類

69

差上申一札之事

巻子本　三〇・一×三七七・〇

延享三年（一七四六）写　宥尊代

延享三年に起こった木山寺と神楽を奏する社男（さお）との争論の顛末について、関係者一同連署して、高野学侶方在番成福院の名で幕府評定所（この当時は幕府領）に差出された文書の副本。表裏に夥しく「評定所」印が捺されており、正本とともに提出され、押印の後、寺側に返されたものであろう。唯一神道吉田家との関係を根拠に、社男たちが別当支配からの離脱と神官身分への上昇を図ろうとした経緯がわかる。（伊藤）

70

差上申一札之事

継紙　二九・〇×一五八・八

天明三年（一七八三）写　尊高代

天明三年に木山寺と浄土真宗の真光寺・正覚寺の諍いをめぐる経緯について勝山藩寺社奉行所に提出した文書の写し。両寺が檀徒に対し、木山寺頒賦の牛王宝印を受けることを禁じたことに端を発し、真光寺の住職が、檀徒の家にお祓いに来た木山寺の役僧の袈裟を力づくで奪った一件に関するもの。（伊藤）

71

作州真嶋郡木山村真言宗医王山木山寺寄附状旧記写

袋綴　三一・〇×二二・五

元禄十五年（一七〇二）　宥観写

木山寺復興に尽力した宥観（ゆうかん）（享保九年〔一七二四〕没）がまとめた木山寺に関わる記録。内容は、①由緒、②仏像・堂舎等目録、③寄附状消息（十六通）、④法式より成る。寄附者には尼子晴久・毛利元就・同輝元・小早川隆景・宇喜多直家・森忠政等の名が見える。掲載箇所は冒頭の由緒書。開基弘法大師で、文徳天皇により鎮護国家の御願寺となった。中世に伽藍焼亡するも、赤松・毛利・森氏の寄進により復興を遂げたとある。（伊藤）

72
作州真嶋郡木山村真言宗医王山木山寺寄附状旧記写

袋綴　三二・〇×二一・七
宝永六年（一七〇九）宥観写
前掲書（図録No.71）の宥観自身による写し。掲載箇所は、法式のなかの牛頭天王神事の部分。毎年晦日から正月三日の間、丑の刻に社男が拍子をとり氏子の男たちが「感神座おどり」を行う。さらに社男が神楽を奏し、導師の僧が社参して、神殿内の薬師如来像（御神体）の前で、「薬師秘法」を執行する、とある。（伊藤）

73
（仮題）旧記・棟札写

袋綴　二九・八×二一・〇
宝永四年（一七〇七）宥観写
宥観が木山寺・牛頭天王社再建の経緯をまとめた記録。書き写された棟札裏書の記載等により、天正五年（一五七七）十二月十八日の全伽藍・社殿の焼亡以後、再度の焼失・破損等に遭いながら、長い年月をかけて再建事業を行った経緯がわかる。掲載箇所は、木山寺弘仁年中創建の根拠となった弘仁銘を記す棟木を残す「門客人」に関する記事の部分（現、木山神社奥宮の随身門か）である。（伊藤）

74
牛頭天王由緒書上帳

袋綴　二九・八×二一・〇
明治二年（一八六九）写
明治二年十月、木山寺・牛頭天王社氏子十七ヶ寺代表が連署の上で、役所に提出した牛頭天王に関する由緒書の写し。掲載箇所は冒頭の部分で、御神体として薬師如来像が安置されていたことがわかる。（伊藤）

75
牛頭天王由緒書上帳

袋綴　二九・〇×一八・五
明治初期写
前掲書（図録No.74）の写し（ただし、末尾に十七ヶ村の議定書を付す）。掲載箇所は善覚社の部分で、御神体に十一面観音像が安置されていたと見える。（伊藤）

76
明治廿八年七月内務省へ出シタル控

冊子　二八・〇×一九・五
明治二十八年（一八九五）写
明治二十八年に、内務省に提出した木山仮殿寺の由緒・宝物に関する文書。「事由」条に明治維新後、牛頭天王社の御神体だった薬師像は神殿より寺内に移され、明治十八年（一八八五）の善覚本地殿の遷座式において、善覚本地仏（十一面観音）と併せ祀られた、とある。（伊藤）

八　聖教

古来、僧侶は仏法の正しい教えを自らが受け継いでいる証として、誰に就いて教えを受けたかを重視してきた。師から弟子へと綿々と受け継がれるその系譜を血脈（けちみゃく）と言い、そこに自らの名を刻むことが僧侶としての証であった。故に修学や法会に使われる本を聖教（しょうぎょう）と呼び、師の本を写しては、そこに自らの署名も残していった。この署名を書誌学では奥書と呼んでいる。

仏教の諸宗派の中でも最も師資相承を重んじてきた真言密教の寺院では、自らの奥書のみならず、代々その本を写してきた先師たちの奥書も同時に写すことで、自らが正しい教科書で仏法の修練を積んでいる証としてきた。

今日その奥書は、本の出所や人・モノの動きを計る重要な歴史資料として我々に様々な情報を提供してくれている。木山寺においてもこれまで知られていなかったことが解ってきており、その数例を紹介する。（中山）

◎融遍に関わる聖教群（77～80・83～86）

木山寺住持として現在解っているのは天正九年（一五八一）寂の宥猛からである。次いで宥銀へと繋がり、近世に入る。したがって、中世期の木山寺止住僧の活動を示す史料は極めて少ない。しかし修法に関する次第書の中には、中世の書写に遡るものも伝存しており、特に融遍（ゆうへん）関係の聖教は最も多く伝来している。（中山）

77
求聞持次第私日記
粘葉装　一六・八×一六・一
天文七年（一五三八）　盛海写／後に融遍所持本

78
求聞持次第聞書
粘葉装　一六・四×一六・〇
天文七年（一五三八）　盛海写／後に融遍所持本

79
求聞持次第表白并結願作法
粘葉装　一六・五×一六・〇
室町時代（天文年間）　盛海写／後に融遍所持本

80
求聞持神分
粘葉装　一六・五×一六・〇
室町時代（天文年間）　盛海写／後に融遍所持本

81
求聞持大事
竪紙　二七・〇×四四・〇
天正十四年（一五八六）写　授与宥海
文禄四年（一五九五）（追記）　授与宥銀

82
求聞持次第[梵字]・[梵字]
粘葉装　一六・五×一六・一
文禄三年（一五九四）　宥銀写

求聞持法関連聖教を一括したこの一嚢（図録No.77～82）は、宥銀が伝領所持していたものを、後に宥観がまとめたものと見受けられ、包紙や貼紙は宥観筆と思われる。（中山）

83
伝法灌頂初夜式
粘葉装　一七・三×一六・一
天文十四年（一五四五）　融遍写

84
求聞持次第
粘葉装　一七・二×一六・二
天文二十年（一五五一）　融遍求／筆主頼音写

85
荒神供次第
粘葉装　一七・三×一六・三
天文十七年（一五四八）　融遍写

86
荒神供次第
粘葉装　一六・七×一六・五
慶安元年（一六四八）　宥傳写
図録No.77～80・83～86は融遍に関わる（書写、令写、伝領）聖教である。この聖教群からは、融遍の活動期が天文年間

であること、主に高野山で中院流・安祥寺流を伝法していること、根来寺中性院流の聖教も収集していることなどが解る。（中山）

◎瓶井山禅光寺安住院（岡山市）経由の聖教群（87～91）

江戸中期の高野山において、中院流の学匠で声明（南山進流）の達人である真源（一六八九～一七五八）は、親交の篤かった安住院龍豊とともに、大量の聖教の書写・校合を行っており、備前・備中・讃岐の寺院に多大な影響を及ぼしている。安住院・西阿知の遍照院・備前西大寺などはその中心的寺院である。これらの聖教群からは、文化七年（一八一〇）寂の木山寺住職尊高を介して、中国山中奥深い木山寺にまでその影響が及んでいたことが知られる。（中山）

87

荒神供次第

粘葉装　一七・五×一六・七
室町時代後期写

本書は室町後期を降らない写本である。児島の瀧寺（五流尊瀧院カ）から安住院に入った聖教である旨が文末に見える。尊高の代に安住院から木山寺にもたらされたか。（中山）

88

大日釼印

袋綴　一六・五×一七・五
寛政十一年（一七九九）尊高写

89

治承記口訣

粘葉装　一六・五×一七・四
寛政七年（一七九五）尊高写

図録No.88・89の聖教は、法恵（西阿知遍照院）・真源（金剛峯寺）・龍豊（瓶井山安住院）・実翁／雲翁（備前西大寺）・逮神（瓶井山）・尊高（木山寺）など、真源と龍豊の書写活動に起因した聖教流布の典型的な経路が明快に見られる奥書を持つ。（中山）

90

金宝集

粘葉装　一七・〇×一七・〇
寛政六年（一七九四）尊高写

91

諸尊要鈔

粘葉装　一七・〇×一七・二
寛政六年（一七九四）尊高写

師、実運の著作になる『金宝集』（図録No.90）と、弟子の寛命が実運の口説を筆記した『諸尊要鈔』（図録No.91）はともに醍醐寺三宝院流の諸尊法を集成した聖教である。両書は真言寺院では必携の書と言え、尊法ごとの枡形粘葉装本を帙に納めた形態で、一対として保管している寺院が頗る多い。本書は瓶井山逮神本を書写した経緯が帙裏に記されている。（中山）

92

不動護摩私記口訣

袋綴　一六・五×一八・二
江戸時代後期写

本書は、不動明王供の秘伝を記したもので、備前国法輪寺の僧侶が書写したもの。法輪寺は安住院と同じく、岡山市中区国富に所在する。（柏原）

93 西院法流代々相続事

旋風葉　一五・五×一三・二
享保八年（一七二三）覚如写

本書は、真言宗の法流の一つである西院流の先師の事績と師資相承の過程を記したもので、京都泉涌寺の覚如が書写したもの。覚如は無動との近しい関係が類推される。（柏原）

94 薄草子口決

列帖装　二五・四×一六・五
南北朝時代カ　真清写

全二十巻のうち十四巻が伝来する。『薄草子口決』は、弘長二年（一二六二）、頼瑜が醍醐寺報恩院の憲深の口決を記したもの。頼瑜は弘長元年六月から憲深より一流伝授を受けるが、この内、『薄草子口決』は同二年一月九日より十一月上旬にかけて行われた薄草子の伝授に基づいて記されている。本書は安芸の真清の書写であり、その後、学澄が所持したことが原表紙の記名より解る。（向村）

95 三宝院伝法灌頂聞書〈後夜胎〉

袋綴　二六・三×一九・五
永享八年（一四三六）宗誉写

三宝院流のうち中性院流の伝法灌頂について記す書で、「後夜胎」「調支具」の二冊が残る。応永二十四年（一四一七）六月頃、中性院法印「聖―」よりの聞き書きをまとめたものである。本書は、永享八年三月に尾張国一宮・真清田神社の神宮寺の一院、須賀崎金剛勝院にて宗誉が伝授され、書写した本である。掲載箇所は「後夜胎」のうち、その作法について記す条の冒頭である。原表紙右下には「求聞」「源範」の署名が、奥書末尾には「求聞持堂快宣求之」と記され、源範、快宣（先後不明）の所持を経ていることがわかる。（向村）

96 四度表白神分祈願等

粘葉装　一八・〇×一六・五
天正二十年（一五九二）頼勢写／宥樹令写

伝法灌頂にあたり必ず行う四度加行（十八道・金剛界・胎蔵界・護摩の四つの法）について記す。四法の順序は宗派によって異なるが、本書は東密の流に拠る。加行日数は百日とされ、略式をとっている。天正二十年十二月に高野山小田原で、宥樹が頼勢に書写させた（両者とも安芸国出身の僧）。（向村）

97 聖如意輪観自在菩薩念誦次第

粘葉装　一七・三×一五・八
天正七年（一五七九）以前写カ

如意輪観音を本尊とする修法の書。掲載箇所は字輪観（行者が月輪の上に真言の種子を観じ、本尊と一体となる行法）について記す部分である。奥書に、本書は天正七年に頼知が高野山で入手したと書かれる（本文と奥書は別筆）。表紙の原所蔵者名を塗りつぶし、所蔵者を真圭房に書き直している。さらに、別筆で、押紙の貼り付けや結願作法の書き足し（裏表紙裏）が行われる。原所蔵者、頼知、加筆者など、三名以上の所蔵を経ていることが窺える。（向村）

98

灌頂曼荼羅供理趣三昧等法則

粘葉装　二一・〇×一五・五
永享十二年（一四四〇）　聖清写／聖覚令写／快慶所持本

曼荼羅供、理趣三昧などについての、次第、法則、記録を記す。複数の資料を合わせたものとなっており、中には建仁元年（一二〇一）、嘉禄二年（一二二六）の年紀を持つものもある。本書は永享十二年（一四四〇）二月九日に牛窓・薬神寺の聖覚が、同寺において、福岡・等学院（大賀島寺本坊、現、瀬戸内市邑久町）伝来の本を聖清に書写させたもので、永禄四年（一五六一）八月三日に権大僧都快慶の所持本となっている。（向村）

99

表白

粘葉装　一六・五×一六・〇
寛文六年（一六六六）　快宥写／宥諄令写

江戸時代中期の木山寺住職宥諄が快宥に書写させたもの。外題に「表白」とあるが、内容は表白だけではなく発願文なども含んでおり、法会の次第書である。本来は如意輪観音の尊前で行われる法会を想定して作成されたものであるが、「如意輪観音」の横に「不動明王」との書き入れが散見されることから、不動明王の尊前での法会にも使用されたことが窺える。奥書に見える「醫王山普善寺感神院」は、木山寺の別称とみられ、早くには永禄九年（一五六六）の「宝月坊勧進帳」（『作陽誌』所収）に見られる。（柏原）

100

問答講表白

折本　一三・五×一一・五
江戸時代前期（寛永年間）写

本書は問答講（節を付けて問答を行う法会の一つ）の中で唱えられた表白で、文字の左側に書き込まれている符号は章句を唱える際の節回しを示す。朱で音の出し方、読み方も示されており、本書が実際の法会の中で使用されたものであると推察される。（柏原）

101

持戒清浄霊之大事

粘葉装　一七・七×一六・八
江戸時代初期　宥諄写ヵ

『持戒清浄印明』と通称され、明恵上人が文殊菩薩より授けられたとされる印明があるが、室町後期にはその印明の功徳を説く説話が付属されて流布した。本書はその説話部分のみを一書としたもので、伝本中でも古本といえ、他本に見られない伝来記事を有している点からも史料価値が高いと言える。表紙署名から江戸前期の木山寺住職宥諄の所持本であると解るが、書写は少し遡る可能性もある。（中山）

102

大師御託宣

粘葉装　一六・〇×一五・七
寛永二十年（一六四三）　増誉写

弘法大師が高野山龍光院において真言宗旨の御託宣をしたという記述に始まり、以下、大師教示の二十五箇条禁制が書かれる。掲載箇所は最後の三箇条であり、最終条では真言僧が陰陽師と並んで祈禱することを禁じている。託宣は本来、神からのお告げを意味するが、本書は大師の言を御託宣としており、空海の神格化が窺える。なお、本書は寛永二十年二月

上旬に明寿院（瓶井山禅光寺の塔頭）の僧・増誉が書写したものである。（向村）

103 遺告諸弟子等

巻子本　三二・三×一三一九・六
正徳五年（一七一五）宥尊写

空海が入定前に弟子らに示したと伝えられる、二十五箇条の遺言（偽書）。朱書きでの訓点や異本校合、貼り紙での異本校合や注釈が記される。奥書によれば、本書は享禄三年（一五三〇）、永禄十一年（一五六八）、元亀元年（一五七〇）、正徳五年の四度以上にわたって書写されたが、書写の度に厳密な校合が行われ、字配りなども正本に忠実になされてきた。正徳五年の書写は木山寺中興の了心房宥尊（一六九四～一七五〇）による。裏面には料紙の継ぎ目ごとに「空海」と記される。（向村）

104 秘蔵記

粘葉装　二五・二×一五・五
永禄九年（一五六六）実意写

密教の教義の解説書。恵果の説を空海が記録したものと伝える。正和二年（一三一三）・貞和三年（一三四七）本奥書（書写者名なし）。永禄九年八月、実意写。冊末に「求法木山寺　感神院　法印宥銀〔梵字〕」の署名あり。（落合）

105 吽字義

粘葉装　二四・九×一五・八
室町時代刊

空海著。「吽」字の含む法門上の意義について説く。高野山で出版された、いわゆる高野版の一種。室町時代に印刷されたものとみられる。墨と朱で訓点が書き入れられている。表紙右下に「清水寺／秀□」の署名あり。清水寺は、木山寺と関わりの深い真庭市関の清水寺であろう。（落合）

106 教事鈔

列帖装　一六・〇×二三・五
十六世紀後半頃写カ

表紙に「宥智墨印」「伝宥勝」と書かれる。「等流身仏形」「八識発心」「事六度」の三部より構成され、快旻の説が多く引かれる。中には宥勝が快旻より直に見せられた書の内容も含まれ、全体的に快旻から直接授けられた教えが書かれていると考えられる。快旻（一五六六年没）は高野山宝性院十二世で、『中院流作法』『事六度之事快』などの著作がある。（向村）

107 行法肝葉鈔　下

粘葉装　二六・〇×一六・〇
天正十九年（一五九一）空辯写

道範（一一七八～一二五二）著。修法の口決を記した書。天正十九年五月、高野山にて讃州小豆島の空辯が書写（快誉の依頼によるか）。冊末に「作州之住慈恩寺之内快誉〔梵字〕」の署名あり。慈恩寺は未詳。なお香川県の善通寺に、同じ空辯が天正十九年六月に書写した『行法肝葉鈔』中・下の写本がある。（落合）

108 快遍問答抄　中・下

列帖装　二五・一×一五・八
文明六年（一四七四）定専房写／増専令写

内題「西院八結聞書」。高野山釈迦文院

の快全（?～一四二四）が、西院流の諸尊法の『八結』について永遍の問いに答えたもの。応永二十四年（一四一七）成立。増専が高野山上蔵院で、讃州白峰寺の定専房に誂えて書写した本。増専は、文明五年（一四七三）六月に、同じ高野山上蔵院で良遍の『麗気聞書』（図版解説No.121参照）を書写している（高野山持明院蔵。奥書「文明五年癸巳六月廿八日於高野山上蔵院賜多聞院重義法印御本書之矣　為望法界之神殿住自心之本宮謹以写之矣　増専」）。

（落合）

109 魚山私鈔

列帖装　二六・五×一八・三
室町時代末期写

外題「魚山蠆芥集 上」。内題「魚山私鈔」。真言宗の声明の中心流派である進流の名匠長恵（一四五八～一五二四）の編んだ、声明の口伝集。永正十一年（一五一四）余月三日の長恵の跋を持つ、再治本系統の写本。この系統は、正保三年（一六四六）版以降江戸時代に何度も刊行されているが、木山寺本は三巻本の上巻のみながらそれに先立つ古写本で、注記の書き入れが豊富なことも貴重である。

（落合）

110 十夜叉三龍王三天后

折本　一四・〇×一一・五
江戸時代中期　宥尊写

十大夜叉、三大龍王、三大天后は、「転法輪菩薩摧魔怨敵法」（以下、「怨敵法」）に登場する国を災厄から守護する神々である。「怨敵法」では、国家の危難に際してこれらの神々の姿を描いたものを幢の上に掲げて行法を行うとされている。本書は、幢に掲げる尊像の手本となる図像のみを白描で丁寧に表しており、仏像描写の手習本の類であろうか。

（柏原）

◎無動と日光院旧蔵本（111～114）

木山寺からは高野山の院家である日光院・増長院の旧蔵書が大量に見つかった。ここでは、高野山からの流出に関わったと考えられる真躰房無動に関する史料と、日光院旧蔵本の中から高野山神道教学の碩学である英仙・鑁善に関わる典籍の一部を紹介する。

（中山）

111 声明印信

折紙　三九・〇×五三・五
嘉永二年（一八四九）　無動写

声明とは、法要などの各種儀式で僧侶が唱える声楽のこと。声明印信は、その声明の修行階梯をすべて終えた弟子に対して師から与えられる皆伝の証明である。本印信は、元は高野山宝性院宥快が宥信に与えた進流の印信で、それを無動が嘉永二年に音曲伝授阿闍梨寂如から伝授されたものである。無動の高野山での修学を示す史料と思われる。

（柏原）

112 宥快法印御物語

袋綴　二二・三×一六・二
慶応元年（一八六五）　無動写

南北朝期から室町時代中期にかけての高野山の学僧である宥快の事績を記した書物としては快玄筆録による『宥快法印物語』が知られるが、本書はそれとは異なり、宥快の口説を弟子である道崇房全秀が書き留めたものである。真言僧の基礎的な知識について安祥寺流を中心に記すなど、宥快を取り巻く口伝の様相が看取できる。本書は、仙雄書写本を慶応元年に無動が紀州陀羅尼寺で写したものであるが、現在は『真言宗先徳略名』『大師御禁制』と合冊されている。（柏原）

113

秘蔵要門集

袋綴　二七・〇×一八・九
江戸時代前期　前川茂右衛門尉版

東寺杲宝の撰述。密教界の要文を類聚した書。十巻合わせて百門の項を立てる。版本は全五冊で、木山寺本は現状では最後の一冊を欠く。本書は各冊一丁表に「日光院英仙」の所持朱印が押されており、高野山の神道説形成に多大な功績を残した学僧、英仙ゆかりの一書。（中山）

114

寺役中雑記

袋綴　二三・八×一六・五
文化六（一八〇九）～七年　輝潭鑁善写

見返しに「□（此）記録予新衆之時首尾二年之記録也……」とあり、外題下に「文化六己五月寺役謂付已来之諸事認弖者也」とある。「新衆」とは高野山勧学会に新たに入った修学僧のことで、日々講釈・論議に勤しんでいた。本書は、輝潭鑁善が新衆となって以来の文化四年四月から七年九月までの記事を収めている。鑁善の学僧としての始発、および高野山勧学会の往事の様子を知る上で興味深い一冊。（中山）

九　神道書

115

中臣六根三種祓

粘葉装　一七・二×一七・二
明和七年（一七七〇）以前　法仙写／法性伝領

116

神道御湯并火之大事

粘葉装　一七・七×一六・六
江戸時代写

117

御流神道竪印集／御流神道横印信集下

折紙列帖　一六・〇×二三・七
江戸時代前期写ヵ　宥傳所持本

118

御流神道竪印信集／就御流神道集横

袋綴　二七・一×一九・二
貞享四年（一六八七）写

図録No.115～118は御流神道に関係する資料である。御流神道は、密教によって神道を解釈した、いわゆる神仏習合の流派のひとつである。広義には、嵯峨天皇から弘法大師空海に伝授された神道説とされることから「御流」と呼ばれている。木山寺には、御流にゆかりのある印信や典籍が複数現存する。印信とは、秘法伝授の証明として師から弟子に授与されるもので、本来は一法につき一通ずつ渡されていたが（図録No.115・116）、後に複数の印信をまとめて伝授するようになった（図録No.117・118）。これらは、いずれも近世真言宗寺院における神道伝授の様相を窺うことのできる資料として注目される。（鈴木）

119

神道灌頂奥旨三重法則〈三輪流〉

巻子本　二三・七×一〇八・〇
元文三年（一七三八）泉涌寺沙門覚如写

奈良の三輪山を中心とした神道流派のひ

とつである三輪流神道に伝わる神道灌頂の次第書。神道灌頂とは、神々に関する秘事の伝授儀礼のことで、中世～近世を通じて、密教諸流派で様々に行われた。本書では、神道灌頂の壇図や所作、儀礼の際に唱える祓詞や偈文、神々にまつわる秘伝などが記されている。（鈴木）

120

麗気記私鈔

袋綴　二七・一×一八・七

江戸時代写　隆僊（りゅうせん）所持本

『天地麗気府録』・『麗気聞書』（図録No.121）とともに、代表的な麗気記注釈として知られるもの。『麗気記』は、伊勢神宮の祭神や社殿などを密教によって解釈した、両部神道の教理書である。鎌倉末期に成立し、大きな権威を誇ったが、内容が難解だったため、数多くの注釈書がつくられた。本書は、浄土宗学僧・了誉（りょうよ）聖冏（しょうげい）（一三四一～一四二〇）の手になる麗気記注釈の新出写本で、『麗気記私鈔』（全十四巻）と『麗気記神図画私鈔』（全四巻）が一冊にまとめられている。料紙は、匡郭・柱題（「金剛頂経開題鈔第」）を持つが、本文は刷られておらず、書写にあたって再利用されたものと考えられる。巻九の末尾には、他本には見えない秘歌（「身ハ社ロ己カ心ヲ神トシレ新メテ亦外ヨリナ尋子ソ／千岩屋破（チハヤフル）カミノ社ハ吾身ニテ出入イキハ内外宮也」）が記されるなど、今後詳細な検討が必要な一本といえる。（鈴木）

121

『仙宮院秘文』『天地麗気府録』『麗気聞書』（合写本）

袋綴　二三・五×一六・〇

元治元年（一八六四）恵教写

『仙宮院秘文』は、慈覚大師円仁に仮託された両部神道書。『天地麗気府録』は、編者未詳の麗気記注釈書。『麗気聞書』は、天台僧・良遍によって編纂された麗気記注釈書。本合写本は一筆で書かれており、『麗気聞書』にある奥書より三書ともに恵教書写本と認められる。同本奥書によれば、祖本は高野山心南院宝庫の秘本であることや、増長院鑁善が校訂していることから、高野山系の御流神道の中で伝授されたものだとわかる。三書ともに中世の両部神道書として著名なもので、二書目と三書目の間には鑁善の私注も見られる。近世高野山における神道研究の中で、中世の文献が継承され、まとめて修学のために用いられていた実態を示す資料として注目される。（鈴木）

122

神道伝授　上

袋綴　二三・七×一七・一

天明元年（一七八一）原田生定写

江戸初期の儒者・林羅山（一五八三～一六五七）の著書。神道を朱子学の立場から解釈して神道と儒教との一致を説く理論書。正保元年（一六四四）頃成立。下巻にある奥書から、本写本は吉川神道の創始者である吉川惟足（これたり）旧蔵本の流れをくむ一本だとわかる。（鈴木）

図録写真は現物の風合いを損なわないことを重視して掲載いたしました。ただし、版木および仏画の部分写真（＊）は明瞭さを際立たせております。

木山宮灯籠

研究編

木山をめぐる寺史と神社史
――地域史的な観点から――

森　俊弘

はじめに

木山は、岡山県北の旭川と備中川との合流地点西方、真庭市木山の地に聳える山塊である。標高約四一四メートルの山頂は、古くから牛頭天王を祭神とする神の山と、牛頭天王を鎮守神としその本地仏である薬師如来を本尊とする仏の山とが混じり合う、神仏混淆の様相を呈し、地域を越えた信仰と手厚い保護が加えられてきた。そのため、山上の佇まいは往時の様相をよく留め、寺社所蔵の史資料も比較的多く残されている。

本稿では木山の寺史と神社史について、地域史的な観点から、寺社内外の関係史資料をもとに概観することにしたい。

一　木山の基本構造と寺社の開基・勧請

1　木山の基本構造

木山の基本構造を理解する上で重要な史料として、元禄四年（一六九一）成立の地誌『作陽誌』と、同十六年に筆録された『医王山木山寺寄附状旧記写』（図録編№71、以下『旧記写』）がある。前者は、津山藩森家の家老長尾勝明が編纂した美作西半国の地誌（東半国は未完）で、後者は木山寺の住持宥観の書上である。

山内の状況—木山寺・木山牛頭天王・諸堂・脇坊—

両史料によると、真言宗医王山木山寺は、真島郡木山村にあって、慶長九年（一六〇四）に森家から山上の堂敷と、周辺に広がる山林を寄進されており、その山内は次のような構成となっていた。

①普善寺（木山寺の別名）が別当（社僧）を勤め素盞嗚尊を祭る鎮守牛頭天王宮をはじめ、若宮三所権現社などの諸社、鐘楼堂、門客人（かどまろうど）、石鳥居からなる境内社殿群。

②薬師如来坐像を本尊とする本堂、持仏堂、客殿、台所、土蔵などからなる境内堂舎群。

③山内に散在し、天正五年（一五七七）に焼失した、護摩堂・阿弥陀堂・観音堂・地蔵堂（六棟）の跡。

④同年に焼失した、西光坊・新房・松本坊・中蔵坊・竹中坊・当泉坊（東泉房）・東林坊・南光坊・東蔵坊・向井坊（向房）・壇之坊（壇房）・西之坊（西房）の十二の脇坊。元禄四年当時は西之

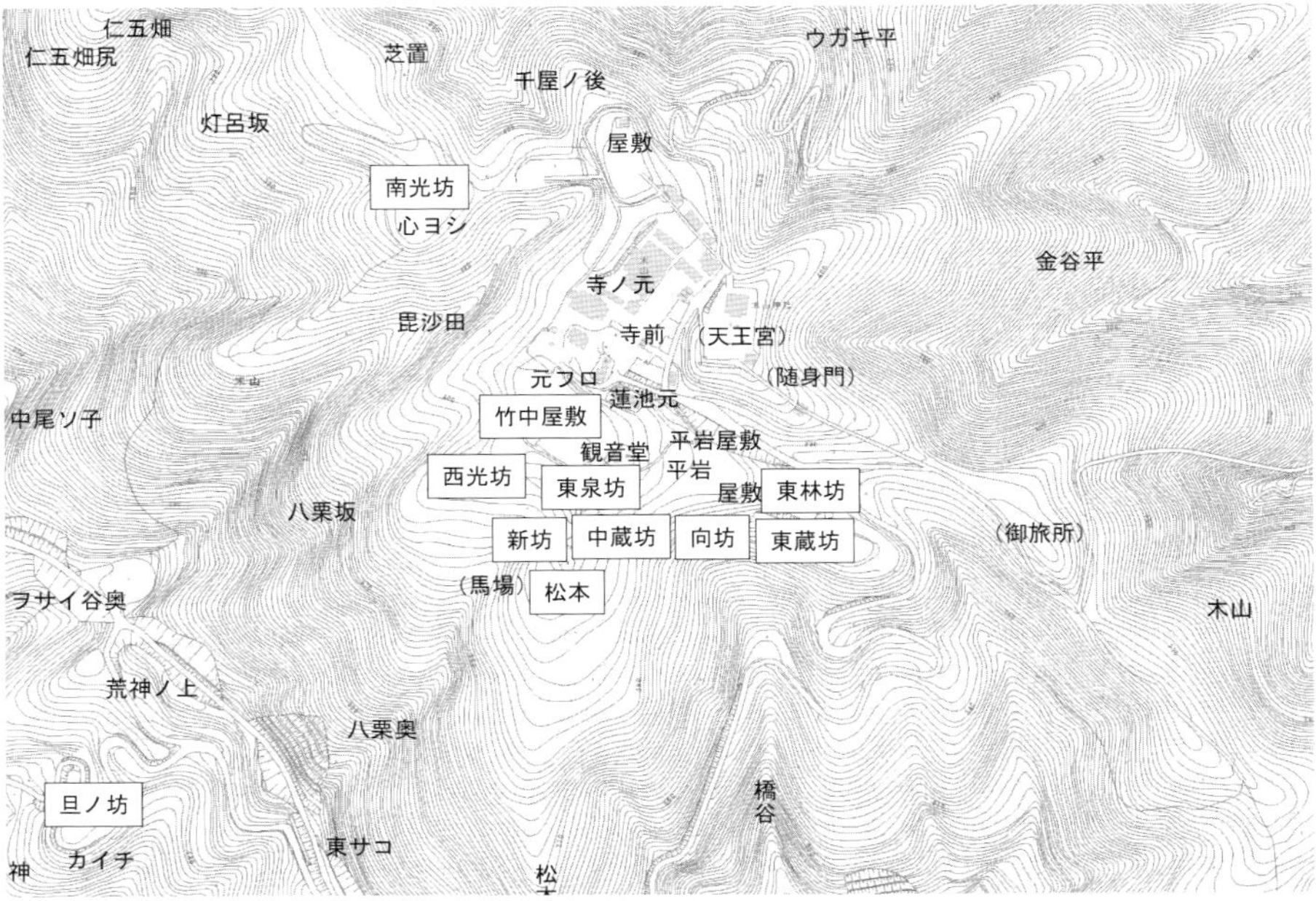

図1　木山周辺小字図（関係資料をもとに作成）

坊が残るのみ。蓮池、浴室あり。古くは薬師堂（本堂）の傍らに総房があり、十二坊が輪番で勤行していた。

こうした両書の情報のみでは、具体的な寺容を想像するのは難しい。そこで、現地の小字地名や踏査の成果を元に作成したのが図1である。今も湧水している「蓮池」や、岩石が露頭する「平岩」の存在は、霊場としての木山の原像を如実に示すものである。

山下の様相―境界・村高・戸数・免田など―

『作陽誌』の附録「十六箇寺境内牓示」によると、近世の木山村全体が、木山寺域そのものと認められており、元禄元年（一六八八）冬には、境内境を示す牓示三十本が立てられている。

近世前期の木山村の村高は二二七石。田一二六石三斗、畠一〇〇石七斗が内訳である（『正保郷帳』）。これに木山寺へ慶長九年（一六〇四）に寄進された七〇石余りを加えると、合計約三〇〇石となる。すなわち、中世当時の木山寺領が三〇〇石であったという『旧記写』の所伝とほぼ一致する。

延宝期（一六七三～八一）前後の木山村内には、三十九軒（坂本十一軒、矢倉五軒、藤炉八軒、三木四軒。残る十一軒は記載なし。深町八軒は隣村の下方村に付属）があった。元禄二年には、四十三軒（本百姓二十軒、名子百姓十軒、家来十三軒）、同四年頃には六十二烟、百三十六人があった（『武家聞伝記』『真庭郡誌』『作陽誌』）。現在は、四十三戸（東坂元四戸、西坂元八戸、八栗三戸、登呂三戸、深町二十三戸、木山二戸）、約百六十五人前後である。

なお、『旧記写』に、「祭田・御供田・神向田・鐘撞田・造酒田・鞁田」は、木山寺の免田であったが中絶したとある。これらは現在、祭田（下方）、御供田、向ウ田（木山）、向田（下方）、カ子ツケメン、三木（木山）、ツツミテン（下方）として、木山地区を中心に遺称地名が認められる（図2）。他に、天王宮で毎月七日と晦日の夜に行われていた祈禱に関係するとみられる「七日田」（木山）、脇坊の経営に関するとみられる「竹中田」（木山）が残っている。

以上から、木山の地は近世初頭の時点で、

①木山寺・天王宮を中核とする山上の堂社・菜薗畠・山林。

②寺領として与えられた田畑七〇石余から構成され、木山村から分郷した「木山村山方」。

③寺域に含まれると認識されているが村として独立している「木山村」（のちに木山村原方）。『作陽誌』には、木山里村として、日谷川（現在の日野上川）沿いに展開していると記す。

の三つから構成されていたことになる（図2）。翻って②、③は元来一体で、中世の「木山方」に重なる可能性が高く、古くは一部が下方地区にまで及んでいた可能性もある。

加えて、かつての木山寺には南三郷内からの寄進地が多くあったと『旧記写』は伝えており、これらはおそらく郷内各地に分散したものであったと考えられる。また、同書や『作陽誌』には、天王宮の氏子が、牛王祈（後述）への参加をはじめ、垂水・鹿田各郷から六月十四日と九月二十日の祭礼に神馬を差し出している（栗原郷は元禄期までに中絶）とあるように、年中行

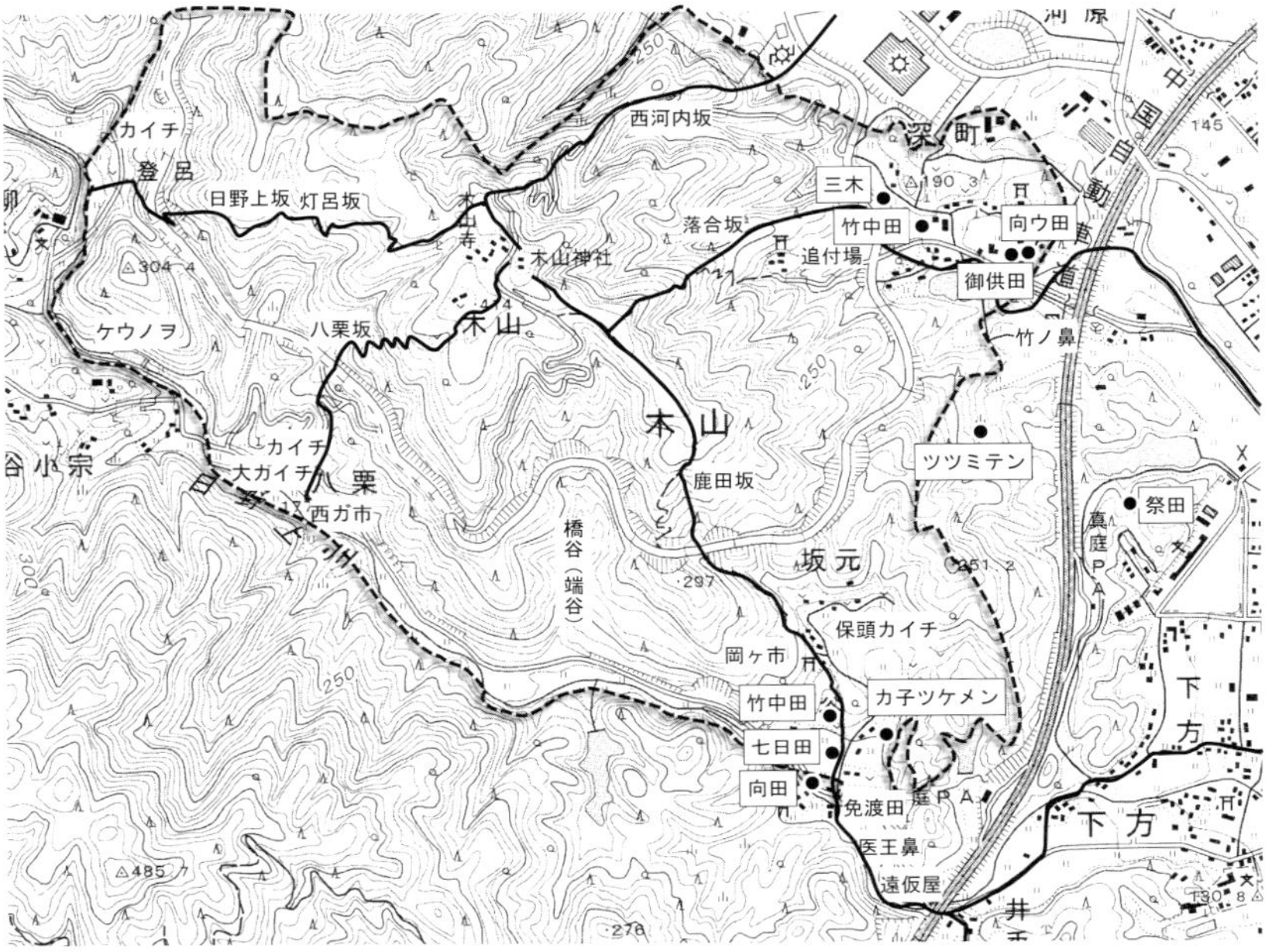

図2　関連小字分布図（国土地理院発行2万5千分1地形図「勝山」に加筆）

事での大きな役割を担っていた。

2　開基・勧請をめぐる諸説

木山の霊場化がいつ、どのような過程を経て進んだのかは、明らかでない。わずかに、「木山天王」が最初、木山の東方に聳える注連山（しめやま）（三二〇・五メートル。落合垂水・下方・西河内）に鎮座し、そのため注連縄を張ったとする地名由来に関連して、続く木山への鎮座が説明されるのみである（『作陽誌』）。

木山寺の創建について、元禄二年（一六八九）の『長尾勝明識語』（図録編№52）には「弘仁年中創建」、『旧記写』にも「当山開基弘法大師弘仁年中」と記す。下って明治二十八年（一八九五）の書上や、『真庭郡誌』の記述も同様で、弘仁年中（八一〇～二四）に開基したとの見解が継承されている。ところがその後、弘仁七年（八一六）を開基とする具体的な説が現れ、さらに同六年と改められ現在に至っている。

天王宮も、明治二年（一八六九）の書上で初めて、寺側の立場からながら、「延喜年中」（九〇一～二三）、すなわち寺の開基後に寺鎮守として勧請したと記している。その一方で現在、木山寺から分離した木山神社側では、弘仁七年（八一六）の創建と公称している。

この背景には、天正五年（一五七七）の焼失を免れて唯一、山内に残っていた随身門（宝永四年〔一七〇七〕に改築、現存せず）の棟木にあったという、「弘仁七」の墨書が裏付けになっているとみられる（『旧記写』）。ただし『作陽誌』では、「弘安・永仁」（宝永四年の棟札には、過去帳の記載として「弘仁・永仁」とする）という十三世紀末の年号と、「朝賢・朝宥」の墨書があったとしており、当時社僧はこの二人を中興の祖としていたとある。

こうした状況を知ると、中世前期以前の木山の実像は謎に包まれていると言わざるを得ない。

社男と南三郷十八ヶ村氏子

木山信仰を特色付けるものとしてまず、神社に奉仕する社男（社人とも）の存在がある。

社男の起源は中世に遡るとされ、近世には別当を勤める木山寺の支配を受けていた。社男の組織は、本座十二座と座外六座から構成されている。多少の出入りがあるが、前者は、下方村の市大夫（長太夫とも。黒田氏）・正直（妹尾氏）・宮大夫（長者。竹村氏）・神大夫（長江氏）、西河内村の頭大夫（長尾氏）、栗原村の立石（立石氏）・庄太夫（石動寺氏）・加太夫（長江氏）、田原山上村の怪除（長江氏）・宮元（宮本。木田氏）、日野上村の惣之市（草地氏か）の十一座と、近世中期までには断絶していた御簾（垂水村）の一座で、右座・左座の二方に分かれていた。後者も、近世中期までに四座が断絶し、二座となっている。座は世襲が原則で、寺方への継目米納入（本座の九座は一石、三座は五斗）が求められた（『作陽誌』『旧記写』『当山社男書類記録』。大夫・太夫の表記は原史料のまま）。

社男は、天王宮境内の神子屋に交代で詰め、参詣者を取次するほか、毎月七日・晦日夜の祈禱や、夏・秋の祭礼などを勤めている。特に、年末年始の四日間に夜通し行われる神事（「牛王祈」「感神躍」「感神座おとり」）では、深夜丑刻に氏子男子らが集まり、社男は神楽を奏して拍子で氏子を踊らせ、社僧が薬師法を行った。ただし、この踊りは、近世中期以降まもなく中絶し、今では知る人もない。現在は、新暦二月に開催される木山寺の修正会に際し、宝木の獲得を競う会陽が行われている（図録編№18、19）。

神事の後、社男各人は、調製した牛王札をそれぞれの旦那場に配札し、初穂を徴収して所得としており、また「在方・旦方之釜祓」などにも携わっている。木山寺は直接矢面には立たず、天王宮と南三郷の氏子を初めとした旦那との関係を取り次ぐのが、社男の大きな役割であった。そのうち社男の多くは、京都吉田家の支配をもって別当からの支配を脱しようとし、継目料の滞納などで寺側に訴えられる事態にもなった（図録編№69）。

明治初年の木山宮には、木田・竹村・妹尾・長江・立石・草地氏が社家として奉仕していた。また、同じく木山寺やその末寺が別当を勤める神社も、同様に各家が社家を勤めていた（『勝山藩志』）。このうち、下方村の妹尾氏が正直の座を世襲していたとされており、その他各氏も、先の社男の後身と考えられる。

近世後期には、彼ら神職によって演芸的要素を取り入れた、神代神楽が創案されたと伝わる。明治初年に世襲神職の地位を失った後も、妹尾氏が中心となり、下方組（木山組）の神楽太夫として、木山神社の許可のもと各地で神楽を上演し、昭和三十八年（一九六三）まで木山信仰の拡大を担っていたとされる（落合町教委、一九八〇など）。

木山狐―若宮三所権現社と善覚大明神―

いわゆる木山狐の存在も、木山信仰を特色付ける大きな要素である。

『作陽誌』によると、木山狐は七十五匹を数え、霊験が知られていると記す。昔、鹿田郷の地頭植木惣十郎が越尾五郎次郎に殺害され、その霊が野狐となり越尾家に怪異をなした。そのため、祠を建て木山で祀るようになったのが、「若宮」であるという。同書の説話がどこまで事実かは不明だが、越尾五郎次郎は文明五年（一四七三）に没したとあるので、十五世紀中の話ということになる。

史料上での「若宮」は、天正五年の焼失を受けて慶長十二年（一六〇七）に再建された際の棟札に「若宮三所権現」と見えるのを初見に、同十八年、寛永十一年（一六三四）と建立が行われ、慶長十八年の棟札には同社の社人として、社男の一座、「宮大夫」の家名が見える（図録編№.7、8）。なお、同社は現在、寺と神社の双方に分離し、木山寺では「若宮稲荷大明神」として祠が残り、木山神社では善覚稲荷神社へと合祀されている。

ただし現在、木山狐として広く知られているのは、木山寺の「善覚稲荷大明神」、木山神社の「善覚稲荷神社」の眷属としてのそれで、同社も元来は同一の社祠「善覚大明神」である。木山神社では久米郡北分小山村（美咲町小山）の修験者小山善覚坊が京都伏見稲荷（京都市伏見区）から勧請、奉戴していた稲荷神を正徳年間（一七一一～一六）、木山寺では同四年（一七一四）に勧請したとされている（後述）。

二　中世の木山

1　南三郷の惣社

南三郷の惣社と在地勢力

中世前期の史料で木山はまず、「南三郷内惣社領…」といった表現で現れる（図録編№49、50）。南三郷とは、木山の南麓、備中川に沿って広がる、栗原・鹿田・垂水三ヶ郷の総称とされている（『作陽誌』『旧記写』）。

中世を通じての各郷の推移には不明な点が多い。そのうち、鹿田郷の備中川北岸地域には、古代真島郡衙比定地の郡（こおり）遺跡（奈良～平安期）があり、遺跡の西隣には、地方豪族の館と目される須内（すのうち）遺跡（須の内遺跡。鎌倉後半～室町期）が所在する（岡山県教委ほか、一九七六・落合町教委、二〇〇四）。このような要地の北方に聳える木山を、郡遺跡から仰ぎ見ることのできる山岳信仰の場とみる、湊哲夫氏の評価がすでにある（湊、二〇〇一）。

さらに、鎌倉末期の内乱では、元弘三年（正慶二年、一三三三）、伯耆国の船上山（鳥取県東伯郡琴浦町）にあった後醍醐天皇へと呼応した武士勢力に、「南三郷」がみえている（『太平記』巻第七）。武士団の存在自体は早くから注目され言及されてきたところだが、三郷のまとまりは、彼らが木山を拠り所として結集した結果と考えられ、以降の木山信仰の大きな基盤をなすことになる。

南三郷の惣社と美作国守護赤松氏

美作国では、南北朝・室町期を通じ、赤松・山名両氏がその支配権をめぐって争奪を繰り返している。

応永十八年（一四一一）四月、美作国守護赤松義則は、南三郷の惣社に社領を寄進した（図録編№49）。

寄進状によると、「南三郷内惣社領田畠等」一所は「木山方」といい、その上分（年貢等）は惣社の「神用」とされていたが、「先地頭等」に押領され、社殿も大破していた。義則は敬神により「給人等」を退け、惣社に下地を寄附し、「別当・神官以下」の支配により、社殿や祭礼を再興するよう命じている。先に各郷の推移には不明な点が多いとしたが、おそらくは国衙領として、「先之地頭」である前守護山名義理に次ぎ、明徳三年（一三九二）に守護となった義則が当地を支配したと考えてみたい。

続いて同二十四年、義則の子で守護を代行していた赤松満祐も、重ねて社領の安堵状を寄せている。満祐がこの安堵状で社領の領掌を命じた「社家」とは、先の「別当・神官以下」を意味するのだろう（『日葡辞書』）。

この惣社領としての「木山方」とは、先述したように、近世の木山寺域が木山村全体にわたることなどから、近世の木山村とほぼ同様の領域であったと考えられる。木山の山麓には現在も、「保頭カイチ」「岡ヶ市」「大ガイチ」「西ガ市」といった中世集落地名が日野上川に沿って散在しており、中世的景観の一端を窺うこともできる。

ただし、これ以降の百年間、史料上で木山の消息は不明となる。

2　木山寺と天王宮

尼子詮久の寺社保護

享禄五年（一五三二）以来、美作国への侵攻を繰り返していた出雲国の大名尼子詮久（のち晴久）は、播磨国への侵攻に先立つ天文八年（一五三九）二月、木山の「寺領役等」免除の安堵を新寄進として行い、別に、「感神院」への他者の侵犯を禁ずる禁制も安堵している（図録編No.47、48）。「感神院」については、天王宮のみを指すとの見解があるが、近世の棟札や『旧記写』の用例からみて、木山寺をも包括する院号とみるのが妥当だろう。

当時の木山周辺では、近隣の高田城（真庭市勝山）に拠る国人三浦氏が、真島・大庭両郡南部地域の大半を領有していた。ただし、三浦氏が天文後期に尼子氏に服属した際、尼子晴久から下された安堵状では、南三郷の内、鹿田・栗原二郷の郷名はみえない（『石見牧家文書』）。残る垂水郷も含め、多くの郷荘保内の「国領」、国衙領は所領から除くとあり、したがって二郷全域が国衙領として認識されていた可能性が高い。

木山寺は、尼子氏以降、相次いで同地へと侵攻する三村、宇喜多、毛利各氏と音信を通じ、祈念を行っており、各氏から礼状が寄せられている。美作国西部における信仰・戦略の要地としての木山の姿がよく窺われ、木山からの送付物では、特に「御久米（ごくまい）・神酒（みき）」が目を引く（図録編№53～58、研究編145頁を参照）。

普善寺宝月坊の隣山再興運動

永禄九年（一五六六）五月には、一昨年前に焼失した隣山の神林寺（真庭市神）の再建を促すべく、「普善寺」の宝月坊が勧進を行っている。普善寺が木山寺の別当の寺号、かつ同寺の異称とされていることは先述した。この寺号は、宝月坊が勧進活動に用いた所謂「宝月坊勧進帳」（『作陽誌』所収）を初見に、明暦三年（一六五七）の棟札、寛文六年（一六六六）写の『表白』（図録編№3、99）、元禄元年（一六八八）の「境内牓示」にも、「医王山普善寺」と記されている。

木山の焼失

棟札によると、天正五年（一五七七）十二月十八日、「祈禱寺（きとうじ）家」から出火し、「西坊・西光坊・本堂・天神ノ社・天王御殿・若宮殿社壇　其外末社ニ僧坊」が悉く焼失し、随身門を残すのみとなった（図録編№1、9）。この「祈禱寺家」について、別の棟札には、若宮殿の社人「正直」家が絶えたため、代わりに任じられたのが「祈禱士」家で、この火災を出したとある（図録編№8）。なお、『旧記写』にはこの時、護摩堂（三間四面）、観音堂（五間四面）、本堂（七間四面）、阿弥陀堂（三間四方）、経堂の焼失を記し、「当山堂社仏閣不残焼失」としている。その一方で、本尊をはじめとした古仏は持ち出され現存ともある。

天王宮本殿については、住持宥猛の尽力で、同八年三月に柱立が行われ、翌同九年には屋根が葺かれている（図録編No.1）。柱立に先立つ同七年十二月には、毛利氏一門の吉川・小早川両氏が木山と、神林寺の所在する神村（真庭市神）に布陣し、宇喜多方の宮山城（同市上市瀬・高屋）と篠向城（同市三崎・大庭）と対峙しているので、地域と山内の混乱するなか、社殿の造営が進められたことになる（岩国徴古館蔵『沼本家文書』）。その後、山内の再建はなかなか進まず、脇坊は西房を除き、またいくつかの仏堂も再建されないままとなった。

伊賀家久の鹿田・栗原・関・一色知行

小早川隆景・穂田元清らは、天正九年（一五八一）八月、宇喜多氏から離反した備前の国衆伊賀家久に、本領として、「鹿田・栗原・関・一色」の領有を認めている（『閥閲録』二九）。鹿田郷の一角にあたる木山も家久の支配下に入ったが、当時、宇喜多勢が籠城する宮山城を巡って係争中の垂水郷は、知行に含まれていない。加えて近世以降、関・一色村（真庭市関・一色）が天王宮の氏子となるのは、家久の一円支配と関係する可能性がある。

しかし家久の木山寺支配は短かった。同十一年以降、毛利輝元と羽柴秀吉の間で、毛利・宇喜多氏領国の国分け交渉が行われ、家久は、本拠である備前国の虎倉城（岡山市北区御津虎倉）から退去を迫られたからである。

家久は、同年八月、従来の寄進地からなる「木山寺領」の諸役免除を改めて自らが寄進して安堵した。なかでも「惣社領」（中世の「木山方」、近世の木山村・同村山方）は「公田之外」、無年貢地として特別に措置している（図録編No.51）。「惣社」こと天王宮への信仰と、「惣社領」の所得の上に、木山寺は拠って立っていることが分かるが、家久はまもなく所領を宇喜多氏へと明け渡し、毛利氏領国へと退去していった。

伊賀氏の関連といえば、かつて天王宮の鐘楼に、正徳五年（一七一五）の再鋳まで、明徳二年（一三九一）鋳造の梵鐘が懸けられていた。『作陽誌』は施入の事情を不明とするが、銘文の写によると、この鐘は元来、伊賀頼兼・同直兼が大檀那となり、備前国津高郡長田荘中村の「牛頭山秀倫寺」に寄進したものとある。まずは、頼兼の後裔とみられる家久が、本拠の備前国から木山寺へと施入した可能性を考えてみたい。

三　近世の木山寺と天王宮

宇喜多秀家領

天正十二年（一五八四）頃を画期に始まる宇喜多秀家の治世で、木山がどのような社領措置を受けたかは、関連所蔵文書がないのと併せ、同氏による文禄四年（一五九五）の寺社領寄進にもその形跡はない（『備前金山寺文書』）。その上で特筆されるのが、山内の山林資源に関する文書の存在である。

木山の山名が示すように、現在も山内には木材資源が豊富である。検討の余地が残るものもあるが、天正十三年五月に秀家本人が、文禄三年三月に花房志摩守（秀成）が、慶長五年（一六〇〇）正月には「山奉行」という村上右兵衛・宇佐美助進が連署により、木山での無断伐採を禁止した禁制が残る（図録編№60、61、62）。かつて秀家の父直家が、岡山城（岡山市北区丸の内）の修築資材として、隣山である神林寺の山内から大杉を曳き出したとの伝承があり（『作陽誌』）、木山の山林を保護した背景にも、同様の目的があったと考えられる。

秀家は慶長五年（一六〇〇）、西軍に属し関ヶ原の戦いで敗れ、改易となった。

小早川秀秋（秀詮）領

小早川秀秋（のち秀詮）は、慶長五年（一六〇〇）、関ヶ原の戦いの恩賞として備前・美作国と備中国の一部を拝領して入部、領国支配を行ったが、同七年（一六〇二）には死去している。木山の処遇については、治世の短さもあってか、直接の史料を欠いており不明である。

津山藩森家領

小早川秀秋の病死により領国は分割され、うち美作国は慶長八年（一六〇三）二月、森忠政に与えられた。まず忠政は、翌同九年三月十一日付で、寺の敷地と「菜薗畠二十七石余」、山林を寄付している（図録編№63）。続いて忠政は十一月二日付で、寺領を七〇石余とし、改めて敷地・山林とともに寄付している（図録編№64）。先の「菜薗畠二十七石余」と併せ、約一〇〇石が当時の寺領であるが、寺領七〇石に対する定米（年貢）は二〇石四斗三升七合、約二九・二パーセントの租率と、実際の生産性はかなり低かったようである（図録編№7、池田家文庫『武家聞伝記』）。

延宝二年（一六七四）、木山村は二代藩主森長継の隠居領二万石の内となり、木山寺には祈禱料二石を毎年給された。さらに元禄元年（一六八八）、四代藩主森長成から、改めて寺領と敷地、山林が安堵されている（図録編№65）。

ちなみに、忠政の治世には、寺領のある寺院に対し、寺役として「渋紙」と「板屋根の釘」を賦課したとされる。元禄二年の書上に、木山村内には紙漉きを生業とする百姓家が四軒あり、「神代かミ」を漉き出していたとある（『真庭郡誌』）。当然、渋紙の原料にもなったのだろう。

かつて真島郡の南部山間地域は和紙の産地であった。特に月田地域（真庭市月田）を中心に広く漉かれていた「月田紙」（八幡紙）が有名で、その昔、別宮山八幡寺（同市月田本）の寺僧が始めたと伝わる。南三郷では、木山村の他、鹿田村（同市鹿田）の「鹿田紙」も月田紙と同等の良品として知られていた（『作陽誌』）。他にも木山周辺には、西河内村（同市西河内）の「紙屋ヶ市」、日野上村（同市日野上）の「紙屋河内」といった、中世の紙漉き集落の存在を窺わせる小字がある。あるいは月田紙の事例のように、木山寺の関与が考えられないだろうか。

なお、延宝六年の『武家聞伝記』には、木山村の特産として、「松茸」と「鷹山」の二つが挙げられている。

山内の騒擾と進む寺社再建

慶長の頃、若宮三所権現社の社人「祈禱士」が山内で騒擾を起こした。慶長十八年（一六一三）の棟札によると、同人は、先の大火の火元となったうえ、何度も「党賊」、集団不法行為があったという。住持の宥銀が、社人に「公界向形儀法度」（世間一般での禁止事項）を言いつけた際にも、口汚く罵り、藩の法度にも背いて抜刀、宥銀を殺害しようとした。その結果、「祈禱士」は、助命されたものの追放となり、権現社には、山内の経営に関与していたとみられる「三郷年寄中」の合意で、正直家を再興して社人に戻したとある（図録編No.8）。

「祈禱士」の名前は棟札に記されていないが、権現社の社人を勤めたという点から、先述した善覚坊本人である可能性がまず考えられる。岡山市北区建部町角石畝の真浄寺には、（慶長元年）十一月二日付で「木山善覚」の神文誓紙が伝来し、善覚坊は同寺に宛て、木山の戒めにより当地を立ち退き、二度と訪れないと誓約しているという（落合町史編纂委員会、一九八〇）。木山狐を使役した、他地域での振る舞いが問題とされたのだろう。

木山から追放されたとみられる善覚坊は、久米郡北分の小山村（美咲町小山）を居所としたらしい。近世中期の地誌によると、小山善覚坊は修験を業とし法術を使い、野狐を飼い人を惑わせていたといい、その死後、人々は拠り所を失った野狐を恐れ、善覚の名前を冠した狐祠「善覚祠」を同地に建てたとされる（『作陽誌』）。

さて、状況の安定により、山内でも堂宇の復興が進められた。天王宮については、木山寺住職の主導で、天正八年（一五八〇）建築の本殿が寛永三年（一六二六）に「再興」され、次いで明暦三年（一六五七）に葺替が、貞享四年（一六八七）から元禄二年（一六八九）にかけて「再々建」されている。この時、山内の南面橋谷の山林を売却した五貫文と、三郷からの寄進二〇〇石余りを資金に充て、津山藩主森長成から一二〇石、前藩主森長継から一五石、郡奉行林太左衛門からも初尾米三石が寄せられている（図録編No.2、3、4）。

寛文期以降、木山寺でも客殿や台所をはじめ、諸堂社の再建が相次ぐようになる。延宝六年（一六七八）には薬師堂（本堂）が再興されるが、天和三年（一六八三）の失火で本尊とともに焼失してしまった（図録編No.73）。元禄四年四月には、高野山の二階堂高祖院と契約し本末関係を結んでいる（『作陽誌』）。

徳川幕府領

元禄十年（一六九七）に森家が改易になると、木山は幕府領となり、津山、坪井、高田、土居陣屋など、所管の陣屋は目まぐるしく転変した。幕府からは、同年から同十三年までの四年間、従前通り寺領七〇石（四ツ物成、二八石）を認められたが、徳川綱豊領となって同十四、十五年には寺納を欠く状態となった。そのため同十六年には、領内八か寺の嘆願により改めて寺領が定められ、木山寺は三五俵（一二石二斗五升）となっている（図録編№73）。

この時期で特筆されるのは、正徳四年（一七一四）とされる、天王宮境内への「善覚大明神」勧請である。同社は一般に、京都伏見稲荷からの勧請とされるが、伏見云々はおそらく正一位の位階授与であって、稲荷自体は善覚が使役した狐を祀った小山村の「善覚祠」を勧請した可能性がある。幕府による寺領削減から間もないこの時期、山内振興の一環として勧請されたとみられる同社は広く信仰を集め、天王宮本社に次ぐ位置を占めるようになる。

勝山藩三浦家領

明和元年（一七六四）、木山寺領は、三河国西尾（愛知県西尾市）から移封された三浦明次（みうらあきつぐ）の支配するところとなった。明次は、真島郡高田村（真庭市勝山）に藩庁を構え、以降、十代・約百年にわたる治世が続いている。

木山寺は、修正会終了の翌日、正月八日に勝山藩三浦家へと年始御礼を行い、三浦家からも藩主・藩士の参詣が度々行われている。天明七年（一七八七）五月には、三代藩主三浦前次（ちかつぐ）から寺領七〇石余りと敷地・山林が寄進され、次いで文政六年（一八二三）三月には四代藩主眦次（てるつぐ）から同様の安堵を受けている（『戸村日録』、図録編66、67）。

天王宮には、近隣諸国から多くの参詣者が訪れ、富裕者から寄進された絵馬や石造物が境内を飾り、文化五年（一八〇八）には、備中国から参詣した当時四歳の山田安五郎（のち方谷）が、社前で木額を揮毫・奉納している。また、木山寺の客殿は、古市金峨、岸良、鶴沢探索など、近世後期の優れた絵師の襖絵で埋め尽くされるなど、山内は地域の文化空間としても機能している。

四　近現代の木山寺と木山神社

神仏分離から現在へ

幕藩体制が終焉を迎えるなか、木山寺は慶応四年（一八六八）、「別当・社僧」は還俗し、「神主・社人」に転じて神事を行うよう、勝山藩から布達を受けた。対して寺側は、この時点では、天王宮を寺鎮守であるとして、独立した神社とはしなかった。そして、明治二年（一八六九）十二月、藩から寄附地の返上を命じられる（『勝山藩志』）。

そのこともあってか、同五年には天王宮が木山寺から独立し、木山神社と改号した。祠官には、木山寺の住持尊信が還俗して古田祇と改名し就任したが、病身のため翌同六年には、旧勝山藩士家の甲斐駒市に交代している。

このようにして、木山寺と木山神社は分離し、山内に一寺一社が併立することとなった。さらに木山寺側では同十八年（一八八五）、天王宮から移していたとされる牛頭天王の本地仏薬師如来と、善覚稲荷の本地仏十一面観音を本尊とする「並祭宮殿」（現・鎮守殿）を造営している（図録編No.12、資料編296頁）。つまり、山内に二つの天王宮と、二つの善覚稲荷が出現した訳である。

その後、木山神社では大正三年（一九一四）、善覚稲荷神社に宝竜神社、御崎神社、水分神社、若宮、木山・坂元両八幡神社、千代稲荷神社を合祀。同八年には、宮司甲斐駒市の宿願であった本殿の葺替、幣殿、拝殿、善覚神社が新築され、本殿を取り巻く境内建築が一新された（図録編No.5、6）。建築の設計・監督は、岡山県会議事堂（戦災で焼失）、旧遷喬（せんきょう）尋常小学校校舎（国指定重要文化財）などを設計した、岡山県技師江川三郎八である。

これらの諸建築は、アジア・太平洋戦争による混乱期を挟み、昭和三十七年（一九六二）に山麓へと移築されたが、山上には従来の本殿を奥宮として残している。一方、木山寺でも同三十年、「並祭宮殿」前に新たな本堂が建立されており、よく整備された双方の寺社の境内には、今も参詣の人が絶えない。

おわりに

以上、木山をめぐる寺史と神社史を概観した。

寺社内外の資史料によって立ち現れた様相は、古代郡衙の所在地となった鹿田郷、その北方山上に叢生した信仰が神仏混淆の聖地へと発展し、時勢により盛衰を繰り返す姿であった。ここでは多くを繰り返さないが、そうした木山と木山をめぐる人々の動向を具体的に跡づけるとともに、地名調査や現地踏査により、遡及的に中世以前の山内や寺領景観を具体的に復元しうる手がかりも、わずかながら盛り込んでみた。

今後は、寺領内のみならず、木山信仰を支えた南三郷など、周辺地域との歴史的関係を具体的に明らかにする取り組みも必要である。道のりは遠く、残された課題もいまだ多いのである。

主要参考文献

真庭郡編『真庭郡誌』真庭郡役所、一九二三。

岡田米夫『木山神社由緒記』木山神社、一九六二。

岡山県教育委員会・岡山県文化財保護協会編『岡山県埋蔵文化財発掘調査報告』十一、同教育委員会、一九七六。

津山市史編さん委員会編『津山市史』第2巻中世、津山市、一九七七。

落合町史編纂委員会編『落合町史』民俗・通史・地区誌編、落合町、一九八〇〜二〇〇四。

落合町教育委員会編『郡遺跡・須の内遺跡・古市場遺跡』同教育委員会、二〇〇四。

湊哲夫「美作国真島山について」(『津山郷土博物館だより』No.三〇、二〇〇一)。

真庭神社名鑑編纂委員会編『真庭神社名鑑』岡山県神社庁真庭支部、二〇一四。

木山寺の中世古文書について

苅米一志

一　中世における地方寺社の文書

文書（古文書）史料とは、ある主体（個人・集団）が他の主体（個人・集団）に対して、何らかの意志・情報を伝達する手段であり、それが必然的または偶然的に残されてきたものである[1]。地方寺社の場合、有する古文書群における「主体」とは、①寺社組織内部の個人および集団、②外部の個人および集団であり、これらが発信・受信主体となることで、さまざまな差出・宛名の組み合わせが生じることになる。これを念頭に置いた上で、中世の地方寺社文書を眺めてみると、その内訳は、a寺社組織の財政・経営に即した文書、b寺社組織の修法・祭祀に即した文書、c外部からの政治的・経済的保証が表明された文書、に分類されるように思う。無論、これらは相互に絡み合っており、外部の第三者が、ある祭祀・修法を依頼するために寺社に土地を寄付（寄進）し（c）、寺社がその土地を経営して（a）、そこからあがる利益により祭祀・修法を行う（b）という流れも想定できる。中世前期において、政治的・経済的保証を行う外部の第三者は、およそ国司・在庁官人・荘園領主・荘官・地頭・名主百姓である。一方、中世後期になると、いわゆる在地領主からの文書も確認できるが、外部の第三者は圧倒的に守護または戦国大名に絞られてくる（部下の執筆による奉書なども含む）。

この時期、各地域の最高権力者は守護・戦国大名であり、地方寺社にとって、その経営や修法・祭祀の存続は、彼らの存在なしには保証されなかった。したがって、文書のかたちで守護・戦国大名の保証をとりつけることは、地方寺社にとって必須の課題となっていた。一方、守護・戦国大名の側としても、地域のさまざまな主体から、権力の正当性を認められるために、寺社の把握は必要な事項であった。地方寺社は地域の政治的・経済的・精神的な拠点でもあり、そこに保証を与えることは、住民の意識を引きつける重要な手段だったのである。守護および戦国大名が地方寺社に与えた保証としては、従前の土地所有の保証（安堵）、新たな土地の寄付（寄進）、軍勢による乱暴の禁止（禁制）などが挙げられる。これらの事項は、木山寺の中世古文書においても例外ではない。

ただし、木山寺の所在する美作国においては、守護および戦国大名の転変がめまぐるしく、木山寺の側もそのことへの対応を求められている。すでに南北朝・室町期には、守護職が山名・赤松氏の間でしばしば交替されていた。戦国期には、播磨・備前の赤松晴政・浦上政宗・浦上宗景・宇喜多直家、備中の三村氏・荘氏、遠方では周防・長門の大内氏、出雲の尼子氏、安芸の毛利氏などの抗争に、国内領主層（国人領主・在地小領主層）が巻きこまれている。この地域では、一国単位の強大な守護権力が成立・浸透せず、幕府奉公衆をふくむ中小領主が居城を本拠に点在し、個別の運動を見せるなど、複雑な状況を呈していた。大名権力の側にもまた、これら領主の動向を把握しなければ、支配が困難になるという弱みがあった。以下では、こうした流れに沿うかたちで、文書の年代比定も織りこみながら、木山寺の中世古文書について解説していくこととする。

木山寺の中世古文書は四巻の巻子（それぞれ三通・二通・六通・三通）に仕立てられており、うち二巻の奥には津山藩士・長尾勝明の識語（図録編№52、59）が付されている。それによると、天正五年（一五七七）の兵火（毛利輝元の美作国掌握）により、木山寺の主要な古文書が焼失した。焼失をまぬがれたもの数通を、巻子に仕立てたという。現存する最も早い時期の文書は応永年間のものだが、さらに時代を遡る多くの古文書が存在したと思われる。しかし、それらの内容については、残された古文書および他資料によって類推する他はない。

二　赤松氏・山名氏の時代

明徳二年（一三九一）、いわゆる明徳の乱（山名氏清討伐）において、赤松義則は弟の満則とともに軍功を挙げた。これにより、義則は翌年、足利義満から山名義理領であった美作国を与えられた。以降、赤松義則は美作国の守護を務めることになる。**「木山寺文書」応永十八年（一四一一）四月二十二日赤松義則寄進状**（図録編No.49）（以下、木山寺文書は太字で示す）は、美作国守護である赤松義則が、南三郷（栗原・鹿田・垂水郷）の「惣社」である「木山感神院」に田畠を寄進したものである。いまだ「木山寺」の名称は出ていないことから、当時はむしろ神社の方に重きがあったとみられる。同じく、**応永二十四年十月二十八日赤松満祐社領安堵状**（図録編No.50）は、応永二十一年以降、赤松義則の守護職を代行していた満祐が、前述の内容を木山感神院に保証（安堵）したものである（満祐による正式な家督継承は、応永三十四年以降になる）。このように、地域の支配者が代替わりするごとに、土地の所有が保証しなおされることを「代替わり安堵」と呼んでいる。

しかし、こののちの赤松氏の命運はめまぐるしい[2]。嘉吉元年（一四四一）、赤松満祐・教康による六代将軍足利義教暗殺によって、赤松本宗家は断絶し、その領国である播磨・備前・美作国は山名氏のものとなった。同三年の禁闕の変によって後南朝に奪われた神璽を長禄元年（一四五七）、赤松氏旧臣が奪還することにより、翌年、赤松政則（満祐の弟・義雅の孫）が加賀国守護職半分を与えられ、室町幕府に復帰した。この後、赤松氏勢力は播磨・備前方面に宇野氏らを派遣し、これが山名氏との争いに発展していく。

赤松政則は、応仁元年（一四六七）に播磨、翌年には備前を山名宗全（持豊）から奪還するが、文明十五年（一四八三）山名政豊の播磨侵攻が起こり、年末の戦闘で大敗を喫した赤松政則は、翌年正月、播磨から没落し、一時行方不明となった。このため、最有力家臣であった浦上則宗により、家督を剝奪される危機に直面する。しかし、足利義尚との謁見と別所則治の協力により、播磨に帰還することに成功し、さらに足利義政の仲介で浦上則宗とも和解を果たした。こうした条件を整えた上で、赤松氏は山名氏の撃退にあたっていく。その結果、長享二年（一四八八）に播磨・備前・美作の奪還を果たした。

政則は明応二年（一四九三）四月まで、十代将軍足利義材（義稙）に忠実に従っていたように見えるが、同月二十日、突然に細川政元の姉・洞松院尼と婚姻する運びとなる。その二日後に明応の政変（細川政元によるクーデタ。足利義材に替えて香厳院清晃を擁立）が起こっていることからすると、これは明らかな政略結婚である。赤松政則は細川政元方となるが、しばらくして体調を崩したらしく、明応四年四月、播磨に下向すると、翌年二月頃には危篤に陥り、四月には死去する。養子の赤松義村が家督を継いだが、その実権は洞松院尼および浦上則宗が握っていたものと思われる。(3)

永正四年（一五〇七）六月、細川政元が暗殺され、前将軍足利義材（義稙）と新将軍足利義澄との間で争いが起きる。赤松氏は初め義澄側についたが、同九年には義材（義稙）と和睦した。成人した義村は、重臣の浦上村宗と対立し、永正十八年（大永元年。一五二一）正月、和睦を持ちかけた村宗側に拉致され、播磨国室津城に幽閉、九月には暗殺された。その前年、家督を継いでいた晴政は、大永二年、山陰の山名誠豊の侵攻に備えて、村宗とも一時的に協力するが、再び村宗側の攻撃にさらされ、播磨国置塩城から美作国新庄山城に退いた時期もある。享禄四年（一五三一）、細川晴元を攻めるため、管領細川高国の部将として浦上村宗が摂津国へ侵攻する。赤松晴政はその後陣を務めたが、すでに細川晴元との密約が成立していた。同年六月、晴政は細川高国・浦上村宗軍の背後を衝き、これを壊滅させることに成功する。これにより、ある程度は実権を回復したものの、村宗の子である浦上政宗や浦上宗景との対立はその後も続いた。さらに天文六年（一五三七）頃から始まった、出雲国からの尼子詮久（のち晴久）による侵攻では、西播磨の龍野城まで奪われると領国内は混乱し、晴政は一時、別所氏を頼って三木城に逃れた。やがて別所氏も尼子氏と通じたため、堺へ逃亡することになる。[4] これ以降、毛利氏の攻撃にさらされながらも、尼子氏が美作国を掌握することとなった。

三　尼子氏の台頭

出雲国における尼子氏の活動の初見は、永享十一年（一四三九）のことである。[5] もともと出雲尼子氏は、京極氏を惣領家とする同氏の一族で、出雲国守護となった京極氏に従い、本貫の近江国から下向し、定着した存在である。尼子氏は守護代の立場にあり、応仁・文明の乱では、尼子清貞が東軍の京極持清を支え、西軍に属した国人領主層との戦闘に従事した。[6] 清貞は、有力な国人領主である松田備前守らの連合軍を退け、松田氏を守護方に復帰させた。尼子氏は京極氏から美保関の管理を一任され、従来から同関の管理を行っていた松田氏の権力を大きく削ぎとったと言われる。文明二年（一四七〇）までには、多くの在地土豪層を配下に組みこみ、居城のある富田荘を拠点として、美保関から宍道湖北岸のあたりにまで強い勢力を張った。

永正五年（一五〇八）十月、出雲国守護の京極政経が死去し、尼子経久が事実上の守護権を継承できる可能性が高まった。しかし、出雲国内には、かつての守護佐々木氏の子孫であり、幕府奉公衆でもある塩冶氏という一大勢力が存在した。塩冶氏は、宗教的権威である杵築大社（現・出雲大社）および周辺領主との政治的結合を強め、出雲国西部に大きな勢力を有していた。尼子経久は、永正十五年末までに三男の彦四郎興久を塩冶氏に送りこみ、同氏の惣領・家督とすることに成功する。これには塩冶氏側の思惑もあったとみられるが、享禄三年（一五三〇）頃、塩冶興久は実父の尼子経久と対立することとなる。この謀叛の背景には、尼子氏の勢力拡大に対する国内諸勢力、特に出雲国西部・南部の勢力による反発があったとみられる。天文二年（一五三三）末までに戦闘は経久の勝利に終わり、塩冶氏惣領家は滅亡・断絶した。塩冶氏の所領と配下の領主層は、経久の次男である国久が継承することとなり、やがて当主の詮久（晴久）を支えていく。一方、永正十一年十月および享禄四年八月頃、尼子経久は国人一揆の中核である三沢氏の本拠・横田荘を攻撃し、天文十二年八月には同荘を支配下に組みこんだ。これにより、三沢氏の経済基盤は大きく後退する一方、尼子氏の権力は最盛期を迎えることとなった。

尼子氏による美作国侵攻の動きはこれより早く、天文元年前半には、新見氏など備中の国人領主らが、尼子氏に協力していたことが確認される(7)。伯耆国東部・美作一帯・備中国の一部の領主が敵・味方に分かれるが、戦局は尼子氏に有利に展開した。同年五月頃から、尼子氏は美作西部・高田荘の三浦氏への攻撃を開始する。こうした動きは、畿内方面への侵攻をも企てた上で、その進軍ルートの確保という意味をも有したと目されている。なお、この時期、尼子氏は美作国内の寺社を把握しようとしていたらしく、天文二年十一月には尼子詮久が、美作国二宮の高野神社の神官・真島注連大夫に人給領を安堵している(8)。これは尼子氏の意向というだけにとどまらず、寺社による「下からの文書の取りつけ（権利の保証の取りつけ）」という意義もあった。

天文五年頃から、尼子氏の美作国侵攻が本格化する。『江北記』によると、同年十二月、尼子詮久の軍勢が備中・美作を制圧したのち出雲へ帰国し、但馬にも軍勢を進出させたと伝える。同七年四月五日には、相国寺鹿苑院が美作国英多（英田）郷などの返付を尼子詮久に申請しており、この時期に尼子氏が美作国を制圧していたことは間違いない(9)。同七年六月頃から、尼子氏による第二回目の播磨遠征が行われ(10)、七月には赤松晴政が高砂に敗走する（のち淡路に移る）。尼子氏は、八月下旬には京都上洛を睨んで、美作・備前・播磨国に軍勢を展開していく。十一月には、別所村治が籠もる播磨国三木城の攻撃を開始するが、結果的には失敗に終わった。しかし、同八年十二月に第三回目の播磨遠征が行われると、赤松晴政は摂津国滝山城へ退去することとなった。

この時期の文書が、**「木山寺文書」天文八年二月十三日付の尼子詮久判物（二通）**（図録編No.47、48）である。一通は、尼子詮久が従来通り木山寺への諸税の免除を保証したもの、もう一通は尼子詮久が木山感神院の境内への乱入などを禁じたものである。これらは、領主の交替による財産権および領域保全の再確認であろう。

天文九年（一五四〇）、尼子詮久が安芸国吉田郡山城の毛利氏を攻めるが、大内義隆による同氏への援軍もあり、翌年には郡山城から敗走、さらに十一月には尼子経久が死去した。この頃、尼子詮久は「晴久」を名乗るようになる。**「木山寺文書」年未詳十二月二日尼子晴久書状**（図録編№56）は、改名する天文十年以降、彼が死去する永禄三年（一五六〇）十二月の間のものと推測される。文書は、木山寺から、酒樽と料理が届いたことに感謝している。これもまた、木山寺側からの権利保証の取りつけという意義をもつであろう。なお、美作国一宮である中山神社にも、年未詳十一月十日尼子晴久判物（屋葺筑後守あて）があるが、これもほぼ同時期のものと考えられる。

天文十一年から翌年にかけ、大内義隆が出雲へ侵攻し、月山富田城の尼子晴久を攻めるも大敗する。なお、この時期、毛利元就は大内氏に従っていた。天文二十年（一五五一）および二十二年、備前国天神山城の浦上宗景が美作を侵攻すると、尼子晴久は備前国へ出陣、播磨国室津の浦上政宗と連携し、天神山城・沼城などへ軍勢を進出させた。美作国は不安定な状態にあったが、この時期に大きな動きが起こる。

天文二十一年四月、尼子晴久が、出雲・隠岐の他に因幡・伯耆・備前・美作・備後・備中の守護識に補任されたのである（中国八ヶ国守護職）。四月二日、足利義藤（義輝）が、尼子晴久に対し、因幡・伯耆・備前・美作・備後・備中の六ヶ国守護職に補任する御教書を発給した。さらに六月二十八日、各国別に将軍の意志を伝える室町幕府奉行人奉書が発給され、同日付で出雲・隠岐についても守護職に補任する奉行人奉書が発給された[11]。後者の二ヶ国は、惣領家である京極氏から相続したものと認識されており、幕府がそれを公認するかたちになるが、その他の国の守護職補任については、微妙な意味がある。すなわち、因幡・伯耆・備後は山名氏、備前・美作は赤松氏、備中は細川氏の分国であるという性格が拭えないのである。

前後の状況を考えると、まず尼子氏は、周防・長門の大内氏と長らく敵対関係にあった。大内義隆は幕政の中枢にある細川政元と結び、但馬山名・備中細川・播磨赤松・阿波細川らと連携して尼子氏を包囲していった。これに対して尼子氏は、伯耆山名・因幡山名・安芸武田・伊予河野・豊後大友らと結んで抵抗する。こうした中、天文二十年九月、陶隆房（晴賢）の乱により、大内義隆が自害した。西国の政治状況が大きく変動する可能性が浮上したのである。中央では、天文十八年に三好長慶が足利義晴・義藤（義輝）父子および細川晴元を京都から追放し、細川氏綱を擁して上洛した。足利義藤（義輝）が帰京したのは同二十一年正月のことで、ようやく足利義藤（義輝）―細川氏綱―三好長慶という指揮系統が整う。こうした中、以前から細川氏綱や畠山稙長らと謀り、播磨・備中・美作方面へ出兵していた尼子晴久が三月に相伴衆に加えられた。こうした中で、先の六ヶ国守護職の補任が行われたのである。これは、尼子氏に対して新たな幕政への協力を求めるための補任と考えられる。それは一方で、赤松氏・山名氏などが幕政の中枢から排除されることをも意味していた。幕政との関連で、複数の守護職を認められた尼子氏だが、天文年間末期からは、毛利氏の猛攻により、没落の道を辿ることになる。

四　毛利氏の猛攻と尼子氏の没落

一五五〇年代、中国地方には大きな転機が訪れる。すでに備前・備中方面へ進出していた毛利氏が(12)、天文二十三年（一五五四）六月、安芸国明石口で陶晴賢軍を破り、さらに弘治元年（一五五五）十月、厳島合戦によって晴賢を自刃に追いこんだのである。天文二十三年十一月、尼子晴久は出雲西部を支配してきた叔父・尼子国久の新宮党を討滅することに成功していたが、弘治二年には毛利氏との戦闘に破れ、石見銀山を奪われた。翌年、毛利元就は大内義長を自刃させ、周防・長門二国を完全に平定した。永禄元年（一五五八）、尼子氏が石見銀山を奪還し、また同三年には、将軍足利義輝が毛利元就と尼子義久の和睦を周旋するなどの動きがあった。同年十二月、尼子晴久が没して義久が家督を継いだが、以降の戦況は圧倒的に毛利氏が優勢であった。

永禄五年六月、毛利氏は石見銀山を再び奪取した。毛利氏が月山富田城を囲むと、尼子氏は石見から撤退し、七月には毛利軍が出雲へ侵攻する。赤穴・三刀屋・米原など、出雲西南部の領主が毛利方に従属する一方、八月には将軍足利義輝が毛利隆元を備中国守護に補任した。[13] 隆元は翌年に死去するものの、同年十月に尼子氏は出雲白鹿城を落とされ、永禄八年十月には尼子義久の部将・江見久盛が美作倉敷城を退いて、出雲富田城へ入った。[14] 籠城戦の末、永禄九年十一月、尼子義久が月山富田城を開城して、毛利氏に降伏した。これが事実上の尼子氏の滅亡となる。これにより、毛利氏が出雲・伯耆を平定し、月山富田城は毛利・吉川氏の配下に置かれることとなった。

この時期のものと思われるのが、**「木山寺文書」年未詳十月二十五日毛利元就書状**（図録編№57）および**年未詳十一月八日三村元親書状**（図録編№58）である。前者は、毛利元就が尼子氏を破る永禄九年から、死去する元亀二年（一五七一）六月までのものであろう。元就は、木山寺から祈禱を実施した報告と「青銅（銭）」が届いたことに感謝している。後者は、三村元親が家督を継ぐ永禄九年から、毛利氏に離反する天正二年（一五七四）までのものであろう。美作国へ侵攻した毛利勢が木山寺の「重物」を受け取り、保護を約束したことを伝えるとともに、木山寺から三村へ料理が届けられたことに感謝し、寺の安泰を願っている。三村氏は父・家親の代から毛利氏に従い、その後援により備前一帯を把握したが、永禄九年に宇喜多氏により父が暗殺されて以降、同氏との合戦で連敗を重ねていた。のち天正二年に毛利氏に離反するのは、宿敵・宇喜多直家が毛利氏と結んだからである。[15]

永禄十二年（一五六九）六月、山中幸盛（鹿介）らが尼子勝久を擁立すると、織田信長の援助を得て出雲へ入り、新山城を拠点に毛利氏と戦うことになる（尼子再興戦）。七月には毛利氏の月山富田城を攻撃するが、毛利氏による美作国支配は揺るがなかったらしい。美作国一宮の中山神社には、同年卯月三日毛利元就判物、同日大庭賢兼・井上就重・平佐就言連署奉書、同年卯月十七日吉川元春・同元長・同経言・仁保元棟連署書状、同年閏五月十三日毛利元就書状、また美作国惣社神社には、同年卯月三日毛利元就判物写などが残されている。これら文書の存在は、毛利氏による地域寺社の把握を示すものである。これらの発給文書の流れに置くと、先の「木山寺文書」二通も永禄十二年のものと考えてよいかも知れない。

同年七月までに、毛利元就が美作国高田城主・三浦貞盛を滅ぼした。これに対して、三浦氏の遺臣らが宇喜多直家の支援を得て高田城を攻めるが、香川光景らがこれを撃退する。[16] 八月には、豊臣（羽柴）秀吉の兵が備前・美作方面へ出兵するが、[17] ほぼ同時期に尼子勝久が隠岐国から因幡国へ移動し、山中幸盛と合流した。[18] 翌元亀元年（一五七〇）二月、出雲方面に出陣した毛利輝元は、布部の戦いで尼子軍を破ると、美作国に深く侵攻した。[19] 元亀二年六月、毛利元就が吉田郡山城で死去するが、毛利氏の大勢に影響はなく、八月には尼子勝久らが出雲を退去して、京都方面に逃れた。元亀三年閏正月、足利義昭により毛利輝元・浦上宗景・宇喜多直家らの和睦が行われるが、[20] 同年七月には破局し、毛利輝元が浦上宗景を討つため、吉田郡山城より進発し、武田信高を将として、美作国を侵攻した。[21]

元亀四年（天正元年。一五七三）、山中幸盛は主家（尼子勝久）の再興を織田信長に願い出ていたが、信長はこれを無視し、浦上宗景に備前・播磨・美作を安堵した。[22] 尼子氏は、因幡方面からこれら地域の奪取を図るが、翌年にはまた新たな動きが起こる。天正二年三月十三日、宇喜多直家と浦上宗景が完全に断絶し、[23] 閏十一月二十日、備中松山城の三村元親が、浦上宗景・三浦貞広らと通じて毛利氏に背いたのである。毛利軍の侵攻は勢いを強め、天正四年頃になると、尼子勝久は信長との接触を試みる。天正五年十月、豊臣秀吉が赤松政範の籠もる播磨国上月城を攻略すると、尼子氏が同城に配置された。尼子勝久は、すでに信長の方面軍として遇されていたのである。同年十二月には、毛利勢が美作国を掌握したが、[24] ここに尼子氏が関与することはなかった。翌天正六年四月、毛利軍（吉川・小早川）と宇喜多直家軍の計六万が、勝久の守る上月城を包囲すると、七月には勝久が同城を開城し、毛利方に降伏して自刃する。山中幸盛も毛利輝元のもとへ護送される途次、備中国阿井の渡で殺害された。これにより、戦国大名としての尼子氏は完全に消滅することとなった。

この頃のものと思われるのが、**「木山寺文書」年未詳六月十八日宇喜多直家書状**（図録編№55）である。宇喜多直家は天正二年に毛利氏と同盟し、美作国に勢力を伸ばしたが、同七年には毛利氏に離反して織田信長の配下に入っている。この間、美作国における毛利氏の部将として文書を発給したのであろう。文書は木山寺から、祈禱の報告と「青銅（銭）」その他が届いたことに感謝している。内容の類似からして、**「木山寺文書」年未詳九月二十七日毛利輝元書状**（図録編№53）も、同時期のものである可能性が高い。大きく見ると、文書は毛利輝元が家督を継いだ元亀二年（一五七一）から、豊臣秀吉と調停する天正十年（一五八二）までのものと考えられる。但し、のち天正八年九月に輝元は備中・美作方面に自身出陣しており、この動きを見た木山寺の側が文書を取りつけた可能性も捨て切れない。文書は、木山寺から祈禱の報告と「久米神酒」が届いたことに感謝している。さらに同時期のものと思われるものに、**年未詳五月十二日小早川隆景書状**（図録編№54）がある。小早川隆景は、毛利輝元から山陽道の支配を任され、天正年間に何度も美作周辺で戦っている。輝元書状のように天正八年の可能性を高く考えることはできないが、その下限は輝元書状と同じく天正十年頃であろう。文書は、木山寺から祈禱の報告と料理が届いたことに感謝している。

五　備中高松城合戦とその後の動向

天正七年（一五七九）三月、宇喜多直家が豊臣秀吉に応じ、美作国三星城を攻めると、秀吉軍と毛利軍の戦闘は本格化することとなった[25]。毛利軍は同国枡形山・宮山・鹿田などに進出し、また美作の有力国人である草刈氏を吸収している[26]。これ以降、美作国内では各地で戦闘が繰り返されるが、ここでは煩雑になることを避け、天正八年の動きについて、簡略な一覧を示すにとどめる。

美作国をめぐる天正八年（一五八〇）の動向

正月　毛利輝元が湯原春綱を美作国祝山在番とする。毛利軍が美作国高田・寺畑・宮山へ進出。同国栂森に在番を置く[27]。

二月　毛利軍が美作国鹿田を落とし、寺畑に迫る。同国小寺畑城を落とし、垪和へも進出[28]。

三月　毛利軍が美作国人の竹内為能に与同し宇喜多軍と戦う。両寺畑も落とす[29]。

閏三月　毛利軍が美作国天王山・宮山・篠吹・垪和へ進出[30]。

四月　毛利軍が備前国加茂に進出[31]。

五月　宇喜多軍が美作国倉敷に進出[32]。

六月　毛利軍と宇喜多軍が美作国灘で合戦。毛利軍が美作国枡形から同国祝山城に兵粮を送る。織田信長が祝山城在番の湯原氏を誘う。宇喜多軍が美作国沖構へ進出[33]。

七月　毛利軍が美作国岩屋城を落とす[34]。

八月　宇喜多軍が美作国戸川・炭田に出陣。小早川隆景が美作国高田へ到着[35]。

九月　毛利輝元が備中国新見・美作国高田へ到着。同国篠吹城を普請[36]。

十月　美作国祝山城が、内通者などにより危機に陥る[37]。

十一月　毛利軍が美作国高田城を普請し、祝山城の危機に対処する[38]。

明けて天正九年正月、毛利軍は福田盛雅に美作国小田草の在番を命じた[39]。二月以降の備前国児島麦飯山、八浜の合戦などを経て、七月には毛利軍が美作国を制圧することとなった[40]。八月には小早川隆景らが、宇喜多氏の配下であった伊賀家久を吸収している[41]。美作国の「岡田家文書」年未詳十一月二日小早川隆景書状、「高野神社文書」年未詳十一月二日小早川隆景判物はこの頃のものであろう。ともに美作国二宮高野神社の注連大夫に西六郡の社男務頭役の収取を安堵している。翌天正十年正月には、備前・備中の境目へ毛利軍が進出し、三月には秀吉軍がここに進軍・着陣することとなった。

これが備中高松城をめぐる攻防につながるが、六月二日の本能寺の変により中断し、以降は秀吉と毛利氏との交渉が進められていく。この微妙な時期の状況を示すのが、**「木山寺文書」天正十一年八月十三日伊賀家久判物**（図録編№51）である。毛利輝元の配下となっていた伊賀家久が、従来の「寄附状」の通り、木山寺への諸税の賦課を免除したものである。当時、木山寺をふくむ地域が、いまだ毛利氏の支配下にあったことを示している。

天正十三年二月、秀吉の命により、備中国松山は毛利方、備前国児島は宇喜多方へ付された[42]。美作国については、宇喜多直家の家督を継いだ秀家に支配が認められることになった。そのことを示すのが、**「木山寺文書」天正十三年五月二十五日宇喜多秀家禁制状写**（図録編№60）である。文書は、一般の人々が木山寺境内で材木を伐採することを禁じたものであり、地域の領主による財産権の保証と言えるだろう。

中世の終りを豊臣秀吉による後北条氏征伐に置くとすると、これ以降は近世古文書の範囲になるが、宇喜多氏との関連で、いくつか触れておこう。**「木山寺文書」文禄三年（一五九四）三月三日花房秀成禁制状写**（図録編№61）は、宇喜多秀家の家臣である花房秀成が、木山寺周辺で一般の人々が材木を伐採することを禁じたものである。実際には、主人である宇喜多秀家の意向を受けた文書であろう。美作国一宮の中山神社には、文禄四年十二月吉日宇喜多秀家黒印状写があり、同じく神社領の保証がなされている。**慶長五年（一六〇〇）正月十六日山奉行村上右兵衛・宇佐美助進禁制状**（図録編№62）は、宇喜多秀家の家臣である村上右兵衛と宇佐美助進が連署し、文禄三年の文書と同様の内容を命じている。

この直前の慶長四年には、宇喜多秀家の側近・中村次郎兵衛の処分をめぐって家中が割れ、戸川達安・岡利勝ら有力家臣が秀家のもとを去るという「宇喜多騒動」が起こっている。[43]秀家の権力は弱まり、さらに慶長五年、関ヶ原合戦の敗北によって改易および流罪となり、八丈島の流人としてその生涯を終えた。

代わって美作（津山藩）を拝領したのは小早川秀秋であるが、わずか二年後の慶長七年十月に死去して改易となり、森忠政が入った。**「木山寺文書」慶長九年三月十一日森忠政寄進状**（図録編№63）は、木山寺領として「菜薗畠」二七石余の土地と山林を寄進したもの、同じく**慶長九年十一月二日森忠政寄進状**（図録編№64）は、木山寺領として七〇石分の土地を寄進したものである。七〇石という数値はその後も継承され、以降も藩主の交替ごとに同額の土地の所有が認められている。実際には、中世の代替り安堵と同様なものであろう。

六　木山寺における中世古文書の特質

長尾勝明が識語に述べたように、木山寺の中世古文書の多くは戦国末期に兵火にかかっている。そのため、他寺社と比較しても、その点数は決して多いとは言えない。しかし、文書の発給者を見ると、その時々の著名な大名が綺羅星のように並んでおり、いわゆる「境目地域」としての美作国の特質を浮き彫りにするものとなっている。

その特質の第一としては、典型的な代替り・領主交替の際の安堵に関わる文書であることが挙げられる。木山寺の内部組織に即した古文書は確認できない一方、ほぼそのすべてが外部からの伝達文書であり、所領などの財産権を保証するものとなっている。これは美作国一宮中山神社・二宮高野神社・惣社でも確認される現象であり、木山寺がこれらと並ぶ存在であったことも推測できる。遡ると、木山寺は美作国衙と関連深い寺社であり、この地域における郡鎮守のような存在であったのだろう。

第二の特質は、木山寺の能動性である。文書は黙していれば「上から降ってくる」ものではなく、寺社の側からの働きかけが必要とされた。文書中にしばしば、木山寺による祈禱の報告や物品の献上という事項が見られるのは、木山寺の側がいち早く領主の交替を把握し、彼らに対する戦勝祈禱や物品貢納を申し出たからに他ならない。

こうした点で、現存する木山寺文書は、領主の側からの把握と、寺社の側からの働きかけの接点に生まれたものと考えることができる。その影響力は強く、近世においても領主代替りのたびに一定面積の所領（七〇石）が確認されていくのである。

註

（1）山口英男「文書と木簡」（石上英一編『日本の時代史三〇　歴史と素材』吉川弘文館、二〇〇四年）、同「正倉院文書の〈書類学〉」（『日本史研究』六四三、二〇一六年）。

（2）以降の記述は、渡邊大門「戦国期美作国における中小領主の特質」（『佛教大学大学院紀要　文学研究科篇』三九、二〇一一年）、同『戦国期赤松氏の研究』（岩田書院、二〇一〇年）、同「美作国江見氏の基礎的研究」（『岡山地方史研究』一二三、二〇一〇年）、同「美作国後藤氏の権力構造」（『年報赤松氏研究』四、二〇一一年）、同『中世後期の赤松氏』（日本史史料研究会、二〇一一年）、中脇聖「戦国期播磨国赤松氏権力をめぐる研究史への一視点」（『年報赤松氏研究』五、二〇一二年）などによる。なお、美作国内の有力領主層としては従来、高田城の三浦氏、倉敷城の江見氏、稲荷山城の原田氏、岩屋城の芦田氏、小田草城の斎藤氏などの存在が指摘されている。

（3）今谷明「赤松政則後室　洞松院尼細川氏の研究」（同『室町時代政治史論』塙書房、二〇〇〇年）、小林基伸「浦上則宗論」（矢田俊文編『戦国期の権力と文書』高志書院、二〇〇四年）など参照。

（4）畑和良「天文・弘治内乱と赤松晴政」（『歴史と神戸』四三（五）、二〇〇四年）など参照。

（5）「日御碕神社文書」永享十一年十一月・日御碕一神子言上状。

（6）以降の記述は、岸田裕之・長谷川博史『岡山県地域の戦国時代史研究』（『広島大学文学部紀要』五五、特輯号二、一九九五年）、長谷川博史「尼子氏の美作国支配と国内領主層の動向」「尼子氏による他国への侵攻」（同『戦国大名尼子氏の研究』吉川弘文館、二〇〇〇年）、榎原雅治「美作国垪和庄と垪和氏」（『吉備地方文化研究』一六、二〇〇六年）、山下晃誉「天文前期の播磨における尼子氏勢力の動向」（『年報赤松氏研究』一、二〇〇八年）、浅野友輔「戦国期室町将軍足利義輝による和平調停と境目地域」（『十六世紀史論叢』四、二〇一三年）、渡邊大門「尼子氏の播磨侵攻と赤松氏・室町幕府」（『十六世紀史論叢』六、二〇一四年）などによる。

（7）「東寺百号文書」ヤ二五一、天文二年六月廿三日新見国経書状、「長府毛利家文書」享禄五年七月廿六日尼子経久宛行状。
（8）「岡田家文書」天文二年十一月廿七日尼子詮久判物。
（9）『蔭涼軒日録』同日条。
（10）『天文日記』天文六月十四日条。
（11）刊本は『佐々木家文書』、『出雲尼子史料集』などによる。
（12）『萩藩閥閲録』九二、波多野源兵衛、天文二十二年三月廿八日毛利元就・隆元連署感状では備前国沼合戦、同四六、小寺忠兵衛、同年十二月廿日毛利元就・隆元連署感状では備中国服部合戦などが確認される。以下、『萩藩閥閲録』は『萩』とする。
（13）「毛利家文書」同年八月六日足利義輝御判御教書。
（14）美作倉敷城主を江見久盛とするのは、前掲註（6）長谷川博史著書による。
（15）寺尾克成「浦上宗景考」（『國學院雜誌』九二（三）、一九九一年）、渡邊大門『戦国期浦上氏・宇喜多氏と地域権力』（岩田書院、二〇一一年）など参照。
（16）『萩』二二、小川右衛門兵衛、同年二月廿六日毛利輝元・元就連署感状写など。
（17）益田家什書、同年八月十三日条。
（18）『萩』二二、小川右衛門兵衛、同年八月廿二日立原久綱書状。
（19）「吉川家中并寺社文書」同年二月廿六日毛利輝元・元就連署書状案、同日小早川隆景書状案、「米井家文書」永禄十三年四月四日某興幸感状、「米井家文書」元亀二年三月十九日某興幸感状、同年五月九日尼子勝久感状。
（20）「柳沢文書」同年閏正月十三日足利義昭御内書など。
（21）『萩』一一七、久芳五郎右衛門、同年七月廿八日小早川隆景書状写、同年十月十日小早川隆景書状。
（22）「吉川家文書」同年十二月十二日安国寺恵瓊書状。
（23）「原田文書」同日宇喜多直家起請文。
（24）『萩』一〇四ノ二、湯浅権兵衛、同年十二月二十八日小早川隆景・福原貞俊・口羽通良・吉川元春連署書状写。
（25）『萩』五三、木梨右衛門八、天正七年十月五日小早川隆景書状写。
（26）「牧山家文書」（天正七年）三月廿六日小早川隆景書状、「吉川家文書別集」天正七年七月十八日吉川元春書状、『萩』三四、草刈太郎左衛門、小早川隆景起請文写、同一一九、児玉勘左衛門、同年十二月十一日小早川隆景書状写、同八二、世木九郎右衛門、同年十二月廿六日岡元辰書状写。

(27)『萩』一一五ノ一、湯原文左衛門、同年正月二日小早川隆景・吉川元春連署書状写、同一一五ノ三、湯原文左衛門、同年正月九日吉川元春書状写、同一一二、河北孫左衛門、正月廿六日毛利輝元書状写。以下、『岡山県史』編年史料などを参照した。

(28)『萩』一一五ノ二、湯原文左衛門、同年二月一日吉川元春・福原貞俊・口羽通良・小早川隆景連署書状写、同一一五ノ二、湯原文左衛門、二月十三日吉川元春・小早川隆景連署書状写、同五〇、飯田与一左衛門、天正八年二月廿三日粟屋元秀書状写。

(29)『萩』五〇、飯田与一左衛門、同年三月十二日毛利輝元書状写、同一一三、大多和惣兵衛、天正八年三月十八日毛利輝元書状写。

(30)『萩』一一五ノ二、湯原文左衛門、同年閏三月十二日小早川隆景・福原貞俊・口羽通良・吉川元春連署書状写、同一一五ノ二、湯原文左衛門、同年閏三月廿三日小早川隆景・吉川元春連署書状写。なお、この時期のものと思われる美作国内の文書として、「総社文書」天正八年三月二日小早川隆景・福原貞俊・口羽通良・吉川元春連署禁制札、「竹内家文書」年未詳三月十二日毛利輝元感状、「牧山家文書」年未詳三月十七日毛利輝元書状などがある。

(31)『萩』一一五ノ二、湯原文左衛門、同年四月十五日吉川元春連署書状写。

(32)『萩』一一五ノ二、湯原文左衛門、同年五月廿八日小早川隆景書状写。

(33)『萩』一一五ノ二、湯原文左衛門、同年六月九日小早川隆景書状写、同五一、小川右衛門兵衛、六月十九日小早川隆景書状写、同一一五ノ二、湯原文左衛門、同年六月廿四日織田信長書状写・羽柴秀吉書状写、同三四、草刈太郎左衛門、同年六月廿九日吉川元春書状写。

(34)『萩』一一五ノ二、湯原文左衛門、同年七月三日吉川元春書状写。美作国内の文書で言うと、「立石家文書」立石家由緒書上案所引の（天正九年カ）七月十二日小早川隆景感状写、同年同月廿八日毛利輝元感状写はこの時のものであろう。

(35)『萩』一一五ノ二、湯原文左衛門、八月十五日吉川元春書状写、同一一五ノ二、湯原文左衛門、八月二十日小早川隆景書状写。

(36)『萩』五一、小川右衛門兵衛、九月八日吉川元春書状、同七四、粟屋縫殿、同年九月三十日小早川隆景書状写。

(37)『萩』一一五ノ二、湯原文左衛門、同年十月十四日・十七日吉川元春書状写。

(38)『萩』一〇〇、児玉惣兵衛、同年十一月廿三日小早川隆景書状写。

(39)『萩』一一五ノ二、湯原文左衛門、正月廿一日吉川元春書状写。

(40)『萩』一〇三、尾越正右衛門、天正九年七月廿六日児玉元良書状写、「宮川家文書」（天正九年）七月十六日小早川隆景感状、同年七月廿八日毛利輝元感状など。

(41)『萩』二九、井原孫左衛門、同年八月十九日小早川隆景・穂田元清・福原元俊・口羽春良・福原貞俊連署起請文写。

(42)『萩』一〇四ノ二、湯浅権兵衛、同年二月十二日口羽春良書状写。

(43)石畑匡基「宇喜多騒動の再検討」(『織豊期研究』一四、二〇一〇年)、大西泰正『豊臣期の宇喜多氏と宇喜多秀家』(岩田書院、二〇一〇年)、同「宇喜多騒動をめぐって」(『日本史研究』五七三、二〇一〇年)、同『「大老」宇喜多秀家とその家臣団』(岩田書院、二〇一二年)、同編『論集　戦国大名と国衆11　備前宇喜多氏』(岩田書院、二〇一三年)、森脇崇文「豊臣期大名権力の変質過程」(『ヒストリア』二二五、二〇一一年)、同「豊臣期宇喜多氏の構造的特質」(『待兼山論叢』四六、二〇一二年)、小川雄「徳川権力と戸川達安」(『十六世紀史論叢』三、二〇一四年)など参照。

column

狐とお稲荷さん……序

山崎　淳

全国にはたくさんの稲荷社があります。本社がお稲荷さんの神社もあれば、境内に末社・摂社としてお祀りしている神社もあります。道沿いやビルの上などにお社や祠を見ることもあります。お稲荷さんにお目にかかる機会は本当に多いですね。

また、お寺では鎮守として神様をお祀りすることがよくありますが、お稲荷さんも例外ではありません。木山寺の善覚稲荷は、まさにその代表的なものです。

このように、お稲荷さんは非常に身近にいる神様です。私の実家（近畿）のすぐ裏山にも小さな稲荷社がありました。前にはささやかな広場があり、社を含めてそこは木々に囲まれた空間でした（今もありますが、周辺が開発されて見晴らしの良い高台にあるといった風景になっています）。遊び場の一つでもありました。

その稲荷社を、子どもの頃は「コンコンさん」と呼んでいました。そのように呼んでいた方々もいらっしゃると思います。お稲荷さんが親しまれていたことを示していると言っていいでしょう。そして、言うまでもないことですが、「コンコン」の部分は狐の鳴き声からきています。狐は稲荷神の眷属（配下の者）であり、稲荷神が狐に乗っている図というのは、よく目にするところです（図にあるように、善覚稲荷も絵札にこのお姿で描かれます）。

また、狐と稲荷神はしばしば同一視されます。いずれにせよ、お稲荷さんと狐が深い関係にあるのは、皆さんもよくご存じのことでしょう。

以降のコラム（狐とお稲荷さん①〜④）では、お稲荷さん、もしくは狐にまつわる四つの話題を取り上げます。その中では、善覚稲荷にも触れることがあるでしょう。

神仏習合の進展と木山寺

伊藤　聡

一　明治維新の神仏分離と廃仏毀釈

本稿は、神仏習合の歴史の概要と、併せて木山寺と神仏習合の関わりについて述べようとするものである。

現在のように寺院と神社、仏菩薩と神々の信仰が明確に分かれるようになったのは、近代以後のことであって、それ以前は神社に仏像が安置されたり、神社内にお堂が建っていたりは普通に見られることだった。また神社と寺院とが一体化した「宮寺」というものまであった。その典型といえるのが鎌倉の鶴岡八幡宮である。同宮に伝わる享保十七年（一七三二）の境内図を見ると、境内に薬師堂・経蔵・大塔・護摩堂、愛染堂、六角堂、といった仏教施設がひしめいている。しかも楼門に掲げられた扁額には、「八幡宮寺」とあったことも分かっている。つまり鶴岡八幡は寺だったのである。しかし、今では右のような施設は残っていない。これらが取り払われたのは明治維新のことである。

慶応三年（一八六七）の大政奉還と共に、近代化の歩みが始まるが、それと同時に目指されたのが神道の国教化だった。その手始めに行われたのが神仏分離である。神道を仏教渡来以前の「純粋」なすがたに戻そうとしたのである。これが、慶応四年三月二十八日に出された神仏判然令であった。神社に所属していた僧（社僧）は、還俗か神社からの退去が命ぜられ、牛頭天王などの仏教由来の神格は否定されて別の神名に変えさせられた。そして、神社内の仏教関係の施設や道具は撤去させられた。このような施策は破壊行為を伴わざるを得なかった。それが廃仏毀釈で、数年の間全国に拡がった。藩によっては領内の寺院をほとんどひとつ残らず破却した例もあったほどである（鹿児島・松本・富山等）。その典型として、伊勢神宮の状況を辻善之助の文章から示しておこう。

> 伊勢神宮の宮川と五十鈴川との間にある神領地域を川内といふ。其神領に、浄土・真言・天台・禅の寺院が凡そ百十余ケ寺もあった。明治の初、同地方に度会府を置き、橋本実梁が知事に任ぜられた。橋本知事は、川内神領内に於て、一切仏葬を禁止して、神葬にすべしとの令を出した。次に各寺住僧を呼出し、今般仏葬禁止せられたに就ては、最早各寺共寺を維持することもできぬによって、住僧は帰俗すべし、即ち今廃寺を願ひ還俗する者は、身分を士族にとりたて、且其寺院に属する堂舎等の建造物及び什器は、悉皆その住僧の所持に帰せしむ、若し猶予する者は、近く廃寺の令出る時、すべての建築器物等官没すべしといひ渡した。かくて、各宗僧侶は多く廃寺願書を差出した。（中略）明治二年二月、度会府よりの達に、今般天皇行幸参拝遊ばされるについて、神領中、参道にある仏閣仏像等尽く取払ふべく、尚今後宇治山田町家に於て、仏書仏具等商売致すこと相ならずといふのであった。（中略）廃寺の数は増上寺の記録によれば、浄土宗七十九ケ寺、曹洞・臨済合て六十余ケ寺、真言・天台合せて凡十ケ余寺に及んだ。真宗と日蓮宗は寺がなかったといふ。[1]

伊勢神宮の周辺は、中世以来、各宗の寺院がひしめく一大宗教都市であった。それらの多くがこのとき廃され、現在のような「神都」へと変貌したのである（今ある寺院は、後に再興されたもの）。

木山寺も境内に牛頭天王社を持ち、そのご神体として薬師如来を置いていた寺院であった。明治二年に書かれた木山寺蔵『牛頭天王由緒書上帳』（図録編№74）には、牛頭天王社について、「神体　薬師如来」、善覚社について「神体　十一面観世音菩薩」と明記されている。[2] まさに典型的な神仏習合寺院である。しかし勝山藩では過度な破壊は行われず、ご神体が社殿から出され[3]（図録編№76）、寺と神社に分離することにとどまり、今日に至る（資料編296頁）。

先ほど「神道」の純粋なすがたと述べたが、これは政策を立案した明治新政府の担い手や国学者・神道家のイメージとしてあるものであって、実際にそんなものは存在しなかった。日本は千年以上にわたり「神仏習合」のなかにあってその宗教文化を育み続けていた。われわれが「神道」と呼んでいるものも、仏教をはじめとする中国大陸・朝鮮半島由来の諸宗教・思想の大きな影響を受けて形成されたものなのだ。しかし、近代以降の大きな変化は、かつての神仏習合の信仰のすがたを甚だ見えにくいものにしてしまった。

二　神仏習合と本地垂迹説

そこで、以下時間を遡って、古代から中世・近世に至る神仏習合の歴史を辿ってみよう。

周知のように仏教が日本に入ってきたのは六世紀のことである。『日本書紀』の記事によると、仏教の受容をめぐって激しい争いがあったという。『書紀』は仏教伝来後、百数十年もたってから編纂されたものであるから、その記事も多分に説話的なものであるが、おおよそ渡来時の状況を知ることができる。ここで分かるのは、仏教と在来のカミ信仰が質的に違うものとは考えられておらず、外国のカミ（蕃神〔アダシクニノカミ〕）として認識されており、天皇をはじめとする仏教の理解も、仏像のきらきら金色に光る姿に惹き付けられているのであって、その教理についてはほとんど何も知らないことである。つまり、ここにあるのは異なった宗教間の論争というものではない。新しいカミを宮廷に受け入れるかが問題になっただけであった。

しかし、その後仏教が日本に浸透してくるに従い、仏教が在来のカミ信仰と質的に違うものであることが分かってくる。仏教とカミ信仰とのあいだに軋轢が起こり、そのなかから神仏習合と呼びうる現象が現れた。それは仏教文化が本格的に開花する奈良時代のことである。

最初に出てくるのが、神身離脱である。これは、カミも人間と同じく輪廻の苦しみの中にある衆生であり、仏教による救済を求めているという考え方だ。その例を挙げよう。

①『(藤氏)家伝』下・武智麻呂伝、※天平宝字四・五年(七六〇・一)頃成立

(霊亀元年〈七一五〉のこととして)……公(武智麻呂)嘗て夢に一奇人に遇ふ。容貌常に非ず。語りて曰く「公、仏法を愛慕すること、人神共に知る。幸(ねが)はくは吾が為に寺を造り、吾が願ひを助済せよ。吾れ宿業に因り、神と為ること固より久し。今仏道に帰依せんと欲し、福業を修行すれど、因縁を得ず。故に来たり告ぐ」と。公疑ふらくは是れ気比神なり。答へんと欲し能はずして覚むるなり。仍て祈りて曰く「神人道別れ、隠顕同じからず。未だ昨夜夢中の奇人を知らず。是誰ぞや。神若し験を示さば、必ず為に寺を樹てん」と。是に於て神優婆塞久米勝足を取り、高木の末に置き、因りて其の験と称す。公乃ち実を知り、遂に一寺を樹つ。今越前に在る神宮寺是なり。(原漢文)[4]

②『類聚国史』巻百八十・仏道七

天長六年(八二九)三月乙未、若狭国比古神、和朝臣宅継を以て、神主と為す。宅継辞して云はく「古記を挍り検ずるに、養老年中(七一七～二三)、疫癘屢りに発り、病死する者衆く、水旱時を失ひ年穀稔らず。宅継の曾祖赤麿、心を仏道に帰し、身を深山に練る。大神之を感じ、人に化して語りて宣はく『此の地是れ吾が住処なり。我神身を稟け、苦悩甚だ深し。仏法に帰依し、以て神道を免れんと思ふ。期願果たすこと無く、災害を致すのみ。汝能く吾が為に修行せよ』といへり。赤麿即ち道場を建て、仏像を造り、号して神願寺と曰ひ、大神の為に修行せり。厥の後年穀豊登し、人夭死无し」と云々。(原漢文)[5]

右に挙げたのは越前の気比神と若狭の若狭比古神の話だが、両神とも神という境涯を苦しみ、そこからの離脱を願っている。(ここに「神道」の語が見えるが、現在とは違い、神々、神という存在ということを意味する)。

これらの話のポイントは、神が苦しみから救われるためには、人間が寺院を建てたり、修行をしたりと功徳を代行せ

ねばならないことで、このことで在地の信仰に仏教が入り込んでいくのを正当化しているのだ。その結果、神域内に「神宮寺」と後世呼ばれる寺院が建てられ、そこで神々のための読経や経典書写が行われるようになった。

ただ、このような現象は中国に先例が見られる。神仏習合は、仏教を受容した東アジア世界全体に見られる現象であって、決して日本特有なものではない。したがって、習合的文化に見られる宗教的寛容さは日本独特であるなどという一部にある主張は、手前勝手な自国像に過ぎない。

さて、以上のようにしてカミ信仰は仏教に取り込まれていったが、完全に取り込まれたかというとそうはならなかった。神身離脱の現象が見られるほぼ同じ時代、特異なカミが出現する。それが八幡神である。八幡神は現在全国に見られるが、記紀神話の中には登場しない新しいカミである。大分県の宇佐地方がその発祥の地と目される。この地域は朝鮮半島からの進んだ文化・技術が早くから移植されていた所であったらしく、天皇が病気になったときここからわざわざ人が派遣されたりしている。八幡神が初めて公的記録に登場するのは天平九年（七三七）のことである。その後同十三年には藤原広嗣の乱のときに神徳があったということで報謝が行われたが、このとき最勝王経と三重塔が寄進されている。つまり、最初から仏教との関わりで登場したのがこの八幡という神なのである。

その後、八幡は畿内に進出する。それは東大寺大仏建立事業のさなかのことで、大仏の完成を助力するとの託宣を下して上京してくるのである。そのことを記した『続日本紀』の記事（天平勝宝元年十一月〜十二月条）によると、行列の前後で殺生禁断が命ぜられ、一行の従者たちに酒や肉を捧げることを禁ずるなど仏教色が濃厚である。さらに極めつけは、ご神体を担った巫女が「禰宜尼」と呼ばれていることだ。つまり尼姿だったというのである。託宣の内容を見ても、この神は単に仏教への救済を願う存在ではなく、仏教隆盛に積極的に関与する守護者として自らを位置付けている。

奈良時代末期になると、八幡神は「菩薩」という称号で呼ばれるようになる。菩薩とは「菩提薩埵」ということで、発心して真理に向かって歩みつつある衆生を意味する。つまり、八幡は単なる一衆生ではなく、人と仏との中間的存在と位置付けられたのである。その後まもなく僧形の八幡神像が作られるが（薬師寺、東寺蔵）、これは仏になるべく修行を続ける八幡の姿を表した像なのである。平安期以降になると、八幡以外にも菩薩という名で呼ばれる神が現れる。

ここでおもしろいのは、先の神身離脱を願う神と菩薩神が全く異質なものではないことである。その例として、三重県の多度大社の神の例を挙げておく。

去る天平宝字七年（七六三）歳次癸卯十二月庚戌朔廿日丙辰を以て、神社以東に井有り、道場に於て、満願禅師居住し、阿弥陀の丈六を敬造す。時に人在り、神に託して云く、我れは多度神なり。吾れ久劫を経て重き罪業を作し、神道の報を受けけり。今永く神身を離れんが為に三宝に帰依せんと欲することを冀ふ。是ごとく託し訖り、忍ぶと雖も数遍、猶ほ弥よ託すと云々。茲に於て満願禅師、神坐山の南辺を伐掃ひ、小堂及び神御像を造立し、号して多度大菩薩と称す。（『神宮寺伽藍縁起幷資財帳』(6)）

右で興味深いのは、神身離脱を願う神が仏道に帰依した（この場合、神宮寺が建てられた）途端に、「多度大菩薩」と呼ばれていることだ。つまり、菩薩の称号が在地信仰の仏教への取り込みの一環でもあったことを示しているのである。

カミの菩薩化を経て、平安中期以降（だいたい十世紀半ばから）になると、本地垂迹説が成立する。本地垂迹説とはカミを仏菩薩の化身と捉えることで、本地が仏、垂迹がカミを意味する。この考え方は平安後期から鎌倉にかけて全国に拡がり、多くの神社で本地仏も決まってくる。ここでは例として八幡と日吉山王（現在の日吉大社）の例を挙げておこう。

①『大安寺塔中院建立縁起』（『諸縁起　不定本』）

（八幡大菩薩と神秘的対話を交わし、上京の約束を取り付けた後）行教云く、「言語通じ、貴約有りと雖も、未だ御正躰を拝見せず。世間又信受せざるか。願くは示現を垂れたまへ。弥よ懇篤を凝らさん」と。詞未だ訖らざるに、

和尚の緑衫衣袖の上に、釈迦三尊顕現せり。弥よ信を凝らし、頭頸に戴き上洛す。途間、物語断えず。（原漢文）(7)

②『梁塵秘抄』

四一一　大宮権現は、思へば教主の釈迦ぞかし、一度も此の地を踏む人は、霊山界会の友とせん

四一六　大宮霊鷲山、東の麓は菩提樹下とか、両所三所は釈迦薬師、さては王子は観世音(8)

右の場合、八幡と日吉大宮の本地は釈迦となっている。ただし、本地については複数の説がある場合が多く、八幡には阿弥陀説もある。また日吉のように複数の神々を祭神とする神社では、それぞれに本地仏が決められた。日吉の場合、大宮は釈迦だが、二宮は薬師、聖真子（しょうしんじ）は地蔵となっている。

このような本地垂迹のありようを視覚的に表したのが御正体（みしょうたい）である（今日では懸仏とか鏡像とか呼ばれる）。これはご神体を示す鏡型の円盤に本地の仏菩薩を貼り付けたり、線で彫ったりするもので、神仏一体の姿を一目で分かるように考案された。かつては多くの神社にあったが、神仏分離・廃仏毀釈のときに取り払われてしまった。また、神社の神域全体を仏菩薩の現世に顕現した場所であるということを示したのが宮曼荼羅である。多くの場合、社域の景観が写実的に描かれているが、その上に本地仏およびその種子が描かれる。このことで、社域がひとつの浄土であることが示されるのである。右に挙げた『梁塵秘抄』の歌謡で日吉の地が霊山浄土（釈迦如来の浄土）であるとするのは、まさにこれと対応している。

さて、かくのごとく多様に展開していく神仏習合の信仰は、新しい神々を生み出した。その代表が護法神と呼ばれる神々で、新羅明神・赤山明神・摩多羅神・青龍権現などがある。これらは新たな教を伝えた祖師たちが護法神として中国から連れてきたというのであるが、摩多羅神のように国内で創造されたと思しきものも含まれる。

またインド由来の天部は、もちろん仏教渡来とともに日本に伝えられ定着するが、大黒天や歓喜天、弁才天のように在地の信仰と結びついて日本独特の変容を遂げたものもある。

さらに習合神と呼ばれるのは、外国から来たのでもなく、また日本の古い神々の系譜を引くのでもない、まさに神仏習合という状況が生み出した新しい神格である。蔵王権現や荒神などが名高いが、木山寺の祭神でもある牛頭天王こそ、その典型である。牛頭天王は、はじめ疫神（疫病神）として登場しながら、次第に疫病から人々を救う神として信仰されるようになっていく。仏典等に典拠もないのに、平安中期から突然現れ、薬師如来を本地とする有力な神となったのである。

三　中世神道説の展開

中世になると、新たな展開が見られる。すなわち一群の「神道書」の成立である。これらは伊勢神宮や比叡山などの周辺で作られた。その特徴は作者を行基・空海・最澄などの祖師や、奈良時代の伊勢神宮の神官の作としていることで、記紀に匹敵する古い書であることを主張している。しかし実際には、平安末から鎌倉時代にかけて作られた偽書である。伊勢神宮周辺では密教系の両部神道書、さらに伊勢外宮度会氏の伊勢神道書が作られた。また比叡山では日吉山王に関わる神書が製作された。これを山王神道という。

ここでは特に両部神道と伊勢神道の形成について述べておく。本地垂迹説の影響を受けて、伊勢神宮の祭神アマテラスについても、観音や大日如来の垂迹とする説が十一世紀に現れる。さらに十二世紀になると東大寺大仏盧舎那仏（密教では大日如来と同体と考える）とアマテラスが同体であるとの説が登場、これは多くの僧侶のみならず、伊勢神宮の神官にも共有される理解となる。ところが、伊勢神宮には平安初期から仏教を忌避し、僧侶の参詣を拒む慣習があった。興味深いことに、その矛盾した関係こそが、伊勢神宮と仏教に関する独特な説が作られる前提となるのである。

大きな変化のきっかけは、治承四年（一一八〇）の平家による南都焼き討ちである。このとき東大寺の大仏も、大仏殿もろとも溶けくずれてしまったのである。その後、平家没落を受けて東大寺再建事業が始まるが、その中心となったのが高野山の勧進聖出身の重源であった。彼は早くも文治元年（一一八五）には大仏開眼にこぎ着け、さらに大仏殿再建に着手した。そのさなか、重源は伊勢神宮に参籠し、そこで天照大神の夢告を受ける。東大寺に帰還した彼は、東大寺の僧侶たちに勧めて、伊勢神宮で大々的な大般若供養を行わせたのである。

ではなぜ、重源は伊勢神宮に参籠したのであろうか。前提となるのが東大寺盧舎那仏＝大日如来と伊勢神宮のアマテラスの同体説であるが、加えて彼が天平の昔に大仏建立に尽力した行基に自らを擬えていたことがあろう。実はこのころ、行基が東大寺大仏再建を祈願して伊勢神宮にひそかに参籠したという説話が作られており、重源はその行為を再現することで、東大寺再建事業を完遂しようとしたのである。

重源や東大寺僧たちを先駆として、以後多くの僧侶たちが伊勢神宮に参詣するようになる。そのなかから、アマテラスと大日如来の同体説に基づく教説が作られることになるのである。その概要は次の通りである。すなわち、密教では大日如来の真理世界として胎蔵界・金剛界を立てるが、これを内宮・外宮のふたつから成る伊勢神宮の構成に当てはめ、伊勢神宮という空間が大日如来の真理世界が顕現した場所と捉えるのである。神宮の社域あるいは社殿が胎金曼荼羅の諸院、諸尊と見立てられている。つまり、伊勢神宮に参詣するという行為は、地上に現出した大日如来の曼荼羅世界を自ら体験することにほかならないのである。かかる教説がさらに多くの僧侶たちを伊勢神宮に惹き付けることになった。

そのようななかから、両部神道書と呼ばれる伝書が作られてくる。『中臣祓訓解』『両宮形文深釈』『麗気記』『両宮本誓理趣摩訶衍』などであり、これらの多くは空海に仮託されている。また両部神道の影響を受けて外宮の度会氏が、『造伊勢二所太神宮宝基本記』や『倭姫命世記』といった書を作る。これらは伊勢神道と呼ばれる。

ところで、両部神道というと神祇の密教教理に基づく説明とのみ思われがちであるが、実はさまざまな仏教思想を摂取して成り立っている。たとえば『中臣祓訓解』には、凡そ天神地祇、一切諸神、惣じて三千即一本覚如来、皆悉く一体無二なり。毘盧遮那は法身如来、盧舎那は報身如来、諸仏は応身如来なり。三諦三身、即中を法身と為し、即空を報身と為し、即仮を応身と為す。三智には一切智は空を照し、道性智は仮を照し、一切浄智は中を照す。三身と三智とは、亦た一心に在る故に、一体無差別。是れ神一の妙なり、是れ皇天の徳なり。故に則ち伊勢両宮は、諸神の最貴、天下諸社に異なる者なり。(9)

とあるが、ここは天台宗の教説に基づいている。また『天地霊覚秘書』は、新しく大陸より伝わった禅宗の書や『老子』の注釈書を取り入れている。つまり、鎌倉初期の日宋交流や禅宗の移入が、これら神道説の形成に大きく関わっていたのである。

鎌倉後期以降になると、これら神道書は伊勢神宮の外へと拡がっていく。三輪山や室生山などが新たな拠点として登場し、そこでもまた、さまざまな書物や秘説が作られる。これらは当初は密教の法流に付属して伝えられていたが、次第に神道説のみを伝える独自な流派が形成されるようになった。

ここに、中世後期に存在した流派を記した資料を挙げておく。

卜部兼邦『兼邦百首哥抄』

神道四流有。

聖徳太子

吉田卜部

弘法大師善女竜王之説

三輪鏡円聖人同前(10)

最初の「聖徳太子」というのはよく分からない。二番目はあとで述べる吉田神道、後のふたつは最初が「御流」、次が「三輪流」と呼ばれる両部神道の流派である。この両流は中近世を通じて大きな勢力を保ち、木山寺にも御流・三輪流の伝書が伝えられている。

四　吉田神道の成立

神祇信仰全体はともかく、教理としての「神道」は、室町中期までは仏教の一部とする理解が一般的であった。そこから自立した存在となる初発が吉田神道である。吉田神道は吉田兼倶（一四三五～一五一一）によって創唱された神道流派である。彼の出た吉田卜部氏は、元来亀卜を司る神祇官人の一族の流れであったが、鎌倉以降それに加えて『日本書紀』をはじめとする日本の古典を維持・管理する家となっていった。兼倶はそのような家門の伝統を基礎に、両部神道や陰陽道、道教等を取り入れて、応仁の乱後の混乱期に唯一神道（宗源神道）という新しい神道流派を作り出した。その中心神殿となったのが、現在も吉田神社にある斎場所大元宮である。大元宮という八角の殿舎を置き、周囲を伊勢内外両宮、全国式内社、宮中の八神が取り巻く構成になっており、兼倶はここを全国の神社の根源であると主張した。

次に兼倶の教説の一端を示しておく。

①吉田兼倶『神道大意』

夫神ト者、天地ニ先テ、而モ天地ヲ定メ、陰陽ニ超テ、而モ陰陽ヲ成ス。天地ニ在テハ神ト云、万物ニ在テハ霊ト云、人ニ在テハ心ト云。心トハ神ナリ。故ニ神ハ天地ノ根元ナリ。万物ノ霊性ナリ。人倫ノ運命ナリ。無レ形シテ能ク有レ形物ヲ養ハ神ナリ。人ノ五臓ニ託シテ五神トナル。各其臓ヲ守ル者ナリ。故ニ神ノ字ヲタマシヰト読是ナリ。……当レ知、心ハ則神明ノ舎。形ハ天地ト同根タルコトヲ、天神七代地神五代ヲ合テ、十二ノ神トス。彼神力ヲ以テ天地ヲ建立シ、万物ヲ養育ス。……日月ハ天地ノ魂魄ナリ。人ノ魂魄ハ則日月二神ノ霊性ナリ。故ニ神道ト者、心ヲ守ル道ナリ。……[11]

②吉田兼延（実は兼倶による偽作）『唯一神道名法要集』

第卅四代推古天皇の御宇、上宮太子密奏して言はく、吾が日本は種子を生じ、震旦は枝葉に現じ、天竺は花実を開く。故に仏教は万法の花実為り、儒教は万法の枝葉為り、神道は万法の根本為り。彼の二教は皆是神道の分化なり。枝葉花実を以て、其の根源を顕し、花落ち根に帰る故に、今此の仏法東漸す。吾が国、三国の根本を明さんが為なり。爾より以来た、仏法此に流布す。已上文（原漢文）[12]

①の『神道大意』というのは、兼倶が足利義政のために書いた書である。このなかで兼倶は、「神」とは天上・地上・人間の体内すべてに遍満し、時空を貫いているとし、神と心（魂）とが一体であると説いている。心＝神一体観は元来両部神道のなかで出てきたものだが、兼倶はそれを取り込んでいるのである。②の『唯一神道名法要集』では仏教も儒教も神道の一部に過ぎないという、所謂根本枝葉花実説を展開している。神道・仏教・儒教が究極的に一致するという三教一致の思想は室町後期に広く受け入れられた考え方だったが、彼はこれを神道中心に再構成してみせたのである。

兼倶の神道（吉田神道）は、彼の後継者によって大きな力を持つようになる。神の位階を認定する宗源宣旨や神職の地位を認める神道裁許状の発行を通じて、神道の家元として神祇界の支配権を握るようになっていくのである。江戸時代に入っても『諸社禰宜神主法度』で、裁許状が幕府より認められることにより、その影響力はより大きなものになった。

しかしその一方、近世になると儒学と神道を結びつける儒家神道（林羅山の理当心地神道、山崎闇斎の垂加神道）などが生まれ、さらに日本古典研究のなかから国学などが現れる。これらは盛んに仏教と神仏習合的な従来の神道とを批判するようになった。両部神道はもとより、何らかの形で仏教教理を取り入れている吉田神道も批判の対象になっていくことになる。そして彼らがイメージする純粋な神道への指向が、明治維新の神仏分離・廃仏毀釈へと向かわせることになるのである。

五　むすびにかえて――木山寺の近世

さて、木山寺は神仏習合の寺院といわれるが、別当であった木山寺住職と配下にいた社男と呼ばれる神職との間は必ずしも融和的なものではなく、支配・被支配をめぐる対立があった。それに吉田神道も関わっていたのである。最後にそのことに触れて本稿を結びたいと思う。

そのことを伝えるのが、延享三年（一七四六）に起こった両者の争論を扱った『差上申一札之事』（図録編No.69、資料編282頁）である。社男たちは極月の晦日から正月にかけて神楽を踊るのだが（『木山寺寄附状旧記写』（図録編No.72）所収「牛頭天王神事」）、そのとき別当から借りた牛王宝印の版木でお札を刷って頒布し、初穂料を受け取ることを許されていた。世襲である社男たちは代替わりごとに、継目米として九斗九升を別当に納める慣例になっていたが、社男たちはそれを嫌い、別当の支配から離脱することを求めるようになる。その理由とされたのが吉田の裁許状であった。これを根拠にして、彼らは継目の上納を拒み、さらに苗字帯刀するようになる。別当側は版木の貸与を停止し、併せて幕府評定所に訴えた（延享年間、この地は天領だった）。結果は社男たちの負けであった。評定所は裁許状が社男たちのある家にだけ与えられたものであること、しかもそれは先代に与えられたものであり、そもそも裁許状は、身分を保証するものではないこと、苗字帯刀を許す如何なる根拠も存在しないとして、別当への服属と苗字帯刀の禁止を命じている。

ここには、近世における神職という身分の持つ不分明さ（神職は公家・官人から、武家、町人、百姓とさまざまな身分に存在する）と、彼らの宗教者として自立していこうという指向が見て取れる。神仏分離が明治維新に突如起こったのではなく、その前段としてこのような対立が伏在していたことなどを窺わせる。

いずれにせよ、木山寺に残された史料は、融和と葛藤のなかで展開した近世以前の神と仏の信仰のすがたを、今に伝えているのである。

註

（1）辻善之助『明治仏教史の諸問題』（立文書院、一九四九年）。

（2）○木山寺蔵『牛頭天王由緒書上帳』（明治二年十月）

　木山寺境内鎮守

　一、牛頭天王社　祭日 六月十四日 九月廿日

　神体　薬師如来

　……

　末社

　一、善覚社

　神体　十一面観世音菩薩

（3）○木山寺蔵『内務省ヘ出シタル控』（明治二十八年）

　……御維新ノ首、神仏混淆分離ノ令出シヨリ、社頭ハ神官ニ属シ、神体薬師如来ヲ境□□（内ニ）引移シ、仮殿ニ安置セシヲ、明治十八年三月、善覚本地殿建□□（立シ）落成遷座式ヲ執行シ、善覚本地仏ト合併祭祀セリ。……

（4）『寧楽遺文』八八五頁。

（5）新訂増補国史大系本、二六〇頁。

（6）吉田一彦「多度神宮寺と神仏習合」（『古代王権と交流4　伊勢湾と古代の東海』名著出版、一九九六年）所引本に依る。

（7）石清水八幡宮史料叢書2、一一二頁。

（8）日本古典文学大系本、四一七～一八頁。

（9）神道大系『中臣祓註釈』一四頁。

（10）『続群書類従』三下、六六二頁。

（11）神道大系『卜部神道（上）』一一三頁。

（12）同註（11）七四頁。

column

お寺と「神道書」

鈴木英之

明治初年の神仏分離までは、木山寺と木山神社は、ひとつの組織でした。神道と仏教とは異なる宗教なのだから、同じなのはおかしいと思う方もいるかもしれません。しかし、明治の神仏分離以前は、神と仏は一体だった時間のほうがずっと長く、僧侶が神社の運営を行い、神前で経を読んでお祀りするなど、当たり前のことでした。この神と仏との密接な関係を、いわゆる「神仏習合」と言います。

神仏習合には、様々な思想的変遷がありますが、神仏を一体とみなす最大の根拠となったのが、十一世紀半ば頃（平安中期）に登場した「本地垂迹説」です。本地垂迹説とは、インドの仏や菩薩（本地）が、日本の人々を救うため、日本人に最も馴染みのある姿である「神」（垂迹）として現れたのだとする神仏関係論のことです。姿・形は異なりますが、理論的には神と仏は同じ存在なのですから、僧侶が神社を運営していても何ら不思議はないことがわかるでしょう。

それゆえ僧侶たちは、仏と同様に、神についても研究を行い、いわゆる「神道書」と呼ばれる様々な著作をあらわしました（研究編167頁）。木山寺の社僧（神社を運営する僧侶）が、神々の研究を行っていたかはよくわかりません。ですが、木山寺に残された資料から、真言宗の総本山・高野山で行われた神道研究の姿を窺い知ることができます。

『仙宮院秘文』『天地麗気府録』『麗気聞書』（図録編No.121）は、両部神道に関する研究書です。両部神道とは、主に真言宗（密教）の僧侶によって、伊勢神宮の祭神や社殿に関する物事を、密教の教理によって解釈した神道論のことを言います。天照大神の本体（本地）を大日如来（密教の主宰者）とし、伊勢神宮は大日如来の住む現世に出現したマンダラである、心御柱は密教法具の金剛杵にほかならない、といった具合に、伊勢神宮を取り巻く、ありとあらゆる事柄を密教に対応させて解釈するのです。

両部神道は、鎌倉後期頃から本格的に唱えられ、中世では絶大な影響力を誇りました。ですが、密教教理による理解は難解だったため、数多くの研究書（「神道書」）が作られました。図録編No.121は、中世に個別に作成された三冊の神道書を、ひとつにまとめて書き写したものです。奥書に高野山の学僧「鑁善」の名が見えることから、近世高野山における神道研究の流れを受けたものだとわかります。

高野山における神道論は、日光院英仙によって集成され、増長院鑁善によって増補確立されたものとされます（佐藤隆彦「増福院文庫の神道書籍について」〈「それゆけ！としょかんだより」五二、高野山大学図書館閲覧室、二〇一一年八月〉参照）。木山寺には、日光院・増長院から明治期に移転された典籍が大量に蔵されており、神道書もその一部として伝えられたものと考えられます（研究編208頁）。図録編No.121が、単なる複写や保存を目的としたものではなく、生きた研究対象とされていたことは、鑁善が、両部神道書『麗気記』の作者について、「御流八十通（印信）」や天台僧・良遍（『麗気聞書』）の説、「東寺ノ伝」などの諸説を挙げた上で自らの見解を書き込んでいることからもわかります。

本地垂迹説に基づく神仏一体の理論（中世神道論）は、近世に入ると、急速に影響力を失っていきます。習合思想が、本来の仏教ではない、正統的ではない、との意見が増えていくためです。近世人の感覚に、こうした思想があまりマッチしなくなってきたためとも言えるでしょう。それゆえ、中世神道論の研究は、近世に入ると消えてしまったと思われがちです。しかし、図録編No.121が、最終的に明治維新直前の元治元年（一八六四）に書写されていることからもわかるように、高野山においては、中世的な神道論に対する研究が、近世末期に至ってもなお続けられていたのです。木山寺には、他にも、『麗気記私鈔』（図録編No.120）などの両部神道書が所蔵されています。これら神仏習合資料は、木山寺の蔵書全体から見ればわずかなものですが、いまだ解明されていない、近世高野山における神道修学の実態解明へとつながる可能性を持つ点で、非常に価値のある資料だと言うことができるのです。

大師堂御本尊　日輪大師像
（図録編No.16参照）

木山寺の経典と漢籍
――『瑜祇経』および『呉子』について――

落合博志

木山寺所蔵の聖教・典籍の中から、経典と漢籍を一点ずつ選んで簡略な紹介と考察を行う。

一 『金剛峰楼閣一切瑜伽瑜祇経』について

木山寺所蔵の古写経典としては、奈良時代写『般若心経』、平安時代末期写『大般若経巻五百十五』、平安時代末期写『阿嚕力迦経』が以前に紹介されている。(1) いずれも旧落合町の、また現真庭市の文化財に指定されており、その価値については既に周知されていると思われる。そこで本稿では、新たに見出された『金剛峰楼閣一切瑜伽瑜祇経』(『瑜祇経』)の写本(図録編No.38)を取り上げてみたい。

書誌を簡単に記す。折本一帖。縦二七・一×横七・五cm。毎半折四行。萌黄色地に菊牡丹文を織り出した金襴表紙(後補)。外題なし(題簽剥落)。内題「金剛峯楼閣一切瑜伽瑜祇経品一」(「経」と「品」の間に。を付し「序ィ」と左傍記)。尾題「金剛峯楼閣一切瑜伽瑜祇経」。帖末の半折(折山の表)に「或本奥書云此法中天竺摩伽謁人修習未足一七日得国王位云〻/元弘元年十一月十八日書写畢」の奥書と、書写者による「校合他本了」の校合記があり、その裏面に「作州木山感神院法印宥猛/感得之」の識語がある。奥書の通り、元弘元年(一三三一)の書写と認められる古写本。訓点は無く、校合の結果と見られる脱字・異文等の書き入れが所々にある。

途中三箇所で欠落があり、全体の一割強に当たる計八十五行ほどが失われている。また、現存部分の約七分の二は江戸時代中期頃の補写になる。料紙は、当初の元弘元年書写の部分は鳥の子紙。ただし最初の三紙はそれぞれ別種の書状の裏を用いており、その部分は楮紙の打紙。江戸期の補写部分は、当初の部分より薄手の鳥の子紙。いずれも、天地と行間に銀界が引かれている。冒頭部が書状の裏面に書かれているのは意図的なものと思われ、供養のために故人の消息を裏返して経文を書写した消息経の一種と推測される。

紙面を観察すると、文字の影が対向面に映っている例が随所にあることから、本来折本仕立てであったと考えられる。宥猛(ゆうみょう)の入手の時点で既に一部の料紙が失われていたかどうかは不明であるが、いずれにしても江戸時代中期頃に欠落部分を補写するとともに、現在の金襴表紙を付けたと見られる。現状では多くの紙の継ぎ目が糊離れを起こしており、補写後に糊離れが生じて、再び一部の料紙を欠失したのであろう。

冒頭三紙の紙背にある書状は、筆跡がそれぞれ異なっており、別人のもののようである（以下、第一書状〜第三書状と呼ぶ）。ただし互いに全く無関係な人物とは思われず、一族など何らかの縁があった人々であろう。いずれも前後を欠いており、差出者や宛書は確認できない。また、上下も裁断されて一部の文字が欠けている。

第一書状は、「くやうを／申さむと」「仏法久住の」「さるにても／まつ／□□／御かいけん／候て」などの文字が読み取れ、仏の開眼供養についてのものらしい。第二書状にも「よへ御くやう候し」などの文字があり、やはり供養に関するものか。一部元の字の上に重ね書きした箇所があり、実際に出されたものではなく案文かもしれない。第三書状は重ね書きされた部分が多く、案文であろう。三通の中では最も文字数が多いが、重ね書き部分などは特に難読である。文中に「やすみつ／なと／をなし」「しゝう殿も／□□や□か／子□て候」「さて／のりやすか／こいま／さぬきを／少納言殿／さま〳〵／申候」などの文字が見える。「しゝう（侍従）殿」「少納言殿」に言及しているので、公家社会と関わりを持つ人物の書状であろうか。ほかに「人数のあまりて／候時」「人す／いまひとり」「さ候はゝ／なにのすけ／なと／にて／候へく候」などの文字が読み取れるものの、全体の主旨は捉えにくい。「やすみつ」「のりやす」は人名と思われるが、実名で呼ばれているところから見て両名ともあまり身分の高くない人物であろうから、筆者を推定する手掛かりになることは必ずしも期待できない。ただしこの書状によって、本経が都かその周辺にあった人物たちの供養のために書かれたものであることは推測しうる。宥猛が本経を入手した場所はわからないが、木山寺との繋がりという点から、例えば高野山なども想像されよう。

二 『呉子』について

木山寺には漢籍が六十点ほど蔵されるが、大半は江戸時代の版本であり、特記すべきものは少ない。その中にあって兵法書『呉子(ごし)』の写本（図録編No.44）は、様々な意味で注目に価し、興味深いものと言える。

書誌を簡単に記す。袋綴一冊。縦一九・一×横一五・〇cm。古色のある無地の茶色表紙。左肩に「吾子書(カ)」と打ち付け墨書（本文と別筆）。料紙はやや厚手の楮紙。丁数二十三丁（遊紙なし）。二十三オの本文の直後に「スミ付廿三」と記す。第二十三丁は半葉のみで、元は見返し紙だったか。内題「呉子巻上（巻下）」。尾題「呉子巻之上（巻下）終」。半葉の行数は不定で、一オ～五オと二十三オが六行、五ウ～十ウ・十一ウ～十七オ・十八オ～ウ・二十オ～二十二ウが七行、十一オ・十七ウ・十九オ～ウが八行。即ち、半葉六行が一〇頁、七行が三一頁、八行が四頁である。冒頭から八オ（料敵第二、第一章の途中）まで朱点・朱引がある。二十三オの本文の後（尾題の下）に「雲州之一安（花押擦り消し）」の署名、二十三ウに「木山州宥猛之」の識語がある。表紙右肩に「木山寺所蔵」の朱印記（単郭長方）あり。背の上部に「呉子　上」とあるが、内容は上下巻とも揃っている。小口書なし。天正九年（一五八一）に歿した宥猛の署名があることから年代の下限が引かれるが、紙質などから見て、天正九年をさほど遡らない頃の書写と推定される。

『呉子』は、現在では『孫子』と並ぶ中国古代の兵法書として知られ、注釈書もいくつか出版されている。中国では宋代に、『孫子』『司馬法』『尉繚子』『三略』『六韜』『唐太宗李衛公問対』とともに兵法書の古典として、武経七書に収められて刊行された。後に述べる『七書講義』をはじめ、特に明代以降、七書全体の注釈書もしばしば著されている。しかし日本では『孫子』も『呉子』も古くはあまり読まれた形跡がなく、多く読まれた兵法書は『六韜』や『三略』であった[2]。南北朝～室町時代の往来物に、「兵法書雖多、不過六韜三略呉子孫子司馬法」（『異制庭訓往来』六月七日状）、「其外、国語家語帝範臣軌……呉子孫子六韜三略……一々可訓授候」（『尺素往来』）などのように見えるので、次第に読まれるようになったらしく、戦国大名が覇を競った室町時代後期以降には、武田信繁（信玄の弟）が永禄元年（一五五八）に子息に宛てた九十九箇条の教訓（『甲陽軍鑑』品第二所載）に『呉子』が引かれるなど、武士の心得の参考とされた例が知られる。慶長十一年（一六〇六）に徳川家康の命により武経七書が古活字版で刊行された（いわゆる伏見版七書）のも、『呉子』を含む七書の閲読が室町期以降に広まっていたことと無関係ではないはずである。ただし中世に遡る『呉子』の伝本はごく稀であり、その点だけでも室町時代末期書写の木山寺本は注目される。

以下に、木山寺本『呉子』について、本文および訓点の両面から検討してみたい。

現存する『呉子』のテキスト（注釈書所掲の本文を含む）は、結論的に言えば、日本鈔本系・中国刊本系に大別される。管見に及んだ主要な本を挙げれば、次のごとくである（括弧内は本稿における略称）。

〔日本鈔本系〕

木山寺本
個人蔵本[3]（竹中本）
国会図書館本[4]（国会本）
慶応義塾図書館本[5]（慶応本）

〔中国刊本系〕

武経七書宋刊本[6]

『七書講義』本

『七書直解』本[7]

右の内『七書講義』は、金の施子美（しし び）が武経七書に注を加えたもので、鎌倉時代に既に版本が日本にもたらされていたことが金沢文庫旧蔵の写本の残簡から知られる。[8]ただし中国ではその後伝を絶ち、日本にのみ伝存し、足利学校遺蹟図書館所蔵の室町時代末期写本[9]とその転写らしい米沢市立米沢図書館本、元和四年（一六一八）以前刊の無刊記古活字本と元和七年刊古活字本、寛永十一年（一六三四）刊整版本およびその後印本等がある。本稿では、無刊記古活字本を用いた。また『七書直解』は、明の劉寅（りゅういん）が武経七書を注釈したもので、洪武三十一年（一三九八）の序を持ち、明刊本のほか、朝鮮の銅活字本、日本の無刊記古活字本、寛永二十年刊整版本およびその後印本が伝存する。本稿では無刊記古活字本により、明成化二十二年（一四八六）刊本と明万暦九年（一五八一）刊本を参照した。[10][11][12]

両系統の相違はほとんどが細かい文字の異同であるが、やや顕著なものとして、治兵第三の第三章で、

呉子曰、凡行軍之道、無犯進止之節、無失飲食之適、無絶人馬之力。此三者、所以任其上令、【任其上令】、則治之所由生也。若進止不度、飲食不適、馬疲人倦、而不解舎、所以不任其上令、［則治之所由不生也。若其］上令既廃、以居則乱、以戦則敗。

の【　】部を日本鈔本系に欠き、［　］部を中国刊本系に欠くことが挙げられる。前者は同じ語句が二度続くため日本鈔本系が誤脱した可能性もあるが、中国刊本系の衍字とも疑える。後者は、無くても文意は一応通ずるが、前文の「則治之所由生也」との対からはある方が自然で、恐らく中国刊本系が誤脱したのであろう。

なお、ほかに上記諸本における両系統の異同の主要なものを挙げれば以下のごとくである（上が日本鈔本系、下が中

国刊本系。　。は両系統で相違〔順序の相違を含む〕のある文字、□で囲んだのはその系統にあり他方の系統に欠く文字）。

偃屍而哀之―僵屍而哀之（図国第一、第一章）

夫人捧觴醮[酒]呉起於廟―夫人捧觴醮呉起於廟（同、同）

受其命惜其死―愛其命惜其死（同、第二章）

兵之所起者五―兵之所起者[有]五（同、第五章）

古之明主―古之明王（同、第六章）

以顕其志勇者―以顕其忠勇者（同、同）

燕性整―燕性慤（料敵第二、第一章）

民疲於戦―[其]民疲於戦（同、同）

欲吾観敵之外以知其内―吾欲観敵之外以知其内（同、第三章）

三軍匐々―三軍匈々[13]（同、同）

是謂将軍―是謂将事（治兵第三、第五章）

聞鼓声翕々然後挙旗―聞鼓声合然後挙旗（同、第六章）

臨敵不思生―臨敵不懐生[14]（論将第四、第一章）

車堅輨轄[15]―車堅管轄（同、第二章）

可[以]貨賂―可貨[而]賂（同、第四章）

以千撃万莫善於隘[16]―以千撃万莫善於阻（応変第五、第二章）

勿待従容―勿得従容（同、第五章）

募吾武士[17]—募吾材士（同、第六章）

[退]無功而励之—無功而励之（励士第六）

儲席兼重器上牢—餚席兼重器上牢（同）

飾席器差減—餚席器差減（同）

飾席無重器—餚席無重器（同）

これらの、日本鈔本系と中国刊本系が系統的に対立する箇所において、木山寺本は他の日本鈔本と基本的に一致している。このことは、木山寺本の本文が他の日本鈔本と根源を同じくすることを示すと解釈できる。

また、日本鈔本系・中国刊本系のほとんどの本が一致する箇所において、木山寺本が特定の日本鈔本と異文を共有する場合がある。そのいくつかを掲げる（下が木山寺本などの形。。と□の意味は前に準ずる）。

若此[之]至—若此至〔木山寺本・竹中本〕（図国第一、第二章）

天多陰雨欲掠無所—天多陰而欲掠無所〔木山寺本・竹中本〕（料敵第二、第二章）

以半撃倍—以半撃信〔木山寺本・国会本〕[18]（同、第三章）

師出之日—帥出之日〔木山寺本・国会本〕（論将第四、第一章）

安行疾闘—安行疾関〔木山寺本・慶応本〕（応変第五、第三章）

[必]慮其強—慮其強〔木山寺本・慶応本〕（同、第九章）

其有請降許而安之—其有請降許面安之〔木山寺本・竹中本〕[19]（同、第十章）

武侯曰致之奈何—武侯[問]曰致之奈何〔木山寺本・国会本〕（励士第六）

この種の箇所は、木山寺本と竹中本が共通するものが七箇所、木山寺本と国会本が共通するものが八箇所、木山寺本と慶応本が共通するものが四箇所ある。これらについては、偶然の一致の可能性を考慮する必要はあるとしても、すべてがそうとは思われない。基本的には、共通祖本が本文あるいは校異として持っていた異文を、複数の本が継承したものと捉えるべきであろう。この種の異同からも、木山寺本の本文が現存する他の日本鈔本とある程度近い関係にあることが裏付けられる。

次に、木山寺本『呉子』の性格について、訓点の面から検討してみたい。訓点の比較に用いたのは、竹中本・国会本・慶応本のほか、京都大学附属図書館清家文庫本・『七書講義』足利学校遺蹟図書館蔵写本・伏見版七書覆刻付訓整版本[20]である（それぞれ京大本・足利本・整版本と略称）。木山寺本においてやや特徴的な訓や字音が見られ、それが一つ以上の他本と共通しているものに、次のような例がある（木山寺本と同じ訓や字音を持つ伝本を〔　〕内に示す[21]）。

図国第一、第一章「爍　以二犀象一」の「爍」の訓「カカヤカス」〔竹中本・慶応本・京大本・足利本・整版本〕
同、同「革車奄戸」の「車」の字音「キヨ」〔竹中本・足利本・整版本〕
同、同「乗レ之以田　則」の「田」の訓「カリス」〔竹中本・国会本・慶応本・京大本・足利本・整版本〕
同、第二章「先和　而造二大事一」の「造」の訓「イタス」〔国会本・慶応本〕
料敵第二、第一章「以倦二　其師一」の「倦」の訓「ツカラカス」〔竹中本・国会本・慶応本・京大本・整版本〕
同、第二章「晏　興無レ間行駆」の「晏」の訓「オソシ」〔竹中本・慶応本・京大本・足利本・整版本〕
同、同「師既淹　久」」（木山寺本「帥」の誤写を訂正）の「淹」の訓「トドマル」〔国会本・慶応本・整版本[22]〕
同、第三章「禁令未レ施　」の「施」の訓「オコナフ」〔竹中本〕
治兵第三、第四章「幸レ生　　則死」の「幸」の訓「ネガフ」〔竹中本・慶応本・京大本〕
同、第八章「凡畜二　卒騎一」の「畜」の訓「ヤシナフ」〔竹中本・国会本・慶応本・京大本・足利本[23]〕
論将第四、第一章「数分之一爾　」の「爾」の訓「ナラクノミ」〔竹中本・慶応本・京大本・足利本・整版本[24]〕
同、第二章「馬閑二馳逐一」（木山寺本「タイ」の仮名は「チク」の誤り）の「閑」の訓「ナラフ」〔竹中本・国会

本・慶応本・京大本・足利本・整版本〕

同、第四章「可二詐而誘一」の「誘」の訓「アザブク」〔竹中本(25)・国会本・慶応本・京大本・足利本・整版本〕

同、第五章「将二軽鋭一以嘗レ之」の「嘗」の訓「ココロム」〔竹中本・国会本・慶応本・京大本・足利本・整版本〕

応変第五、第三章「敵人必惑莫レ知レ所レ加」の「加」の訓「シノグ」〔足利本〕

同、第八章「陽燥則起」の「陽」の訓「ヒデル」〔竹中本・国会本・京大本・足利本・整版本(26)〕

同、第九章「還退務レ速必有レ不レ属」の「属」の訓「ツヅク」〔慶応本・京大本・足利本・整版本〕

これらは、木山寺本が訓点においても他の日本鈔本と同じ流れを承けることを示すものと言えよう。

また、以下の例は、訓点を比較した諸本には見えないものの、『類聚名義抄』などの古辞書や平安～鎌倉期の訓点本(27)に用例（類似の訓を含む）があり、木山寺本が古訓を伝えている可能性が高いものである。

図国第一、第四章「数勝得二天下一者稀」の「数」の訓「アマタタビ」

料敵第二、第一章「安二国家一之道先戒為レ宝」の「宝」の訓「タツトシ」(28)

同、第二章「解レ甲而息」（木山寺本「カツ」の仮名は「カフ」の誤りか）の「解」の訓「ヌグ」

同、同「諸如レ此者」・応変第五、第五章「諸丘陵林谷深山大沢」の「諸」の訓「オヨソ」(29)

同、第四章「奔走可レ撃」の「走」の訓「ニグ」

治兵第三、第一章「審能達レ此勝レ之主也」の「達」の訓「イタル」

論将第四、第二章「千夫不レ過」の「過」の訓「ヨギル」

同、第四章「可二震而走一」の「震」の訓「オドス」

同、同「可二焚而滅一」の「滅」の訓「ケス」

とすると、他の諸本にも古辞書・訓点本にも確認できない図国第一、第一章「夫人捧レ觴醮レ酒」の「醮」の訓「サカマツリス」・治兵第三、第八章「夏則涼レ廡」の「涼」の訓「ヒヤス」・論将第四、第四章「進道険退道易」の「易」の訓「タヒラカ」なども、古訓を伝えている可能性が考えられよう。

以上見てきたところにより、木山寺本『呉子』は、本文においても訓点においても、他の日本鈔本と源を同じくすることが確認された。木山寺本は地方で書写されたと考えられる本であるが、遡れば中央に伝わった何らかの写本に由来し、転写の間の誤りを含みながらも、その面影をかなりの程度伝えていると言うことができる(30)。

ところで木山寺本『呉子』が書写された状況については、末尾に署名している「雲州之一安」がほとんど唯一の手掛かりとなる。この署名は本文と筆致が少し異なるものの、墨色はほとんど差を認め難く、木山寺本を一安の筆と考えても問題ないように思われる。一安の素性については今のところ判明しないが、署名から出雲の出身者と知られる。わざわざ「雲州之」と記していることからすると、出雲以外の地で署名を書いたものであろうか。一安が確実に書写に関与したのかどうか、また一安の署名がどこで書かれたのかが明らかでないため、具体的な推測は困難であるが、木山寺本が書写された地としては出雲か美作の可能性が比較的高いとは言えよう。

一つの想像として、例えば一安が尼子氏の関係者であって、尼子氏滅亡後に出雲から美作に移って来たもので、一安の所持していた『呉子』を何らかの事情で宥猛が入手した、という経緯も考えられようか。もっとも、そうであるとしても宥猛が一安と直接面識があったかどうかは不明である。

中世以前においては寺院に『呉子』のような兵法書が蔵されることは必ずしも一般的でなく、木山寺に『呉子』があることはやや異数の感を覚えるが(31)、これはやはり時代の影響なのであろう。例えば、註(2)の阿部隆一氏の論文が挙げる東京大学国語研究室蔵『黄石公三略』には、「此一巻於雲州三澤之内亀嵩之麓覚融寺書写之／天正九年八月日永漢書之／文主桜井甚四郎宗正生年十五歳」の奥書がある。現在の島根県仁多郡奥出雲町亀嵩に当たり、覚融寺も現存する（臨済宗）。天正年間に、出雲の一角の寺院で兵法書が書写されていたのである。阿部氏はほかにも、寺院関係の『三略』やその注釈書の伝本を挙げておられる。『三略』ほどではないにせよ、『呉子』も室町時代以降次第に地方にまで広まるようになり、そのような状況下に、一本を宥猛が入手して寺蔵とするに至ったのであろう[32]。

木山寺本『呉子』は、誤写・誤脱[33]や誤点が散見し、また不整な文字がやや目立つので、全体としては佳良なテキストとは言い難い。しかし他本も、程度の差はあってもそれぞれに誤りを含んでおり、木山寺本だけが欠陥を持つわけではない。また『三略』の場合は広く流布し、講釈される機会も多かったため、伝統的な訓説に拠らず我流の誤った訓みを施した訛脱の多い写本があることを阿部隆一氏が前掲論文で指摘されているが、木山寺本は誤りが少なくはないにせよ、伝統的な訓点本の流れを承けており、性格的にそれらと同列のものではない。数少ない中世以前の『呉子』の本文資料・訓点資料として木山寺本が貴重な価値を持つことは、右に述べたところからも了解されるであろう。

結び

本稿では『金剛峰楼閣一切瑜伽瑜祇経』と『呉子』を扱ったが、二点とも、宥猛の時に木山寺に入ったものである。恐らく天正五年（一五七七）の木山寺焼失以後、宥猛歿の天正九年までの間と推定される。木山寺にはほかに宥猛の所持していた資料は確認されず、木山寺に現存する聖教・典籍の中では比較的古い伝来を持つと言える（研究編192頁）。ただし、両書はともに本来木山寺とは無関係な書物であり、木山寺の歴史と直接関わるわけではない。しかし寺院所蔵の文献には、本来他所で書写成立したものが、後にその寺院に移されて伝わっている例が少なくない。この点は本書の図版解説を見ても明らかで、聖教・典籍類は木山寺で写されたものよりは他所からもたらされたものの方が多い。これはもとより木山寺特有の現象ではなく、むしろ書物が諸方の寺院を移動するのがかつての常態だったのである。現在では、そのような書物の移動は止まり、所蔵文献は各寺院において保護されている。『瑜祇経』も『呉子』も、本来の成立と関わりなく、現在木山寺に蔵される他の聖教・典籍とともに、将来に亙り寺宝として伝えられてゆくであろう。

＊個人蔵『呉子』その他関連資料のマイクロフィルムの閲覧について、慶応義塾大学附属研究所斯道文庫の御高配にあずかった。記して御礼申し上げる。

註

（1）岡山県教育委員会編『岡山県社寺所有資料調査報告書3』（一九九三年三月）に記載され、『大般若経』『阿嚕力迦経』についてはは大山仁快氏による解説がある。なお、本書の図版解説（No.39、36、37）参照。

（2）阿部隆一「三略源流考附三略校勘記・擬定黄石公記佚文集」『斯道文庫論集』第八輯、一九七〇年十二月。

（3）室町時代末期～江戸時代初期写。「竹裏館文庫」の印記があり、竹中重門（一五七三～一六三一）旧蔵。

（4）室町時代末期～江戸時代初期写。「七書」の外題を持つ一冊本（ただし外題下の注記に「除六三」とあり、『三略』と『六韜』を欠く）の内。国立国会図書館デジタルコレクションの解題に「京都の円光寺旧蔵書」とある。円光寺は伏見版七書が刊行された所であるが、『呉子』の本文は伏見版とは異なる（註(10)参照）。

（5）『慶應義塾図書館和漢貴重書目録』に「室町末～近世初写」とする。「ネカウ」「ヤシナウ」「ソコナウ」とあるべき訓を「ネコウ」「ヤシノウ」「ソコノウ」と表記した例があることや、紙質・墨色などから見て、江戸時代ごく初期写とするのが穏当か。

（6）静嘉堂文庫蔵。続古逸叢書の影印による。なお『呉子』に関しては日本鈔本系と『七書講義』『七書直解』および註(7)に挙げた諸本の本文が一致して武経七書宋刊本のみ異なる箇所が二十数例あり、中国刊本系の中でも武経七書宋刊本は他と系統を別にするようである。ただし、本稿ではその点には深く立ち入らない。

（7）以上のほか、中国刊本系として武経七書明嘉靖頃刊本・明刊『握機経』・明万暦十六年（一五八八）序刊『武経標題正義』・明万暦二十五年序刊『武経攷注』・明万暦三十九年刊『武経通鑑』・明呉勉学編校『二十子』・明天啓元年（一六二一）序刊『武備志』・明天啓元年序刊『兵垣四編』・明天啓六年序単行刊本・明崇禎九年（一六三六）序刊『武経開宗』所収の『呉子』を参照した。上記三本の中では相対的に『七書直解』本に近い本が多いものの、『七書直解』本との異同や相互の異同も少なくなく、さらに諸種の本を調査した上で系統付けを行う必要があるが、本稿の論旨には直接関わらないので具体的な言及は省く。

（8）阿部隆一「金沢文庫本『施氏七書講義』残巻について—新出の孫子講義零巻を主として」『金沢文庫研究』第十六巻二号、一九七〇年二月（『阿部隆一遺稿集』第二巻所収）。

（9）足利学校遺蹟図書館本『七書講義』は、親本またはそれ以前のある段階で日本鈔本系『呉子』の一本を参照して本文に訓点を書き入れ、その際本文にも部分的に修訂を加えたと見られ、中国刊本系と日本鈔本系の特有本文が混在している。そのため、本稿では原則的に訓点の参照資料としてのみ用いた。

（10）なお伏見版七書の『呉子』の本文は、『七書講義』と『七書直解』の混合本文と認められる。両書に異文（「陣」と「陳」のような通用字の類は除く）がある箇所の内、両書の一方と一致するものがそれぞれ約三十箇所あるほか、「兵戦之場止立屍之地」のように両書の異文を並記したものが六箇所ある。

（11）以上のほかに、京都大学附属図書館清家文庫に一本がある。冊末に元亀三年（一五七二）の加点識語があり、その頃の写本と認められる。その本文は、日本鈔本系に『七書講義』によって修訂を加えたらしく、一部に日本鈔本系の特有本文を残すものの、全体的にはほぼ中国刊本系の特徴を備える。本稿では訓点のみ参照し、本文の比較には用いなかった。なお別筆で異文が多く注記され、それは日本鈔本系に近い。

（12）なお、『群書治要』巻三十六に『呉子』が抄出されている。古写本の内、九条家本（東京国立博物館蔵）の当該巻は無点であるが、金沢文庫本（宮内庁書陵部蔵）は文応元年（一二六〇）に清原教隆により長寛二年（一一六四）藤原敦周点を移した訓点が付され、また「本書」すなわち『呉子』との校異が記入されている。本稿でも一部参照した。

（13）『七書直解』は「匈々」を「洶々」に作る（無刊記古活字本は「洶々」であるが明成化刊本・万暦刊本による）。

（14）『七書講義』無刊記古活字本は「懐」を「壊」に作るが、足利学校遺蹟図書館本は「懐」であり、誤植であろう。

（15）木山寺本は「輨轄」を「轄輨」に作る。

（16）慶応本は「隘」を「阨」に作る。

（17）木山寺本は「募」を「慕」と誤る。

（18）国会本は「信」の右に別筆で「倍」と傍記。

（19）ほかに、足利学校遺蹟図書館本『七書講義』には「而」の本文の右に「面ィ」の校異があるので、訓点を移すのに用いた『呉子』の写本（註(9)参照）に「面」とあったことが推測される。

（20）この本の訓点は、何らかの鈔本の訓点を移したと考えられる。

（21）伝本によっては複数の訓が並記された内の一つの訓の場合もあるが、一々断らない。

（22）竹中本は「トマルコトヲ」と訓ずる。

（23）足利本は本文「蓄」。

(24)『群書治要』金沢文庫本は「爾」を「耳」に作るが、やはり「ナラクノミ」と付訓する。

(25)竹中本以下の諸本は「アザムク」の形。

(26)慶応本は「ヒテリシ」と訓ずる。

(27)訓点本の用例については、築島裕編『訓点語彙集成』に拠った。

(28)「宝」に「タツトシトス」と付訓するが、「為宝」を「タツトシトス」と訓じたものであろう。

(29)「オヨソ」の形では古辞書や訓点本に見出せないが、「オホヨソ」の訓は見られる。

(30)本文において、木山寺本が本来の形を伝えているのではないかと思われる例として、治兵第三、第六章「呉子曰、教戦之法、令下短者持矛戟、長者持弓弩、強者持旌旗、勇者持金鼓、弱者給厮養、知（智）者為謀主」の部分がある。管見の他本はすべて「法」と「下」が無いが、『呉子』にはほかに「用兵之法」「戦之法」「谷戦之法」という言い方が見えるので、ここも木山寺本の「教戦之法」が正しく、かつ「令」は以下の文にかかる使役の助動詞であって、「下」は「令㆘短者持㆓矛戟㆒……知者為㆗謀主㆖」のようにそれに付けられていた返り点が誤写されたのではなかろうか。ただし、木山寺本と同じ形の本がほかに確認されないことは問題であるが、『通典』巻百四十九が「呉起教戦法」、『太平御覧』巻二百九十七が「呉起教戦法曰」として本章の全文（小異あり）を引いていることは参考となる。

(31)ただし伏見版七書が刊行された江戸時代初期以降は、武経七書が基本的な古典として寺院にも蔵されるようになったらしく、木山寺にも伏見版七書覆刻整版本の『司馬法』（付訓本）・『尉繚子』（無点本）があるほか、他の寺院でも伏見版七書の覆刻本を蔵している例が確認できる。

(32)木山寺本の宥猛の識語に「木山州宥猛之」とあるが、木山の地を「木山州」と呼んだ例はほかに知られていないようである。何らかの意識の反映なのか、考察に価する問題と思われる。

(33)管見の諸本の中で木山寺本が孤立した本文を持ち、木山寺本独自の誤りの可能性が考えられるものが、誤写三十二箇所、誤脱十七箇所、衍字五箇所数えられる。

column

狐とお稲荷さん……①『雪窓夜話』の狐

山崎　淳

江戸時代の宝暦年間（一七五一～一七六四）に成立したと推定されている『雪窓夜話』（鳥取藩士・上野忠親著）という書物に、次のようなお話があります。

享保十一年（一七二六）、荒尾但馬（当時の鳥取藩米子城預かり、荒尾成倫のことでしょう）の銀蔵の銀が盗まれました。銀蔵は外部から人が忍び込むには目立ちすぎる場所にあり、戸・銀箱の錠に付けられた封はいずれも切られていません。それにもかかわらず銀はなくなっていたのです。調査していくうち、但馬の家来・橋本栄助に不審な様子が見えたので、吟味してみると犯人は妻であることを白状しました。妻には長年狐が憑いているとのことでした。妻を尋問すると、顔色や目つきなどが異常なものになっていきました。（以下略）

橋本栄助によれば、あまりにも栄助が貧乏だったのを見かねた妻（に憑いた狐）が犯行に及んだ、とのことでした。そのあたりは、なんとなく涙を誘うような哀れさがあるのですが、武士の貧困や狐憑きという問題を描いていることは明らかで、一筋縄で片付く話ではなさそうです。そうした点については、今後の研究の進展に期待することにして、このお話の中で個人的に注目した点を（右のあらすじで略した部分も含め）二つ挙げてみましょう。

まず、蔵の銀を狐が盗み出したことです。錠に付けられた封を外さずにです。狐の行う悪さは様々で、それが多くの書物に書かれています。したがって、これもその一つに過ぎないと言うこともできます。しかしながら、ここで思い起こされるのが狐（と言っても狐の像です）の持ち物とされる「ある物」です。すべての狐が持っているわけではないのですが、ご覧になったことのある方もいらっしゃるのではないでしょうか。それは「鍵」です。

鍵をくわえた狐の絵や像は、いろいろな所で目にすることができます。例えば、化生寺（岡山県真庭市勝山町）の随身門に置かれた狐の像がそうです。また、絵馬や江戸時代に庶民の間で流行した「大津絵」に、鍵をくわえた白狐を見ることができます（信多純一氏『祈りの文化―大津絵模様・絵馬模様―』四三～四四ページで紹介されています）。橋本栄助の妻が鍵をくわえて登場してくるわけではありませんが、このような狐と鍵の関係が基底にあるのならば、右の蔵破り（錠を壊していないわけですから「蔵破らず」と言うべきでしょうか）は、いかにもありそうな狐の行為として我々の目の前に立ち現れてくることになるのです。

もう一つは、橋本栄助の小屋を捜索したところ、箱の中から発見された「怪シキ消息」です。それは「他人ノ狐」から栄助へ送られた、妻（に憑いた狐）の居所を尋ねる手紙でした。この話では、件の手紙を「狐が文字を書いた証拠」と位置付けています。狐が文字を書く話として有名なものに、「信太妻」があります。人間の男と契り、男の子（後の陰陽師・安倍晴明）を生んだ白狐（人間に化けています）が、正体のばれた後、障子に一首の和歌を記して去って行くという物語です。狐と文字との関わりというのは、存外大きなものなのかもしれません。

そして、こと中国地方（しかも木山寺のある美作）となると、思い起こさずにいられないのが、岡山市北区建部町の真浄寺に「狐の詫び証文」として伝えられる文書です。諸書で紹介されているものなので、詳しく触れることはしませんが、「もう木山には戻りません」という誓約書です。狐憑きを治す「狐落とし」に使われたものと推測されています（コラム②［206頁］掲出の五来重著書など）。真浄寺宛てとなっており、差出人は善覚です。修験者の善覚（コラム②参照）ならば、狐が書いたものではないということになりますが、こういうものが存在することも、やはり文字と狐との関係が認識されていたことを物語っているように思えます（ただし、こうした関係については、資料の積み重ねや他の動物との比較も行った上で、慎重に論じていく必要があります。先述の「鍵」も然りです）。

『雪窓夜話』のお話は直接に善覚稲荷と関係するわけではありませんが、いろいろと気になる点のあることがおわかりいただけたでしょうか。この他、橋本栄助夫妻が「生国作州ノ者ナリ」、つまり美作の出であると記されていることも興味を引きます。もちろん、米子の殿様の家来が美作出身であっても構わない（米子、もしくは伯耆出身である必要はない）のですが、わざわざ明記してくるところに、お話の中での「美作」の位置付けを考えてみたくなります。江戸時代の中国地方における狐関係の話には、まだまだ検討していくべき点があると言えるでしょう。

伝授史料から見る木山寺経蔵の史的一端

中山一麿

はじめに

木山寺所蔵の古典籍は、第五十世住職秀海の代までは実際に修学用として使われていた。秀海は法宝護持のため、昭和七年（一九三二）に約一間の典籍配架用の本棚を二本設えたことが、本棚側板に残る墨書によって解る。そこには所謂冊子本の類の典籍がびっしりと並んでおり、収蔵典籍は密教書を中心に仏書全般に及び、漢籍、国書も相当数含まれている。多くの典籍の背に書名を貼紙し、実用に資していたことが窺える。さらに、枡形本を中心に収めた所謂聖教函が四箱残されている他、巻子本・文書類を収める箱や貴重本のために特別に設えた箱が分散して配置されている。(1)

この状態は秀海の代に典籍の形状による制約を受けながら整理されており、多少の錯綜は見られるものの、次のような傾向が指摘できる。本棚に収められた本は、幕末以降に他所から流入してきた本や修学のために買い求めた本が大半で、その最大の特徴は高野山日光院旧蔵の典籍が大量に含まれることである。一方、聖教函に収められている典籍は、木山寺歴代止住僧たちの所持本であり、自筆書写本を含めた伝授や修法に関する書群(2)である。前者は次稿（研究編208頁）を参照していただくとして、本稿では後者の書群に関して検討していく。

一　宥猛、宥銀と中世期書写本

木山寺歴代による所持本・書写本の集積である書群が、他の典籍および仏像・仏画を含めた現在木山寺・木山神社に所蔵される歴史遺産よりも有益となる点は、その高い史料価値にある。と言うのも、他の文物がいつから木山寺に在ったのかを断定することは非常に困難であるのに対して、これらの書群はほぼ確実に書かれた時から木山寺に所蔵されていたものや、まとまりごとに比較検討することで伝来過程が明らかにできるものを含んでいるからである。木山寺・木山神社の歴史を紐解く上で、これまで確実な基本史料とされてきたのが古文書や棟札であるが、これに同等する史料価値をこれらの書群は有している。

木山寺の開基は弘法大師とされ、古くから信仰の霊山であったことは容易に想像されるが、確実な史料に依拠すれば、応永十八年（一四一一）の赤松義則の寄進状（図録編No.49）に「南三郷内惣社」の社領として「木山方」と記されていること、天文八年（一五三九）の尼子詮久の寺領安堵状（図録編No.47、48）で「木山寺」「木山感神院」と記されることぐらいで、ほとんど実態が不明と言わざるを得ない。さらに、実像を伴う木山寺僧となると、天正八年（一五八〇）の天王社棟札を書した宥銀、およびその師で建立願主の宥猛まで降らねばならない。その理由として考えられるのが、天正五年（一五七七）の出火であり、随身門と一部持ち出した仏像を除いて「不残焼失」したとされている点である（図録編No.1、71、研究編133頁）。

しかし、聖教函に残された書群の中には、天正五年以前の典籍も含まれている。中でもひと際古い典籍が元弘元年（一三三一）写の『金剛峰楼閣一切瑜伽瑜祇経』（図録編No.38）であるが、書写当時から木山寺に在ったとは考えづらい。巻末に「作州木山感神院法印宥猛感得之」と追記された識語があり、宥猛によって木山寺にもたらされた典籍であろう。

同様のことは天正九年（一五八一）以前の書写になる『呉子』（図録編No.44）にも言え、「木山州宥猛之」との追記があることからこれも宥猛が集めた典籍の一つと考えられる（研究編176頁）。このように、書写年時が古くても、後の流入本である以上、その古さと木山寺の歴史を結びつけて論ずることはできないのである。とは言え、宥猛は先にも触れた如く、天正八年の天王社建立の願主として具体的に記される最初の木山寺僧である。元禄十五年（一七〇二）に宥観によって編纂された『木山寺寄附状旧記写』（図録編No.71）をはじめ、木山寺の実態を伴う歴史はほぼ宥猛以降の記録となっており、木山寺の中興と呼ぶに相応しい僧だと言える。しかし、その宥猛に直接関係する当代史料もこの棟札以外には知られていなかった。宥猛の書き込みが記されるこの二つの典籍の出現は、木山寺にとって貴重な宝物であり、史料となろう。

同様に、宥猛の後を継いだ宥銀についても、前掲の天王社棟札の他には当代史料が無かったが[3]、この聖教函からは図録編に収載したものだけでも『法華経音訓』（図録編No.43）・『求聞持次第[梵字]・[梵字]』（図録編No.81）・『求聞持大事』（図録編No.82）・『秘蔵記』（図録編No.104）といった自筆本・所持本が確認されている。特に『求聞持大事』には天正十四年（一五八六）に尊杲から宥海への授与に続き、文禄四年（一五九五）に宥海から宥銀への印明授与が記されており、相承の一端を知ることができる。本書には「覺[梵字]上人彼門人号八度大事」と記され、同じく宥銀自筆の『求聞持次第[梵字]・[梵字]』奥書には「於嚴嶋弥山求聞持第四座目之時書之　文禄五暦卯月吉日」とある。即ち、宥銀は覚鑁の法系に相承されてきた「求聞持大事」印明を相承し、翌年には厳島において覚鑁作の次第による求聞持法要に第四座目として出仕していることが知られるのである。

厳島との関連が類推される典籍としては、天正二十年（一五九二）に宥樹（真賢）が求め、頼勢（昌印）が筆写している『四度表白神分祈願等』（図録編No.96）がある。宥樹・頼勢ともに「アキ」と傍書されており、安芸出身の僧と解される。さらに南北朝期写と考えられる『薄草子口決』（図録編No.94）も安芸の真清の書写本である。因みに、『薄草子口決』は覚鑁によって高野山に築かれた大伝法院を、根来寺に移して中性院流を大成した頼瑜が著した根本聖教でもある。一見無関係に見える典籍も、一点一点の持つ情報を積み重ねていくことによって、個々では見えなかった歴史を湧出してくれる。どうも宥銀が住職を務めた室町末期の木山寺は、根来寺の中性院流の教線を介して、安芸（厳島）とも交流があったと思量される。この視点をもって改めて聖教函に残る中世期写本を見てみると、永享八年（一四三六）、宗譽写の『三宝院伝法灌頂聞書』（図録編No.95）などの室町中期まで遡る中性院流伝書が含まれているのもその影響と考えられるのである。

このように、この書群は少なくとも宥猛・宥銀が関与した典籍を含んでおり、その後の木山寺歴代の活動を投影する重要な史料群である。しかし一方で、宥猛の代に起きた天正五年の火災以前に書写された典籍で、元から木山寺に在って、大火を免れて現在も在ると断定できる典籍は無く、最もその可能性を検証する余地を有しているのが、融遍に関わる聖教類である。

二　融遍と木山寺

融遍関係聖教は自筆本七点、所持本四点の現在十一点確認しているが、これは他の中世期写本と違って、形態・内容も類似した伝授に関わる次第書群である。おそらく同一人物が関与した中世期写本としては、木山寺で最も多い点数が現存している。故に、この融遍は木山寺僧であってその所持していた本がそのまま現在まで木山寺に残っているという可能性が考えられるのである。

まず融遍書写本のうち最も早い、天文十四年（一五四五）融遍書写の『伝法灌頂初夜式（仮題）』(4)（図録編No.83）の奥書に「於金剛峯寺往生院清浄光院法印空音以御本書冩之同傳授了」とあることから、高野山内において、空音から融遍への書写伝授が確認できる。本書は首欠であるが、本文中に「三宝院之道具目録ニ不見之」などの書き入れがあることなどから、三宝院流の次第書と考えられる。続いて、天文十七年融遍書写の『荒神供次第』（図録編№85）も高野山本中院において同じく空音から書写伝授されている。本書は挿紙（本文と別筆）に「次第奥書云宥快法印添削シ玉フ次第也云々」とあり、高野山宝性院宥快所伝の安祥寺流聖教である。次に天文二十年（一五五一）融遍令写（頼音筆）の『求聞持次第』（図録編№84）は高野山清浄心院で書写しており、これも空音との師弟関係による書写伝授と考えてよかろう。本書は宝性院宥信（宥快正嫡）から宥勢へと受け継がれ、融遍は宥勢本を書写させている。したがって本書も安祥寺流聖教である。その他、天文十八年書写『灌頂内道場秘決孝心院隆源記』、書写年未詳『乞戒表白　進流』を融遍は書写している。

即ち、融遍の書写活動はすべて高野山内であり、清浄光院法印空音からの書写伝授を主として行われたと言える。

次に融遍所持本については、すべて求聞持法に関する一連の聖教で、盛海なる僧の書写本である。四点のうち二点にある奥書より、天文七年（一五三八）に書写されたものと解る。表紙貼紙（共に別筆）に「本願〔梵字〕上人作次第ナリ殊ニ聖融奥書有ル」（『求聞持次第私日記』〔図録編№77〕）・「中性院聖増僧都／口筆聖融記也」（『求聞持次第聞書』〔図録編№78〕）とあるように、これらは中性院流の聖教である。外題下の「融遍」との署名から融遍が伝領所持していたと解る。

さて、これら融遍関連聖教がいつから木山寺に蔵されていたかを問題としているが、その手掛かりとなるのが、慶安元年（一六四八）宥伝書写の『荒神供次第』（図録編№86）である。これは天文十七年融遍書写の『荒神供次第』（図録編№85）の忠実な書写本で、最後に宥伝自身が「高野山住山之砌作州木山寺之以御本書写之畢　慶安元年戊子南呂四日京圓房　宥傳」との奥書を記している。宥伝は木山寺所蔵の本を写しており、宥伝が書写した慶安元年には親本である融遍書写本が既に木山寺に在ったことになる。しかし、求聞持法に関する融遍所持本四点は前掲の宥銀が関与する求聞持法聖教と包紙で一嚢にされており、法流的にも既に述べた如く、中性院流聖教としてまとまっている。宥銀によって一括されていたとも考えられる（ただし、現包紙は宥銀とは別筆）。

これら融遍関係本の検討から断定し得ることは、これらの本はもともと高野山で融遍が収集したものであるということと、その後、宥伝が転写した慶安元年までの間に木山寺にもたらされたということに過ぎない。したがって、融遍自身と木山寺を結びつける要素は何も見られない。融遍と木山寺宥伝の間にこれらの聖教に関与したのは宥銀であり、宥銀自身の聖教と融遍聖教の一部が同包一括されて現存しているのである。以上を勘案するに、融遍関係聖教を融遍自身が木山寺に持ち込んだ確証を得ることはできず、むしろ天正十五年の厳島での求聞持法要出仕に関連して、宥銀が関与して集められた聖教類と解するのが妥当と考える。

即ち、融遍関連聖教も宥銀による流入聖教と考えられ、現在の木山寺に天正五年の大火以前から在ったとの確証を得られる典籍は皆無と言わざるを得ない。このことは『天王社棟札』や『旧記写』にある「悉灰燼」や「不残焼失」という記述が決して誇張ではなく、実際に随身門のみを残した全山焼失であったことを物語っている。加えて、これは典籍の焼失に限ったことではなく、『旧記写』に記される一部持ち出したという仏像を除けば、すべての文物に対して言えることであろう。つまり、現在木山寺・木山神社に残されている天正五年以前制作の文化財に関しても、後代に流入された蓋然性が極めて高いということでもある。木山寺・木山神社の中世以前の信仰を考える上でこの点は留意しておく必要がある。一方、逆説的に言えば、このような状況下でも残った木山寺の中世文書は極めて重宝されていたと言える。累代の権門からの所領安堵状は、寺社にとって本尊と同等に守らねばならない宝物であったと言えるであろう。

三　真源相承と安住院

次に、江戸中後期の木山寺の修学を伝える聖教の中、最も多い書群を形成する安住院関連聖教について見ていく。

現在は真言宗善通寺派に属する瓶井山禅光寺安住院（岡山市中区国富）は、寛保二年（一七四二）に当時の院主龍豊（恵杖）が高野山南谷成蓮院真源を招いて結縁・伝法の二会灌頂を執行したのを嚆矢として、備前・備中における灌頂の中心道場となり、法流伝播の基幹寺院となっていた。真源の法流は宇治恵心院良純の相承した醍醐三宝院流憲深方（三憲・報恩院流・幸心方とも言う）を基本としつつ、高野山声明の一派である進流なども流布した（真源の大成した声明流派は南山進流と呼ばれる）。安住院には現在も大量にこの系譜に繋がる典籍が残されており、備前・備中・讃岐の他の寺院にも安住院本を親本とする写本が現流している。これらは、かつて多くの僧が安住院に去来し、真源相承の法流を伝受すると共に多くの典籍を書写していたことを今に伝えている。特に、備前西大寺や西阿知遍照院との関係は深い。と言うのも、『備前西大寺縁起』（享保本）の記主であり、現行の西大寺会陽の次第を固めたとされる雲翁[5]は、真源に瀉瓶と言われた僧であり[6]、寛保二年の伝授では、式衆十口によって執行され、龍豊と同等に扱われている。また、西阿知遍照院法恵は龍豊と共に真源の招聘を働きかけた僧で、寛保二年の灌頂の記録を草すにあたってその記主を務めている[7]。雲翁・法恵に限らず、両寺院に関係する僧の多くが、真源相承の系統の聖教には多く見られ、両寺院もまた、安住院から派生した伝法道場たらんとしていたのである。

このような安住院を中心とした真源相承の聖教が、美作の最深部とも言える木山寺にまで伝わっていたことは、年来安住院の聖教調査を行ってきた稿者にとっても想定外であった。しかも、その数は偶々紛れ込んだというレベルではなく、何らかの意図によって集められたものと考えられる。以降ではこの点について検討していく。

木山寺に蔵される安住院関連典籍のひとつ『治承記口訣』（図録編№89）は、寛文元年宇治恵心院良信（良純の師）↓享保十三年成蓮院真源↓寛保三年安住院龍豊↓同年西大寺雲翁↓寛政四年瓶井山逮神↓寛政七年木山寺尊高と、典型的な相承過程を示す奥書が見られるものである。木山寺にある安住院関連聖教はそのほとんどが、真源相承の法系に繋がる伝書で、瓶井山逮神本を木山寺尊高が写得することでもたらされている。

逮神（一七三六―一八〇二）は安住院に位牌が現存しており、それによると「當寺中興權大僧都法印逮神大和尚位」と表書きされ、背面には寂年に加えて「理證蓮花兩院建立也」と刻まれている。しかし、安住院にはこの他に逮神の事績を伝えるものが、ほとんど残っていない。(8)『安住院古文書類集』に記載されている安住院歴代によれば、龍豊の後はその瀉瓶妙道が後を継いでおり、逮神の名は見られない。安住院所蔵の真源相承の伝書も、そのほとんどが龍豊の後、妙道に引き継がれていて、逮神の名を探すのは難しい。一方、木山寺の尊高書写本からは妙道の名は僅かに過ぎず、ほぼ逮神本からの写しである。(9)

これらを勘案すると、尊高は安住院というより、むしろ逮神が建立したという理証院（ただし、理証院は逮神以前からの存在が確認できる）か蓮花院に客僧として出入りし、そこで逮神書写本を写得して木山に持ち帰ったと考えられる。改めて尊高書写本を見てみると、「安住院」と記されるものより、「瓶井山」と記されるものの方が圧倒的に多いことに気づかされる。そもそも安住院とは、一山寺院である瓶井山禅光寺（瓶井寺とも）の本坊であり、広義には他の塔頭を含めた瓶井山全体を指すが、狭義には安住院一院のみの呼称としても用いられる。逮神が敢えて「安住院」と書かずに「瓶井山」を多用しているのは、主に瓶井山理証院もしくは蓮花院の聖教を書写したためと考えられるのである。

そしてこのことは、安住院龍豊写本の位置づけに大いなる示唆を与える。

尊高が瓶井山に参山していた時期は、既に龍豊は亡く、妙道の時代であったろう。安住院正嫡の妙道の写本ではなく、逮神本を書写したのは、敢えて妙道本にこだわる必要がなかったためだと考えられる。何故なら、真源および直接伝授の龍豊や雲翁の法脈に連なることが重要であったからである。即ちここに、真源・龍豊・雲翁の手になる聖教類を流派の根本聖教として聖典化する態度が見られるのである。安住院では、龍豊の伝書を妙道が包紙にまとめて修法ごとに整理していたことが現状より解る。そしてものによっては包紙に「安住院／不出」と墨書して、正に根本聖教の秘書化を図っている。

尊高が持ち帰った木山寺本の出現は、このような瓶井山内での龍豊所伝本の秘書化をも暗示するものと言える。加えて古来より、密教僧は誰の（あるいは何処の）本を写したのかにこだわって奥書を記してきたが、それは単なる形式上の奥付ではなく、このように特定の本に付加価値をもたせて差別化をしたことにも起因している。真源相承の法流に関する安住院本と木山寺本の比較は、そういった根本聖教の秘書化の過程を垣間見せる明確な事例と言えよう。

四　木山寺尊高の典籍蒐集

次に、木山寺の真源相承の法系伝播に関わる尊高（一七二八―一八一〇）[10]の聖教について見ていく。

まず、『秘密儀軌傳授目録』である。これは尊高に関する多くの情報を供与する。本書は宝暦三年（一七五三）九月二十一日から翌正月二十一日まで、および六月四日から同二十六日までの計百十一座に及ぶ伝授記録である。大阿闍梨は高野山蓮花谷万福院の幻耳寂然で、受者は随泉院良順房、清徳院良観房、成珠院正遍房である。そして内題下には「附聞記　南谷發光院會下／睿智正遍房／「當山住職後改尊高」（朱書）」と記されており、これによって本書を記録した睿智正遍房は高野山成珠院に止住して、後に改名し木山寺住職となる尊高であることが解る。この伝受の時は二十五歳であり、成珠院止住は修学のためであったろう。なお、会所となっている南谷や蓮花谷は成蓮院をはじめとして真源相承の法系に連なる僧たちの活動拠点でもある。

尊高が睿智正遍房であることが判明したことにより注目されるのが『南山進流密宗聲明系譜』[11]である。本書は真源が集めた密教界唯一の声明系譜を大成した書として知られる。延享元年（一七四四）の真源と西阿知遍照院法恵の序文、および宝暦三年の理峰の序、西大寺雲翁の跋によってその編纂から刊行までの事情が知られる。その要を取れば、真源は、近年声明の流派の乱れるを患い、年来その流れを記す典籍を探索していたところ、故西禅栄融師の秘韻を伝うると聞くに及び、すぐさまそれを受け、理峰と共に研究・討議し、これに青龍（醍醐）や諸著を譜して声明の系譜を作った。これを法恵が版行せんとしていたが、不測の事態[12]によって版行できずにいた。そこで改めて雲翁が補訂し、新たに理峰の序文を加えて宝暦三年に刊行したということである。

そしてこの『南山進流密宗聲明系譜』に理峰の付法として「睿智正遍房。備中人。住二作州木山寺一」と記載されているのである。この記述が真源編纂時のものとすると、睿智は十六歳までに伝授されていたことになり、いささか若年に過ぎよう。したがって雲翁による追加記事の一部だと考えられる。となると、二十五歳までに伝授されていたことになり、先の『秘密儀軌傳授目録』の伝受時期と重なってくる。このことは即ち、尊高は生まれは備中であるが、二十代前半には木山寺僧として高野山へ修学に行っていたことをあらわしている。しかもその高野山で既に真源相承の法系に触れていたのである。この高野での修学が尊高の足を瓶井山に向かわせたと考えられる。

尊高は宝暦十年（一七六〇）には瓶井山に行っていることが、『曼荼羅供金打事弁堂達事』の包紙に「宝暦十庚辰三月十九日於瓶井山禅光寺道場開帳観自在薩埵為報恩謝悳奉修曼供雖予不才依時衆之蕑汗莚勤焉　睿智」とあることから解る。この時三十二歳の尊高はまだ睿智を名乗っており、木山寺の住職にはなっていない。この瓶井山での曼供法要時に睿智は法要の記録や筵の準備などを行っていることから、既に瓶井山内に止住していたと考えられる。

その後、明和元年（一七六四）『方丈殿再建立棟札』（図録編№10）に「医王山木山寺現住賜色衣法印尊高」として導師を勤めており、これが尊高と名乗る初出であり、併せてこの時までに木山寺に戻ったことが知られる。天明三年（一七八三）の勝山藩からの「裁許書写し」（図録編№70）には「牛頭天王別當古義真言宗木山寺尊高」とあり、天明五年には善覚大明神拝殿の新築も「住持法印尊高」（図録編№11）として主導していることから察するに、おそらく木山寺帰山と同時に住職に就任したものと思量される[13]。

尊高と改名後に写得した真源相承の法流の伝書は、先にも指摘したが、ほぼすべて逮神本からの書写である。書写年

写真１　包紙（安住院蔵）

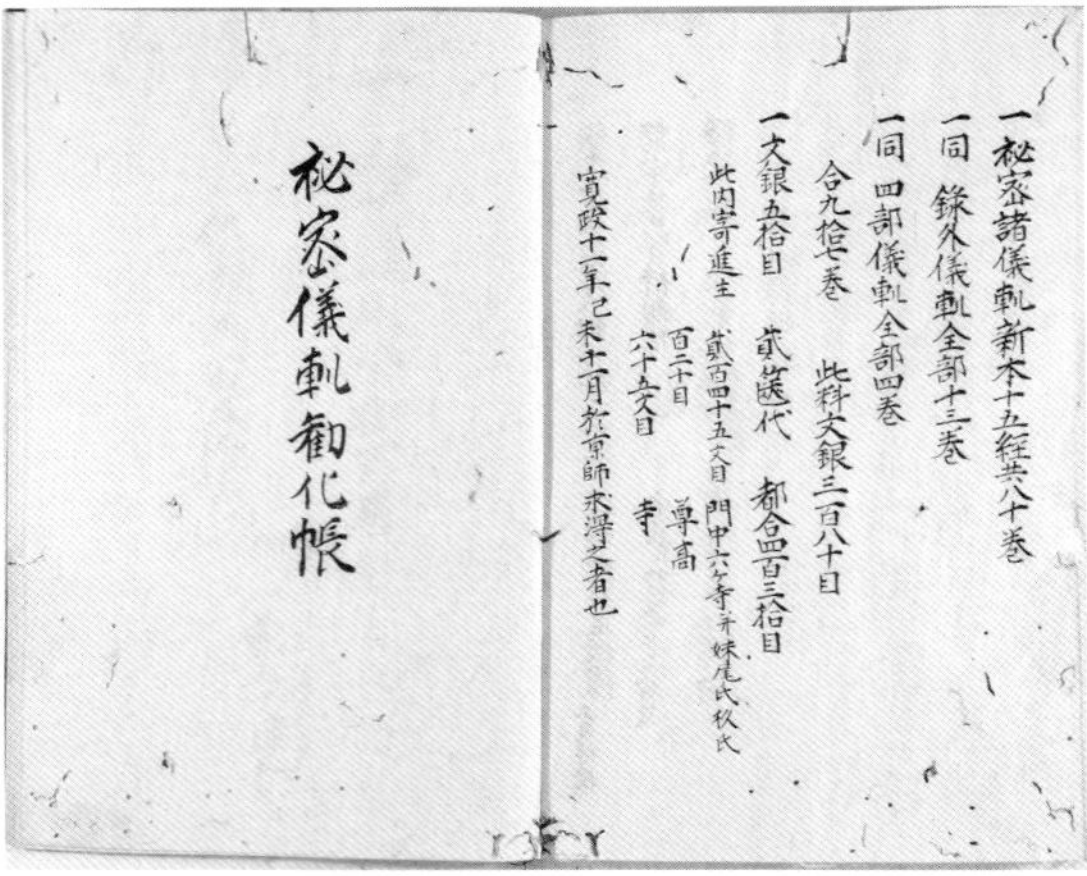

写真２　秘密儀軌勧化帳

は寛政七年（一七九五）、八年に集中しており、十年、十一年に書写したものも若干含まれている。これは尊高七十歳前後のことになる。若き日々を過ごした瓶井山であるが、老僧になって漸く瓶井山の聖教を写得できる立場になっていたのであろう。しかし『傳法灌頂行事用意醍醐憲方』の奥書には「右此一本雖為秘本於逮神闍梨所以競望／寫淂之者也可秘云云／旹寛政七年丁卯仲冬二日／木山寺　尊高」とあり、秘書ではあるが逮神（瓶井山内の塔頭住職）も望んでいるからとの理由で写得が許可されている。この親本は安住院に現存し、妙道が設えた包紙には「瓶井寺不出／他人不可見」と墨書（写真１）されている。そしてその中身は真源本を写した龍豊令写本である[14]。安住院本が如何に秘匿されて管理されていたかを如実に物語っている。と同時に、尊高の写得への熱意が伝わってくる。

また、『本命星供石山中院』の奥書からは尊高が瓶井山本を写得しに行った目的が思量される。「寛政七歳乙卯九月廿八日以逮神師本写淂之／但原本者薄葉帋也為便行用以厚紙書者之／尊高」とあり、即ち尊高は木山寺での行法執行に用いる聖教を集めていたと知られる。さらに、より具体的な典籍蒐集の記録が「秘密儀軌勧化帳」（写真２）である。これは先に見た『秘密儀軌傳授目録』に続けて、寛政十一年に追記、合冊したものであるが、そこには『秘密儀軌』購入にあたっての内訳が記されて

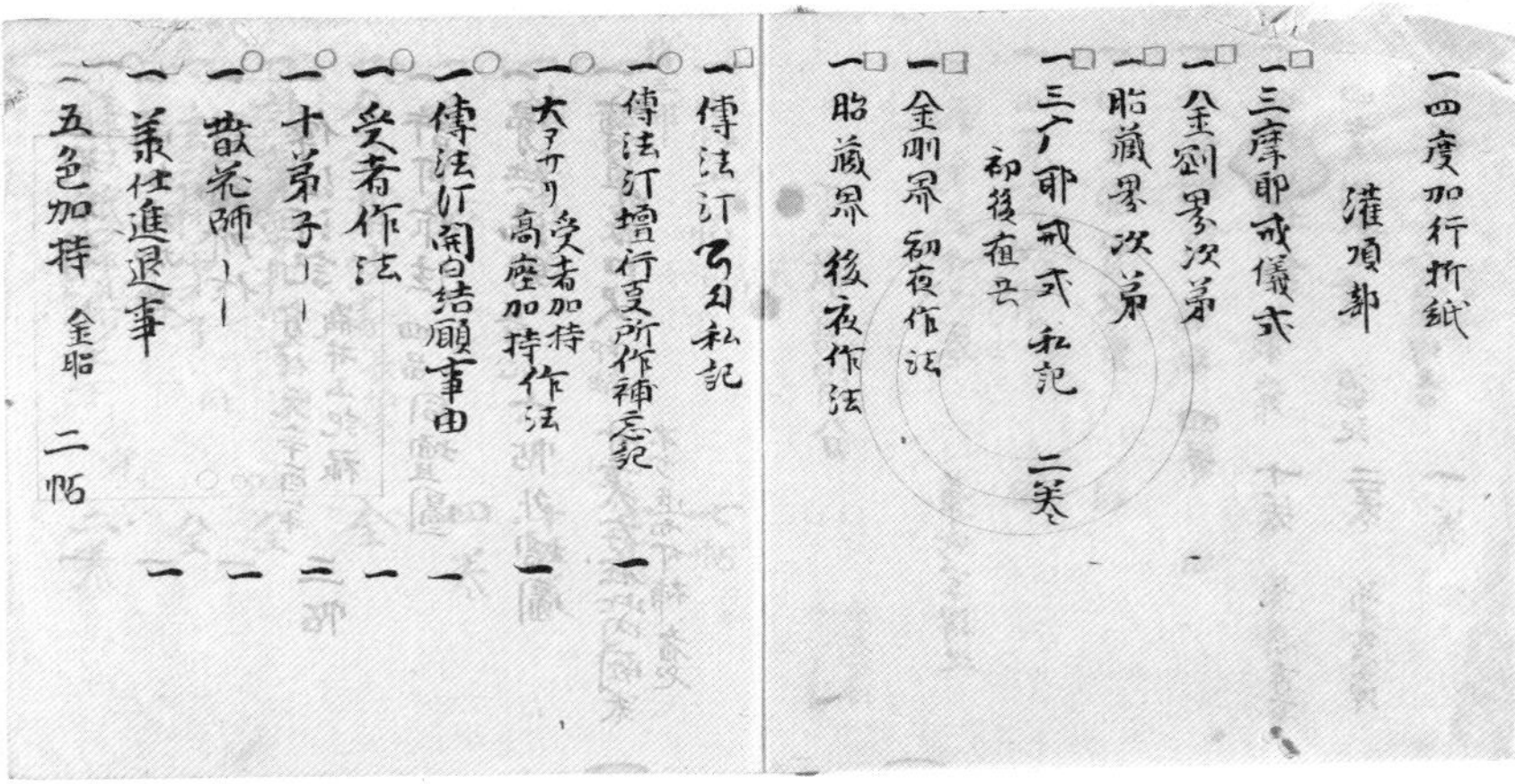
一四度加行折紙
灌頂部
一三摩耶戒儀式
一金剛界次第
一胎蔵界次第
一三マ耶戒式　私記　二巻
初後夜各
一金剛界　初夜作法
一胎蔵界　後夜作法
一傳法汀　私記
一傳法汀壇行支所作神分記
大アサリ受者加持　高座加持作法
一傳法汀開白結願事由
一受者作法
一十弟子
一散花師
一五色加持　金胎　二帖

写真３　聖教目録

いる。それによると、『秘密諸儀軌新本十五経共八十巻』・『同　録外儀軌全部十三巻』・『同　四部儀軌全部四巻』の計九十七巻を購入し、「此料文銀三百八十目」とされる。加えて、それを納める箱として、「文銀五拾目　貳筐代」とあり、「都合四百三拾目」で京都から購入している。(15)出版史や社会経済史的にも興味深い史料であるが、今はこの代金をどうやって尊高が調達したかに注目する。内訳は、「貳百四十五文目　門中六ヶ寺幷妹尾氏杉氏」・「百二十目　尊高」・「六十五文目　寺」と記されており、尊高自身も百二十文目私費を投じているが、特筆すべきは末寺六ヵ寺(16)で約半分を負担している点である。この喜捨を募る励奨文に尊高は、「右今般求淂之於當山秘密道場／永〻致重寶挑法燈際間（以下略）」と述べている。即ち、木山寺はこの地域の「秘密道場」であり、末寺住職への灌頂を行うことが求められていたと考えられる。

尊高はこのようにして収蒐した典籍を『聖教目録』（写真３）として書き留めており、そこには加行関係の書目八点に続き、「灌頂部」として六十七書目を列挙している。すべての確認は取れていないが、本稿で触れた典籍をはじめ、瓶井山で写得した多くの典籍が含まれる。これら尊高の典籍蒐集からは、木山寺に真源相承の法流による「灌頂道場」を築こうとしていた意図を垣間見ることができよう。

おわりに

以上、木山寺の歴代に関係する聖教を多く含む聖教函四箱に残る典籍を中心に、特徴的な書群を見てきた。そこには確かに、累代の木山寺僧による典籍蒐集の跡が反映されていた。しかしそれは天正五年以降の事象であり、それ以前の木山寺のすがたを投影するものではなかった。木山寺は江戸初期には高野山高祖院の末となっており、明治までそれは継続されたようである。本稿で扱った中世期写本、尊高関係の伝書、次稿で扱っている日光院・増長院旧蔵本の何れもが、木山寺と高野山の関係が深いことを示している。一方で、安住院で見られるような独自法流の形成・流布への積極性は感じられない。尊高が蒐集した伝法に関する聖教も、寺内であまり相承された形跡が無く、むしろその後も結局は高野山での伝受が基本であったように思う。それと対照的なのは、牛頭天王や善覚稲荷といった現世利益の尊格、在地神との習合神への信仰であり、その主導権争いや信仰圏拡大には強い執心が感じられる。この法流基盤と在地神へのこだわりとの間にある温度差は、現在も独特且つ根強い崇敬を集める木山信仰を考える上で、また寺・社の関係を考える上においても、今後の調査・研究の道標となろう。

註

（1）現在、木山寺書庫は調査と並行して、保存状態の改善と典籍配置の再整理を行っている。
（2）本稿では、あるまとまりを持つ典籍類の集合体を「書群」という言葉を使って定義する。
（3）慶長十二年、慶長十八年の棟札も宥銀と判明（図録編No.7、8、資料編269頁）。
（4）同日書写の『傳法灌頂三昧耶戒式』、『傳法灌頂後夜式』もある。
（5）拙稿「金陵山西大寺会陽起源の周縁について―忠阿創始説の背景―」『仏教文学』三十四号、二〇一〇年。川崎剛志・苅米一志・土井通弘編『備前国西大寺縁起絵巻』就実大学吉備地方文化研究所、二〇一三年。なお、西大寺会陽の法会次第である『修正会法則』は宝永二年雲翁書写本（西大寺観音院蔵）を基にしている。

(6)『中院宗要秘訣第十』に真源の語として「汝師雲翁年来随レ吾受ニ幸心流一既尽ニ源底一吾瀉瓶也」とある。水原堯栄「明治以降高野山中院流法脈の正嫡に就いて」『密教文化』三十二号、一九五六年による。

(7) 安住院の真源相承の伝書に触れるのは稲谷祐宣のみで、以下の論文を参照した。「高野山成蓮院真源をめぐって　備前瓶井山での伝授・その流伝」『善通寺教学振興会紀要』創刊号、一九九六年。

(8)『治承記口訣』の寛政四年奥書に「末資逮神五十七才」と記し、安住院所蔵の位牌（墓碑も同様）に「享和二年壬戌二月十八日寂」とある。なお、瓶井山先徳の墓地には逮神の墓もあり、「出生備中津宇郡下荘井上氏」とある。

(9) 現在確認済みの範疇では、尊高の奥書があるものは二十六点を数え、内二十三点が逮神本を書写したものである。

(10) 尊高書写奥書に記される年齢、および「木山寺先徳記録」（資料編279頁）に依る。

(11)『続真言宗全書』第三十巻収載。

(12) この頃法恵は、遍照院住職への晋山を巡って、末寺十五ヶ寺の反対にあい、岡山藩や本山御室を巻き込んだ大問題を抱えていた。（別府信吾『岡山藩の寺社と史料』二〇一三年、岩田書院、参照。）

(13) 尊高の墓碑銘が残るが、摩滅のために難読。判読可能文字と諸資料を合わせれば、十三歳で安住院近くの大福寺龍尊のもとで剃髪、高野山で修学の後、三十六歳で木山に帰郷、尊應より伝法血脈を相承し、木山寺住職を継いだと解してよかろう。

(14) 寛延二年に廣渕・密應両弟子に龍豊が命じて書写させたもの。表紙には「龍豊」と署名。

(15) この時購入した『秘密儀軌』と思われるものが木山寺には現存しているが、全巻揃っているかは調査途中のため確認が取れていない。また同時に購入した篋の現存確認も取れていない。

(16) 遍照寺真永十二巻、清水寺弘秀十二巻、普門寺弘全十巻、万福寺文瑞十巻、法福寺祐盛五巻、等輪寺宥盛一巻の計五十巻分を末寺が負担。なお、一巻当たり三文目五分。

column

狐とお稲荷さん……②「〇〇」稲荷

山崎　淳

稲荷社には、「〇〇稲荷」と何らかの言葉を冠したものが数多くあります。京都の「伏見稲荷」はとりわけ有名でしょう。これは上が地名のタイプです。京都には、この他、織田稲荷（信長関連）や満足稲荷（秀吉関連）などといったお稲荷さんも存在します。一方、我らが善覚稲荷はと言うと、これはご存じのように、善覚という人の名です。木山とお稲荷さんをつなぐのが、この善覚です。

善覚については、詳細なことはよくわからない、というのが正直なところでしょう。もっとも、五来重氏『稲荷信仰の研究』（昭和六十年、山陽新聞社）の中では、七ページにわたる善覚稲荷についての記述（一一二～一一八ページ）がありますし、本書の森俊弘先生のご論考は、その最先端の研究であり、新たな知見に触れることができます。それらのご研究でも言及されていますが、善覚は狐を操る修験者で、その死後に善覚稲荷は成立しました。

善覚および善覚稲荷に関し、右の諸研究に新たに付け加えることなどとてもできないのですが、ここでは修験者と狐（稲荷）という点から興味深い事例を一つ紹介したいと思います。

東北は福島、相馬（そうま）のお稲荷さんのお話です。「相学稲荷」というお稲荷さんです。すでに宮田登氏の「稲荷信仰の浸透」（『日本における民衆と宗教』所収、昭和五十一年、山川出版社）で紹介されていますから、ご存じの方もいらっしゃるかもしれません。安政四年（一八五七）から明治四年（一八七一）にかけて編纂された『奥相志（おうそうし）』（相馬藩士・斎藤完隆（ひろたか）著）という書物によれば、次のようなお話です。

相馬の萱浜（かいばま）村に相学という山伏（修験者）がいました。彼は飯縄使い（いづな）でした。彼の死後、葬られた場所は「相学壇」と呼ばれました。ここには白狐が棲みつきました。そこで里人は「相学稲荷」と言って祀りました。「飯縄」とは、狐を使う妖術のことです。相学がいつく

木山神社善覚稲荷殿内

木山寺鎮守殿 善覚稲荷像

らいの人なのかは不明ですが、狐を駆使する修験者の死後、その名を冠したお稲荷さんが成立する、という点で善覚稲荷と非常に似たケースと言えます。

この相学稲荷は、村が不漁に苦しんでいた天保十年（一八三九）、新たに小祠が造られ、海上安全と豊漁を祈る神様として信仰されるようになりました。そして、嘉永五年（一八五二）に記録的な豊漁があったため、「大漁稲荷」と呼ばれることになりました（「大漁稲荷」というお稲荷さんは神奈川県などにもあります。『相馬市史 3』［昭和五十年］によれば、相馬地方では漁業神として稲荷神が一般的だったとのことです［二五九〜二六〇ページ］）。インターネットで検索すると、現在は「（北萱浜）稲荷神社」（南相馬市原町区北萱浜）として信仰されているようです。

片や善覚稲荷は、「善覚」の部分を保持しながら現在に至ります。起源によく似たものを持ちながら、善覚稲荷と相学稲荷はそれぞれの道をたどりました。もっとも、善覚稲荷にしても「善覚」は変わらなかったものの、様々な変遷を経ていることが木山寺ご所蔵の資料から判明します。お稲荷さん一つひとつに歴史があるということに、今一度思いを馳せてみられてはいかがでしょう。

木山寺所蔵の日光院・増長院旧蔵聖教と真躰房無動

柏原康人
中山一磨

はじめに

寺院が所蔵する古典籍は、基本的にはその寺院に関係する僧の修学のために使われるのであるから、宗派・流派の伝書を中心に歴代住職によって集められた本ということになるのであるが、しかし、現代とは比べものにならないほどに一冊の本が貴重であった時代、本は相続の対象でもあり、長い年月の間に、多くの人の手を経て、結果的に今ここに在るという本も含まれている。したがって、何故ここに在るのか理解に苦しむ本も存外多いのであるが、一方で、それらの典籍類の流入経路を辿ることができれば、これまで見えていなかった寺院間の関係性や、法流の伝播、各寺院の置かれた状況などの諸相を解明することにも繋がろう。

木山寺所蔵の典籍類にも、伝来不明の古典籍が多く含まれているが、その中でも、高野山の院家であった日光院と増長院でかつて所蔵されていた典籍が相当数含まれていることが明らかになった。後述するごとく、日光院、増長院は、すでに高野山内で実体を失った院家であるが、かつては高野山内の神道教学大成に大きな役割を担った寺院であり、その蔵書が中国地方の山中奥深い木山寺から大量に発見された意味は決して小さくないと考えられる。

本稿では日光院・増長院蔵書の有用性を確認しつつ、それらが木山寺に流入した背景について考察していく。

一　高野山日光院、増長院について

木山寺に伝存する日光院・増長院旧蔵聖教についてみていく前に、日光院、増長院について確認しておく。

日光院(1)は、高野山谷上にあった院家で、開基は不詳なるも、中興とされる英仙を輩出したことによって、俄然、注目度を増す院家となる。英仙は、『紀伊續風土記高野山之部　巻四』に掲出する「日光院英仙伝」によれば、「為レ人穎才聰利。博究二諸家之學一。就レ中以二神道一得レ聲。四來之学徒望レ風欽受焉。蓋佛家傳二唯一神道一以レ仙為レ始。」と記され、高野山で唯一神道を伝えた先駆者と位置づけられている。早くに岩橋小彌太が『京畿社寺考』（一九二六年刊）で高野山御流神道への影響について指摘しているほか、大山公淳は『神仏交渉史』（一九四四年初版）で「……各方面の幾多の書を入れた高野山内の神道説を整理し、さらに当時の唯一神道を受けてこれらを総合し大成したのは日光院英仙であった。」と評している。大山はさらに、その結果として「それら（三輪流、御流、唯一神道〔稿者注〕）を皆伝えた高野一山の神道説は豊富な資料を有するに至ったとしなくてはならぬ。」として、英仙周辺が神道関連書の宝庫となっていたことを指摘している。

一方増長院(2)は、日光院と近接した高野山西院谷にあった院家で、もと北蓮上院と号し、文亀三年（一五〇三）に宣永によって開基されたと伝えるが、重要となるのは、日光院英仙の後に高野山で唯一御流神道を整備した輝潭鑁善が止住したとされる点である。

『神仏交渉史』で大山は鑁善について、英仙の法流を受け継ぐ者として当時高野山にあった雲伝神道を批判して、英仙の唯一御流神道の正当性を主張し、「……世に行なわるる諸流の神道を去って、唯一御流の英仙の神道に還さんとしたらしい。」と述べているが、増福院蔵『日光院聖教目録』からは、表紙に「日光院／𑖪𑖽(バン)善代改(3)」と記し、英仙所伝の聖教を中心に、日光院聖教の整理にも尽力していたことが窺える。

すなわち、日光院、増長院はともに高野山における神道説の形成に欠くことのできない英仙、鑁善という学匠を輩出した院家であり、その蔵書を納めた両院の経蔵は、高野山の学問や思想形成にとって重要な資料群と目されるのである。

しかし、両院ともに現在は往事のすがたを留めていない。日光院は、「……明治二十四年ニ至リ高野準別格本山増福院上伸シ以テ一寺タランコトヲ乞ヒ同院兼務寺ナル日光院ヲ移轉スルコト、ナリ……」(『北海道寺院沿革誌』)との記事によると、明治二十四年にはすでに増福院の兼務寺院であったようで、その後小樽へ移転されたことが解る。現在も小樽市内に日光院として法燈を維持するが、本尊を除き高野山から継承した文物は無いとのことである。[5]また、「寺院等変遷全覧」(日野西眞定編『高野山古絵図集成 解説索引』所収)には、「高野山寺院調査表」に日光院が福井県へ移転した旨の記載がある。この移転に関しては不詳であるが、高野山外の移転について曲折があったことが窺える。一方、増長院も現在は院号のみ三宝院が預かり、実態としては失われている。両院が所蔵していた聖教については、現在、高野山大学図書館に寄託されている増福院聖教に日光院旧蔵聖教の一部が含まれていることが確認されているに過ぎず、増長院本に関しては合併した三宝院においても不明とのことである。[6]このように、すでに散逸したと思われる日光院、増長院の蔵書が今回、木山寺から大量に発見されたのである。

二 木山寺所蔵の日光院・増長院旧蔵聖教の特徴

木山寺に伝存する日光院・増長院旧蔵聖教は、目算によればおよそ五百点ほどである。一部の典籍からは、両院の蔵書印も確認されており、退転して蔵書が散逸した院家の旧態を知る上でも極めて希有な蔵書群と言える。特に、「日光院英仙」との所蔵印が捺された聖教(『神代綱要』、『秘蔵要門集』〔図録編No.113〕、『我慢鈔』など)や、「日光院輝潭」

（『叶字略義』、『寺役中雑記』〔図録編№114〕、『録外儀軌目録』など）・「野山沙門輝潭」（『内典塵霧章』）と墨書きされた聖教なども含まれ、英仙・鑁善の所持本が散見されることは注目されよう。

日光院旧蔵聖教は、その多くが黄土色の表紙に渋引きを施した装幀という特徴を持ち、その上から「日光院収蔵」「日光院蔵」などと日光院所蔵を示す墨書が見られる。同様の装幀は、増福院蔵『日光院聖教目録』などの旧日光院本にも見られ、日光院聖教の一典型となっている。

増長院旧蔵聖教も、「増長院蔵」（『三国仏法伝通縁起』など）、「野山増長院蔵」（『妙玄十如是章略解』）のように、表紙に増長院所蔵を示す墨書が見られる。しかし、増長院旧蔵聖教には、日光院旧蔵聖教に見られた表紙の共通性などの特徴は見られない。

このように、木山寺所蔵の両院関係の聖教には、各々の旧蔵を示す痕跡が示される一方で、両院の蔵書の関係を非常に複雑にしている典籍が多くみられる。例えば、『胎蔵界念誦次第随聞記第一』には、表紙に「増長院所蔵」としつつ、その左側に「無動持参日光院附蔵」と墨書きされ、さらに巻末には「増長院一世無動求之」との識語が見られる。これは増長院無動が本書を初め増長院に納めたが、後に日光院に転蔵したことを示している。一方、『起信論教理鈔』全十冊には、「日光院無動求／増長院附蔵」（『起信論教理鈔一二』・表紙）といった書き付けが見られ、これは先ほどとは逆に、日光院無動が本書を日光院から増長院に移したことを示している。すなわち、日光院と増長院の聖教は互いに往来されていたとみられるのである。このことは、後に述べる無動の師、真明房秀桂にも窺える。『妙法蓮華経綸貫』には、表紙右下の「増長院蔵」の左に「中興秀桂求納庫」との墨書が見え、増長院経蔵に本書を納めているが、一方で『声字実相義玄談』の表紙には、「嘉永二年己酉孟夏於都宇郡中荘／性徳院講此書同私記焉／日光院納庫眞明秀桂／草書乱文不許他見」とあることから、日光院経蔵にも納本していたことが知られる。加えて、大山公淳は『吉田流神道口伝次第』の奥書に「日光院兼西院増長院鑁善阿闍梨」とあることから、鑁善が増長院と日光院を兼帯していたことを指摘しており（前掲書）、遅くとも鏤善以降から明治初期にかけて、両院は兼務寺院に近い関係にあったものと推察され、故に、両院の蔵書が頻繁に行き来されていたものと考えられる。

したがって、現在木山寺に蔵される両院の本がどちらの経蔵から持ち出されたものなのかは判然としないが、半数近い本に真躰房無動なる僧の関与が確認し得ることが、大きな特徴と言える。そして、この無動の位牌が木山寺に現存しているのである。以降では、無動とその周辺について考察することで、これらの蔵書が木山寺に伝来した経緯について論及していきたい。

三　真躰房無動の経歴

木山寺に祀られる無動の位牌には「権大僧都法印無動」と記されるのみであるが、向村氏の踏査によって発見された備中蓮花寺に残る位牌によって、大方の経歴を知ることができる。それによれば、無動は西讃豊田郡本山村に生まれ、姓は藤田。蓮花寺、日光院、増長院で住職を務め、明治十二年（一八七九）六月十一日に故郷の山本村正田宅にて六十一歳で没したとされる（研究編235頁）。この記述は、「慶應元七月南紀東家村於陀羅尼寺仮ニ写之／阿遮梨無動四十七」（『宥快法印御物語』〔図録編No.112〕）や、「……俗生西讃三野郡寺家村藤田氏代々先祖……」（『悉曇鈔』）などの聖教に記された奥書とも符合することが確認でき、生年は文政二年（一八一九）であることが知られる。

木山寺に伝来する無動自身の受けた度牒によれば、文政十二年（一八二九）、備中国窪野郡観龍寺で剃髪している。その後、弘化二年（一八四五）に、備中尾崎蓮花寺にて、後に木山寺住職となる岸越真海の剃髪を行っていることが『中教院書上掟簿』に記されており[7]、この時すでに無動は蓮花寺住職であったとみられる。嘉永二年（一八四九）には宝性院宥快所伝の高野山進流の『声明印信』（図録編No.111）を音曲阿闍梨少僧都寂如から受けているが、これはおそらく高野山で行われたものであろう。続いて、嘉永六年には『釋論筭題』奥書に「不空院真体房無動（花押）」と記している。なお、「不空院無動」と記す典籍は多数あるが、不空院がどこであるのか、今のところ不詳である。比較的早い時期に関与した典籍に記されていることからすると、あるいは剃髪した観龍寺内で任された院家であろうか。

無動にとっての最初の転機は嘉永七年であろう。「于時嘉永七甲寅春随秀桂和尚受悉曇之運筆／同師写滑夲乞受書滑以畢五月十有三日／同国尾崎村蓮花寺無動真躰房」（『山門四種連声之事』奥書）とあり、この時、真躰房無動は真明房秀桂から悉曇の運筆を伝授されており、これを機に本格的に高野山に活動の場を移すことになる。

秀桂は、「高野山學侶増長院／兼備中州薗荘有井村阿弥陀寺幷辻田邑森泉寺大能化秀桂眞明師草稿之畢」（『声字実相義玄談』裏表紙）と記しており、すでに高野山増長院と備中の阿弥陀寺・森泉寺を兼務する大能化となっていた。増長院々主の秀桂であるが、先に引いた本書表紙書き付けによれば、都宇郡中庄（現、倉敷市）の性徳院で本書を講じ、その記（すなわち本書）を日光院経蔵に納めているのである。秀桂の代にはすでに備中の諸寺院と高野山増長院、および日光院とが密接な繋がりをもっていたと思量される。

さて、無動は『山門四種連声之事』奥書の後に、「次野山住次同州東家村住陀羅尼寺十二星／次備中倉敷観龍寺帰住三ヶ年後／高野山増長院江住」と追記している。これによれば、嘉永七年五月十三日に秀桂から「悉曇之運筆」を受けた後、高野山に登り、その後高野山の麓に位置する陀羅尼寺に入る。そこで一年（十二星）過ごした後、剃髪を行った倉敷の観龍寺に帰り、三年の後、高野山増長院に入ったということである。(8) この間の無動の修学を示す無動自筆本が木山寺には相当数伝存している。

高野山での活動を示す早い例としては「于時嘉永七年寅六月中旬會新交衆兼不断経登山西院谷増長院假居之砌谷上日光院英仙上綱／御所持夲申請自書写之畢同年八月十三四両日／不空院無動真躰房」（『悉曇抄』）などがある。すなわち、嘉永七年五月十三日に秀桂から悉曇の運筆を受けた後、六月中旬には高野山に登り、増長院で日光院英仙所持本を書写しているのである。これは偶々ではなく、その後も同じく増長院に於いて日光院本、特に英仙関連本を書写していることは注目されよう。(9) さらに安政二年（一八五五）にはすでに陀羅尼寺を兼務していたことが「高野山谷上日光院所蔵英仙上綱交書中受東家村陀羅尼寺兼務中寫得之　安政二乙卯正月廿三日入寺真躰房」（『悉曇字母表聞書』）との奥書から確認できる。(10) この頃無動が写得した典籍は、有に二十点以上確認でき、最も盛んに修学に勤しんだ時期と思われる。そして万延元年（一八六〇）、この年号を持つ無動関連本の多くに「入寺無動」と記されており、(11) この年に増長院へ入ったことが解る。

増長院入寺後の無動の活動は、それまでの修学を目的とした書写活動から、典籍蒐集に力点が移っていったことが窺える。すなわち、多くの版本や古写本を蒐集して、表紙や巻末に「増長院一世無動求之」といった類いの墨書を残しているのである。現在、木山寺の中でひと際古い貞応元年（一二二二）写の『文殊法』（図録編№46）や室町初期写とみられる『十一面観音講式』（図録編№40）などの聖教も、この頃に無動が高野山内で手に入れたものと考えられる。一方で、「前増長院日光院幻住無動求之／旧院江寄附之」（『起信論教理鈔十八十九終十五入』・識語）と見られることから、後に日光院に移ったことが窺えるが、「日光院無動求／附増長院」などと記された典籍が多数あることから、その後も増長院への影響力を保ち続け、両院の蔵書の整備に多大な影響を残したものと考えられる。

四　日光院・増長院旧蔵聖教の木山寺への流入

退転直前の日光院、増長院で院主を務め、その蔵書に大きく関与した無動であるが、何故、その蔵書が木山寺に現存しているのであろうか。実は木山寺と無動とは、簡素な位牌があるだけで、具体的な関係性は見いだせない。一方、木山寺は高祖院末でもあり高野山との繋がりは非常に強いものがあるが、殊、日光院・増長院との関係を示す史料は見当たらない。結論的に言えば、無動（日光院・増長院）と木山寺を繋ぐのは、無動の弟子で木山寺第四十五世の岸越真海である。実際、木山寺に伝存する日光院・増長院旧蔵書の大多数には「岸越真海所持」の印が押されている。

と言ってしまえば、師の蔵書を弟子が受け継いだということなのだが、事はそう簡単ではない。

真海は先に述べた如く、蓮花寺で無動に度牒を受け、加行を法厳寺、灌頂を捧澤寺、そして備中国小田郡横谷村宝泉寺の住職を務めていた（『中教院書上掟簿』、研究編227頁）。これらはすべて備中の寺院であり、真海自身には、日光院・増長院との関係は窺えない。また、木山寺住職になった経緯も異例で、前住の小川正善の死にともなって急遽末寺以外の備中から有資格者を請うかたちで招来されたようである（資料編297頁）。しかもそれは無動の亡くなった後のことである。したがって、真海が高野山から木山寺に日光院・増長院蔵書を運んだとは考えがたいのである。

いささか想像の翼を広げることになるが、日光院・増長院から蔵書を持ち出したのは、無動自身であったと考えられる。無動関連本には、無動が止住した寺院の蔵書印や所蔵を示す墨書が、複数残されているものが非常に多い。例えば、「従不空院老師施與之」（『一門普門之事／非情成佛之事』表紙端書）と記される典籍に「蓮華寺（備中尾寄）」との蔵書印が押されていたり、『連声国字鈔』（『山門四種連声之事』と合冊）は嘉永七年五月に蓮花寺で写得しているが、「増長院納之」（表紙墨書）と記されるなど、これらは無動が止住寺院の転住とともに、常に自身の本も移動していたことを示している。また、木山寺にある両院の旧蔵書には、無動の手が残されていない典籍もあるが、それらは秀桂本や覚如本[12]に代表される如く、無動周辺の範疇に収まるものが大半であると言える。翻って見てみると、仮に善本の移管を目的としたなら、英仙や鑁善の自筆本の比率が極めて低く思われ、また、増福院蔵『日光院聖教目録』に記載される大量の神道書も、もっとあって然るべきであるなどの疑問が湧くのもそのためであろう。したがって、木山寺に移動された典籍は、日光院・増長院蔵書のうち、基本的には無動が関与した典籍に限られていると思量されるのである。

とすれば、これらの典籍が持ち出されたのは、無動が日光院を転出する時であったと考えられるが、その時期は、明治四年[13]（一八七一）から無動が亡くなる明治十二年までの間ということになる。日光院の退転がいつであったか、正確にはわからないが、高野山は、明治四年の社寺上知令により寺領の奉還を余儀なくされ、二万一千石の石高を喪失した。明治維新以後、神仏分離の動きに翻弄されてきた高野山にあって、この寺領の喪失は経済的な大打撃となり、六百八十ヶ寺を数えた山内の塔頭は、明治十八年（一八八五）に百三十ヶ寺まで減少した[14]、と言われ、日光院の衰退は、ちょうどこの時期にあたる。蔵書の整備に熱心であった無動は、退転を目の前にした日光院にあって、せめて自身の自由が許される典籍だけでも、他所への移動を試みたのだと考えたい。

では、無動はその典籍群を何処に移動しようとしたのであろうか。先にも述べたが、無動とは無縁の木山寺ではあるまい。では、剃髪した観龍寺であろうか。かつて住職を務め、位牌も残る蓮花寺であろうか。無動は蓮花寺にある位牌に「同（豊田）郡山本村正田宅ニ而没ス」とあるが、これは生まれ故郷に隣接する村で、現、香川県観音寺市にあたる。無動は日光院転出後の亡くなるまでの数年をここで過ごし、蔵書もここに移動したと考えたい。なぜなら、この場所が無動の蔵書を真海が受け継ぐ必然性を生むからである。そもそも、いくら度牒を与えた弟子とはいえ、無動と真海とはその後の師弟関係を示す史料に乏しく、備中と高野山でそれぞれの道を歩んでいたと考えられる。何故、最晩年になって故郷に戻った無動が、真海に蔵書を託したのであろうか。それは、真海の生まれ故郷もまた「讃岐国豊田郡池之尻村」であることに由来する。池之尻村と山本村はほぼ同地域を指しており、真海の実家の近くで無動は隠棲していたのであった。これらの試論が許されるならば、無動が蔵書を託せるのは真海をおいて他に居なかったと言えよう。

明治十二年六月十一日、真躰房無動は息をひきとる。そしてそのわずか半年後に、唐突に真海は木山寺住職に晋山することになるのである。それは無動が残した、日光院・増長院旧蔵本が木山寺蔵本となる日でもあった。

註

（1）『続真言宗全書』三十九所収、『紀伊續風土記高野山之部 巻十』。

（2）『同』三十七所収、『同 巻四』。

（3）『増福院善本集成』小林写真工業、二〇〇六年。他にも『三元十八神道次第』などの日光院鍐善に関わる聖教が確認できる。

（4）星野和太郎編『北海道寺院沿革誌』時習館、一八九四年。

（5）日光院御住職、宮本孝雄師のご教示による。

（6）三宝院御住職、飛鷹全隆師のご教示による。

（7）真海の経歴を箇条書きにするうち、「得度　岡山縣備中國下道郡尾崎村蓮花寺先住職亡眞躰徒弟／弘化二年巳四月朔日度牒ヲ受」とある。読み下し方で文意に差が生じるが、「蓮花寺の先住職で、今は亡き真躰（無動）の徒弟。弘化二年四月一日に度牒を受けた。」との意に解するのが妥当。

（8）三宝院副御住職の話しによると、その頃の高野山は、人材を求めて積極的に地方の末寺から優秀な人物を集めていたらしい。彼らは高野山周辺の寺院に止住し、修学に励んだようで、なかには高野山内の院家を任された者もいたらしい。無動の辿った経歴は正にこのお話しと符合しており、非常に興味深い。

（9）『十八章反音私抄』『悉曇反音抄』『悉曇十八章私』など。

（10）安政四年八月十一日の『灌頂私雑記』奥書には、「陀羅尼寺現住無動」とある。

（11）『行法肝要』、『道教方口決』、『灌頂肝要私記』など。

（12）「泉涌寺沙門覚如」と無動との関係は不詳なるも、無動が写した覚如本の中には、師弟関係を推測させる奥書が残る。「同（覚如）大和尚御自筆虫喰大失セン事ヲ恐不顧悪筆只願處令法久住且ハ同大和尚素意ヲ傳ヘン為是ヲ書写スルモノ也　安政四巳天八月九日　沙門無動謹写之」（『灌頂初二三重秘決 大聖如意金剛童子 親快記』）など。

（13）明治四年編纂の『五條県古義真言宗本末寺号其外明細帳』（圭室文雄監修『明治初年寺院明細帳　第五巻』（アルヒーフ、二〇〇九年八月）所収）に増長院住職として無動の名が見える一方で、木山寺の蔵書群からは現在管見の範囲ながら、『廟鈔』と『金宝鈔』にある明治四年二月の識語に「増長院一世無動求之」と記して以降、無動の事績が追えなくなる。

（14）宮坂宥勝・佐藤任『新版　高野山史』心交社、一九八四年などを参照。

（＊着想・資料収集を柏原、分析・論証を中山が担当した。）

column

狐とお稲荷さん……③ 兵庫県の善覚稲荷

山崎 淳

善覚稲荷は木山から中国地方各地へ広まったと言われています。確かに、岡山県加賀郡吉備中央町の東豊野神社内の善覚社など、善覚関連の社はいくつか現存しています。ただ、実際にどれくらい分布していたか、あるいは現在も分布しているかについて、網羅的な調査報告はないようです。そうした点へのささやかな足がかりになればと考え、ここでは他県に勧請（神仏の分身を他の土地に移して祀ること）された善覚稲荷の例を一つ挙げることにします。

山陽自動車道の山崎インターチェンジがある兵庫県宍粟市山崎町に、大歳神社（主神は大歳神と上筒之男命）という神社があります。藤の花で非常に有名です。この神社に善覚稲荷が勧請されているのです。私も現地を訪れて拝することができました。神社本殿の向かって左に、鳥居と拝殿を備えた立派なお社が建てられていました（写真1）。

石の鳥居には石の額がかけられ、「善覚大明神」と彫られています。拝殿には木の額がかけられ、「正一位善覚稲荷大明神」（写真2）と墨書されています。まさに善覚稲荷です。本殿の左右には二匹の白狐が向き合い、正面の戸の前にはたくさんの白狐の置物がズラっと並んでいました。そして、それらの白狐の左右に恵比寿さんと大黒さん、また真ん中にもその二神が置かれていました。善覚稲荷が商売の神様として信仰されていることがよくわかります。拝殿は昭和五十年に改築されたものです。拝殿と先述の石の鳥居（昭和十三年建立）との間には、それぞれ昭和五十六年と五十八年に奉納された鉄製の朱の鳥居がありました。この地域での信仰の息づかいがうかがえるようです。

この善覚稲荷はいつ頃からこの地にあったのでしょうか。大歳神社自体は、「文化十四年山崎町屋配置図」（『山崎町史』［昭和五十二年］の付録。文化十四年は一八一七年）に記載されているので、江戸時代には存在していたことがわかります。ただ、地図には「大歳神社」の社名以外の記述はありません。一方、善覚稲荷の本殿を実際に見ると、

台座に石板が取り付けられ、文字が彫られています。本殿を建てた際に寄進した方々の名が連ねられています。その

写真1　大蔵神社の善覚稲荷

写真2

末尾には「大正拾壱年三月」とあります。すなわち、現在の社は大正十一年（一九二二）の建造物ということになります。これが新築なのか改築なのかは、残念ながら確認できませんでした。

木山寺ご住職、高橋秀光師のお話によると、岡山県だけでなく、兵庫県の山崎、広島県の福山、鳥取県の智頭（ちず）などにも善覚稲荷は勧請されており、現在も木山にはそれらの地域からお参りの方が多くいらっしゃるとのことです。大歳神社の社は、そうした県外へ勧請された善覚稲荷の一つに当たります。同じくご住職によると、それらの勧請は近代で、そう古くはないということです。これも先述の石板に彫られた年号と符合するようです。

山崎町の属する宍粟市は、かつて宍粟郡と呼ばれており（正確には宍粟郡内の四つの町が合併して宍粟市となりました）、播磨では美作と境を接する地域でした。民俗学の分野では、同じく宍粟市を構成する千種町にも、木山信仰のあることが報告されています。また、山崎町には最上稲荷経王堂院などもあり、岡山の色が所々に感じられます。この地の善覚稲荷の存在はむしろ大いにうなずけることなのだ、と納得しました。

木山寺と美作・備中・備前の真言宗寺院との関わり

向村九音

はじめに

木山寺に伝わる典籍には、高野山、または安住院伝来のものが多いが、中には美作・備中・備前国の真言宗寺院との関わりを窺わせる資料も残る。本稿では蔵書・位牌などを調査する中で見えてきた木山寺とそれら諸寺院との関わりについて報告する。他寺院との人・典籍の往き来を追うことで、近世以降、木山寺とその末寺が近隣にとどまらない様々な寺院と教学・信仰を共有していたことを確認する（222頁の木山寺関連寺院の地図を適宜参照されたい）。

一　木山寺と末寺七ヶ寺

木山寺の末寺とされる寺院は七ヶ寺ある。それらを列挙する『作陽誌』〔元禄四年（一六九一）脱稿〕、元禄十五年『木山寺寄附状旧記写』（図録編No.71）、天明七年（一七八七）『宗門御改本末書上帳』の記載をまとめると以下のようになる。なお、山号は『作陽誌』に倣い、現行のものが異なる場合は括弧に挿入して表記した。掲載順・所在地は元禄十五年『木山寺寄附状旧記写』による。

福聚山　清水寺（せいすいじ）　真島郡関村
光明山　遍照寺　同郡栗原村
天神山（大寺山）　勇山寺（いざやまじ）　同郡鹿田村
笠場山　普門寺　同郡田原山之上村
今西山　宝福寺（法福寺）　同郡吉村
郷上山（郷城山）　萬福寺　同郡上山村
岡本山（瑠璃山）　地蔵院（等輪寺）　同郡上市瀬村

天明七年『宗門御改本末書上帳』には、元文年中頃（一七三六―四一）に宝福寺は法福寺へと、地蔵院は等輪寺へとそれぞれ寺号を改めたと記される。末寺の形成がいつ頃なされたか定かではないが、江戸時代中期以降、木山寺末はこの七ヶ寺から変動しなかったことが窺える。なお、天明七年『宗門御改本末書上帳』は幕府の宗門本末改めに当たり、高野山へ提出された書き上げの控えであり、木山寺と法福寺を除く末寺六ヶ寺（法福寺は無住のため木山寺が代判）の判を有する。同じ年記・内容を有する書が二冊（外題「本末御改書上帳」、「就御改本末書上帳」）残るが、それぞれ草稿と控えかと考えられる。

木山寺は本寺として末寺の住職任命を司り、継目料を徴収していた。元禄十五年『木山寺寄附状旧記写』を一部改変して成立したとみられる宝永六年（一七〇九）『木山寺寄附状旧記写』（図録編No.72）には、七ヶ寺の継目料について「一、拾匁清水寺　一、八匁遍照寺　一、八匁普門寺　一、七匁勇山寺　一、四匁法福寺　一、四匁等輪寺　一、弐匁万福寺」[1]と記される。額の差異の要因としては寺域の大小、檀家数など種々の要素が想定されるだろう。

木山寺に伝来する典籍などから、末寺は文書に署名する形で木山寺の決定事項の確認を行ったり、法会・灌頂儀礼などに招請されたりしたことが窺える（後述）。さらに、末寺の中には木山寺住職・住僧を出した寺院もある。位牌、墓碑銘からは、普門寺と清水寺からの入寺例が認められる。記録上、最も古く、かつ多く確認できるのは普門寺であり、位牌に「前福聚院法印」（福聚院は普門寺を指す）とされる人物には、尊海〔享和三年（一八〇三）寂〕、尊高〔福聚院中興、文化七年（一八一〇）寂〕、尊瑞〔天保九年（一八三八）寂〕、尊守〔文久三年（一八六三）寂〕、尊薗〔明治二年（一八六九）寂〕の五名がいる。また、清水寺については弘秀〔文政元年（一八一八）寂〕の例が最も古く、以降は近代に入ってから、第四十五世岸越真海（天保五年生、木山寺から清水寺へ）、第四十六・四十八世秀快（岸越真恵）〔昭和二年（一九二七）寂〕、第五十世高峰秀海（昭和六十年寂、清水寺から木山寺へ）が両寺を往き来した例として認められる。さらに清水寺と深く関わる寺院に照寂院（倉敷市真備町妹）があるが、第四十七世秀本〔大正六年（一九一七）寂〕と第四十九世秀遍は、照寂院から木山寺へ入っている。明治期以降、連続して清水寺・照寂院と縁の深い人物が住職を務めていることがわかる（226頁の系図参照）。照寂院との関係については後述する。

また、本末間だけではなく末寺間も法類関係などによる結び付きを有していたことが、『末寺住職願幷旦中御願控』（資料編288頁）より窺える。同文書からは、末寺住職が不在の時、末寺間で一時的に住職を兼帯する場合があったこと、末寺住職は弟子筋などを当たって、禅光寺普門院（岡山市中区国富）、高徳寺（倉敷市船穂町）、密乗寺（真庭市山久世）などからも選ばれていたことがわかる。末寺における法類関係は末寺間だけでなく、美作・備中・備前国の真言宗

木山寺関連寺院の地図
（●は末寺を、■はその他関連寺院を示す）

寺院にも展開されていたと考えられる。

二　安住院周辺寺院――大福寺・法輪寺・恩徳寺――との関わり

続いて、末寺以外で木山寺と強い紐帯を持っていた寺院に考察を加えていく。瓶井山禅光寺安住院（岡山市中区国富）は、備前国周辺における聖教流布の大きな拠点である。木山寺へも尊高〔木山寺住職、文化七年（一八一〇）五月七日寂〕の代に、龍豊、逮神らによって書写された系統の安住院聖教がもたらされた。これらが木山寺の教学の形成に与えた影響は小さくないだろう。木山寺と安住院は直線距離にして約四五キロ離れるが、旭川の上流（木山寺）と下流（安住寺）の位置関係にあり、水運により結ばれる。安住院については本書研究編（197頁）をご参照いただくとして、本稿では安住院周辺寺院と木山寺との関係に注目する。

大福寺　安住院の南西九〇〇メートルほどに位置する大福寺[2]（岡山市中区御成町）の住職を務めた龍尊〔安永八年（一七七九）寂〕、尊薗（明治二年寂）は木山寺に位牌が残り、木山寺とも深い関わりを有していたことが窺える。龍尊は位牌に「岡山大福寺一世阿闍梨」と記され、大福寺の寺伝では中興と位置づけられる。木山寺には龍尊著の『聖満山大福寺祖師像記』〔寛保三年（一七四三）〕、同僧が安住院にて書写した『報恩四度加行略定日数』（寛保元年十一月）、尊薗書写の『神供作法』〔文化九年（一八一二）、塔之山所蔵本を書写〕といった大福寺時代の著作・写本、さらに、尊薗が高野山・安住院にて授与された印信が多く残る。また、大福寺には「木山牛頭天王（宮）守護札」七点[3]〔内一点は天保四年（一八三三）作〕が残るほか、「木山宮大般若御祈禱守護札」（天保二年）と「木山宮大般若御会式御供札」（天保三年）が伝来する。後者の二点には現住覚弁（大福寺第十一世、一八三四年寂）作を示す裏書があり、天保四年の「木山牛頭天王宮守護札」も同僧の作かと推測される。木山寺と大福寺の関係は龍尊・尊薗に限らず、何代かにわたって継承されたのであろう。これら守護札の存在は、木山寺と大福寺における人物・典籍の移動が双方向のものであり、木山信仰が安住院近隣へも伝播していたことを示す。

法輪寺　次に、安住院の西約三〇〇メートルに位置する法輪寺（岡山市中区国富）について確認する。木山寺が岡山県令へ提出した明治十二年八月付け「住職願」〔無住の木山寺に宝泉寺（後述）の岸越真海を迎えることを願い出たもの〕には、法類として法輪寺住職鷲田秀全の名が記され、木山寺と法輪寺が法類関係で結ばれていたことが認められる。なお、鷲田秀全は明治元年時点の鷲峰山捧澤寺照寂坊（後述）の住持であり、本史料は、安住院周辺寺院と捧澤寺とが関係を有していたことをも示している。

恩徳寺　木山寺には安住院の東約一キロに位置する澤田山恩徳寺所蔵の『聖如意輪念誦濂』も伝来する。安住院や大福寺などを経由して流入したかとも考えられるが、恩徳寺は『備前記』〔元禄十三年（一七〇〇）、石丸平七郎定良〕に「此住持狐付ヲ落ス事其隠ナシ」(4)と伝えられており、狐信仰に関連して木山寺と何らかの接点を持つことも考えられる。

以上の例から、木山寺が安住院だけでなく、その周辺寺院とも密接な関係を築いていたことが確認できた。特に大福寺については、木山寺へ安住院聖教を含む典籍をもたらしただけでなく、木山信仰を享受していたことが認められた。また、法輪寺は明治初期には木山寺と法類関係にあり、木山寺と捧澤寺やその周辺寺院との関連を窺わせる存在となっていたことがわかった。

三　木山寺・清水寺と照寂院・蓮花寺・宝泉寺の紐帯──鷲峰山捧澤寺へのつながり──

明治時代に入ると、矢掛町から真備町へかけての地域と木山寺・同末寺とが強い結び付きを示すようになる。ここでは、照寂院・蓮花寺（真備町尾崎）・宝泉寺（小田郡矢掛町横谷）から立て続けに木山寺へ住職・住僧が入ることを確認し、この三ヶ寺との関係が収斂する地として鷲峰山捧澤寺（矢掛町東三成）あるいは安住院を見出せるであろうことを論じていく。なお、地理的関係を述べると、宝泉寺と蓮花寺は直線距離にして六キロほど離れ、その間に照寂院が位置することになる。

照寂院　照寂院は捧澤寺の塔頭の一つ、照寂坊を前身とし、明治十三年（一八八〇）に檀徒の要請などにより、山麓の妹（現在地）に移転して照寂院となった。この一大事業を担ったのが、後の清水寺住職秀桂である。移転の経緯を述べる「当山移転記念碑」が大正十三年（一九二四）に秀桂・秀遍により造られ、寺内に置かれている。以下、その本文を引用する。

照寂院初在鷲峰山上山路羊腸躋攀太艱矣、住職秀桂発願将移観音寺旧址、…（中略）…諸氏尽翼賛之勧誘檀徒移転議已決如榮作氏則膗選監督工事其役已竣時明治十三年也、翌年秀桂転清水寺、廿五年秀本来董然身掌教京師真言宗大学無暇理寺務、大正四年委職于秀遍転木山寺、其間三十余年無専管理之者、…（中略）…

大正十三年季甲子陽春

比丘　秀桂　秀遍　同誌

荒木高養撰文

これによれば、秀桂は移転完了の翌年、清水寺に移っており、明治二十五年に秀本が入るまで十一年間の無住期間（あるいは秀桂による清水寺との兼帯期間）が生じる。秀本も真言宗京都大学（後の種智院大学）の創設に携わったため、寺の務めに当たる余裕がなかったという。よって、記念碑では大正四年に秀遍が入るまでの三十余年を専属の管理者がいなかった時期としている。この間、寺の存続を可能にしたのは檀頭の阿部羊五郎の尽力によるという。

ここで、木山寺・清水寺・照寂院の位牌、墓碑銘などを参考に、照寂院の歴代住職・住僧について順に確認しておく。

系図　明治十三年頃からの木山寺・清水寺・照寂院歴代住職

「‖」は住持職が継承されたこととともに師弟関係にあったことを示す。
「……」で結ばれる人物は正式に住職に就任したか不明である。
□で囲まれた人物は高橋氏、○で囲まれた人物は佐藤氏の出身である。

《照寂院》　(秀桂)……[秀本]……秀遍——章信——秀明(現住)

《木山寺》　真海‖[秀快]——[秀本]——[秀快]‖秀遍——(秀海)——(略)

《清水寺》　秀善——(秀桂)‖(秀海)——恵芳——秀憲——秀明——秀任(現住)

第一世の高峰秀桂は安政三年（一八五六）に備中国木之子村（現、井原市木之子町）の佐藤清作の三男として生まれる。明治元年、捧澤寺照寂坊鷲田秀全の室に入り、十八歳で照寂坊住職となる。明治十四年に清水寺へ移った後、四十年「在職」する。清水寺・木山寺の両寺に位牌が残ることから、木山寺とも関わりが深かったことが窺える。

次に、秀桂移転後十一年を経て照寂院へ入った秀本は、備後国沼隈郡郷分村の高橋家の出身であり、高藤秀恭の室に入り、高藤姓を名乗る。先述の通り、真言宗京都大学創設に尽力し、照寂院にはあまり居住していなかったようである。木山寺においては第四十七世住職として数えられる。移転記念碑には木山寺へ移った年は大正四年とされるが、位牌には大正元年と記される。墓碑銘より、大正二年には病を得て大学の職を辞し、「自坊」で静養していることがわかる。なお、秀本の弟子の一人に「モンテンルパの父」と称される加賀尾秀忍がいる。(5)

続く秀遍（一八九〇―一九四九、杉姓）は真庭郡落合町西河内（木山寺のすぐ北東）の生まれであり、幼くして木山寺第四十六世秀快の室に入る。木山寺第四十九世に就任するが、哲学研究に熱心であったようで、勉学へ専念するなどの理由から木山寺を秀桂の資・高峰秀海（第五十世）に託して辞し、自身は照寂院に住したようである。なお、秀遍は木山寺から照寂院へ善覚稲荷を勧請している。

次代の西川章信は勇山寺と兼帯し、主として勇山寺に居住していたため、実際に照寂院の寺務に当たっていたのは杉愼吾であった。後継は現住の岸越秀明で、岸越真海の令孫に当たる。照寂院は秀桂による移転以降、常に木山寺やその末寺と住僧が往き来し、血縁関係に基づいた結び付き、あるいは法類関係を築いていたと言える（後掲、附説参照）。

蓮花寺　尾崎蓮花寺は昭和二年に仁和寺直末となるまで捧澤寺末であった。岸越真海は弘化二年（一八四五）四月一日に蓮花寺住職真躰房無動[6]のもとで得度した。無動は高野山日光院・増長院に住しており、木山寺には無動書写・蒐集の日光院・増長院伝来本が多数流入している。これらの中には蓮花寺蔵書印・岸越真海所蔵印が押されるものもあり、無動の蔵本は岸越真海の手によって木山寺へもたらされたであろうことが推測される（研究編214頁）。

宝泉寺　宝泉寺は、岸越真海が明治十二年に木山寺住職へ任命されるまで住持を務めていた寺院である。秀快（岸越真恵）が十歳で真海のもとへ弟子入りしたのも、宝泉寺においてであった。その後、秀快は二十歳で宝泉寺住持となり、二十九歳で木山寺へ転じる（木山寺位牌より）。宝泉寺所蔵資料からは、明治三十二年頃に宝泉寺住職であった高井真入が木山寺へ入り、翌年に真入の周旋で木山寺末・法福寺の増龍が宝泉寺へ晋山したことがわかる。

捧澤寺　照寂院・蓮花寺・宝泉寺を結ぶ寺院として鷲峰山捧澤寺が浮かび上がる。照寂院は捧澤寺の塔頭照寂坊を前身とし、蓮花寺（昭和二年まで）と宝泉寺はかつて捧澤寺末であった。岸越真海が灌頂を受けたのも捧澤寺道場においてである。蓮花寺僧が高野山の院家の住持を務めたことも、蓮花寺単体の動きとしてではなく、捧澤寺を中心とした信仰圏の問題として捉えた方がよいだろう。捧澤寺やその関連寺院と木山寺の関係がいつ頃成立したかは定かでないが、この問題について検討する上で示唆を与えてくれる資料を確認する。木山寺には尊高所持の『梵本般若心経』『童子経略本』『仏説無常経』を一つの包紙にまとめたものが伝来する。この内、『仏説無常経』の奥書に「寛政八丙辰二月涅槃会日以備中鷲峯山法恵師御所持本書写者也　逮神一」（寛政八年＝一七九六）と記され、ここに鷲峰山捧澤寺からの聖教の流入が認められる。ただし、本書は逮神が書写していることから、捧澤寺から木山寺へ直接入ったわけではなく、安住院を経由して伝来したことがわかる。本書の奥書に名を見る法恵は、捧澤寺境内の石造阿育王塔（明和五年＝一七六八）の碑文の書き手として名前を認めることができ、同時代に安住院を取り巻く人物であるという共通点から、西阿知遍照院の法恵と同一人物であると考えられる。

近世において捧澤寺、蓮花寺、宝泉寺と木山寺が直接的な関係を有していたか否かは未解明である。先述の聖教などはおそらく遍照院、安住院を介して木山寺に将来されたのだろう。現時点で確認できる木山寺と捧澤寺の直接的な関わりの初見は、明治十二年の岸越真海の木山寺晋山である。それ以前には、明治初年の時点で法輪寺の住職を捧澤寺照寂坊住職であった鷲田秀全が務めていること、真海の先代にあたる尊龍（小川正善、附説参照）が木山寺晋山以前の岩屋山観音院時代に捧澤寺中院の重伝から伝授を受けている（木山寺所蔵血脈）ことなどに、間接的な木山寺と捧澤寺のつながりを認められる[7]。岩屋山観音院（総社市奥坂）と、尊龍が木山寺晋山の直前に住職を務めていた延寿院（総社市西阿曽、観音院の一院という）は捧澤寺の東方一八キロほどに位置し、地理的にもかけ離れているわけではない。近世における捧澤寺やその周辺寺院のあり方、そしてそれら寺院と木山寺との関係性については今後の検討課題としたい。

四　その他寺院との関係から考える木山寺聖教の可能性

ここまでに見てきた例は、木山寺と諸寺院の関係が何らかの形で安住院を介し、形成されていたことを示すものであった。しかし、木山寺にはこの関係性だけでは論じきれない資料も存在する。末寺における他寺院との関わりが窺える事例を含め、以下四点の資料に言及する。

薬神寺　『灌頂曼荼羅供理趣三昧等法則』（図録編№98）は、永享十二年（一四四〇）二月九日に牛窓薬神寺の聖覚が、

同寺において、福岡等学院伝来の本を聖清に書写させたものである。権大僧都快慶（未詳）の所持を経ているが、いつの段階で木山寺へ入ったのかは不明である。

真清田神社　尾張国一宮真清田神社の神宮寺の一院である須賀崎金剛勝院において、宗譽が書写したとの奥書を有する『三宝院伝法灌頂聞書』全二冊（永享八年三月十八日書写。岸越真海所蔵印あり。図録編№95）と『庭儀作法』（同二十一日書写。木山寺所蔵印あり）は書写日が近く、同様の装幀を持つ。前者の内、「後夜胎」の奥書には「求聞持堂快宣求之」と記されており、この求聞持堂が本願寺（吉備津宮境内）の内の求聞持堂を指すとすれば、両書が吉備津神社経由で木山寺へ入ってきている可能性が想定できる。ただし、岸越真海の蔵書印があることから、真海が木山寺において蒐集したのではなく、蓮花寺などから持ち込んだことも考えられ、即断はできないが、木山寺と吉備津神社との関わり、あるいは、蓮花寺・捧澤寺と吉備津神社との関わりなどを考えさせられる事例である。

興隆寺智道　末寺における法類関係を考える上で問題となるのが、『諸和讃記』に署名の見られる清水寺智道の存在である。同書は表紙裏に「尾州中嶋郡／勢州多気郡有尓中村／伊勢国　興隆寺智道（花押）」と、裏表紙に「作州真嶋郡関村　清水寺智道／吉郎次様」と記され、前者の内「勢州多気郡有尓中村」の部分と後者は同筆であることが認められる。よって、伊勢国多気郡興隆寺の智道と清水寺の智道が同一人物である可能性が考えられるのだが、二筆に分かれて尾張と伊勢の両地名が記されること、清水寺と興隆寺の関わりについては未詳であることなどから、即断は避けたい。もし両者が同一人物であるとしたら、清水寺は伊勢あるいは尾張の興隆寺と縁故を持っていた時期があったことが言える。なお、『落合町史』に記載される清水寺歴代住職の中に智道の名は見当たらないが、法福寺のそれには智道の名が認められる。

その他諸寺　最後に、天保五年（一八三四）二月二十二日付けの「庭儀曼荼羅供職衆請定」（前欠）と「結縁灌頂三昧耶戒請定」に名を連ねる寺院についても言及しておく。両請定は、木山寺にて同月二十三日に空海一千遠忌として行う庭儀曼荼羅供と、翌日の結縁灌頂三昧耶戒のそれぞれの請定であり、通常の法会よりも大々的に招請されたと考えられる。両請定の内、前者は行事大法師智麗房・円瑞房から、後者は行事大法師光雅からそれぞれ尊守に宛てたものである。以下に後者の全文を挙げる。

結縁灌頂三昧耶戒請定
普門寺法印 呪願 奉
遍照寺法印 唄 奉
持香院法印 誦経 奉
勇山寺法印 乞戒 奉
善徳寺法印 奉
清水寺権律師 散華 奉
大聖寺権律師
善光寺権律師 奉
　以上持金剛
真海房大法師 堂達 奉
神照房大法師 奉
慈忍房大法師 合鉢 奉
恵俊房大法師 讃頭 奉
右来ル二月廿四日於医王山道場被執行結縁灌頂三摩耶戒請定如件
　天保五年二月廿二日行事大法師光雅

大阿遮梨法印尊守

以上のうち、僧名の記される四名は木山寺十二房の内の住僧であろうか。末寺に関しては、普門寺・遍照寺・勇山寺・清水寺からの請僧が認められる。その他寺院の内、持香院（岡山市福治）と大聖寺（美作市大聖寺）については木山寺とどのような関係であったかは未詳であるが、善徳寺（真庭市上水田）については江戸初期に木山寺に住した宥賢が再興していること、善光寺（真庭市勝山町月田）については、木山寺と時を同じくして元禄四年（一六九一）に高野山高祖院と本末関係を結んだことなどが接点として挙げられ、浅い関係ではなかったと目される。木山寺は末寺以外にもこれら近隣寺院との関係を保ちながら、こうした大法要を行う、地域の中心寺院として成立していたと言えるだろう。「庭儀曼荼羅供職衆請定」の残存部分に「結縁灌頂三昧耶戒請定」の請僧との重複は見られず、近隣寺院のほか、瓶井山禅光寺の内、中蔵院などからの請僧が認められる。この他、断簡であり、どのような法会の請定かは不明だが、善光寺権律師・勇山寺権律師・普門寺法印・善徳寺権律師らと並んで、蓮花寺権律師の名が記される請定も残る。この蓮花寺は真備町尾崎の蓮花寺である可能性が考えられる。

以上の例を鑑みるに、請定からは、木山寺が末寺・法類に限らず、周辺寺院との関わりを有し、地域の中心寺院として機能していたであろうことを確認した。さらに、今後の検討を要するが、木山寺には牛窓の寺院や吉備津神社との関わりを示唆する資料も残る。これらの伝来に関しては、安住院を経由しない可能性もある。末寺清水寺が伊勢の興隆寺とつながりを有していた可能性も考え合わせると、木山寺やその末寺の持つ関係性はさらなる広がりを持っていると考えられる。今後、安住院に収斂されない関係性をもおさえることで、木山寺の教学・信仰の広がりが見えてくるだろう。

結びとして

木山寺の末寺七ヶ寺は、木山寺住職によって補任され、無住となった時には末寺間で兼帯されるなどした。末寺の内、近世においては普門寺が、明治期以降は清水寺がそれぞれ木山寺住職を輩出しており、末寺であるものの「法類」に近い関係を形成していた時期があることがわかる。また、木山寺は近隣寺院だけでなく、法脈・法類関係などを通して、広く美作・備中・備前国の真言宗諸寺院と関わっていた。その中でも特筆されるのが安住院であり、安住院聖教は木山寺住職尊高の書写活動などにより木山寺へもたらされ、その教学を形作っていた。さらに、木山寺は大福寺・法輪寺・恩徳寺などの安住院周辺寺院とも直接的な関わりがあったとみられ、特に大福寺において木山牛頭天王の守護札が作られていたことは、安住院周辺における木山信仰の享受例として認められる。

明治期以降には鷲峰山捧澤寺周辺に位置する蓮花寺・照寂院・宝泉寺より連続して木山寺・清水寺の住職・住僧が輩出される。この三ヶ寺との関係をつなぐ人物として西阿知遍照院の法恵が見出せ、捧澤寺―遍照院―安住院というつながりが想定できた。近代より前には木山寺と捧澤寺は安住院・遍照院を介して間接的に結ばれていたとみられ、現時点で確認できる両寺の直接的関係の初見は、明治十二年の岸越真海の木山寺晋山である。それ以後、木山寺・清水寺などは同地域と強い紐帯を示し、岸越氏・高峰氏から住職が輩出されるようになる。

一方、木山寺には安住院、捧澤寺を経由しない他寺院との関わりを示唆する資料も伝来しており、こうした資料についても検討を加えていくことで、木山寺のあり方、さらには、美作・備中・備前国の真言宗諸寺院との関わりについても有機的な見解が得られるのではないかと考える。

附説　明治期以降の木山寺住職

第四十二世以降の木山寺住職について整理しておく。尊薗（明治二年七月二十九日寂）の墓碑銘には「従当山中興四十二世」と記され、尊薗が木山寺第四十二世であったことが窺える。尊薗の次に、第何世に当たるのかが明確な人物は、第四十六世秀快である。すなわち、尊薗の後、明治二十三年までの間に第四十三〜四十五世の三代の住職がいたことになる。この間、住職であったことが明らかであるのは、明治五年、牛頭天王宮の分離に際し還俗した尊信（明治十三年十二月二十二日寂）、同年十月三十日補任の記録（補任状写し）がある小川正善、明治十二年の「住職願」などが残る岸越真海である。すなわち、第四十三世尊信、第四十四世小川正善、第四十五世岸越真海となる。ここで小川正善と尊龍が同一人物であることを述べておく。尊龍が備中国賀陽郡奥坂村岩屋山観音院の住持職に任じられた時の補任状〔安政五年（一八五八）九月二十一日付け〕には「正善房尊龍」と記される。さらに、木山寺に伝わる尊龍の位牌には明治十一年十一月二日の示寂であることが、また、『鎮守牛頭天王殿手續書』（資料編296頁）には小川正善が明治十一年十一月に亡くなったことがそれぞれ記され、没年月の近さが認められる。名称と没年月の重なりから、正善と尊龍は同一人物として認められるだろう。なお、『鎮守牛頭天王殿手続書』には正善示寂を受け、岸越真海が請いにより晋山したと記される。小川正善の後代が岸越真海であることは確実である。

続いて、第四十六・四十八世として秀快（岸越真恵）が、第四十七世として秀本が入寺したことは、それぞれの位牌・墓碑銘などから明らかである。真海と秀快は師弟関係にあり、住持職の交代はこの関係に基づくのであろう。第四十七世秀本就任については、明治四十一年六月十日の門末檀徒惣代参議員会議において、後任を高藤秀本とすることを決定したことを記す記録が残る。この時の住職候補者は、高峰秀桂、権大僧都行基真璉を含む三名であった。明治四十一年に後任の決定が下されていたのに対し、実際の木山寺晋山は大正元年（木山寺の秀本位牌）または大正四年（移転記念碑）のことという。晋山まで時が置かれたのは、真言宗京都大学の運営に当たり、多忙であったためと推測される。

秀本の後、再び秀快が住職に就任し、第四十八世となるのだが、大正六年の秀本示寂後、秀遍（のちに第四十九世就任）が昭和初年まで複数回木山寺と照寂院を往復し、両寺の振興に携わったと言われ［杉 二〇一〇］、住職である師・秀快の後支えとなっていた節が窺える。憶測に過ぎないが、秀本の後、その後任として秀遍が期待されていたが、すぐにはそれが叶わなかったため、秀遍の師である秀快が中継ぎとして第四十八世に就任したのではないだろうか。秀遍の就任時期に関しては、大正十四年十二月三日付け『臨時事業費報告書』、大正十五年九月付け「寄附証書」に住職とされることから、大正末期を中心とした時期であることがわかる。先述の通り、秀遍は哲学研究に熱心であったことなどから木山寺住持職を辞任しており、在任期間は長くなかったのではないかと推測される。

ここで秀快について補足する。現時点で確認できる資料を見る限り、公式的な文書においては一貫して「岸越真恵」の署名を用いているようである。「秀快」署名は明治三十二年夏安居中、青木山極楽寺（鏡野町）で伝授を受けた砌に書写した『閼伽水加持』の奥書などに見出せる。公的文書と聖教とで使い分けていた可能性も考えられる。「秀」を冠する名は、以降、高峰氏系の住職に受け継がれていくが、秀快が岸越氏から高峰氏への一つの転換点となったと言えるのではなかろうか。

最後に第五十世秀海について述べる。秀海は、明治二十六年四月に井原市木之子町の佐藤作平の七男として生まれる。明治四十年、清水寺高峰秀桂（親族に当たるか。同じく木之子村佐藤氏の出身）の室に入り、昭和三年、木山寺住職に就任する。昭和二十一年の別格本山昇格、昭和二十九年の新本堂落成の折の住職である。以降、昭和五十七年まで住職を務める。なお、後任の第五十一世は長男の秀清である。秀海は昭和十二年に古義真言宗会副議長、高野山真言宗社会部長に任命され、昭和三十六年には伝燈大阿闍梨へ昇進した。以降、金剛峯寺においても重要な役職を務め、昭和五十年、金剛峯寺管長（第四百五世座主）に就任する。前時代からの木山寺の業績の一つの帰結をここに見る。

参考文献

杉愼吾「―『本末寺格帳』にみる―鷲峰山中之院捧澤寺」（高梁川流域連盟編『高梁川』六八、二〇一〇）
落合町史編纂委員会編『落合町史』民俗編（落合町、一九八〇）、地区誌編（同、一九九九）、通史編（同、二〇〇四）
勝山町史編集委員会編『勝山町史』前編（勝山町、一九七四）、後編（同、一九八二）
真庭郡編『真庭郡誌』（真庭郡役所、一九二三）
真備町史編纂委員会編『真備町史』（真備町、一九七九）
矢掛町史編纂委員会編『矢掛町史』本編（矢掛町、一九八二）、民俗編（同、一九八〇）、史料編（同、一九八二）

註

（1）以下、断りがない場合の資料翻刻、句読点・傍線などの挿入は報告者による。
（2）大福寺は天平勝宝年中（七四九―五七）の報恩の開基を伝え、もと和気郡伊部村にあったが、寛永年中（一六二四―四四）上道郡古門田村へ移され、安永元年（一七七二）龍尊僧正により堂宇が再興された。大正十五年に安住院末である幣建山能満寺大徳院を合併している。戦前には寺内に牛頭天王を祀る木山堂があったという。
（3）大福寺に残る木山関連の守護札の中に善覚稲荷の札は含まれないが、「木山牛頭天王守護札」の内一点には狐が描かれる。
（4）就実女子大学近世文書解読研究部編『備前記』（備作史料研究会、一九九三）。
（5）加賀尾秀忍（のち、僧忍。一九〇一―七七）は岡山県真庭郡落合町（現、真庭市落合町）の極楽寺に生まれ、十四歳で木山寺住職高藤秀全の室に入る。真言宗京都大学を卒業し、昭和三年に平医山宝蔵院（井原市東江原町）の住職となった。昭和二十九年十月、戦争裁判の教誨師としてマニラのモンテンルパ刑務所へ赴き、戦犯として死刑を宣告された邦人の助命嘆願に奔走する。昭和二十八年七月七日、特赦を得、百八名の元日本人兵士とともに帰国した。書画に秀でており、その作品は『僧忍筆精』にまとめられる。
（6）蓮花寺に残る無動の位牌には、「明治十二卯年六月十一日、真躰房、當院一代、観龍寺、南紀日光院増長院各一代、生國西讃豊田郡本山村、藤田姓、同郡山本村正田宅ニ而没ス、行年六十一」と記される。
（7）萬福寺の過去帳に岩屋山の純雅の名が見られることから、木山寺と観音院の関係について考察するには、末寺も含めた視野が必要だと考える。

木山神社の神像とその周辺

和田　剛

はじめに

平成二十五年（二〇一三）、木山神社奥宮の修理に伴い、その内陣、内々陣において十一軀もの神像が新たに発見された。稿者は発見者である木山神社禰宜の鈴木弘志氏からの一報を受け、同年十二月にそれらを実見の上、調査させていただく機会を得た。その調査成果については既報[1]にまとめたとおりである。その中で新出神像の耳形状に着目することで、四つのグループに分類が可能であったことについて論じた。さらに、神像が鎌倉時代から江戸時代に至る、長期間にわたり制作されたものであること、また、そのうちのいくつかについては一具の群像として制作された可能性について論じた。ここからはこの新出神像のうち、一具として制作された可能性が高い六軀の神像について既報に根ざしつつ詳述する。あわせてその制作時期と構成についてあらためて考えたい。

一　各像の概要

男神坐像（図録編No.20）

【法量】（単位／センチメートル）

像高……三八・一　冠際下……三〇・七　冠際―顎……八・七　耳張……九・一　面奥……一〇・一
胸厚（中心）……九・五　腹厚……一〇・一　肱張……一八・八　膝張……二一・三　坐奥……一六・九

【形状】

頭頂に巾子冠を戴く。やや目尻を上げて閉眼する。眉も同様にややつり上げる。口は固く閉口し、意志的な表情をしめす。上半身には袍を着ける。両手は屈臂し、腹前で左手を外にして拱手する。腰部に段を刻んで境をあらわすことから、下半身には袴を着けるとみられる。胡坐し、両足先は袴下に隠してあらわさない。表面全体に不整形な鑿（のみ）の痕跡が残る。

【構造】

檜材。彫眼。木芯を背中側に外して、一材から彫出されている。拱手部に笏を挿していたと思われる円形の孔が穿孔されている。面部、拱手部は白色地に朱を差して肉色とする。巾子冠、袍、袴は白色地に黒色（墨ヵ）を重ねる。膝周りに白色で花形をあらわす。側面から見ると、背中側に大きく反っている。表面に残る彩色の状況から見て、制作当初よりこの形状であったものらしい。

【保存状態】

笏を欠失。膝周りから拱手部にかけて、虫損が多数認められる。

僧形神坐像（図録編№21）

【法量】（単位／センチメートル）

像高……二九・五　頭頂―顎……八・三　耳張……七・八　面奥……七・八　胸厚（中心）……七・五
腹厚……八・〇　肱張……一九・四　膝張……二一・七　坐奥……一五・七

【形状】

頭部を円頂とする。顔は丸顔で目を水平に閉眼する。眉は山形にあらわす。法令線を刻まないことから、口は優しく結んでいることがわかる。面貌全体として穏やかな表情をしめす。顔をわずかに左下（向かって右下）に傾ける。首に皺は刻まない。肩はなで肩にあらわされる。上半身には法衣を着けているものとみられるが、細部の表現が省略されている。両手は袖下に隠しつつ胸前で拱手する。腰部にわずかに段を刻んで境を画すことから、下半身には裙を着けるとみられる。胡坐し、両足先は裙下に隠す。像の表面全体に不整形な鑿痕跡が残る。

【構造】

檜材。彫眼。木芯を背中側に外して、一材から彫出されている。底面に鑿痕跡が認められる。面部は白色地に薄く朱を差して肉色とする。覆肩衣、裙の表面には白色地に黒色（墨ヵ）を重ねる。

【保存状態】

首の付け根から左腰の下周りが破損している。膝周りに虫損が多数認められる。

男神倚像（図録編No.22）

【法量】（単位／センチメートル）

像高……三八・五　冠際下……三一・〇　冠際―顎……八・七　耳張……九・四　面奥……一〇・一

胸厚（中心）……八・一　腹厚……一〇・〇　肱張……一八・二　膝張……一七・四　坐奥……一二・九

【形状】

頭頂に巾子冠を戴く。目尻を上げて意志的な表情を見せる。眉も同様にV字状につり上げてあらわす。口は逆への字形に固く閉口し、表情の厳しさを強調する。上半身には丸首の袍を着ける。両手は腹横で屈臂し、両手先を腿上にのせる。下半身には袴を着ける。股間には袍の襴を垂らす。袴の裾先から両足先を覗かせる。両足先の先端は丸く処理されている。腰を落として椅坐（いざ）する姿勢をとる。表面全体に不整形な鑿痕跡が残る。また、背中側の腰部付近に同心円状の鑿痕跡が残る。

【構造】

檜材。彫眼。木芯を像芯から見て右寄りの位置に籠める。頭頂から足先まで一材から彫出されている。袍の袖先部分に両手先を差し込んでいたと思われる小孔が穿孔されている。巾子の先端は蟻枘（ありほぞ）となっており、現状、鉄釘を使用して、冠本体と接合されている。

面部、巾子冠には白色地が残り、何らかの彩色が施してあったものとみられる。袍と袴の表面には部分的に白色の顔料が残存している。素地の上に花形などの文様が描かれていたのではないか。

【保存状態】

両手先を欠失。その他の残存状況は良い。

男神立像1（図録編No.23右）

【法量】（単位／センチメートル）

総高……三八・九　像高……三五・一　冠際下……三二・七　冠際―顎……六・〇

胸厚（中心）……五・五　耳張……五・八　面奥……七・〇　腹厚……八・〇　袖張……一二・五

【形状】

頭頂に巾子冠を戴く。目尻を上げて閉眼する。眉も同様につり上げてあらわす。巾子の形状が通形のものより幅広にあらわされる。口は水平に結び、法令線を刻む。面貌全体として意志的な表情をしめす。上半身には丸首の袍を着ける。

右手は腹横で、左手は少し下げて腰横で屈臂する。左手先は拳を握る。側面から見ると腹を突き出すように、上半身をくの字形に反らせる。下半身には袴を着ける。袴の裾先から両足先が覗く。両足先の先端には稜があらわされる。表面全体に不整形な丸鑿の痕跡が残る。正面から見ると腰をわずかに右に捻っている。これに対応して背中側から見ると、やや右に傾いている。

【構造】

杉材。彫眼。両手先から台座を含めて一材から彫出されている。袍、袴には白色地の上に褐色の彩色が残る。

【保存状態】

右手先、および左手先を一部欠失している。上半身から下半身、台座にかけて虫損が多数認められる。

男神立像2（図録編No.23左）

【法量】（単位／センチメートル）

総高……三九・五　像高……三五・八　冠際下……三二・九　冠際―顎……六・八　耳張……五・五

面奥……（六・〇）　胸厚（中心）……六・〇　腹厚……六・五　肱張……一〇・〇　袖張……一一・九

【形状】

男神立像1と同様の形成をとる。ただし、左手を腹横で、右手を腰横で屈臂する点が異なる。男神立像1と反対になっており、法量やこれら姿勢をあわせてみて、男神立像1と対になるよう制作されたとみられる。

【構造】

杉材。彫眼。両手先から台座を含めて一材から彫出されている。袍、袴に褐色の彩色が残る点も、男神立像1と同様である。

【保存状態】

左手先、および鼻先を欠失している。上半身から下半身、台座にかけて虫損が多数認められる。

鬼神立像（図録編No.24）

【法量】（単位／センチメートル）

総高……三九・七　像高……三六・三　冠際下……三一・七　髪際―顎……七・二　耳張……七・九

面奥……八・五　胸厚（中心）……七・五　腹厚……九・三　肱張……一六・二

【形状】

頭部両側縁にそれぞれ三束の炎髪をあらわす、鬼神形の神像である。髪際線は丸く、円弧状にあらわされる。目は見開いて瞋目とし、両目尻に筋を刻む。頬に稜を刻み、顔面に力が籠められている。口は半開きする。上半身には丸首の袍を着ける。左前膊（ぜんはく）中央に筋肉の盛り上がりと思われる筋が刻まれることから、腕部分の肉身を露出する表現とみられる。袍の右袖先に筋が一条刻まれる表現から見て、袍の袖先を捲り上げているものと思われる。下半身には袴を着ける。袴は膝下でたくし上げて、両下脚部を筒状にあらわしている。右手は垂下し、手先は拳を握る。左手は腹横で屈臂し、掌を下にして拳を握る。両足を開いて立ち、右足先は外に、左足先は正面に向ける。背面から見ると腰をやや右に捻っていることから、体重を左足上にのせていることがわかる。表面全体に不整形な鑿の痕跡が残る。

【構造】

檜材。彫眼。頭体幹部は台座を含めて一材から彫出されている。左手の臂先を蟻枘として、前膊と接合している。両手拳には小孔が貫通している。なんらかの持物を執っていたか。

面部は白色地に薄く朱を差して肉色とする。袍、袴の表面には白色地が残存しているため、従来は何らかの彩色が施

僧形神像　男神坐像　男神倚像

写真１　面相部の表現

してあったものとみられる。

【保存状態】

持物を欠失するか。

二　作風と群像としてのまとまり

ここまでは各像の概要について述べてきた。ここからは、作風や表現―様式―についてあらためて検討し、その制作年代の考察を試みたい。あわせて、神像が一具の群像として制作された可能性について考えたい。

今回考察の対象となった神像は、面貌表現、服制、彫法、構造など様々な構成要素から成り立っている。ここではまず構造について言及する。用材は檜ないしは杉材など針葉樹である。構造は頭体幹部から手先まで含めて、すべて一材から彫出している。立像は台座まで一材から彫出する点に特徴が見出せる。坐像は木裏を背面側に向け、木芯を背中側へ外している。

次に、面相部の表現を見てみよう（写真1）。ここでは男神倚像、男神坐像、そして僧形神像に着目してみる。これによると、いずれもほぼ丸顔で、眉をV字ないしはM字に一段高く彫出し、目は筋状に刻んであらわしていることがわかる。さらに鼻の括りの線をわずかに刻んでいる。

男神坐像　僧形神像　男神倚像　男神立像１　鬼神立像

写真２　耳の形状

また、口は一文字に結んでいる。筋状にあらわされた目は男神倚像が最も鋭く角度をもってつり上がり、男神坐像がこれに続く。この目の形状は神としての威厳の表現であると共に、怒りの表現でもあるとみられる。一方で僧形神像の目は水平に筋彫りされており、瞑想する高僧の表情をしめすかのようである。こうした目の形状の違いは、各像の個性の違いを反映しているものとみられるが、これについては後述する。

次に、耳の形状に着目してみよう（写真２）。耳の形状は水野敬三郎氏による快慶作品の研究において、個人的な様式――彫り癖――を最もよく反映したものであることが指摘される。[2]まず男神坐像の耳形状を見てみよう。

これによると、耳の形状は外耳輪をＣ字形にあらわしている。また、外耳輪の上部と耳朶（耳たぶ）周辺に刀を入れて、耳を立体的に彫出している。さらに、外耳輪の長側縁が像の背中側に傾く、すなわち耳全体が後傾している。また耳孔など、耳内部の構造を一切刻まず、平滑に表現している。こうした傾向は、僧形神像以下、他の像にも共通しているようで、耳の形状はほぼ同一であると考えてよいであろう。[3]

面相部の表現や耳の形状以外にも共通する作風を見出せる。たとえば、衣文表現を一切排し、少ない面構成により像全体を彫出していること。側面から見ると、下腹を膨らませてあらわす点も共通している。ほかにも男神坐像や鬼神立像の手の形状に着目すると、輪郭のみで筋を刻んでいない。また、坐像では足の表現を省略している。こうした共通性は、制作にあたっての規範の存在を予想させる。さらに耳形状に見た類似性は、制作にあたった工人が、特定の個人であった可能性すら示唆できるものである。すなわち、今回検討した神像は一具のものとして制作された可能性が高いということである。

さて、神像が一群の群構成をとる場合は滋賀県馬見神社例や京都府大将軍八神社例、広島県南宮神社例など女神あるいは男神など、特定の神体が多量に制作される傾向が見られる。木山神社例はこの点が異なっている。丸山士郎氏は南宮神社の神像群について、「世代、性別、社会的地位の違いが表現されて」おり、「構成や姿になんらかの意味がある」と指摘している。さらに、神の造形化について「独自の姿、性格、行動といった物語」に基づくものと看破している。(4)

翻って木山神社例を見た場合、着目しておきたいのは先述した、神像の表情や形式の違いである。男神坐像と倚像では、目をつり上げる意志的な表情こそ共通するが、つり上げる角度に違いが見られた。僧形神像では目は水平に閉じている。鬼神立像にいたっては、目は見開いて瞋目とし、さらには目尻に筋を刻んで怒りの感情、あるいは緊張感を強調している。逆立つ炎髪の表現も怒りをより効果的に表現するものであろう。これに加えて、男神立像1・2は、一対のものとして制作された可能性が高いことを論じた。このように木山神社例は共通する作風を持ちながら、明らかに異なる表現を目的として制作されているということが言えるのではなかろうか。こうした異なる表現を組み合わせて一個の「物語」が構成されていたのであろう。

ただ、この木山神社例が、本来表現していたであろう「物語」について、現在は知るすべがない。というのも、群像がこれ以外にも存在していた可能性が否定できず、現状、「物語」の完結が見えないからである。しかし、調査時の聞き取りによれば、今回調査した神像は木山宮周囲にかつて存在した八幡宮に安置されていたものであるという。(5)この伝承が正しいとするならば、特に男神坐像と僧形神像については、俗形と法形の八幡神像である可能性が生じ、これに男神立像1・2が眷属として従うという構成が復元可能であるかもしれない（研究編164頁）。しかし、あくまで可能性に過ぎず、ここではこれ以上この問題には立ち入らない。

三　制作年代

最後に神像の制作年代を検討しておこう。今回検討した神像は、その目や口など面貌の各部が線状にあらわされることや、衣服においては衣文表現が一切排されている。その肉体把握は写実性をほぼ排し、概念的・抽象的であると言えるだろう。こうした概念的な肉体把握は制作年代の判定を難しくするものではある。ただ、例えばC字形に外耳輪を表現した耳の形状は、広島県南宮神社の男神立像等、鎌倉時代の作例に見出されるものである。また、男神坐像に見る、白色胡粉を下地に彩色を施し、さらには花形や雲文などの文様を描く点は、滋賀県栗東市大宝神社の男神坐像、および同県近江八幡市日牟礼八幡宮の男神坐像など、平安～鎌倉時代にかけての神像彫刻に見られる特徴である。木山神社の男神坐像はこれらと比較すると、面貌の細部表現や後ろ反りになる側面観など異なる点が見られ、制作時期は下るものと思われる。同じく男神坐像の甲の端部を堅くあらわした巾子冠の構造やM字形に盛り上がる眉の表現は、島根県赤穴八幡宮諸像の八幡神坐像（重要文化財）と類似するものである。この像は胎内に大小二枚の木札が納められている。これによると嘉暦元年（一三二六）、山城国大仏師鏡覚の手により制作されたことが判明している。木山神社例とは構造や衣文表現など異なる点が多く、制作時期の隔たりが予想される。特に、写実性の見られない肉体把握は、さらなる時代の下降を予測させるものである。しかし、肩や足先はあくまで丸く整えられ、面相部も鎬だった表現は見られない。すなわち室町時代の彫刻作品に見る特徴は見出しがたいのである。以上の検討より、制作時期は、概ね鎌倉時代最末期～南北朝時代頃に求めたい。

まとめ

最後に、今回判明した点をまとめておこう。

①木山神社で発見された十一軀の神像は、奥宮内陣・内々陣に安置されていた。

②このうち六軀の神像は、一具の制作である可能性が高い。

③六軀の神像には異なる表現が見られ、一群として何らかの「物語」を表現しているものと思われた。

④制作時期は鎌倉時代最末期～南北朝時代と考えた。

以上である。

ここであらためて言及しておきたいのは、神仏分離以前の木山寺と木山神社は一体として運営されていたという事実である。すなわち、木山全体の彫刻作品を検討する場合、この両者への調査が不可欠だということである。現在、木山寺本堂において多数の仏像の存在を確認しているが、残念ながら悉皆調査が未着手である。まずは、木山全体の彫刻作品の把握が急務であ

写真3　獅子・狛犬

る。

今のところ、木山神社の奥宮内陣に所在する獅子・狛犬一対（写真3）は前後左右に三材を寄せる簡素な構造や、誇張を抑えた表情、直毛に近い鬣（たてがみ）の表現などから、鎌倉時代後半の作例である可能性があると考えている。あわせて木山寺本堂に安置される如来坐像（写真4・手先を後補とするため本来の尊格名は不明）は、やや陰鬱な表情、四角いブロックを組み合わせたかのような構造、ダイナミックにU字形を描く股間の衣文表現などから、室町期院派の手になるかと考えられる。これらは、随身門に安置される門客人神像（コラム249頁）と並んで、天正年間と伝える一山焼失以前の作例であり、木山寺・木山神社とその周辺地域の歴史を伝える可能性を持つ。今回調査した神像とその周辺では、今後の調査の進展により新たに判明する事実もあろう。いずれにしても、これらの中世期に遡る彫像群の出現は、木山を中心にその周辺地域を含めた調査の必要性をしめしていよう。

右側面　　正　面

写真4　如来坐像

註

（1）和田剛「木山神社の新出神像について」『岡山県立博物館研究報告』二〇一六年、岡山県立博物館。
（2）水野敬三郎「快慶作品の検討」『日本彫刻史研究』一九九六年、中央公論美術出版。
（3）ただし男神立像1の耳は後ろへの傾きが小さいことは注意を要する。
（4）丸山士郎「広島・南宮神社神像群と神像の物語性」『MUSEUM』第六五二号、二〇一四年、東京国立博物館。
（5）鈴木弘志氏（木山神社禰宜）からの聞き取りによる。

木山神社（奥宮）

column

木山の門番

和田　剛

はじめに

木山山上にある木山神社奥宮から、石段を下っておよそ一〇〇メートル。この場所に木山神社の随身門があります（写真1）。この建物は天正五年（一五七七）の出火による全山焼失の際にも焼け残ったとされ、古い棟木には「弘仁」（九世紀）、あるいは「永仁」（十三世紀）の墨書があったとされます。この伝承が正しいとするならば、木山神社における最古の建物ということになるのですが、現在の建物に棟木は残っていません。宝永四年（一七〇七）の再建棟札（図録編№9）が残っていることから、その時に建て替えられたのが今の随身門と思われます。

写真1　木山神社　随身門

さて、この随身門中には阿吽一対の門客人神像（かどまろうどしんぞう）が安置されています。門客人神像とはいかにも聞き慣れない神名ですが、瀬戸内から山陰にかけて数多く知られる、立像の随身像の一例です。なかでも木山神社例は後述する胎内銘から、尊名の確定できる唯一の作例です。その貴重さから岡山県指定重要文化財に登録されています。ここでは、平成二十七年十二月二十一日に実施した調査に基づき、この木山神社の門客人神像について、もう少し詳しく紹介していきたいと思います。

なお、調査には伊東史朗氏（和歌山県立博物館長）、佐々木守俊氏（岡山大学）にもご協力いただきました。

姿と形

初めに、木山神社の門客人神像の尊容—姿と形—を見てみましょう。まず阿形に注目します（写真2）。頭の上は巾子冠（こじかん）という冠を着けています。これは平らな冠本体の後ろに巾子と呼ばれる先の丸い飾りがついていることからこう呼ばれます。体には袍（ほう）という着物を着ています。肩幅は張っていて、胸も厚く、いわゆる鳩胸になっているようです。腰は帯を締め、股間には平緒（ひらお）と呼ばれる飾り房が垂れ下がっています。下半身には袴を着けています。足に掛かる袴の裾を見ると二重になっているので、下着を履いているのでしょう。袴の左手は脇を開いて臂を伸ばし、手には何か持ち物を持っています。持ち物は壊れていますが、外

写真2　阿形　正面

形は緩やかにカーブを描き、先端に丸い穴が貫通することから見て、弓の破片のようです。この像はどうやら弓を手に取る姿勢を示しているようです。

一方、右手は臂を曲げ、手先は人差し指と中指を曲げて、何かをつまむような形に表されています。おそらくは弓の弦を引く姿勢を示しているのだと思います。なお、この像の足元には、弓を入れておくための箱—胡簶（ころく）—の破片が落ちていました。この像に箱を着けていた跡はないので、地面に置かれていたものでしょう。また上半身に着ける袍の襴（らん）が、正面側の足元近くまで垂れているのも特徴です。足には、先の丸い靴を履いています。

続いて表情に着目してみましょう（写真3）。目は角張っていて、眉は盛り上がり、眉間には二条の皺が深く刻ま

写真3　阿形　面相部

れています。鼻は横に広がり、鼻の穴も少し広がっているようです。口は半開きになっていて、口の中には歯と舌が表現されています。顔全体の表情から緊張感が感じ取られます。いかめしい姿をしているはずなのですが、どことなく愛嬌も感じ取れるのは、頬や耳の表現が丸く丁寧に仕上げられているからでしょうか。

次に吽形を見てみましょう（写真４）。吽形も阿形と同じく、巾子冠を被り、上半身には袍、下半身には袴を着けています。口を閉じる表情以外に異なる点は、諸肌を脱いだ左手を右腰横まで下げて、手に何かを取る姿勢を示す点です。こちらの像は持ち物を完全に失っていますが、手に丸い穴が開いているので、弓を取っていたのではないかと思います。右手は弓をたがえようとしているのでしょうか。

写真４　吽形　正面

吽形も阿形と同様に、表情には緊張感とともに愛嬌も感じ取れます。面相部の仕上げの丁寧さの故でしょうか。

構造

次に像の構造を見てみましょう。両像の構造は、一筋縄では把握できないほど複雑です。阿形像の頭部は耳を挟んで前後に縦三材を寄せています。玉眼（水晶製の目）を嵌入していることから、内部は内刳されていることがわかります。頭部は首枘を体部内に挿入します。体は頭と同じく三つの部材からなり、前・後材はそれぞれ正中で左右二材に分かれます。ですから、体は五つの部材からなっているのです。左手は、肩部に一材、さらに袖部に前後左右四材を組み合わせ、これに手首先を差しこむというかなり複雑な構造です。吽形像は頭体根幹部の構造は阿形像と同じです。袖をまくった左手は一材から彫出され、手首先に別材を寄せています。右手は肩から臂先まで三つの部品でできていて、袖先は六つの部品を組み合わせるなど、阿形像よりも複雑な構造のようです。どうしてこんな複雑な構造をとるのかについては判然としません。ただ、弓を引く特殊な姿勢を表現するにあたり、制作にあたった工人―仏師―がこの種の像の制作に手慣れておらず、試行錯誤を繰り返

図1　門客人神像　阿形　胎内銘

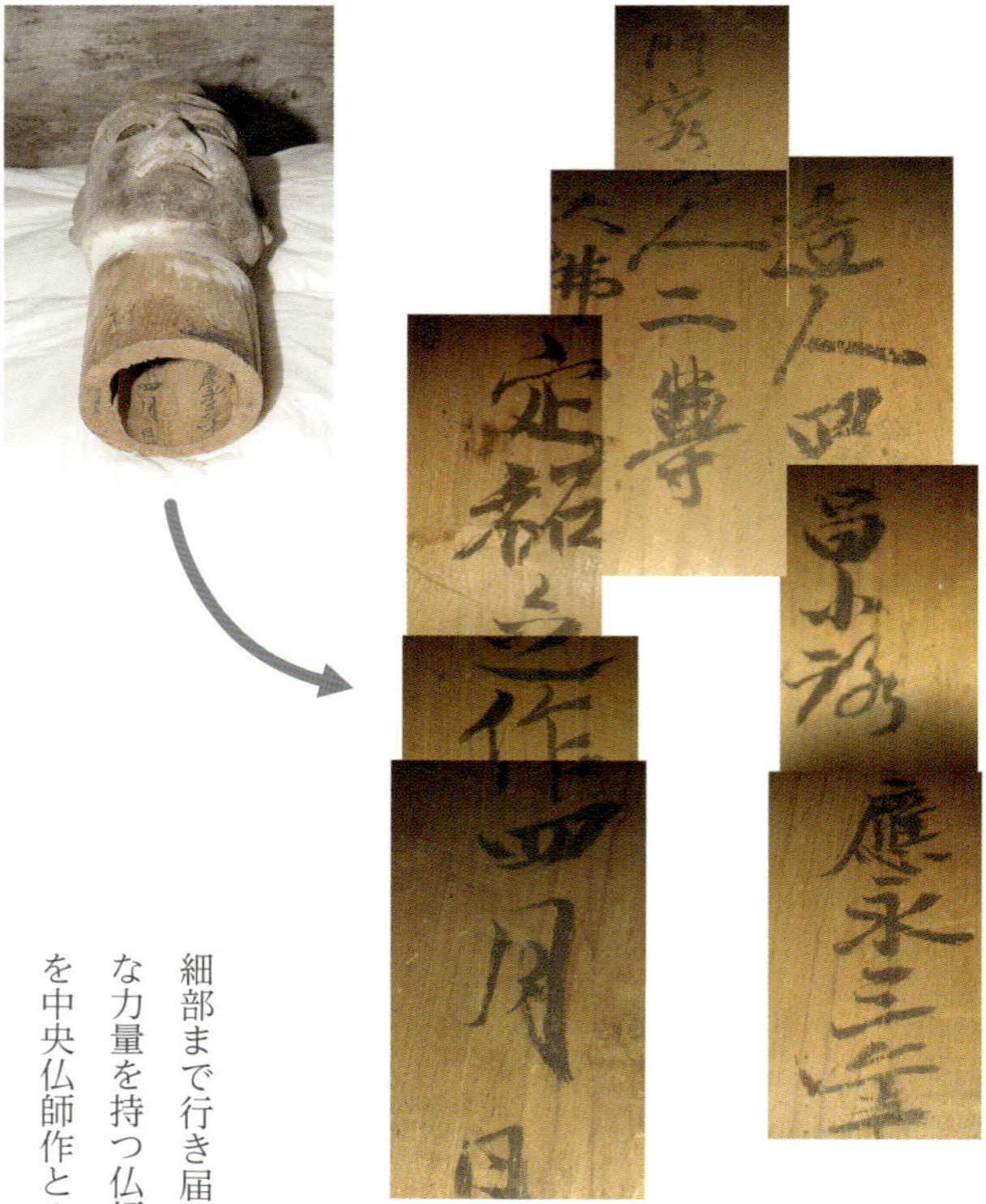

しつつ制作にあたったため、こうした構造となった可能性があるのではないでしょうか。

銘文

阿形の首枘内部には、「門客人」命名の由縁となった銘文が記されています。首枘の中を部分撮影していくと、銘文の全体が見渡せます（図1）。それによると「門客人二尊　造人四富小路大佛定祐之作　應永三年　四月日」と読めます。応永三年（一三九六）に四富小路の大仏（師）定祐が門客人二尊を作ったという意味でしょう。文脈から考えて四富小路は京都の四条富小路のことだと思われます。この像の制作にあたった定祐は京都の仏師なのではないでしょうか。複雑な構造を破綻なくまとめあげ、歯や舌まで表現し、細部まで行き届いた顔の仕上げに見るように、定祐が十分な力量を持つ仏師であることは間違いがありません。本像を中央仏師作とみることに矛盾はないように思われます。

まとめ

ここまでは木山神社の門客人神像について見てきました。ここで注目しておきたいことは、この門客人神像が、弓矢で武装した武官の姿にあらわされているということです。いかめしい表情をつくり、胸を張り、肩を怒らせた姿は武威の表現と言えるのではないでしょうか。こうした武威の表現が求められた背景には、弓矢の技を競う、武士の姿が透けて見えるように思われてなりません。

今のところ、最古の門客人神像と目されるのは、津山市高野神社の随身立像（重要文化財）です。この像は阿吽一対で木山神社の門客人神像とそっくりの姿勢をしています。残念ながら両方とも手先を失っているのですが、斎藤孝さんの研究により、木山神社例と同じく弓を手に取る門客人神像だと言われています。

さて、高野神社例の吽形の胎内銘には、大仏師筑後講師厳成が応保二年（一一六二）に制作したことと共に、勧進者（像制作のために寄進をした人）として漆間尋清の名が見えます。この人物は『法然上人絵伝』に登場する法然の出身氏族である漆間氏と同族の人物と指摘されています。『法然上人絵伝』では、漆間氏は明石氏と争う場面が描かれる、れっきとした武士として描かれています。漆間氏は美作国中部を中心に活躍した受領層であったのでしょう。門客人神像と武士の関係は銘文からも確かめられるのです。

翻って木山神社例を見たとき、勧進者の名が見られないことは不審です。ただ、応永十八年（一四一一）に「南三郷内惣社」の社領を回復する旨を記した寄進状が、美作国守護である赤松氏から発給されています（図録編No.49）。「南三郷」とは木山神社周辺にあった栗原・鹿田・垂水の三郷のことで、木山神社がこれら在地勢力の総氏神としての役割を担っていたことがわかります。門客人神像の制作年代とも近接していて、単純に考えるならば、木山神社の門客人神像は彼ら在地勢力―おそらくは武士―の手により制作された公算があるのではないでしょうか。少し想像を膨らませすぎましたが、木山神社の門客人神像を取り巻く社会状況を探る上で、一つの作業仮説として提示したいと思います。

表1　木山神社　門客人神像諸元表

	左方像	右方像
像高（巾子頂から）	154.0	154.0
像高（甲から）	139.8	139.0
冠際高	133.8	134.5
巾子頂―顎	22.7	23.0
面長	19.0	18.7
面巾	15.8	16.6
耳張	23.3	20.6
面奥	21.5	21.0
胸厚（中央で）	31.0	33.5
腹厚	32.0	30.5
臂張	101.0（左手先まで）	70.0（袖張）
裾張	42.2	45.7
足先開　外	34.5	34.7
内	15.0	15.6

単位：cm

column

狐とお稲荷さん……④木山神社の絵馬

山崎　淳

③のコラム（218頁）で、善覚稲荷に関連する地として福山と智頭が挙がりました。残念ながら、私は当地の善覚稲荷にお目にかかることができていません。それは今後の楽しみといたしまして、ここでは別の角度から、智頭との関係について記すことにします。

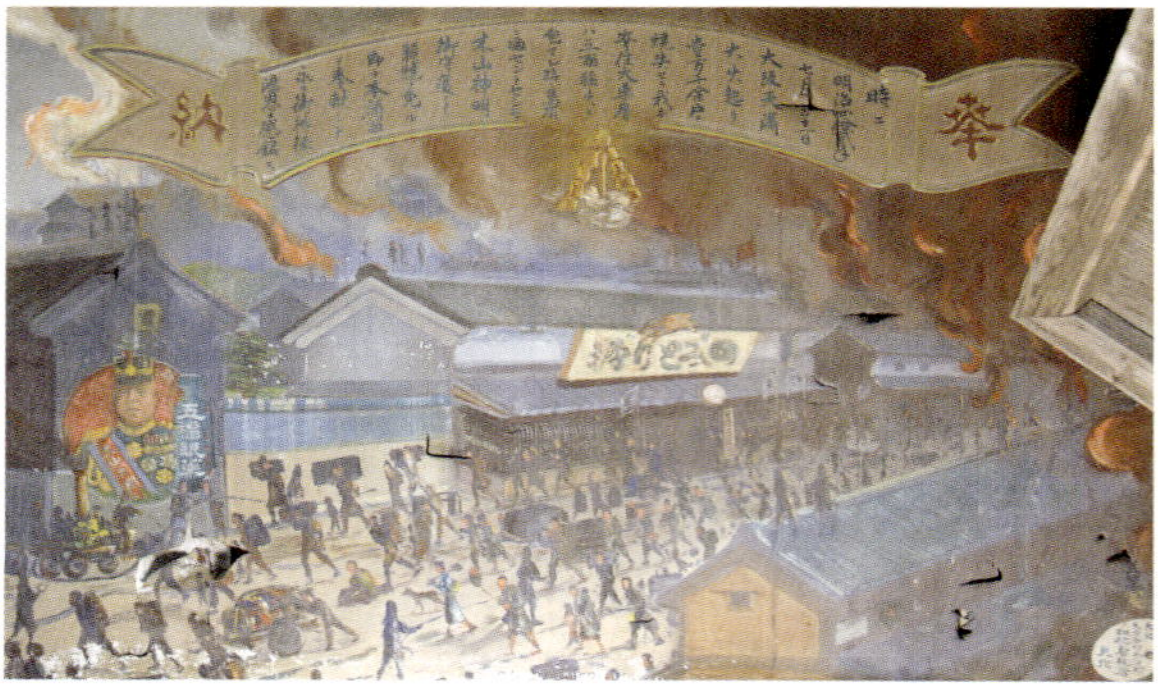

写真１　安住大薬房奉納絵馬（木山神社蔵）

木山神社に掲げられている絵馬の中で一際目を引くものがあります。描かれているのは火事と逃げ惑う人人です（写真１）。どういう謂われなのでしょうか。絵だけでなく、奉納の趣旨を明かした文章も記されているので、それをまずは挙げることにしましょう（片仮名は平仮名に直し、適宜句読点とルビを加えています）。

> 時に明治四拾弐年七月三十一日、大阪天満大火起り、壱万千余戸を焼失せり。我が安住大薬房は三面猛火に包まれ、将に烏有に帰せんとせしも、木山神明御守護により類焼を免る。即ち本額面を奉献して永く御神徳の鴻恩を感銘す。

時は明治四十二年（一九〇九）七月三十一日、所は大阪天満、きわめて大きな火災だったようです。大阪での出来事であるという点が目を引きます。すなわち、隣県ではないわけです。

この火事は、「北の大火」、もしくは「天満焼け」と呼ばれるもので、焼失戸数一一、三六五戸にのぼる近代大阪の大災害でした（『新修　大阪市史』第六巻［平成六年］、八一〇～八二〇ページ）。

絵馬の奉納者は「安住大薬房」と見てよいでしょう。安住大薬房は薬屋さんです。明治二十年代中頃に大阪で創業し、蚊取り線香などの販売で有名でした。設立者は安住伊三郎（一八六七～一九四九）という人です。彼は大阪商業会議所（現在の大阪商工会議所）のメンバーであり、自社製品の販路を海外にも拡大したことで知られるバイタリティあふれる人物でした。その彼の出身地こそ鳥取の智頭（那岐）なのです。そして、この絵馬は近代における木山信仰の一側面を示すものなのです。

絵馬を見ると、先に挙げた文章の下側には店舗正面の上に掲げられた看板があり、猪のマークと「猪印　のみとり粉」の文字が見えます。また、画面の左には蔵があり、その壁面には軍人の絵（「大山大将」とあるので、おそらく大山巌陸軍大将でしょう）が描かれ、その右に「五福眼薬」と記されています。「のみとり粉」も「五福眼薬」も安住大薬房の商品です。たとえば、安住伊三郎の著作『有利なる除虫菊の栽培　農家の副業』（大正五年）では、本文中に「猪印のみとり粉」とあり、巻末に「大山大将」をキャラクターにした「五福眼薬」の広告が載っています。明らかにこの絵馬は、「天満焼け」の火の手が迫ってきている大阪の安住大薬房を描いたものです。

この絵馬には、もう一つ興味深い点があります。店舗の屋根の上（前掲の文章のすぐ下）を何かが飛んでいるのです。画像を挙げておきました（写真2）。

写真2

雲のような白いものの上に乗っているのは「幣」です。色が黄色で、同じ色の放射状の線が出ているので、これは「金幣」でしょう。危険な状況にある安住大薬房を救うために現れた神様、つまり「木山神明」を描いたものと考えられます。

幣には、神様がそこに降臨する「神の依代」としての意味合いがあります。たとえば、国際日本文化研究センターの「鯰絵コレクション」（インターネットで閲覧できます）の一つに、幣を背負った馬＝神馬の絵があります。安政二年（一八五五）の大地震に際し描かれたものらしく、馬が地震を追い払っていますが、馬を操るのは幣に降臨した神様と理解してよいでしょう。

井原西鶴の『世間胸算用』巻第一には、「鼠の文づかひ」

というお話があります（第四話）。

ケチなお婆さんが、妹からもらったお年玉の銀貨を紙に包んで神棚へあげておいたところ、盗まれてしまいました。お金を取り戻すために山伏に祈禱を頼むと、山伏は御幣が動き灯火が消えていけばお金が出てくると言います。祈りの最中に御幣が動き出し灯火も消えますが、お金は出てきません。実はこれらの奇瑞は山伏によるインチキであると、後で人に指摘されることになります。しかも、お金を入れた紙包みはネズミが持ち去っていたことも年末のすす払いの際の捜索で判明しました。

御幣が動くのは泥鰌を用いたトリックだったらしいのですが、そうしたインチキが成立する前提として、御幣＝神の依代という認識があったと言えるでしょう。

また、『落合町史　民俗編』によれば、下見に勧請された善覚様は、「もとは鏡と金幣をまつっていたが、今は鏡はなくなり、金幣だけが残っている」（四三九ページ）とのことです。「金幣」というのが見逃せない点です。

こうした事例から見ても、件の絵馬に描かれた金幣は木山の神様と認めてよいでしょう。この金幣からさらに目を下に移します。先ほど述べましたように、金幣を乗せた雲

写真 3

のような白いものがあります。実はこの白いものをよく見ると、何やら浮かび上がってくるのです。その部分を拡大したものを挙げておきます（写真3）。

矢印を付けた箇所をよくご覧ください。右側に三角の耳のようなものがないでしょうか。左には開いた口のようなものが見えないでしょうか（中には舌もあるようです）。これは狐の顔ではないでしょうか。さらに、この顔の部分の右下には耳と口の間には目らしきものも認められます。これは狐の伸ばした前足のようなものがあります。絵の左端には尻尾のようなものもあります。すなわち、金幣を乗せているのは、「顔を後ろに向けた（振り返った）白狐」と言えそうなのです（「そうは見えない」と言われてしまうとつらいところですが、ここはひとまず話を進めます）。

最初のコラム（159頁）で記しましたように、善覚稲荷は狐に乗ったお姿で描かれます。ならば、絵馬に見える白狐に乗った金幣は、善覚稲荷を示しているのではないか、絵馬の中の文章（前掲）にある「木山神明」とは具体的には善覚稲荷のことではないか、と考えられるのです。

絵馬を奉納したのは安住大薬房です。それは安住伊三郎が奉納者であることを意味します。創業二五周年、銀婚、長男結婚を祝して編纂された『安住家三慶紀年集』（大正七年）によれば、伊三郎は十一歳の時、極楽寺（那岐の極楽寺でしょうか）の龍海に連れられ木山寺に来たことがきっかけで、落合町（木山の所在地）の酒造家・木村良江のもとで働くことになります（七ページ）。彼に木山への信仰があったのは自然なことと言えるでしょう。さらに同書には「天満焼け」の記事もあり、火災を免れた理由の一つに、普段から「木山神社」に信仰が厚かったことが挙げられています（五二ページ）。これは件の絵馬と密接に関わる記述です。

とすれば、金幣の乗り物を白狐とする判断にも、安住伊三郎の意思が働いたと考えるのが適切でしょう。人々のいろいろな願望を担当しているお稲荷さんは、商売を司る神様でもあります。故郷を離れ、大阪で商売を営んでいた伊三郎にとって、善覚稲荷は頼れる神様だったのではないでしょうか（なお、絵馬を製作した「大阪天満寺町木幡町加地看板店」については不明です。今後追究したい点です）。

木山神社の絵馬は、近代日本の発展を担い、世界へ進出した一人の人物の中に、木山信仰、善覚稲荷信仰が息づいていたことを今に伝えているのです。

白狐（木山神社蔵）

資料編

訓解『木山寺文書』

吉永隆記

尼子詮久判物 【図録編No.47】

天文八年（一五三九）二月一三日

美作国木山寺領役等之事、前々免許之由候、任先規一行旨、為新寄進、不可有諸役候、仍状如件、

天文八
二月十三日　詮（尼子詮久）（花押）

〔書き下し〕
美作国木山寺領役等の事、前々（さきざき）免許の由に候、先規一行の旨に任せ、新寄進として、諸役あるべからず候、仍て（よって）状件（じょうくだん）の如し、（後略）

〔趣意〕
これまで免除されていた木山寺領への諸役（税）について、尼子氏の新寄進地として前例通り免除する。

尼子詮久判物 【図録編No.48】

天文八年（一五三九）二月一三日

（端裏書）「□□（尼子）殿御判」
美作国木山感神院禁制之事、先規之旨、不可有相違候、仍状如件、

天文八
二月十三日　詮（尼子詮久）（花押）

〔書き下し〕
美作国木山感神院禁制（きんぜい）の事、先規の旨、相違あるべからず候、仍て状件の如し、（後略）

〔趣意〕
木山感神院への禁制（境内への乱入禁止等）について、これまで通り認めることとする。

赤松義則寄進状 【図録編No.49】

応永一八年（一四一一）四月二二日

寄附
美作国南三郷内惣社領田畠等事
合壱所者号木山方目録別紙在之
右於彼地上分者、雖為神用、先地頭等悉依令勘落、既及大破云々、太不可然、所詮以敬信之儀、退給人等、所奉寄附下地於当社也、早別当神官以下令存知、云修理、云祭礼、厳蜜（ママ）致興行沙汰、可抽祈禱精誠之状如件、

応永十八年四月廿二日　沙弥（赤松義則）（花押）

〔書き下し〕
寄附す　美作国南三郷内惣社領田畠等の事、
合壱所者（てへり）〈木山方と号す／目録別紙にこれ在り〉

右彼の地上分においては、神用たりと雖も、先の地頭等悉く勘落せしむにより、既に大破に及ぶと云々、太だ然るべからず、所詮敬信の儀を以て、給人等を退け、下地を当社に寄附し奉る所なり、早く別当・神官以下に存知せしめ、修理と云い、祭礼と云い、厳密に興行の沙汰を致し、祈禱精誠抽んずべきの状件の如し、（後略）

〔趣意〕

南三郷内の惣社（木山感神院）領について、赤松氏の給人（被官）による実効支配をやめさせ、改めて寄進する。別当・神官らは神社の修復や祭礼を興行し、祈禱せよ。

赤松満祐社領安堵状【図録編No.50】

応永二四年（一四一七）一〇月二八日

美作国南三郷内惣社領田畠号木山方事、任去応永十八年四月廿二日寄附状之旨、社家領掌不可有相違之状如件、

応永廿四年十月廿八日　　左京大夫（赤松満祐）（花押）

〔書き下し〕

美作国南三郷内惣社領田畠〈木山方と号す〉の事、去る応永十八年四月廿二日寄附状の旨に任せ、社家領掌相違あるべからざるの状件の如し、（後略）

〔趣意〕

応永十八年の赤松義則寄進状（図録編No.49）に従い、木山感神院に南三郷内惣社領の支配を認めることとする。

伊賀家久判物【図録編No.51】

天正一一年（一五八三）八月一三日

（端裏書）「伊賀殿御判」

美作国木山寺領之事、前々任寄附状之旨、号新寄進所立置諸役令免許者也、殊於惣社領者、為公田之外之間、先規之姿聊不可有相違之状如件、

天正十一
八月十三日　　伊賀
家久（花押）

〔書き下し〕

美作国木山寺領の事、前々寄附状の旨に任せ、新寄進と号す所を立置き諸役を免許せしむるものなり、殊に惣社領においては、公田の外たるの間、先規の姿聊か相違あるべからざるの状件の如し、

〔趣意〕

美作国木山寺領を過去の寄進状に従い、新寄進地と称する土地は諸役を免除する。特に惣社領については公田ではないので、これまで通り相違なく支配を認める。

長尾勝明識語【図録編No.52】

元禄二年（一六八九）

感神院木山寺者相伝、弘仁年中創建之、天正五載社覲失

曲突之計、神祠仏閣一時焦土、且所伝旧記再罹秦災、以
故不詳此地来由也、幸有赤松・尼子證書、僅免煨燼、今
読厥文而識昔時眷遇之渥矣、余命工修成一軸以投之、夫
斯木山一青氈歟、

元禄二歳次己巳季夏之望

美作執事長尾隼人源勝明

【書き下し】

感神院木山寺は相伝うること、弘仁年中これを創建し、天正五載(歳)に社覡曲突の計らいを失う、神祠仏閣一時に焦土となる、且つ所伝・旧記再び秦災に罹る、故を以て此地の来由を詳らかにせざるなり、幸いに赤松・尼子の証書あり、僅かに煨燼を免れ、今厥文を読みて昔時眷遇の渥きを識る、余、工に命じて一軸を修成し以てこれを投ず、夫れ斯れ木山一青の氈か、

元禄二歳次己巳季夏の望

美作執事長尾隼人源勝明

【趣意】

感神院木山寺は所伝によると、弘仁年中に創建され、天正五年に社殿を失い、焦土となった。所伝や旧記も失われたので由緒は不明であるが、幸い赤松や尼子の史料が災難を逃れており、現在読むことができる。そこから昔の木山寺が手厚く保護されていたことを知り、私はこれらの文書を表具師に命じ、一つの軸にして納めることにした。

毛利輝元書状 【図録編No.53】

年未詳九月二七日

当月祈念之局(巻)数・御久米神酒到来、則令頂戴候、猶以懇祈肝要候、萬吉重々可申候也、

九月廿七日　(毛利輝元)(花押)

木山寺

【書き下し】

当月祈念の巻数・御久米神酒到来す、則ち頂戴せしめ候、猶以て懇祈肝要に候、萬吉重々申すべく候なり、(後略)

【趣意】

当月祈念の巻数と御久米神酒が届いたので、いただきました。一層祈禱をすることが大事です。

小早川隆景書状 【図録編No.54】

年未詳五月一二日

就此表在陣之儀、為御音信、巻数幷両種送給候、御懇意之段快悦候、尚委細自栖源可被申候、恐々謹言、

五月十二日　(小早川)隆景(花押)

木山寺

御回報

【書き下し】

この表在陣の儀につき、御音信として、巻数幷びに両種送り給わり候、御懇意の段快悦に候、尚委細栖源より申さるべく

候、恐々謹言、（後略）

〔趣意〕

美作に在陣しているということで、巻数や料理をいただきました。御懇意にしていただき大変嬉しく思います。

宇喜多直家書状【図録編No.55】

年未詳六月一八日

□□□御祈念之□巻数送給、頂戴□悦存候、并青銅□□疋・折三拝領、快然之至候、御懇之儀目出度存候、従是御礼可申述候条、此時不能愚筆候、恐々謹言、

六月十八日　（宇喜多）直家（花押）

木山寺

尊報

（上書切封）「宇喜多和泉守

木山寺尊報　直家」

〔書き下し〕

□□□御祈念の□巻数送り給わる、頂戴□悦に存じ候、并びに青銅□□疋・折三拝領す、快然の至りに候、御懇の儀目出度存じ候、是より御礼申し述ぶべく候の条、この時愚筆能わず候、恐々謹言、（後略）

〔趣意〕

巻数や青銅（銅銭）・折詰をいただき、嬉しく思います。私は自筆でお礼を書くことができませんので、この者（使者）が代わりに申します。

尼子晴久書状【図録編No.56】

年未詳一二月二日

為御音信、御樽并一種送給候、祝着之至候、委細使僧可被申候、恐々謹言、

十二月二日　（尼子晴久）晴（花押）

木山寺

御返報

〔書き下し〕

御音信として、御樽并びに一種送り給わり候、祝着の至りに候、委細使僧申さるべく候、恐々謹言、（後略）

〔趣意〕

御樽（酒）と料理をいただきました。祝着の至りです。詳しくは使僧が申します。

毛利元就書状【図録編No.57】

年未詳一〇月二五日

為御音信、巻数并青銅二百疋□給候、御懇之儀祝着候、猶従両人□可申候、恐々謹言、

十月廿五日　（毛利）元就（花押）

木山寺

御廻報

〔書き下し〕
御音信として、巻数幷びに青銅二百疋□給わり候、御懇の儀祝着に候、猶両人より□申すべく候、恐々謹言、（後略）

〔趣意〕
巻数と青銅（銅銭）二百疋をいただきまして、嬉しく思います。詳しくは（使者の）両人から申します。

三村元親書状【図録編No.58】

年未詳一一月八日

珍章拝見、本望之至候、如御意候、去比芸衆重物取出候、貴寺之御事可為無事由□理候、於向後も乍恐可御心安候、将亦一種被贈下候、賞翫不斜候、猶自是可申上候、恐惶謹言、

十一月八日　（三村）元親（花押）

木山寺
参尊報

〔書き下し〕
珍章拝見す、本望の至りに候、御意の如くに候、去る比芸衆へ重物を取り出し候、貴寺の御事無事たるべきの由□理に候、向後においても恐れながら御心安くすべく候、将亦一種贈り下され候、賞翫斜めならず候、猶是より申し上ぐべく候、恐惶謹言、（後略）

〔趣意〕
先立ってに毛利家へ寺宝を進上していただきました。そのため木山寺は無事に安堵されましたので、ご安心下さい。また、お贈りいただいた料理も格別のものでした。

長尾勝明識語【図録編No.59】

元禄年間

去歳有故授木山旧誌採其、可徴者五篇、以附装飾、別有雑簡六章、余毎観古人筆跡、未嘗不興懐、矧英傑之書与名声、不泯者乎、又修為一軸、語云、古之人古之人、宜哉、慕之至、於夫文義措而不論、

元禄大荒落歳
林鐘穀旦
作陽執事源勝明

〔書き下し〕
去る歳故ありて木山旧誌を授かりそれを採するに、徴すべきもの五篇、以て装飾を附す、別に雑簡六章あり、余古人の筆跡を観る毎に、未だ嘗て興懐せざることあらず、いわんや英傑の書と名声、泯ばざるものか、又修めて一軸となし、語りて云く、古の人古の人、宜しきかな、慕の至り、夫の文義を措きて論ぜず、（後略）

〔趣意〕
去る年に木山寺の旧誌を与えられ、これを見たときに優れた

五編の文書を選んで装飾した（図録編No.52）。他にも英傑らの雑簡が六つあるので、またこれらを一つの軸として納める。

宇喜多秀家禁制状写【図録編No.60】

天正一三年（一五八五）五月二五日

（端書）「備前宇喜多中納言様制札案文」
木山さいもくの事、案ないをとけす、きりとるやからあらハ、たちまちせいはいせしむへし、若ゆうめんの輩にハ、おり帋を可遣者也、仍状如件、
天正十三年五月廿五日　（宇喜多）秀家

〔書き下し〕
木山ざいもく（材木）の事、案ない（内）をとげ（遂）ず、きりとる（伐採）やから（輩）あらば、たちまち（忽）せいばい（成敗）せしむべし、若し（も）ゆうめん（宥免）の輩には、おり（折）紙を遣わすべきものなり、仍て状件の如し、（後略）

〔趣意〕
木山寺領内の材木について、了承を得ずに伐採する者がいれば、即座に殺させる。許しを得た者には、折紙を遣わすこととする。

花房秀成禁制状写【図録編No.61】

文禄三年（一五九四）三月三日

（端書）「備前伊賀（ママ）殿制札案文」
木山寺山内剪候事、堅可被相留候、若相背者於在之者、搦取、過銭三百文とり候て、可被相放者也、
備前花房
文禄三年三月三日　（秀成）志摩守

〔書き下し〕
木山寺山内剪（き）り候事、堅く相留めらるべく候、若し相背く者これあるにおいては、搦（から）め取り、過銭（かせん）三百文とり候て、相放たるべきものなり、（後略）

〔趣意〕
木山寺の山で木を切ることは堅く禁止されている。もし違反した者がいれば、捕縛し罰金三百文を取って、解放することとする。

山奉行村上右兵衛・宇佐美助進禁制状【図録編No.62】

慶長五年（一六〇〇）正月一六日

木山寺山林之儀、採用之事一切可令停止、若於背此旨輩者、御法度可申付者也、仍状如件、
慶長五年　（異筆）「山奉行」
正月十六日　村上右兵衛（花押）
（異筆）「山奉行」
宇佐美助進（花押）
（奥書）「備前名嶋（ママ）中納言様之内」

〔書き下し〕
木山寺山林の儀、採用の事一切停止（ちょうじ）せしむべし、若し此旨に

背く輩においては、御法度申し付くべきものなり、仍て状件の如し、

【趣意】

木山寺の山林は一切伐採をしてはならない。もし違反した者がいれば御法度に従って処罰する。

森忠政寄進状【図録編No.63】

慶長九年（一六〇四）三月一一日

為当寺領、敷地幷菜薗畠弐拾七石余、付山林共、令寄附之状如件、
慶長九年
三月十一日　（森）忠政（花押）
木山寺

【書き下し】
当寺領として、敷地幷びに菜薗畠二十七石余、付けたり山林共、寄附せしむるの状件の如し、（後略）

【趣意】
木山寺領として、敷地・菜園畑二十七石余と山林を寄進するものである。

森忠政寄進状【図録編No.64】

慶長九年（一六〇四）一一月二日

為当寺領七拾石余、敷地幷山林共、令寄附畢、全可有領知之状如件、
慶長九年
十一月二日　（森）忠政（花押）
木山寺

【書き下し】
当寺領として七拾石余、敷地幷びに山林共、寄附せしめ畢（おわ）んぬ、全く領知あるべきの状件の如し、（後略）

【趣意】
木山寺領として七十石余、敷地・山林共に寄進し、相違なく支配を認めるものである。

森長成寄進状【図録編No.65】

元禄元年（一六八八）一一月一日

為当寺領高七拾石事、敷地幷山林共、任先規令寄附之訖、全不可有相違者也、
元禄元年
十一月朔日　（森）長成（花押）
木山寺

【書き下し】
当寺領となす高七拾石の事、敷地幷びに山林共、先規に任せこれを寄附せしめ訖（おわ）んぬ、全く相違あるべからざるものなり、（後略）

〔趣意〕

木山寺領とする七十石は、敷地・山林共に、前例の通り寄進し、相違なく支配を認めるものである。

三浦前次寄進状写 【図録編No.66】

天明七年（一七八七）五月一日

為当寺領高七拾石余事、敷地幷山林共、任先規令寄附之訖、全不可有相違者也、

天明七
五月朔日　（三浦）前次

木山寺

〔書き下し〕

当寺領となす高七拾石余の事、敷地幷びに山林共、先規に任せこれを寄附せしめ訖んぬ、全く相違あるべからざるものなり、（後略）

〔趣意〕

木山寺領とする七十石余は、敷地・山林共に、前例の通り寄進し、相違なく支配を認めるものである。

三浦毗次安堵状 【図録編No.67】

文政六年（一八二三）三月二八日

為当寺領高七拾石余事、敷地幷山林共、任先規令寄附之訖、全不可有相違者也、

文政六
三月廿八日　（三浦）毗次（花押）

木山寺

〔書き下し〕

当寺領となす高七拾石余の事、敷地幷びに山林共、先規に任せこれを寄附せしめ訖んぬ、全く相違あるべからざるものなり、（後略）

〔趣意〕

木山寺領とする七十石余は、敷地・山林共に、前例の通り寄進し、相違なく支配を認めるものである。

木山寺・木山神社 棟札集成

森 俊弘

凡例

一、本表では、木山寺・木山神社に分蔵されている境内施設関連の棟札を、年代順に掲載した。収録対象は近代までとしている。
一、紙幅とレイアウトの関係上、字配りは原形を尊重しつつ適宜改め、祈禱などの文言は省略した。
一、法量の単位は、すべてセンチメートルである。

図録編No.	図録編No.1
銘文	表 奉建立天王社壇一宇成就所 願主法印宥猛 天正八年 大工新左衛門 三月吉日 上葺宥銀 裏 抑天正五年十二月十八日ニ不レ計（西ノ）祈禱寺家災火起リ、西坊・西光坊・本堂・天神ノ社・天王 御殿・若宮殿社壇、其外末社々々僧坊悉一時ニ炭燼（ママ）トナル、法印宥猛当山破滅ノ瑞相仏神三 宝ノ威必衰、其上当住時極（極カ）到来誠仰天地ニ伏テ沈紅渡給、雖然日月未堕地上者一命ヲ鎮守本 尊ニ奉リ、十方ノ檀越ヲ進メ、寸鉄尺木ノ志ヲ頼、先天王宝殿ヲ同八年三月下旬ノ天ニ柱立 成就畢、同九年ニ甍葺成就也、（宥猛遷化也、）其後甍破壊シテ宥銀是ヲ請取、上葺如先代（裏板）甍葺ニ成就シテ 弥々建立仕者也、当山住持タル者代々油断ニテハ建立其外公界共ニ成間敷也、末世住持タル 仁加様ナル書置咲事モ可有之哉、愚モ亦咲候へ共、存タル通如此口号候也、南無三宝々々々々、 筆言共ニ生国備中阿部之末子権大僧都法印宥銀（花押） （ヨリ）春秋五九ノ夏ノ比如此也、
全長	85.8
幅	上：13.0／下：13.3
剣高	1.0
厚	0.8
所蔵	木山寺

図録編No.7		図録編No.8	
表	裏	表	裏
 慶長十二白丁未　願主住持法印宥銀現当果福処 奉建立若宮三所権現社壇一宇成就当山威光自在　当国太守羽柴侍従忠政公 寺領百石諸役免許崇敬所 為武勇日域超過子孫繁昌 三月吉祥蓂　大工鹿田住藤原朝臣　若名弥太郎 官太郎左衛門	当山炎焼天正五年十二月十八日、同八年ニ建立也、其時之住持法印宥猛、天王之御社壇共建 立也、其時之大工備中水田之住人執□(而カ)張之、(クキ立、ハカリ)大豆カラ作料寄進、又銀子五冊(貫)文、日上天 大夫寄進也、諸願成就処也、 其後ヤ子ィ作ハ当山ノ大工弥左衛門也　其後慶長十二年三月朔日ニ大風ニ破壊、其時之建立 生国備中阿部殿末子、牢人之故罷成木山寺法印宥銀、筆者共ニ如此、	 寔慶長十八癸丑年二月吉日　大工(垂水住)藤原朝臣弥太郎、官太郎左衛門尉 奉建立若宮三所権現社一宇成就所 大願主権大僧都法印宥銀幷願主新左衛門、神官宮大夫米拾石奉神納也、	其当日域本朝神明陰陽無測、是則仏出現西天神降誕、東土故也、粤木山感神院牛頭天王者本 地薬師如来也、権顕垂跡六道(横道日)三有塵(玉フアリ)同起十二大願三界救群類尊哉衆(玉—也)(カ)乎悉除誓願諸仏超世之悲 願也、下神道衆生依悪業賦渡風是併息悪心為令起善心也、可仰可尊云々、就中若宮三所権現 者天王所依之神躰温本地文殊・普賢(地蔵)垂跡、誠当尊者諸仏之智母諸天(三世)三宝能生全躰和光垂跡顕 利物神威輝添四方擁護勝余神仰之者現ニハ払七難七福生当ニハ臻密厳仏国事無疑者也、依之経 田一念信敬人栄樹心開華刹那随喜輩寿算久累霜々、爰大願主木山寺法印宥銀者、因国備中阿 部殿末子也、宿因多業ニシテ当山経住持送歳霜者也尓若宮権現社数白廃、然間企建立志超(凌)過他 山嶮難覔寸鉄・尺木身苦砕骨肆立処成就得タリ、依此功能神明仏陀感応智見一々懇誠成就 如々願望齢保東朔亀鶴寿算福禧弄陶朱之富指掌処也、都者一天泰平、四海静。(謐)、伽藍安全、
89.9		143.7	
上：12.5／下：12.2		上：約19.0／下：18.5	
2.3		3.5	
0.7		0.9	
木山寺		木山寺	

図録編No.	図録編No.8	図録編No.2	——	図録編No.3	
	裏	表	表	表	裏
銘文	興隆仏法、殊別者当国太守御武運□(長)久・国家豊楽、御子孫繁昌、同堯舜御宇郷村庄保邑里之 万民道俗福禄自在ニシテ十日風不鳴枝、五日雨無窋、風雨順時・五穀成味耳而就□□(中若)宮殿社人 ハ本来□□(正直)□□(ナリ)、近年正□(直)依中絶、祈禱士若宮殿社人ニ申付候処ニ出自火、木山堂舎仏閣寺僧坊ニ □□□(至迄悉)焼事言語同断也、其上数度之党賊仕、又ハ当住法印万事社人共ニ公界向形儀法度云 付候時咄悪言、其上太守様之背御□(法)度法印ニ抜刀已ニ法印奉害トセシ事無其隠、則経公儀御 法度ニ可申付ト云ヘトモ、法印慈悲ニ依追出□□□(助命被)置也、依□□□□□(之三郷年寄中)ヲ膚合正直職ニ戻也、 孫太郎(若名)、新左衛門(官)、宮大夫(神官)、若宮社人ニ申付也、就□□(其若)宮殿□(社)壇建立ニ米拾石・銀□(子)三十目 □□□(出シ合力)申候也、□□(然者)新左衛門子々孫々□□□(ニ至る迄)相違有間敷者也、慶□□(長十)八□(癸丑)年二月□(吉)祥日、 法印宥銀□□(龔言) (虫損による欠字は木山寺所蔵の写で補った)	 奉再興牛頭天王一宇建立成就所 大檀那三郷　感神院宥翁法印 寛永三年 卯月十日　大工藤原朝臣太郎左衛門 勧進者三郷氏人 小工十二人	 奉再造若宮三所権現社一宇成就所 寔寛永十一甲戌暦二月吉日　大工藤原朝臣　鹿田与三 垂水太郎左衛門尉 当住寺権大僧都法印宥性・願主新左衛門・神官宮太夫	 奉上葺医王山普善寺牛頭天王社壇一宇成就所 明暦三丁酉年　大願主当住法印宥賢以三郷幷十方旦那助成令成就之畢 十一月吉日　大工鹿田与三秀次・同垂水弥太郎吉成　小工十六人	遷宮導師備中三尾寺掛持之住僧当住法印宥賢欽言
全長		90.4	103.6	100.4	
幅		13.0	上：13.5／下：12.9	上：12.5／下：11.2	
剣高		0.5	1.2	0.5	
厚		1.4	1.4	1.1	
所蔵		木山神社	木山寺	木山神社	

図録編No.9	図録編No.4		——	
表	裏	表	裏	表
于時宝永第四之天　寄進之氏子中 奉再建立門客人一宇成就所　本願主権大僧都法印宥観 丁亥林鐘中旬 大工備前之国津高郡建部村 藤原朝臣長尾武兵衛 小工同国同所之住 藤原朝臣長尾五郎兵衛	当宮天正八年再建立及披損、其後貞享四年丁卯企再々建立、元禄二己巳六月中旬成就令遷宮畢、 就夫　大守美作守長成公ヨリ米百廿石、同御隠居長継公ヨリ米拾五石并当郡奉行林太左衛門ヨ リ建立成就為初尾米三石寄進有之、殊者当山橋谷山五貫余仁売払三郷民子中ヨリ二百石余寄進 令成就者也、 辻新次郎 一大庄屋　鈴木九右衛門 辻治右衛門	大願主当住法印宥観并三郷之 奉再々建立牛頭天王宮一宇成就所 元禄二己巳年 六月十三日 諸民子以助成令成就畢 垂水村六兵衛 小工　建部村五郎太夫 津山片原町甚右衛門 大工鹿田村之住藤原朝臣福永与宗秀正	銀合力　百目日野上村七郎右衛門 百目同村弥左衛門 八木壱俵宛　日野上村久右衛門 西河内村惣四郎　備前建部村大工長尾武兵衛	元禄元辰年 奉建立不老門一宇成就所　願主権大僧都法印宥観 十二月吉祥日
	88.1		72.6	
	上：12.0／下：12.3		上：12.0／下：11.1	
	0.9		1.5	
	2.9		1.3	
	木山神社		木山寺	

図録編No.	図録編No.9	図録編No.10	
	裏	表	裏
銘文	夫当山随身門建立之濫觴者雖未決、当院持仏堂而古キ有霊簿、覧此記、当院中興開山[朝賢/朝宥]尊 儀、裏書曰、右両僧時代相伝令断絶、実時難定、門客人棟年号書付在之、弘仁・永仁二之年 号在之、其下彼両僧名書之、二年号之間以両儀勘之、永仁年中之僧与被思量也矣、今現住宥 観随身門令造立之砌、左之勘レ棟而星霜歴年爛其文字記章難見、雖然右霊簿之記思之、余祖 弘法大師於日域密法之流伝専見弘仁聖代之比、然者当山開基弘法大師于為秘密開壇之霊場大 都同時歟、従夫以来歴数百之年月、其中間此門数度之炎焼伽藍之回録興廃尚難測量者也、今 至随身門建立之時、先師累代之私書其品古棟札重々為記之、別而宥銀闍梨棟札之裏書曰、当 寺代々之住持令油断者当山可難相続之趣尤也、今其文勢而得力現住宥観継其跡院内之仏閣伽 藍之神社悉令再興者也、[現住宥観造立/修幅別記之置也]、猶亦後代住侶為励サンカ二相続ヲ一、且者為奉備鎮守本尊之法 等棟札之裏書記之置所如件、 　于時宝永第四年霜月仲旬現住沙門宥観闍梨欽記之者也、	導師現住法印尊高 (梵字)奉再建立方丈殿一宇成就所 大工　備前国邑久郡山田之住 尾形甚八郎	美作国真島郡南三郷木山郙感神院木山寺者、往昔弘仁之比我祖弘法大師開場也、其故如何者 当社門客人棟簡委記之由古記見焉、歴代遂季再営重度及、明和三丙戌春、存在之坊室先師宥 性法印、寛文十三丙子三月落成、古記之凡百有余歳居諸経星霜破壊尤不少、余不肖無如造建 何或想人間百歳命根有限一座修密法求当来果耶或成一世之住及力可成再建耶尽日終夜九思之 外心則愈朽而愈廃末世自求当果寧不如再建乎、明和元甲申秋奮然発願語十有八ヶ氏子合力随 分勧奨之、其余国中道俗貴賤群衆則仰一助令喜捨之遂乃丙戌穐及成就也、伏願諸天令喜感善 神成擁護天長地久御願成弁護持檀信災央退遠永劫蘭若不断繁栄矣、 明和元甲申星八月十有七日　医王山木山寺現住賜色衣法印尊高謹識
全長	154.5	94.6	
幅	上：16.7／下：16.3	上：17.8／下：16.3	
剣高	1.7	0.9	
厚	1.6	1.3	
所蔵	木山寺	木山寺	

	図録編No.11		——		——	
	表	裏	表	裏	表	裏
	天明五歳次乙巳 大願主勝山城内渡辺唐兵衛為武運長久子孫栄幸 為造建料金拾両奉納者也 〔梵字〕奉新建立善覚大明神拝殿成就所当山威光自在 大工備之前州邑久郡山田郷 宿毛住尾形善太郎 十一月二十有五日　住持法印尊高現当果福所 小工　善蔵 和助	就拝殿造立善覚社若宮三社権現等末社都合 人足三郷氏子中 五社寄後岸三間地形石垣扱之 宰領　当山藤四郎 神楽所及破壊当秋再建之者也、序記之	願主三郷十八ヶ村氏子中 〔梵字〕 〔梵字〕奉上葺天神宮壱宇成就守護所 文政四巳年四月吉祥日	大工　作刕栗原村 藤原朝臣定治良 別当感神院現住阿闍梨尊薗 桧皮　同別所村 仙蔵	天保三壬辰年 惣氏子中 〔梵字〕 〔梵字〕〔梵字〕 奉再建立鐘撞堂一宇成就所 本願主　権大僧都法印尊守 仲夏大吉旦　世話人　原田弥太郎 飯田彦左衛門	当国真島郡垂水村 中塚栄蔵 大工 石刕銀山領渡津村 野村辰平
	97.5		46.4		106.8	
	上：12.0／下：10.9		上：10.6／下：10.9		上：18.1／下：16.4	
	2.4		0.6		1.9	
	0.6		0.7		1.0	
	木山神社		木山寺		木山寺	

図録編No.	銘文	全長	幅	剣高	厚	所蔵
——	表 美作国真島郡木山村鎮座郷社木山神社末社善覚神社星久雨蝕露敗清宮既廃礼典有闕故今葺脩輝 其旧儀為冀(カ)神垂感応四海艾安部内康楽風雨須序梁穀豊登矣敬白、 明治十一年四月二十五日夜納 祭主　甲斐駒市 惣氏子中 裏 祠官兼権訓導甲斐駒市 大工開田村　片山磯吉	59.0	上：13.6／下：10.7	—	1.3	木山神社
図録No.12	表  明治十八年乙　法主 奉新建立木山牛頭天王善覚稲荷併祭宮殿一宇 酉三月二十七日　謹言	151.0	18.0	—	1.8	木山寺
——	表 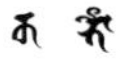 明治十八年乙　法主 奉新建立木山牛頭天王善覚稲荷拝殿一宇 酉三月二十七日　謹言	94.0	18.0	—	上:2.1／下:1.8	木山寺
——	表 明治廿壱年十二月日　弟 全郡桧皮職 岩佐幾造 当国西々条郡富東谷村　馬場増夫 桧皮棟梁　冨坂福治郎 子　藤岡徳治郎 山崎初五郎　安藤又吉 裏 右八同年同月 呂治問(ママ)共ニ葺替候也	44.0	上：16.0／下：14.3	0.9	0.8	木山寺

——		——	図録編No.5		図録編No.6
表	裏	表	表	裏	表
明治二十五年 〔梵字〕　奉建立鎮守御供殿一宇成就院内静謐守護所 辰九月吉祥日	医王山木山寺感神院現住岸越真恵生年三十有一 真島郡下方村大字下方 木挽　森嘉右衛門 真島郡下方村大字木山 大工　宅美忠蔵 西々条郡冨村大字東谷 桧皮　山崎吉右衛門	供殿長床・拝殿・不明門・御成門等□ 大工棟梁真庭郡久世町大字惣 長尾久左衛門 明治四拾四年六月 藤本利三郎	奉葺替　国家安全氏子信徒繁栄祈	総務委員　井手登一郎 妹尾与一郎 小出浦助 事務長杉恒吉 庶務係甲斐国男 社務員　木田虎夫 大沢藤治郎 辻泰二 大正六年十月　郷社木山神社々司　甲斐駒市 工事監督　江川三郎八 三宅千太郎 屋根屋棟梁　山崎初五郎 安藤柳平 大工棟梁　池田兵造 及棟巻職人山口丈吉	社司甲斐駒市藤原朝臣常産 維時大正八歳 出仕　男　甲斐国男 木田乕夫 木山神社本殿修理並御営繕工事成功上棟祭寿詞　欽行 内陣調度　京都　三上正之助 屋根師　冨村　山崎初五郎 仝　山口佐友一 羽出村　安藤柳平 冨村　山崎勘造
59.5		37.4	59.2		
上：12.4／下：9.9		12.5	上：12.8／下：10.5		
1.1		—	—		
0.9		1.0	1.5		
木山寺		木山寺	木山神社		

図録編No.	図録編No.6	——
銘文（表）	四月十三日　工事設計 岡山県技師 江川三郎八 棟梁大工　木山村　平岩伊太郎 木挽　木山村　本多忠六 仝　池田平治郎 落合町　池田松太郎 金具師　木山村　山口丈吉 仝　岡山市　坂東豊三郎	奉鎮祭 手置帆負神 屋船久々能知神 屋船豊受姫神 彦狭知神 木山神社改築社務所
銘文（裏）	岡山県知事笠井信一 真庭郡長羽田房五郎 木山村長奥山晴一郎 落合町長井手毛三 美川村長田中寿八郎 津田村長真木末蔵 御造営顧問 中山神社宮司藤巻正之 仝　総務委員 妹尾与一郎 井手登一郎 小出浦助 氏子総代 兼顧問 井手毛三 井手元太郎 妹尾与一郎 小出浦助 田中森八郎　綱島喜治郎 丸山茂左　信藤梅太郎 曽根甫治郎　若田丈三郎 谷口辰治郎　黒田儀太郎 山崎常太郎 伊賀令太郎 大月徳太郎　十八ヶ総産子中 木村和市 吉原健治郎 森谷馬平 守広陸太郎	建築委員氏子惣代 伊賀漸 河島謙蔵 岡本順治郎 綱島善五郎 氏子惣代 土屋四郎平 小出浦助 長尾勧作 尾崎若四郎 仝 若田繁太郎 岡本彦太郎 森谷馬平 藤原善一 仝 平岩伊太郎 佗美利太郎 柴田諌一 昭和九年四月七日上棟祭執行斎主木山神社々司甲斐蓬太郎 工事設計者 内務省技手　山内泰治 工事請負者 平岩伊太郎
全長	97.2	100.2
幅	上：25.1／下：21.7	上：27.1／下：23.9
剣高	—	3.0
厚	1.6	2.4
所蔵	木山神社	木山神社

木山寺先徳記録

向村九音・木下佳美

本表は、昭和三十一年八月二十八日の位牌調査に基づいて記された『先師霊名』、およびそれに先立つ明治二十三年作成の手控えと思しき『先師霊名扣帳』の記述を統合し、且つ現存する位牌・墓碑銘などから追加できる事項を補って作成したものである。したがって、木山寺住職に限らず、木山寺と縁の深い僧が含まれたり、逆に木山寺住職であっても記録がなく、遺漏している僧もいるものと思われる。本表に掲出する僧が木山寺と如何なる関係にあったかは、今後別の資料から明らかになっていくのを期待する外ない。

なお、各先徳に関する資料が図録編に収載されている場合は、図録編No.を併記した。また、木山寺住職と認定できる僧には◎を、世数まで判明する場合はその数字を記した。因みに、尊高の墓碑銘からは「中興開基」から世数を数えていることがわかるが、これが誰を指すのかは判然としない。しかしながら、近代以前に四十以上の累代を重ねてきた伝承は、木山寺の歴史にとって相応しいものと言えよう。

法号	位階など	世数	寂年	経歴など	図録編No.
宥猛	法印 権大僧都	◎	天正九年（一五八一）		1 7 38 44
宥銀	法印 権大僧都	◎			1 7 8 43 81 82 104
宥翁	法印	◎		寛永年間止住	2
宥性	法印 権大僧都			寛永より寛文頃迄止住	
宥遍				承応より明暦間	

法号	位階など	世数	寂年	経歴など	図録編No.
宥賢		◎		三尾寺住職兼務	3
宥諄	権大僧都法印	◎	延宝三年（一六七五）十一月二十三日		99 101
宥傳	権大僧都法印	◎	貞享二年（一六八五）二月		86 117
宥朝	阿闍梨		元禄十三年（一七〇〇）八月二十八日		
宥尭	権大僧都法印		正徳四年（一七一四）九月二十一日		
宥観	大阿闍梨 法印 権大僧都	◎	享保九年（一七二四）九月二十五日		4 9 71 72 73
尊隆	大法師		享保十七年（一七三二）十二月二十一日		
義尊	大法師		寛延元年（一七四八）十一月十四日		
宥尊	中興 大僧都 法印	◎	寛延三年（一七五〇）八月十六日	俗姓福井氏、春秋五十七歳。	69 103 110
尊應	大阿闍梨 法印	◎	明和四年（一七六七）三月六日		
澄心	大法師		安永三年（一七七四）十二月二十二日		
尊蔵			安永八年（一七七九）		
龍尊			安永八年（一七七九）十月十五日	岡山大福寺一世 阿闍梨	
宥観	大法師		安永九年（一七八〇）十月二十一日		

尊妙			寛政元年（一七八九）十一月五日	高野山最勝院一世入寺	
尊道	大法師		寛政八年（一七九六）八月二十一日		
茲迴	大法師		享和二年（一八〇二）三月十九日		
尊海	前福聚院　法師	39	享和三年（一八〇三）四月十八日	大福寺にて出家（師は龍尊）、御院跡第二世、永院室始住。	
義瑞	大法師		文化四年（一八〇七）九月十七日		
尊高	前福聚院中興　法印	38	文化七年（一八一〇）五月七日	三嶋氏。窪屋郡沖村の出身。十三歳で大福寺龍尊の室に入り、出家。高野山で修学ののち、帰郷。師命により木山寺に移り、尊應より伝法血脈を受け、住職を引き継いだ。御院跡始住。	10 11 70 87 88 89 90 91
龍等	阿闍梨		文化十二年（一八一五）九月十二日 ※位牌は九月二十六日	客僧讃州霊浄房	
尊周	阿闍梨		文政三年（一八二〇）四月十五日		
弘秀	権大僧都　法印		文政元年（一八一八）十一月二十七日	賀陽郡田中村江口氏の出身、清水寺住。	
宥音	権大僧都			平川村戒徳寺住	
尊賢	大法師		天保三年（一八三二）八月一日		
尊瑞	前福聚院　法印	41カ	天保九年（一八三八）八月十日	真島郡鹿田村辻氏の出身。	

法号	位階など	世数	寂年	経歴など	図録編No.
興基	阿闍梨		文久三年（一八六三）二月十日		
尊守	前福聚院　法印	40カ	文久三年（一八六三）九月二十三日	浅口郡柳井原村水川氏の出身。	
尊薗	前福聚院　法印	42	明治二年（一八六九）七月二十九日	真島郡勝山の甲斐氏の出身。十歳で尊海阿闍梨の室に入り、出家。十九歳で高野山に登ったのち、大福寺住職となる。尊瑞の代に断絶した木山寺の寺領・院室を復興した。	
寛住	権大僧都　法印		明治四年（一八七一）		
仁善	大法師		明治八年（一八七五）三月十七日		
尊龍	権大僧都　法印	44	明治十一年（一八七八）十一月二日	小川正善。賀陽郡奥坂村岩屋山観音院の住職を務めたのち、明治五年に木山寺住職に補任される。	
無動	権大僧都　法印		明治十二年（一八七九）六月十一日	藤田姓。文政二年生。讃岐国豊田郡本山村の出身。文政十二年に観龍寺で出家し、下道郡尾崎の蓮花寺住職を務める。その後、高野山増長院・日光院の院主を歴任。豊田郡山本村正田宅にて寂す。	40 46 111 112
尊信	権大僧都　法印	43	明治十三年（一八八〇）十二月二十二日	明治五年、牛頭天王宮の分離に際して還俗し、古田祇を名乗る。	12

秀善	権大僧都　贈権少僧正　法印　大和尚		明治二十二年（一八八九）十月十日		
真海		45		岸越姓。天保五年生。讃岐国豊田郡池尻村、高井氏の出身。十二歳のとき、尾崎蓮花寺の無動のもとで出家。明治十二年に木山寺へ晋山。のち、清水寺に移る。	
秀本	中僧正　贈大僧正　阿闍梨	47	大正六年（一九一七）十一月二十五日	高藤姓。明治元年生。沼隈郡郷分村高橋家の出身。高藤秀恭の室に入る。弱冠にして照寂院の住職を務め、鷲峰山棒澤寺第三十九世となる。木山寺へは大正元年九月に移る。真言宗京都大学の創立経営に尽力した。	
秀快	少僧正　贈中僧正　阿闍梨	46・48	昭和二年（一九二七）十二月三十日	岸越真恵。文久二年正月生。沼隈郡郷分村高橋家の出身。十歳で宝泉寺、岸越真海の室に入る。二十歳で宝泉寺住職。二十九歳で木山寺に転じる。	
秀遍		49		照寂院にて寂す。	
秀海	大僧正　伝燈大阿闍梨	50	昭和六十年（一九八五）三月九日	金剛峯寺第四〇五世座主	
秀清	大僧正　伝燈大阿闍梨	51	平成十八年（二〇〇六）八月十八日		
秀光	現住	52			

『差上申一札之事』

伊藤　聡

差上申一札之事

美作国真嶋郡木山村牛頭天王別当木山寺訴候者、
当社ニ拾弐座之社男と申拾弐人有之候処、御廉と
申座者先年相潰レ、只今拾壱人有之候、右社男共従
古来、面々代替為継目米九斗九升宛差出来候処、
以之外不埒仕、其上近年段々古格を相背、別当
申付不相用候、右拾壱人之内、弐人者誤入候ひ、証文
差出し、残り九人承引不仕候付、奉願御裏判相附
候処、又ゝ弐人誤入、証文差出、右四人者、自今別当
申付違背仕間敷旨申候、残而七人之者共、吉田之」（一紙）
支配ニ而木山寺支配ニ而者無之旨申、前ゝ無之
刀を帯、段ゝ法外我侭之儀共相働候、何分ニも御吟味
相願候旨、訴上之候、

一、相手社男七人之内、信濃・越後・神大夫者、老衰病気
に付、為惣代軽除・左仲・伊織・正直四人、罷下り差上候
＝ハ、
前ゝより社家共、牛頭天王神前ゑ、毎年十二月晦日より
正月四日朝迄相詰、五穀成就之御祈禱致シ、其間ニ
牛頭天王之牛王札相調、銘ゝ旦那場ゑ相賦り、少ゝ宛
初穂を請、社家一代之門ニ、為供米料九斗九升宛
木山寺ゑ納来候処、去ゝ年極月、木山寺より旦那
場ゑ牛王札賦り候儀差留メ、先例無之木山寺より
新規之牛王札相賦り、社家共渡世可致様無之処、
継目米差出候様ニ申聞候得共、牛王札被差留候而者、」（二紙）
可差出様無之候、且刀之儀者、只今迄帯来候、何も
牛頭天王之社家ニ而、神事祭礼之節罷出相勤候得共、
代々吉田家祠官之許状を請、神道伝授之上、神役
相勤来り、吉田之支配ニ而、木山寺支配之社人ニ而者
曽而無之旨、申上之候、

右出入被遣御吟味候処、社男共代替継目米之儀者、
従古来親之家督請取候得者、定之通九斗九升宛、早速
可差出儀を、拾年或者弐拾ヶ年余ニも納仕上不申、其身
一代ニ不相済、倅代迄ゑ納残り候様ニ近年成り来候、一代
之内勝手次第可納との定ハ無之、早速可納儀を不埒
千万ニ候、社男共毎年正月元日より三日迄之内、天王
牛王宝印を木山寺より借シ、渡於拝殿牛王札を調、
旦中ゑ賦り初穂を取渡世仕来り、剰旦中ゑ者継目米と
申奉加等致シ、継目米より多ク取込候得共、米者一切不差出
＝候、」（三紙）

依之、去丑ノ正月より社男共之牛王札差留メ、別当より
相賦り候、然処牛王札を被差留候間、米可差出様
無之旨申候得共、牛王札賦り候内、数拾年之間ハ不差出、
只今ニ至り、右之申分不相立、不届之比、御吟味ニ逢可言之、
申訳無御座、一同ニ誤入候旨申上候、且神事祭礼之
社役ハ相勤候得共、代々之吉田之許状請祠官ニ候間、吉田之
支配ニ而、木山寺支配ニ而ハ無之由申上候ニ付、吉田之許状ハ
祠官免許状ニ而、吉田之支配ニ成候との許状ニ而者無之候、
其上許状共御吟味被成候処、社男之内、信濃斗牛頭
天王祠官之許状請罷在、正直と越後許状者請候得共、
外社之祠官ニ而、天王之儀者書面ニ無之、相残り候者共ハ、
不残親代之許状ニ而、子孫迄其許状を可相用様無之、
一代切ニ候得者、当時無官平人ニ而候、左候得者、社家抔と
＝可申」（四紙）
謂無之候、別当木山寺支配之証拠ニハ、古来より先祖共
別当え差出候諸証文ニ、御法度之儀、或者被仰渡候趣、
少も違背仕間敷旨、連印之証文数通有之、木山寺
支配ニ無紛旨、被仰聞得心仕、是迄心得違ひ、吉田之
支配と存、木山寺支配ニ而ハ無之旨申候段、誤入可言之
申披無之由申上候、其外品々別当申付を違背仕候由、
ケ条書を以木山寺申上候趣、是以只今迄ハ支配ニ而無之と
存罷在候間、申付相背候儀共御座候、支配と相定り候上ハ、
自今毛頭違背可仕様無御座候、此上何分ニ被仰付候共、

七人一同ニ御請申上旨申上候、将又社男共前々より別当え差出
＝候
諸証文を初、何書物にも苗字認候儀無之、在方旦方之
釜祓致シ、妻子を養ひ、至而軽き者共故、表立候百姓は
同席も不仕候処、此度差上候返答書ニ、苗字相認候段、
不憚仕方之由、別当申上候ニ付、被遣御吟味候処、親共」
（五紙）
吉田之許状ニ、苗字有之祠官社人之家筋相続仕候間、
苗字相認候儀可然と存書上ケ、是以不調法奉誤候旨
申上候、右社男共居村之庄屋・組頭、為惣代罷出候三人之
者共えも御尋之処、別当申上候通、社男共不届之段
相違無御座候、在所ニ而苗字抔名乗候ものニ無之、御代官所え
罷出候而も玄関え上り候類之者ニ而者無御座、表立候百姓者
同席も不仕者共ニ御坐候処、前々無之、近年刀を帯
吉田之支配と申、我侭法外之働仕候、常々田畑耕作仕
庄屋支配を請、御年貢相納、宗旨人別改等も庄屋え
附、全ク百姓ニ而御座候由申上候、依之被仰渡候ハ、社男共
継目米之儀、親代之納メ残者勿論之儀、面々之滞共ニ、早々
急度木山寺え可相納候、支配之儀者、別当支配歴然之
事ニ候間、向後社役を初、何事によらす、木山寺申付
少も相背申間敷候、且自今帯刀仕間敷候并苗字之儀、」（六紙）
一切相用申間敷候、名前之儀、古来より有来候社男家
附之名を可相用候、是迄段々不届仕形ニ付、急度御咎メ

可被仰付処、御吟味之節ニ至り、早速誤入一言之申訳
無之旨申上候付、此度者御寛恕を以、不被及御沙汰旨
被仰渡、難有奉存候、木山寺儀、此度御裁許之理運ニ跨り、
此以後社男共ぇ非儀難題不申掛、万端古法を相守、牛王
札之儀も先規之通、向後社男共より為相賦致、和融神事
祭礼無懈怠可致執行候、庄屋・組頭・惣代共も、右之趣承知
可仕旨被仰渡之、双方一同奉承知奉畏候、社男共儀、
此以後被仰付を相背、少ニ而も別当申付致違背候歟、
追而及出入候ハヽ、何分之曲事ニも可被仰付候、為後証、
連判一札差出申所、仍如件、

堀江清次郎御預り所
美作国真嶋郡木山村
牛頭天王別当　」（七紙）
木山寺

延享三寅年二月四日　訴訟方　宥尊

右同人御預り所
同国同郡下方村
牛頭天王社男
越後事
相手方　長大夫

同断同村
正直

同断同村
信濃事
宮大夫

右同人御預り所
同国同郡西河内村
同断伊織事
頭大夫

同断
同国同郡栗原村
同断　左仲事
立石

同断
同国同郡西河内村
同断吉大夫事
神大夫

同断
同国同郡山上村

同断

軽除」（八紙）

右四ヶ村庄屋組頭惣代
同断
同国同郡西河内村
組頭惣代
三六

同村庄屋惣代
与市

同断
同国同郡山上村
庄屋惣代
丈助

御評定所

右木山寺宥尊ぇ被仰渡候趣、拙僧一同奉承知候、
依之奥印仕、差上申上候、以上
高野学侶方在番
成福院

二月四日」（九紙）

【解説】

延享三年（一七四六）に木山宮（木山寺）の別当と所属の社男との間に起こった争論の顚末を記した文書で、幕府評定所（延享三年当時、真嶋郡は天領であった）に提出されたものである。木山宮には社男とよばれる十二の神役を勤める家があり、牛頭天王の神事に預かっていた。元禄十五年（一七〇二）に書かれた木山寺蔵『医王山木山寺寄附状旧記写』（図録編No.71）「牛頭天王神事」には、彼らの職掌について、次のように記されている。

一、毎年社男十弐人、極月晦日より正月三日之内、致通夜牛玉行と申候感神座おとり、三夜共ニ丑之刻、氏子之内、男子共集候而、社男拍子を取、おとらせ申候、尤社男ハ神楽を奏し、導師、従寺致社参、薬師秘法執行、諸神法楽、天下国家御繁栄、御武運御長久之御祈禱、先年より仕来候、

一、毎年七日晦日之夜、社男致通夜、神慮をすゝしめ、御祈禱仕候。六月十四日祭礼、同月晦日御田植、九月卅日祭礼、霜月廿五日御祭御座候、右之祭礼末寺不残参、導師従寺致社参、御祈禱執行仕候、尤社人共打寄、神事相勤申候、

右によれば、毎年の大晦日から正月三日にかけて通夜して、氏子の男子を率いて「感神座おどり」を行ったとあり、所謂「神楽衆」であった。そのほか、毎月七日と晦日の夜にも通

夜して祈禱を行う役も勤め、恒例の祭礼にも木山寺住持の下役として奉仕している。ただ、本状が書かれた延享三年には「御簾」と称する一軒は潰れ、十一家になっていたらしい。

訴訟に至る経緯は次の通りである。社男は、代替わりごとに「継目米」として九斗九升差し出すことになっていた。ところが近年、その仕来りを守らなくなっていた。社男等は年末年始の牛頭天王神事の折り、版木を借りて、牛頭天王札を刷り（図録編No.18）、それを配って初穂料を受け取ることが許されてきたが、寺側は対抗措置として、前年よりその特権を取り上げ、直接牛王札を配るようにした。十一人のうち、四人は証文を差し出し侘びてきたが、残り七人は承引しようとしなかった。それればかりか、苗字帯刀して自分たちは吉田家支配の神職であるので、木山寺の支配は受けないと主張した。そこで寺側は幕府の評定所へ、「信濃」「越後」「神大夫」「軽除」「左仲」「伊織」「正直」の七人を訴えたのである。

それに対して社男側（七人のうち老衰、病気を理由に三人は欠席）は、供米を納められないのは寺側が牛王札を賦ることを許さなくなったためであり、帯刀の儀は自分たちは代々吉田家より裁許状を請い、神道伝授を受けた上で神役を勤めているのであって、木山寺支配の社人ではないと反論した。

そこで評定所が吟味役を遣わして調査したところ、継目米は十年も二十年も納められていないいっぽう、牛王札を差し止められたのは近頃のことなので、このことが未納の理由には当たらないこと、吉田の裁許状とは「祠官免許状」であって吉田家支配を意味するものでないこと、しかも裁許状自体も、社男の中、「信濃」のみが天王祠官の裁許状があり、「正直」「越後」は他の社の祠官で、天王（木山宮）のことは書面になく、その他の者は親の代の許状であって当人のものではなく、したがって彼らは「無官平人」で「社家」などという謂われはないこと、さらに、社男らの先祖が別当へ差し出した木山寺支配をめぐる証文数通があることを示した。それに対し、七人は誤りを認め、木山寺支配を受け入れ、以後違背しないことを誓った。

さらに、社男が別当に差し出した諸証文には、どこにも苗字を記したものはなく、彼らは在方・旦那方の釜祓いを行って妻子を養う軽輩の者だということで、この点についても吟味役が調べたところでは、吉田の許状に苗字ある祠官社人の家筋の者が相続した場合には苗字使用を認めるとあるのを曲解したと分かった。これらの社男について、彼らの居住する村の庄屋・組頭等に尋ねたところ、彼らは苗字を名乗る者ではなく、代官所でも玄関に上がれず、表立った百姓とも同席を許されない者であること、普段は庄屋支配を受けて年貢を納める「全くの百姓」であると返答した。

評定所は、社男たちには、以後「継目米」については親代々滞納分も含め早急に木山寺に納めること、別当支配の儀は歴然なので、以後木山寺の申し付けに違背せざること、苗字の儀は不届きで咎めあるべきところであるが、吟味の際に誤りを認めたので、このたびは寛恕すること、名前については昔ながらの呼称（「越後」→長大夫、「信濃」→宮大夫、「伊織」→頭大夫、「左仲」→立石、「神大夫」→吉大夫）を名乗りとするよう申し渡した。いっぽう木山寺には、このたびの裁許を誇って社男たちに非儀難題を掛けず、牛王札については先規の通り認め、神事を懈怠なく執行することを言い渡した。最後に訴人となった木山寺別当宥尊以下、訴えられた七人の神男、立会人となった社男居住の四ヵ村の惣代三名が連署している。

本状は末尾に、「高野山学侶方在番成福院」の名で、木山寺別当に下された判決を受け入れ、奥印の上本状を差し出したとあるので、木山寺の本寺である高野山から、評定所に提出されたものであるらしい。しかし本状には奥印はなく、代わりに「評定」の丸印が表裏に数十ヵ所捺されている。おそらく本状は副本で、高野山の奥印を捺した正本と共に評定所に提出され、評定所の印を捺して、正当な文書であることを認証した上で、木山寺に戻されたものであろう。木山寺には本状の写しが別に一通伝えられており、別当の社男支配の根拠となる重要な文書として、寺内で大切に保存されていたことが窺われる。

本件の直接のきっかけは継目米の未納であるが、より興味深いのは、社男らが吉田家の裁許状を使って、身分上昇を図ったことである。先に引用した「牛頭天王神事」に「右の祭礼、末寺残らず参じ、導師、寺より社参いたし、御祈禱執行仕り候ふ。尤も社人ども打寄せ、神事相勤め申し候ふ」とあるように、木山宮の一連の神事執行の中心は、別当と末寺の住職たちであり、別当が社家に相当する。いっぽう社男はその下役として参加していた存在であった。「軽除」「正直」「御簾」のごとき神事での職掌を示す呼称が、そのまま彼らの世襲名となっていたことからも、その地位が窺われる。村内における身分も、本状中にあるように、本百姓層と区別されており、階層的に下位に置かれていた。

社男らは、その一部に下された「神道裁許状」を根拠として、木山寺別当の支配よりの離脱と、「社家」身分を獲得することを通じて、村内での地位上昇を目指したのだった。また、その背景には、木山寺（木山宮）は高野山の末寺であるのに対し、その下役である社男は、吉田神道に「入門」している「宮寺」の持つ微妙な立場を端なくも露呈させているといえよう。

なお、社男と木山寺とのあつれきはその後も続いていたようで、今回の件も含めた社男関係の一連記録は『当山社男書類記録』として、弘化二年に二冊にまとめられており、現在も木山寺に伝えられている。

『末寺住職願并旦中御願控』

山崎　淳

［凡例］

一、用字は概ね通行字体とし、句読点を適宜加えた。
一、文書には番号を付し、文書間を一行空けた。
一、本文末尾の「以上（已上）・候」が行末の左にはみ出て書かれている場合は、改行せず一行にまとめた。

［翻刻］

弘化弐年巳
末寺住職願并旦中御願控
八月より
」（表紙）

①

以書附御願奉申上候事

一拙寺兼帯相勤居申候栗原村遍照寺、久敷無住之処、今般備前岡山瓶井山普門院浄諦僧、何卒同寺看坊住職ニ御願申上度、旦中一同より拙寺迄願出候間、右願之通、御聞済被為下候者、難有奉存候。去万方所障無御座候。依而以書附奉願上候。已上

弘化弐乙巳八月　鹿田村 勇山寺

木山寺 御役僧中
」1オ

②

以書附奉願上候

当村遍照寺無住ニ付、当時鹿田村勇山寺御兼帯ニ御座候処、今度旦中一同評義之上、備前岡山安住院御末寺普門院浄諦僧、看住ニ請待仕度奉存候。此段御聞届ケ被為下候ハヽ、難有奉存候。依之願書奉差上候。已上

弘化弐巳年七月　栗原村遍照寺旦頭 杉庄兵衛印
同村同断旦家惣代 多之助印

木山寺様
」1ウ

③

以書附御願奉申上候事

一拙寺兼帯相勤居申候遍照寺江、先達而看住御願申上置候浄諦僧義、随分実意ニ被相勤候ニ付、今般旦中一同より同寺本住職ニ御願申上呉候様、頼奉候ニ付、何卒右願之通、被為　仰付候者、難有奉存候。去万方所障無御座候。依而此段以書附御願奉申上候。已上

弘化三丙午三月　鹿田村 勇山寺
」2オ

木山寺
御役僧中

④
以口上一札奉差上候事
一鹿田村勇山寺兼帯ニ相成居申候遍照寺江、
先達而看住　御願申上置候処、随分如法ニ
御勤被下候ニ付、今般同寺江住職被為　仰付候者、
難有仕合ニ奉存候。去村方旦中拒障無御座候
間、何卒右願之通、御聞済被為成下候ハ者、難」2ウ
有奉存候。依而此段以書付御願奉申上候。以上
弘化三丙午三月日
栗原村遍照寺旦頭　杉庄兵衛印
同村旦中惣代　多之助印
木山寺様
御役僧中

⑤
以口上一札奉差上候事
一拙僧義、今般遍照寺住職被　仰付、難有
奉存候。然ル上者、向後法用者勿論、諸事」3オ
以実意厳重相勤可申候。去寺内取締
方等、旦中相談之上取計可申候。万一不丞
之儀御座候ハヽ、如何様ニ被　仰付候共、申分
無御座候。依而為後日一札奉差上候。已上
弘化三丙午三月日　大等書印
木山寺
御役僧中

⑥
以口上奉申上候事
一拙僧義、今般御末寺遍照寺看住ニ御差
置被為下候段、難有仕合奉存候。然ル上者、法用」3ウ
者勿論、諸事厳重ニ相勤、不丞仕間敷候。
万一思召ニ不相叶候義御座候ハヽ、何時にても
相退キ可申候。為後日依而一札如件。
弘化弐乙巳八月　大等書印
木山寺
此写前ニ可出之所書損候
御役僧中」4オ

⑦
奉届口上
拙寺末栗原村遍照寺義無住ニ付、鹿田
村勇山寺江兼帯申付罷在候処、今般
備前岡山瓶井山普門院浄諦と申僧、
後住職ニ引請申度旨、兼帯勇山寺
幷旦中より右之段願出候ニ付、其旨承届
申候。此段為御届如此御座候。已上
作州真嶋郡東村　木山寺
播州龍野寺社
御役所」4ウ

⑧　以書附奉願上候事

一当村万福寺無住兼帯田原山上村普門寺、
相願罷在候所、今般備中浅口郡上船尾村
高徳寺弟子本広房、看坊ニ仕度奉存候
間、此段御聞済被為下候様、奉願上候。依之
旦那惣代印形仕奉差上候。以上

弘化三年午六月　（上山村）万福寺
（旦那惣代）芳蔵印

木山寺様

」5オ

⑨　以書附御願奉申上候事

一御末寺上山村万福寺無住ニ付、拙寺兼帯
罷在候処、備中浅口郡上船尾村高徳寺
弟子覚心御坊、先達而より吉村法福寺江
罷越居候を、今般右万福寺江看坊職
為仕度奉存候間、此段御聞済被為下候者、
難有仕合奉存候。已上

弘化三年午六月　普門寺

木山寺
御役僧中

」5ウ

⑩　奉届口上

拙寺末上山村万福寺義、無住ニ付兼帯田原
山上村普門寺へ申付置候処、先達而吉村法福
寺より逗留願申上候趣、同寺法縁備中浅口郡
（備中）上船尾村高徳寺弟子覚心と申候僧、看坊職
仕度旨、兼帯普門寺幷万福寺旦中願出
候ニ付、右願之通、看坊職申付度奉存候。此段
為御届如斯御座候。已上

（年号月日右同断）　木山寺

（寺社）御役所

」6オ

⑪　以書付奉願上候事

一拙僧義、近来病身ニ罷成、法用等難相
勤、師跡薬王寺江引取申度奉願上候。
去後住職取計可申置筈之処、差当
可然僧無御座候間、何卒御賢慮ヲ以宜
様、御慈計之程、偏ニ奉願上候。右之段乍恐
御願申上度如斯御座候。以上

⑫　以書附御願奉申上候事

一拙僧義、近来病身ニ付、法用等難相勤、無拠
師跡（大庭郡）薬王寺江引取申度奉存候。然ル処後住職
差当無御座、暫時無住兼帯、本寺木山寺江
相願申度奉存候。此段乍恐以書附御願奉申
上候。已上

」6ウ

弘化三年午六月　　上市瀬村 等輪寺印

寺社 御役所

⑬ 奉届口上

当院末寺上市瀬村等輪寺観鏡義、
病身ニ付、法用等難相勤、師跡大庭郡台金」7オ
谷村薬王寺江引取申趣、去後住職早速御願
可申上筈之処、差当可然僧無御座、無拠暫
時無住兼帯、拙寺引請相勤可申候。此段為
御届如斯御座候。以上

弘化三年午六月　　当寺印

寺社 御役所

⑭以廻状得法慮候。爾亦等輪寺観鏡蒙病気、
法用等難相勤ニ付、師跡薬王寺江引取申度、尤」7ウ
後住職取計置可申筈之処、差当可然僧無之ニ付、
当地宜計呉候様、願出申ニ付、篤と承合候処、誠
急場無拠訳柄と被存、右願之通聞届候。早速
差退向願済申候。尤先日中、門中一同江も及
談可申処、甚急事有之、不能具承候。右ニ付
暫時無住兼帯、当地引請申候。尚出会之
刻、委細可申置候。右差急艸之。以上

午七月二日　清水寺遍照寺

勇山寺普門寺

万福寺　右早々被致廻達、当月分

法福寺　当方へ返事可被下候。以上」8オ

⑮ 奉差上一札之事

一拙僧義、今般関村清水寺江被転住仰付、奉畏
難有仕合ニ奉存候。去吉村法福寺後住職之儀
者、拙僧直弟当時大庭郡山久世村密乗寺
住職智善罷在候江付属仕度奉存候。拙僧義、清水寺
住職中、万端如法ニ相勤可申。尚又不寄何事、御
差図通違背仕間敷候。為後日一札仍而如件。

弘化四年未十二月　　吉村 清水寺（法福寺）」8ウ

木山寺

御役僧中

⑯ 以書附御願奉申上候御事

一関村清水寺無住ニ付、貴寺様御兼帯
被為成下、難有仕合奉存候。然ル所今般吉村
法福寺智実師御転住被成候由被　仰付、
早速双方難有旦中一同江及相談候処、双方
難有仕合、早々請待申度段奉願上候。何卒此
段御聞済被為成下候様、偏ニ奉願上候。右之段

御願申上度如此御座候。已上

弘化四年未十二月　　旦中惣代別所村年寄 権助
右同断関村上組年寄 森左衛門

木山寺様
御役僧中様

⑰　以書付御願奉申上候御事」9ウ

一吉村法福寺智実師、今般関村清水寺□
被致転住候ニ付、法福寺後住職之儀者、先住
直弟大庭郡山久世村密乗寺智善僧、
住職被　仰付候。早速旦中一同江及相談
之処、惣方難有仕合奉存。早々請待申度
段奉願上候。何卒此段御聞済被為成
下候様、奉願上候。　已上

弘化四年未極月　　旦中惣代西分 和右衛門

木山寺様
御役僧中様」10オ

⑱　奉願上候一札之事

一拙僧義、今般吉村法福寺江転住職被　仰付、
難有仕合奉存候。然ル上者　御廻用幷御本寺
用旦用等、随分厳重ニ相守リ可申、諸事心得如
法ニ相勤、麁略仕間敷候。万々一心得違御
座候節者、此寺又者如何様共可□　仰付、其
唯少しも違背仕間敷候。為後日一札奉差
上候。仍而如件。

弘化四年未十一月　　大庭郡山久世村 密乗寺印
実恵書判

木山寺
御役僧中」10ウ

⑲　御届奉申上候事

印鑑印　右者法福寺用来
之。此印判御廻用幷御本寺旦用、共相
用申度奉存候。此段為御届如此御座候。

弘化四年未十一月　　吉村 法福寺
智善書印

木山寺
御役僧中」11オ

⑳　奉届口上

先達而御断申上置候、拙寺末上市瀬村等輪寺
後住職之儀、所々聞合候得共、未タ思寄儀も無
御座、当惑罷在候。右ニ付、来ル酉三月迄、是
迄之通ニ而御差置被為下候様、御断申上度奉存候。」11ウ
右之段為御断如斯御座候。以上

嘉永元年申九月　　木山寺

寺社御役所

㉑
口上
先達而御届申上候、拙寺末上山村万福寺
看住覚心儀、今般本住職ニ仕度旨、兼帯
普門寺并(万福寺)旦中共願出候ニ付、住職申付度
奉存候。此段御届申上候。已上　」12オ
嘉永元申六月　木山寺
寺社御役所

㉒
奉届口上
一拙寺末栗原村遍照寺義、同寺弟子
慈等ニ付、先達而看住申附置候　」12ウ
処、此度兼帯田原山上村普門寺并ニ
檀中より本住職ニ仕度旨願出候ニ付、其□旨
承届申候。此段為御届如斯御座候。以上
作州真嶋郡木山村　木山寺
播州龍野
寺社御役所　」13オ

［解題］

木山寺蔵『末寺住職願并旦中御願控』（以下「本資料」）は、木山寺末寺の住職に関する二十二の文書を集成したものである。期間は弘化二年（一八四五）から嘉永元年（一八四八）までである。

まず、書誌的事項を記す。冊子本一冊。楮紙。袋綴（仮綴。紙縒は紺色）。表紙・裏表紙共紙。法量は縦二五・〇センチメートル、横一七・七センチメートル。紙数は全一四紙（墨付一二・五紙、遊紙（尾）一紙）。外題「末寺住職願并旦中御願控」、内題・尾題なし。

外題の左右には、「弘化弐年巳（右）／八月より（左）」とある。これは最初の文書（①）が弘化二年八月付であることによるのだろう。ところが、次の文書（②）は弘化二年七月のものである。本資料が必ずしも時系列通りの配列にはなっていないことがわかる。そこで以下では、各文書を内容別に大まかに分類し、その上で、時系列を含め可能な限り内容を整理することにしたい。

本資料は、四つに大別できる。A遍照寺関係（①〜⑦、㉒）、B万福寺関係（⑧〜⑩、㉑）、C等輪寺関係（⑪〜⑭、⑳）、D清水寺関係（⑮〜⑲）である。いずれも、木山寺末寺の無住状態に関する内容になっている（四寺を含め、木山寺末寺はすべて現、岡山県真庭市内。研究編222頁）。

Aを差出人と宛先、および内容で整理すると、次のように

なる。遍照寺は無住だった。そのため勇山寺（木山寺末寺）が遍照寺を兼帯していた。弘化二年七月に遍照寺檀家から木山寺へ（②）、八月に勇山寺から木山寺へ（①）、無住兼帯状態を解消すべく、備前岡山安住院末寺普門院の浄諦を看坊住職（看住。「看坊」は留守居役の僧。看住には「本住職就任前の様子見期間」という意味合いもあるか）にしてほしいとの要請があった。同じ八月には、大等という僧から木山寺へ、遍照寺の看住就任を了承した旨の口上（挨拶）が提出されている（⑥）。翌弘化三年三月には、勇山寺から木山寺へ（③）、遍照寺檀家から木山寺へ（④）、看住の浄諦の勤務態度が非常に良いので、本住職にしてほしいとの要請があった（看住要請の順序から類推すると、④③の順か）。そして同年同月、大等から木山寺へ、住職就任を了承した旨の口上が提出されている（⑤）。

『落合町史　地区誌編』の「光明山　遍照寺」の項を見ると、確かに歴代住職として「大等」が挙がっている（六〇一ページ）。この大等は、本資料の時系列と内容からすれば、「浄諦」と同一人物だろうか。

日付の記載がない⑦は、浄諦を遍照寺の後任住職とするように遍照寺檀家と勇山寺から要請があり、それを聞き届けた旨を、本寺木山寺から播州龍野の「寺社御役所」へ報告したものである。内容からすれば、③④の後にくるものか（⑤との先後関係は決めがたい）。宛先が播州龍野の役所であるのは、遍照寺が栗原村にあるためである。栗原村（現、真庭市落合町美川地区）は、延享四年（一七四七）以降、龍野藩（脇坂家）領となる（『龍野市史』第二巻、一四三～一四八ページ。『同』第五巻、一三八ページ）。また、中村（現、落合町天津地区）には、龍野藩の陣屋があり代官が派遣されていた（『落合町史　通史編』四四四、四四七～四四八ページ。『同　地区誌編』一五一、二〇一～二〇二、二五五ページ）。⑦はこの陣屋を介し龍野藩の役所に提出されたか。

㉒も日付の記載がないが、⑦と同じく木山寺から龍野の役所へ提出されたものである。内容は、看住を本住職にしてほしいという檀家と兼帯寺院からの要請を聞き入れた旨の報告だが、兼帯が普門寺、看住の僧侶が「慈等」（遍照寺僧らしい）という点で、①～⑦とは時期が異なる。ちなみに『落合町史　地区誌編』では、「慈等」という住職の名は挙がっていない。

Bはすべての文書に、上山村万福寺が無住なので、備中浅口郡上船尾村高徳寺（現、岡山県倉敷市船穂町）の本広房覚心（当時、吉村法福寺［木山寺末寺］に滞在）を看住として要請する旨が記されている。いずれも弘化三年六月のもので、⑧は万福寺檀家から木山寺へ、⑨は兼帯普門寺から木山寺へ、⑩は木山寺から寺社御役所へそれぞれ提出されている。この役所は、上山村を領有していた勝山藩（三浦家）の所属だろう（後述Cも同様）。

㉑（木山寺から寺社御役所へ提出）によれば、覚心を本住職にしたいという要請が檀家と兼帯普門寺からあったことがわかる。ただし、『落合町史　地区誌編』の「郷城山薬師院萬福寺」の項で、歴代住職（三一九ページ）に「本広房覚心」の名は見えない。

Cでは、上市瀬村等輪寺の観鏡が病気で職務を遂行できなくなり、大庭郡の薬王寺に移ることとなったが、後任の住職に適切な人物がおらず、木山寺が兼帯したという内容が記されている。⑪⑫とも観鏡が提出したものである。⑪は宛先が明記されていない。しかしながら、⑫が寺社御役所宛なので、⑪は木山寺宛と見るのが穏当である。時期についても⑪には記載がないが、⑫⑬が弘化三年六月のものなので、ほぼ同時期だろう。

翌七月の⑭は、清水寺・遍照寺・勇山寺・普門寺・万福寺・法福寺に回覧された文書（廻状）で、木山寺が等輪寺を除く末寺六寺へ出したものと考えられる。観鏡の病気に伴う等輪寺の無住が急な事態だったため、木山寺の兼帯（⑬参照）が事後承諾になったことが判明する。

また⑳によれば、嘉永元年九月の時点でも、等輪寺の無住は解消されていない。『落合町史　地区誌編』の「瑠璃山地蔵院　等輪寺」の項の歴代住職（八〇ページ）を見ると、江戸後期あたりから無住の状態が恒常的であったと推測される。Cはそれを裏付けることになっているとも言える。なお、本資料から当時の住職と推測される観鏡は、『落合町史　地区誌編』では名が見えない。

Dは、無住の関村清水寺（木山寺が兼帯）に、吉村法福寺住職の智実が転住した際の文書群である。時系列は弘化四年十一月の⑱⑲、同年十二月の⑮⑯となる。

⑱によれば、十一月に智実の弟子である智善（大庭郡山久世村密乗寺住職）に法福寺後任住職の命が下っている。智善は使用する印鑑の届けも十一月に木山寺へ出している（⑲）。したがって、木山寺から智実に清水寺へ転住する命が下ったのは、それ以前か同時期だろう。

⑮で、差出人の智実がまだ法福寺にいること、⑯で、智実転住の報を受け、清水寺檀家が木山寺へ改めて智実住職就任を要請する文書を送っていることからすると、智実が清水寺へ実際に移ったのは、十二月以降と考えられる。智実は『落合町史　地区誌編』の清水寺の項の歴代住職（五九八ページ）の中に名がある（智善と⑱に見える「実恵」との関係は未勘。また、『落合町史　地区誌編』の法福寺の項の歴代住職（三二三ページ）の中に智実・智善の名なし）。

以上、『末寺住職願并旦中御願控』について、その内容を整理してみた。今後は、人物の比定を含め、寺内・寺外の資料との突き合わせが求められるだろう。

神仏分離関係史料

中山一麿

近代の幕開けを告げる鶏鳴の如く発せられた神仏分離令は、単なる寺・社の分離を定めたものではなく、天皇祭祀を基本とした神道の国教化というねりの下、神武創業の始めにもとづく純粋な姿に復古することを目指したものであった。故に、「牛頭天王」や「善覚稲荷」といった他宗教や在地信仰との習合神格は認められるはずもなく、木山寺（木山宮）においても本地仏の移動や、鎮守殿の新築、従来からの呼称の継続問題など、その対応に迫られた。また明治四年に出された社寺領上知令は、寺社の財政に大打撃を与え、木山寺でも日々の生活そのものが困窮し、法灯維持は困難を極めた。

ここでは、その当時の状況を具現する史料三点を紹介する。「鎮守牛頭天王殿手續書」と「木山牛頭天王善覚稲荷公稱御聞置願」を記した続紙一通、「官林樹木御下附願」一紙は共に岡山県令に宛てた文書の草稿であろう。補入・訂正が墨・朱で重ね書きされており、幾度となく推敲した跡が見られる。「木山牛頭天王善覚稲荷公稱御聞置願」は実際に岡山県令に提出した文書の控えも残されている。

「改テ」を避けて「元ニ複テ」と直したり、結局は抹消しているが「時節到来」と記すなど、当時の人々が暗にこの現実離れした政策の行き詰まりを予見していたことを感じさせる。一方で、離檀を謀る檀徒がいたり、「信徒惣代」を「関係人」に改めていることなどからは、寺を取り巻く人々の間にも動揺が走っていたことが生々しく伝わってくる。

翻刻に当たっては以下の方針に順って行った。

○底本の行送りは反映せず、適宜改行した。

○線引きによる削除は――・＝＝で示し、削除符号や墨消しは▒で示した。

○推敲時の補入句は〔 〕に示した。

○煩雑さを避けるため、草稿ならではの些細な補訂は無視したものもある。

○「木山牛頭天王善覚稲荷公稱御聞置願」は清書の控えを底本とし、草稿との異同を示した。

鎮守牛頭天王殿手續書

岡山縣美作國津山法務支所管内同國真嶋郡丨寺

抑本院〔元〕鎮守牛頭天王ハ往古京ノ祇園ヲ勧請仕候由申傳候得共年代詳カナラス又何ノ事故有候哉氏子十八ヶ村有之末社ノ中殊ニ善覚稲荷ハ牛頭天王ニ次近國ニ鳴テ諸人ノ帰依不少然ル所牛頭天王ノ神躰ハ二重ノ厨子釘附ニテ古來之ヲ開ク

人無シ
依之分離ノ際氏子檀中協議ノ上善覚稲荷〔ハ〕ノ神躰即本地
十一面観音ハ寺内へ引移シ牛頭天王ハ玉躰神佛未分ノ侭社内
ニ置テ社寺角立ノ見込ヲ以テ朝旨ヲ仰キ尤牛頭則素盞男尊ヲ
奉テ木山ノ神社ト〔公〕稱シ古佐和氣ノ神社ヲ祭リ善覚(コサ)ノ二
字ヲ残シ善覚ノ神社トス
而善覚稲荷ノ〔神躰即〕本地十一面観音ハ寺内假殿ニ安置シ
牛頭天王ノ名稱ハ本尊即本地薬師如来ノ前へ神鏡ト白幣ヲ移
シテ有之候得共不知信者ハ本社ニ詣シテ矢張元ノ牛頭天王善
覚稲荷ノ念ヲ成シ寺内ニ詣スル者ハ唯檀中ノ人ノミ旁以寺門
ノ修繕ハ扨置當日ノ會計ニ困ラレ前住職小川正善師〔明治十
一年初秋〕檀頭ヲ徴集シテ之ヲ議スルニ檀徒之カ為ニ離檀ノ
色ヲ顕ス
止シ無ク寺内ノ立物ヲ賣却シテ畑作ヲ成サント議決仕候可ト(シ候得共)
同年十一月同僧死亡ニ仕(相成)　岸越真海請ニ依テ翌十二年仲春
晋山ノ後十四年木(十)月廿十(四)日附ヲ以テ別紙寫之通地方廳
ノ聞置ヲ得テ(願済之上)着手仕十八年四月ニ至テ漸ク落成〔仕〕遷座式
ニ當テ古來牛頭天王ノ神徳ニ依テ寺門盛大ナリシモ今日ハ其
名稱ノ消滅ニ属スルヲ歎キ且ハ分離ノ朝旨ヲ誤解シタルヲ悲
テ檀徒ニ謀リ私ニ新殿ニ並祭シテ仕改テ(元ニ復テ)木山牛頭天王木山善
覚稲荷ト擧額罷在候是レ神人ヲシテ成サシムルノ謂ナラント(時節到来)
奉存候仍テ本殿新築ノ手續如是御座候也

岡山縣令宛

木山牛頭天王善覚稲荷公稱御聞置願

岡山縣美作國真島郡木山村

真言宗　木山寺

〔(草)岡山縣美作國津山法務支所管内同國真嶋郡木山村木山寺〕
拙寺元鎮守牛頭天王幷ニ末社善覚稲荷維新分離ノ際寺内假殿
〔(草)座〕ニ引移シ罷在候處去明治十四年六月地方廳へ願濟ノ
上善覚本殿新築〔(草)仕漸〕十八年四月落成ニ相成
遷座式ニ至テ牛頭天王ヲ併祭仕候間〔(草)改廿〕本ニ復シ木山
牛頭天王木山善覚稲荷ト公稱仕度御座候間此段〔(草)信徒惣
代〕関係人連署ヲ以テ御聞置奉願候也

右寺住職
岸越真海

明治十七年十二月

右寺檀家惣代仝郡上市瀬村
妹尾武太郎

仝　仝郡西河内村
杉　治七郎

仝　仝郡下方村
妹尾與三二

右寺門中惣代仝郡鹿田村
勇山寺住職
天野教増

官林樹木御下附願

弊山ノ儀ハ創立以来醫王善逝薬師如来安置ノ道場（降臨ノ山峯）ニテ醫王山木山寺ト相稱シ薬師如来護摩供執行幷御眷属牛頭神将ヲ勧請シ木山牛頭天皇ト相唱ヘ〔山上所生ノ檜椵ヲ以テ祈禱牘護摩木等ニ採用シ仕来候處〕神佛併祭仕来候處　御維新ノ首神佛判然幷天皇號廃止被仰出候際社頭ハ神官ヘ属シ薬師如来（護摩）ノミ執行仕候ヘトモ従前ノ如ク諸人信崇（少カラス）仕候

然ル處一般上地被　仰出候ニ付テハ古来所有ノ薬師山モ第等ノ官林ニ属シ自来祈禱牘用材護摩木用併セテ无之誠ニ困痛罷在候

尤他山他村ノ樹木買取換用候テハ土俗ノ慣習何ト無ク軽淺ノ思ヒヲ為シ漸々信帰相減シ候由（シ）土付拙僧ハ勿論檀徒講中ニ至ル迄痛歎仕候ニ付甚タ以テ恐入ル儀ニ候ヘトモ従来伐用仕来候〔字何ト申ス〕御官林用（内）ニ於テ其筋ノ御検査ヲ受ケ祈禱〔牘用材〕用護摩〔用〕木程時々御下附奉請願度条何卒特旨ヲ以テ御聴許被為成下度一同連署ヲ以テ奉懇願候也

〔願主本人　――

同旦中惣代　――

講中惣代　――〕

木山寺鎮守殿

あとがき

木山寺を最初に訪れたのは、平成二十一年の春だったように思う。もともとは学生時代の友人が縁者である勇山寺（木山寺法類）の調査を画策していたのであるが、「文献類なら本寺である木山寺に行く方がたくさん残っているだろう」との勧めに順って、木山寺の調査を考えるようになった。しかし、当時の木山寺は先住の秀清師から現住の秀光師への過渡期で、境内に整備中のところもあって、調査を依頼するには憚られた。

秀光師への代替わりを機に、初めて木山寺に登った時には、〝この険しい山奥で調査ができるのであろうか〟と思ったものである。秀光師との会談では「突然住職になることになって私も何があるのかよくわかっていないので、調査していただけるのはこちらとしても有難い」、また、「平成二十七年に創建一二〇〇年を迎えるので、その時に何らかの報告ができればよいかなと思う」との趣旨のお言葉をいただき、往路での不安も忘れて、木山寺の調査に胸膨らむ思いであった。

しかしその後、当初の不安は現実のものとなる。当時、重点的に調査していたのが安住院であったが、その他にも数ヵ寺の調査寺院を抱えており、アクセス面と季候による制約もあって、木山寺の調査は年に一、二度、蔵の掃除を兼ねた虫干しに行ければよいところであった。創建一二〇〇年が迫る中、意を決して木山寺での調査研究をメインテーマとした科研費に応募するも非採択となり、いよいよ以て諦めかけていたが、翌年応募の科研費が採択されるに至り、急遽展示に向けた調査を始動した。しかし、それは創建一二〇〇年記念事業まで半年という時間しか残されていなかった。

この短期間で、一一八点に及ぶ資料展示を可能にしたのは、遠くは関東方面からも半日以上かけて移動し、数日間滞在して集中調査してくださった先生方の熱意、および地元教育委員会、県立博物館などの協力に負うものである。しかしそれにとどまらず、それから一年をかけて今また本書が刊行されようとしている。

そもそも本書には様々な役割が担わされている。一つには寺社の歴史を紐解く基本書であり、広く寺社の歴史遺産を紹介し、断絶の時代を乗り越えた新たな寺社関係の構築とその興隆に資すること。一つには学術研究の成果として、専門性と客観性を備え、地方寺院の悉皆的調査がもたらす文化史的意義とその方法論に一石を投ずること。一つには信者・地域・専門家という枠を越えて、広く一般社会に受け取られる書とすること。

これらの命題を満たす書として構成を練った結果生まれたのが、図録でもなく、研究書でもなく、読み物でもなく、資料集でもなく、その何れも内包しつつ、一つの世界を織りなした本書である。これが円融無碍となるか、玉石混淆と映るかは読者の判断に委ねる外ないが、所蔵者・学術・社会を繋ぐ試みの一つとして甘受していただければ幸いである。

最後に、法藏館編集長戸城三千代様には、本書出版に向けたプロセスに多くのアイデアをいただいた。さらに担当の山本眞理子様には、過分な要望を的確に実現していただいたことを御礼申し上げる。

なお、本書は日本学術振興会科学研究費助成事業、基盤研究B［15H03181］「再興・布教から霊場化へ——増吽関連の寺院経蔵調査を中心に——」の研究成果の一部でもある。

中山　一麿

執筆者紹介（五十音順）

伊藤　聡（いとう　さとし）
早稲田大学大学院文学研究科博士課程満期退学。博士（文学）。現、茨城大学人文学部教授。
［専門］日本思想史。主に、中世の神仏習合思想、中世神道を研究。主著、『中世天照大神信仰の研究』法藏館（角川源義賞）。『神道の形成と中世神話』吉川弘文館。

落合博志（おちあい　ひろし）
東京大学大学院人文科学研究科博士課程単位取得退学。現、人間文化研究機構国文学研究資料館教授。
［専門］中世文学・中世芸能・日本古典籍書誌学。主に、能とそれに関連する文学・芸能の研究、寺院所蔵文献の資料論的研究。主著、『中世歌謡資料集』汲古書院。『総本山善通寺聖教・典籍目録稿』国文学研究資料館。

柏原康人（かしわばら　やすと）
神戸大学大学院国際文化学研究科博士課程後期課程単位取得退学。現、大手前大学学習支援センター、園田学園女子大学地域連携推進機構非常勤職員。
［専門］中世文学・説話文学。主に、『神道集』を中心とした中世神話、寺社縁起の研究。

苅米一志（かりこめ　ひとし）
筑波大学大学院歴史・人類学研究科単位取得退学。博士（文学）。現、就実大学人文科学部教授。
［専門］中世宗教社会史。寺社文書を素材として、国・郡・荘郷など地域社会における寺社と民衆との関係を研究。主著、『殺生と往生のあいだ』吉川弘文館。『日本史を学ぶための古文書・古記録訓読法』吉川弘文館。

木下佳美（きのした　よしみ）
神戸学院大学法学部卒業。現、大阪大学大学院文学研究科特任研究員。
シスアド、デジタル情報記録技術者の資格を有し、寺院の調査・研究にＩＴ面から参画。日本学術研究支援協会（ＪＡＲＳＡ）を運営。

向村九音（さきむら　ちかね）
奈良女子大学大学院人間文化研究科博士後期課程在籍。桃山学院大学学習支援センター学習アドバイザー（契約教員）。
［専門］説話文学・仏教文学。中世から近世における社寺の由緒の変遷などを研究。

鈴木英之（すずき　ひでゆき）
早稲田大学大学院文学研究科後期博士課程修了。博士（文学）。現、早稲田大学、学習院大学非常勤講師。
［専門］日本思想史。主に中世の神仏関係思想、浄土教などの研究。主著、『中世学僧と神道』勉誠出版（日本思想史学会奨励賞）。

中山一麿（なかやま　かずまろ）
大阪大学大学院文学研究科博士後期課程単位修得退学。博士（文学）。現、大阪大学大学院文学研究科招へい研究員。
［専門］中世文学・仏教文学・寺院文献学。主に、寺院所蔵の文献を調査し、その伝来や経蔵形成、及び寺院縁起などの研究。

森　俊弘（もり　としひろ）
岡山県立勝山高等学校卒業。現、岡山県真庭市教育委員会主幹、岡山地方史研究会会員。
［専門］中世史。岡山県地域の戦国時代史、特に宇喜多氏などの大名・国衆勢力について、文献史学の手法にフィールドワークを交え研究。

山崎　淳（やまざき　じゅん）
大阪大学大学院文学研究科博士後期課程修了。博士（文学）。現、日本大学生物資源科学部准教授。
［専門］中世文学・近世文学・仏教文学・説話文学。寺院所蔵の文献を調査し、それらの文献が文学作品とどのように関わっているのかを研究。

吉永隆記（よしなが　たかのり）
立命館大学大学院文学研究科博士課程後期課程修了。博士（文学）。現、立命館大学衣笠総合研究機構専門研究員。
［専門］中世史、荘園制史。とりわけ、荘園制を介した中世後期の都鄙関係などを研究。

和田　剛（わだ　たけし）
岡山大学大学院文学研究科修士課程修了。現、岡山県立博物館学芸員。
［専門］仏教美術・考古学。主に、岡山県内の寺社に伝わる仏像や神像などの研究。

協力者・機関

昨年の木山寺客殿での宝物展示を経て、本書が刊行に至るまでには、多くの方々のご助力、ご助言を賜りました。個々に謝辞を申したいところでございますが、最後にご芳名を掲げ、謝意を表したいと思います。

個人

生駒　琢一（安住院住職）
大多和　剛（インフォマネージ株式会社）
大橋　聖本（大福寺住職）
小野　現象（佛種寺住職）
岸越　秀任（清水寺住職）
岸越　秀明（照寂院住職）
小林　弘典（真光寺住職）
鈴木　宏志（木山神社禰宜）
中田利枝子（岡山県立美術館）
長谷川康雄（一乗院住職）
飛鷹　全隆（三宝院住職）
飛鷹　全法（三宝院副住職）
真渕　紳一（写真工房えむ）
宮本　孝雄（日光院住職）
山田　本然（宝泉寺住職）

機関

岡山県立博物館
慶應義塾大学附属研究所斯道文庫
真庭市教育委員会
真庭リバーサイドホテル

（敬称略）

神と仏に祈る山

―美作の古刹 木山寺社史料のひらく世界―

二〇一六年一一月五日　初版第一刷発行

編著者　中山一磨
発行者　西村明高
発行所　株式会社　法藏館
京都市下京区正面通烏丸東入
郵便番号　六〇〇-八一五三
電話　〇七五-三四三-〇〇三〇(編集)
〇七五-三四三-五六五六(営業)

装幀　大杉泰正(アイアール　デザインスタジオ)
印刷・製本　中村印刷株式会社

ISBN 978-4-8318-7576-1 C3021

●日本思想史学会奨励賞受賞

神仏と儀礼の中世　船田淳一著　七、五〇〇円

神仏習合の聖地　村山修一著　三、四〇〇円

●角川源義賞受賞

中世天照大神信仰の研究　伊藤聡著　一二、〇〇〇円

描かれた日本の中世　絵図分析論　下坂守著　九、六〇〇円

修験道　その伝播と定着　宮家準著　三、三〇〇円

日本人と民俗信仰　伊藤唯真著　二、五〇〇円

法藏館　価格税別